心理学
PSYCHOLOGY

孔维民 ◎ 主编

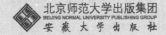

图书在版编目(CIP)数据

心理学 / 孔维民主编. —合肥:安徽大学出版社,2020.8(2021.7 重印)
ISBN 978-7-5664-2084-8
Ⅰ.①心… Ⅱ.①孔… Ⅲ.①心理学—教材 Ⅳ.①B84

中国版本图书馆 CIP 数据核字(2020)第 157435 号

心理学
XINLI XUE

孔维民 主编

出版发行:	北京师范大学出版集团 安 徽 大 学 出 版 社 (安徽省合肥市肥西路 3 号 邮编 230039) www.bnupg.com.cn www.ahupress.com.cn
印　　刷:	合肥图腾数字快印有限公司
经　　销:	全国新华书店
开　　本:	184mm×260mm
印　　张:	24
字　　数:	470 千字
版　　次:	2020 年 8 月第 1 版
印　　次:	2021 年 7 月第 2 次印刷
定　　价:	59.00 元

ISBN 978-7-5664-2084-8

策划编辑:杨 洁 刘婷婷 唐洪全		装帧设计:李 军
责任编辑:刘婷婷 马晓波		美术编辑:李 军
责任校对:马晓波		责任印制:陈 如 孟献辉

版权所有　侵权必究

反盗版、侵权举报电话:0551—65106311
外埠邮购电话:0551—65107716
本书如有印装质量问题,请与印制管理部联系调换。
印制管理部电话:0551—65106311

《心理学》编委会

主　编　孔维民

副主编　何朝峰

编　委　孔维民　何朝峰　刘景平　李　培
　　　　李　静　黄春霞　杨梦雅

前　言

2016年,《中华人民共和国国民经济和社会发展第十三个五年规划纲要》中多次强调心理学发展对国民经济社会发展的突出地位和重要作用,"深化教育改革,增强学生心理健康……加强未成年人心理健康引导。"2016年印发的《"健康中国2030"规划纲要》明确提出,要加强心理健康服务体系建设和规范化管理。这些都充分体现了国家对心理健康的重视,对心理学的重视。同时,我国高校心理学专业获得了长足发展。

《心理学》是贯彻国家相关法律法规和政策精神的体现,其立足于学生发展需求,体现当代心理学思想、实践和科研成果。本书以普通心理学的内容为主干,迎合了高校心理学专业发展需求。

本书包括了绪论、感知和注意、记忆、思维与智力、情绪、人格和毕生发展等,共十三章。每一章基本包括知识结构图、基本理论、巩固练习和推荐书目等部分。教育心理、发展心理、心理健康方面等基础性内容。在体例上及文字的表述上,力图与时伟教授主编的《教育学》保持一致。之所以委托我负责本书的编写及出版相关事宜,这主要源于时伟教授的谦让,其中包根胜教授也做了很多周全。对这些,我郑重表示感谢,因为从本学科的国际惯例来看,成为一本教材的主编是严肃的,更是光荣的喜事。章节目录主要由何朝峰老师做了初步设计,经过本书编委共同协商,尤其采纳黄春霞、何朝峰老师的建议,在章节的安排上做了局部的调整和合并。

本书初稿完成以后,我对整体进行通读,针对各位参编老师的问题总揽了处理的意见,并且竭力主张做了大力的修改,因此本教材不仅文字篇幅有了大幅度的增加,而且更加注重延纳相关的最新研究进展。因此我本人坚信,参与者的所谓的辛苦乃至"委屈"终将化为继续前进的踏脚石,而我自己理应对本教材的疏漏负责。教材是为大学生读者服务的基本媒介,希望同学们肩负使命感,批评指正本教材的不足。同时欢迎同行专家的提点、斧正。

本教材之所以避免半途而废,还得益于亳州学院诸位学术委员会专家的大力支持,为了支持本教材能够顺利出版,本教材成为亳州学院的三个校级质量工程项目的扶持项目。因此本教材也是亳州学院特色教材项目:心理学(编号:2019xbjc02);校级精品资源共享课项目:普通心理学(编号:2017jpk12);校级基层示范教研室:教育理论教研室示范项目(编号:2019jys01)的研究成果。本教材的第一、十三章由孔维民编写,第二章由刘景平编写,第三、五章由何朝峰编写,第四、六章由李培编写,第七、八章由李静编写,第九、十章由黄春霞编写,第十一、十二章由杨梦雅编写。

本书幸运地被安徽大学出版社出版,这是令人很欣慰的事情。因为无论是体例安排,还是文字表述等方面,安徽大学出版社都认真地表明自己的工作态度,体现了精湛的专业素养。

孔维民

2020年6月于亳州学院

目录

第一章 绪论 1
- 第一节 什么是心理学 3
- 第二节 心理学研究的基本角度 8
- 第三节 心理学拓展新知识的基础性方法 14

第二章 感知觉和注意 23
- 第一节 感觉 25
- 第二节 知觉 30
- 第三节 注意 34

第三章 记忆 49
- 第一节 记忆概述 51
- 第二节 记忆形成的过程 56
- 第三节 记忆问题与改善 65

第四章 思维与智力 73
- 第一节 思维与问题解决 75
- 第二节 智力 84

第五章 情绪 93
- 第一节 情绪概述 96
- 第二节 情绪理论 101
- 第三节 情绪管理 107

第六章 人格 119
- 第一节 人格概述 123
- 第二节 人格的类型理论和特质理论 128
- 第三节 人格的精神分析理论 136

第七章　毕生发展 … 153
第一节　生理的发展 … 155
第二节　认知的发展 … 164
第三节　社会性发展 … 179
第四节　品德的发展 … 190

第八章　学习理论 … 201
第一节　学习概述 … 203
第二节　行为主义学习理论 … 210
第三节　认知主义学习理论 … 225
第四节　建构主义学习理论 … 235
第五节　人本主义学习理论 … 241

第九章　学习动机 … 251
第一节　学习动机概述 … 254
第二节　学习动机理论 … 260
第三节　学习动机的培养和激发 … 269

第十章　学习迁移 … 279
第一节　学习迁移概述 … 281
第二节　学习迁移理论 … 286
第三节　学习迁移与教学 … 292

第十一章　学习策略 … 301
第一节　学习策略概述 … 303
第二节　认知策略 … 308
第三节　元认知策略与资源管理策略 … 315
第四节　学习策略的训练 … 317

第十二章　教师心理 … 325
第一节　教师的角色意识 … 327
第二节　教师的心理健康及维护 … 331
第三节　教师的专业成长 … 335

第十三章　心理辅导 … 345
第一节　心理健康概述 … 347
第二节　中小学学生常见的心理问题 … 359
第三节　心理辅导常用方法 … 367

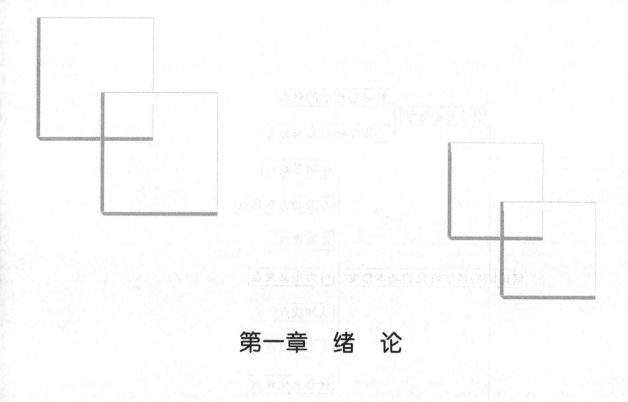

第一章 绪 论

```
            ┌ 什么是心理学 ┬ 科学心理学的概念
            │              └ 心理学的使命与分支
            │
            │                      ┌ 生物学观点
            │                      │
            │                      ├ 心理动力学观点
            │                      │
            │                      ├ 发展观点
            │                      │
绪论 ───────┼ 心理学研究的基本角度 ┼ 行为主义观点
            │                      │
            │                      ├ 认知观点
            │                      │
            │                      ├ 人本主义观点
            │                      │
            │                      └ 社会文化观点
            │
            └ 心理学发展新知的基本性方法 ┬ 实证方法
                                         └ 心理学发展新知识常用的方法
```

心理学界有一个著名的说法,即"心理学有一个长期的过去,却只有一个短暂的历史"。它揭示了一个事实,即早在科学心理学正式诞生之前,诸多哲人、普罗大众都对心理现象表现出浓厚的探索兴趣。如在两千多年前,中国的孔子、希腊的苏格拉底、印度的佛陀都强调依靠自身思想的力量来生活和工作,并且通过自我完善来进行超越。《论语·颜渊第十二》记载孔子教育弟子的情景,当时子张问"明"。子曰:"浸润之谮,肤受之愬,不行焉,可谓明也已矣。浸润之谮,肤受之愬,不行焉,可谓远也已矣。"这段话翻译成白话文,大意是:子张问怎样做才算是明智的。孔子说:"像水润物那样暗中挑拨的坏话,像切肤之痛那样直接的诽谤,在你那里都行不通,那你可以算是明智的了。暗中挑拨的坏话和直接的诽谤,在你那里都行不通,那你可以算是有远见的了。"

对于心理现象的探索,并且得出有益的心理学知识的历史很漫长,而科学心理学诞生于1879年。德国的威廉·冯特(Wilhelm Wundt)深受其老师赫尔曼·冯·亥姆霍兹运用实验的方法研究感官心理现象的影响,在莱比锡大学建立了世界上第一个专门进行心理学研究的实验室标志着科学心理学正式诞生。当时冯特认为科学的心理学主要回答以下三个问题:心理有哪些要素,心理复合体的结构是什么,心理复合体的形成规律是什么。此后心理学的发展远远超脱了冯特的设想,现代心理学内容的丰富与深奥程度远远超越了心理学先驱的固有设想。

1917年陈大齐教授在北京大学建立国内第一个心理学实验室,科学心理学被正式引入中国,并且得到迅速的发展,其间涌现出陆志韦、陈鹤琴等杰出的心理学家。目前我国的心理学正处于全面而深入的迅猛发展时期。

第一节 什么是心理学

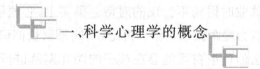

一、科学心理学的概念

说起心理学,往往会引起人们许多的疑问,如星座心理学、性格色彩测试、弗洛伊德对于梦的分析属不属于心理学内容?我们学习了科学的心理学以后能不能了解别人的所思所想?在学习科学的心理学之前,大多数人可能想要学习并了解心理学方面的相关知识,如年轻的父母希望通过学习幼儿心理、行为规律帮助他们教育好自己的子女,推销员希望自己的说辞或者推销方案能够契合顾客的需要,单位领导希望有快速有效

地了解员工心理状态的方法。但是一旦被问及你以前学习过的心理学知识是不是正确的？相信大多数人都会一脸茫然，不知道该怎么回答。

了解什么是真正的心理学，应该是我们学习科学心理学的起点。由于人们普遍希望成为生活中的"心理学家"，所以不同类型的人总是通过各种途径来学习自以为实用的心理学知识，形成了许许多多的心理学的"常识"。

"惯子不孝，肥田收瘪稻（或者棍棒之下出孝子）。"

"炫耀往往源于内心的自卑感。"

"仓廪实而知礼节，衣食足而知荣辱。"

"日有所思，夜有所梦。"

"儿童的记忆力比大人的强。"

"幼儿时期就会说谎是很恐怖的事情！"

"幼儿不愿意分床，离不开妈妈说明他很爱妈妈。"

"聪明的孩子就是聪明，很难改变！"

"儿童万万不可以输在起跑线上。"

"血型不同，性格也就不同！"

显然若没有学习过科学心理学，分辨上述"常识"的正确与否就比较困难。而在错误的认知状态下，按照既有的"常识"行事，那么就可能会导致不良的后果出现。上述的十个"常识"中，只有"仓廪实而知礼节，衣食足而知荣辱"能够得到有力的证据支撑以及理论诠释；而其余的说法，则由于缺乏有力的实验证据而得不到正面的支持，而且经常有证据表明其不是事实，因此不科学。

那么什么是心理学？或者说什么是真正的心理学？判断的关键在于心理学是否达到科学的标准，即心理学所要研究的基本事实要能否进行客观测量，并且能够通过实验的方法加以确定，直至探究得到内含的心理规律。

似是而非的伪心理学有可能给人们带来严重的伤害，比如有关男女性别方面的偏见，尤其是女性智力要逊色于男性智力的判断，不仅会给女性带来消极的暗示，而且会进一步导致女性在就业时得到不公正的对待。事实上，心理学家早就通过严格的实验证明，男、女之间的智力差距微乎其微。再比如，如果家长相信"儿童万万不可以输在起跑线上"的说法，那么他们很有可能会在孩子的幼儿期就进行不恰当的强化教育，并且在儿童成长的过程中一直持续地给孩子施加外部压力，结果可能深深地妨碍孩子健康成长。

任何一门科学都要有自己特定的研究对象，那么心理学的研究对象是什么呢？心理学在发展的不同时期，有着不同的主张。冯特主张要侧重研究人脑内可以清晰体验的精神世界，而弗洛伊德主张要研究人的无意识，掀起了轰轰烈烈的精神分析运动；接着华生认为心理学要强调科学的属性，必须把注意的焦点集中在可以客观测量的外部行为上,在此基础上,20世纪20年代以后,行为主义心理学持续发展;而到了20世纪的六七十年代,认知学派借用语言科学、信息科学的成果开拓了新的研究大脑内部认知过程的热潮,目前这一热潮还处于持续发展的过程中。由于心理现象极端复杂,各学派对心理现象的研究不仅作出了各自的贡献,而且彼此形成了互补的关系,因此现代的心理学内容和范围已经日益广阔,其研究对象既包括外部的行为,又涵盖了脑内的精神世界。著名学者津巴多对心理学作了如下的定义:"心理学是一门涵盖多种领域的科学,但究其根本而言,心理学是一门研究行为和心理过程的科学。"①

戴维·迈尔斯认为:心理学是"旨在描述和解释我们如何思考、如何感受以及如何行动的科学。"②国内的心理学界对于心理学的通常定义是:"心理学是研究人的心理现象和规律的科学。"

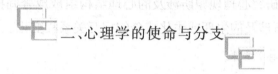

二、心理学的使命与分支

1. 心理学的使命

一般认为心理学的使命主要由以下几个部分构成。

(1) 描述心理事实

科学需要实事求是的态度,因此确定事实,尤其是确定可以客观测量的事实是心理学研究的原始起点。以遵循科学标准为己任的心理学往往以行为数据(behavior data)、生理指标、反应时、量表等为核心观察对象来叙述心理事实,并且主要通过使用数理统计的方法来确定基本的心理事实。

(2) 解释心理现象

解释心理现象应该遵循基本的心理事实。心理学许多领域发展的内在动力都是找到心理和行为过程的常规模式,其目的是帮助人们更加有效率地工作与生活。

绝大多数心理学的解释通常遵循不同的特有的视角,如生物主义学派认为大多数行为受到机体变量(organismic variables)的制约,而精神分析学派则主要通过"无意识""早年经验"等来解释人们在日常生活中所观察到的现象。

从更局部的事实来看,一个受过良好训练的心理学家"可以通过使用他有关人类经

---

① 津巴多:《津巴多普通心理学》,中国人民大学出版社2008年版,第4页。
② 戴维·迈尔斯:《心理学(第7版)》,人民邮电出版社2006年版,第2页。

验的洞察力和以前的研究者已经发现的有关同一个现象的事实,来解释观察到的现象"。①

(3)预测未来

预测未来往往基于现有的解释,尤其是对于心理现象原因的解释,因此心理学中的预测是对一个特定的行为或者一个特定的关系即将构成的可能性的一种陈述。比如精神分析基于其对于儿童经验的认定、解释来预计儿童未来可能产生的状况。这显然是一种可供教师、父母参考的一种对未来的预测。

(4)揭示心理的内在规律

心理学主要研究各种心理现象的发生、发展、相互联系,以及表现出的特性和作用等,同时也研究心理现象所赖以产生和表现的机制。它包括心理机制和生理机制两个层面的研究:前者研究心理现象所涉及的心理结构组成成分间相互关系和变化;后者研究心理现象背后所涉及的生理或生化成分的相互关系和变化。

(5)控制(改善)结果

"控制是核心的、最激励人的目标。控制意味着使行为发生或者不发生——引发它,维持它,停止它,并且影响它的形式、强度或者发生率。"②

由于心理现象的复杂性,现有的科学方法难以控制人们的行为,以符合理想的状态。因此有学者提出可以把"控制(control)"修改为"改善(improve)",即心理学的功利结果不是求最好而是追求比较好,或者能够体现出"两害相权取其轻"的智慧。

2. 心理学的分支

现代心理学发展迅猛,已经拥有了众多的分支。这些分支主要包括两大类型。第一类是基础性研究,比如实验心理学、神经心理学、动物心理学等。这些研究主要以探索最基础、最确定的心理学知识为使命,虽然从事此类研究的人数比较少,但此类型研究却最重要。第二类是应用性研究,其研究旨在用研究所获得的实际成果来解决人类的实际问题。这些实际问题包括教育培训、工业组织及装备的设计等。目前从事这类研究的人数最多,并且还有稳步增加的趋势。

(1)主要着眼于教育培训方面的心理学分支

教育心理学(Educational Psychology)。教育心理学主要研究人类学习、教育情境中的客观规律,以达成提高课程学习效率的目的。它使用改良教学的方法,激发学习动机,创设便于学生发挥潜能的教学环境,帮助学生面对成长过程中所遇的各种困难和迎

---

① 马立骥、杨林:《心理技能训练》,武汉大学出版社2014年版,第4页。
② 李霓、兰小彬、付洪涛:《大学生心理健康教育》,东北师范大学出版社2015年版,第134页。

接挑战。

赫尔巴特是第一个明确提出将心理学作为教育学理论基础的学者。1806年,赫尔巴特的《普通教育学》面世,他试图运用心理学的观点来阐释教育问题。继赫尔巴特之后,1868年俄国乌申斯基发表了著名的《人是教育的对象》,同样试图从心理学的角度来阐释教育问题。

世界公认的教育心理学奠基人是美国的心理学家桑代克。桑代克主要运用严密的实验、精密的数量化方法研究和解决有关学习的问题,并且据此进行了广泛深入的理论探讨。1903年,他写成《教育心理学》一书,后来将其扩展为三卷本的《教育心理学》,并于1913—1914年出版。在该书中,桑代克创建了教育心理学的完整体系,从而正式确立了教育心理学独立学科的地位,标志着教育心理学的正式诞生。

儿童心理学(Child Psychology)。儿童心理学是研究个体从出生到青年初期(14—15岁)心理发生、发展的特点及其规律的心理学。发展心理学的研究与儿童心理学的研究基本一致,但前者研究范围往往可以扩及人的一生。

达尔文的进化论思想对于早期儿童心理学的发展起到了很大的推动作用。

科学的儿童心理学产生于19世纪后半期。德国生理学家和实验心理学家普莱尔是儿童心理学真正的创始人。他对自己的孩子从出生到3岁的每一天进行系统观察,有时也进行一些实验性的观察,最后把这些观察记录整理出版成《儿童心理》。普莱尔的《儿童心理》共分三编:第一编讲感觉的发展(关于视觉、听觉、肤觉、嗅觉、味觉和机体觉的发展);第二编讲意志的发展(主要关于动作的发展);第三编讲智力的发展(主要关于语言的发展)。普莱尔提出的研究儿童的方法,尤其是他所设定的研究框架成为经典,给科学的儿童心理学的形成奠定了最初的基石。

(2)主要着眼于工业组织、装备设计方面的心理学分支

工业或者组织心理学(经常被称为I/O心理学,即由Industrial和Organizational的首字母组成①)的研究目的往往在于向员工、顾客及消费者的心理施加有益的影响,如更加有效的招聘,更加有效的员工训练、绩效评价、员工的压力管理等。

从广义上看,目前的工业或者组织心理学触角越来越广。据统计,其主要包括23个分支:经营政策与战略、事业、冲突管理、企业家精神、性别与多样化、医疗卫生管理、人力资源、国际管理、管理教育与发展、管理历史、管理咨询、管理精神与宗教、管理与组织认知、运营管理、组织与管理理论、组织发展与变革、组织行为、组织沟通与信息系统、公共与非盈利、组织与自然环境、研究方法、管理的社会问题、技术与创新管理等。

---

① 津巴多:《津巴多普通心理学》,中国人民大学出版社2008年版,第3页。

第二节　心理学研究的基本角度

心理学的知识浩若烟海,这种庞大的知识积累除了因为心理现象极其复杂之外,还因为心理学尚没有发展出严格的科学范式,难以依靠简明的逻辑推理即通过演绎的方式来发展新的知识。因此庞大的心理学知识体系中所呈现的内容就显得相当混杂,即心理学知识难以记忆,同时又是一种不得不记忆的"记与问"的学问。这无形中导致心理学的学习要求人们必须具备恒心与耐心。为了实现心理学的基本目标、减轻记忆的负担,我们首先应该梳理心理学的知识体系。我们可以发现,近现代的心理学家主要从以下七个角度来研究心理学的,即生物学观点、心理动力学观点、发展观点、行为主义观点、认知观点、人本主义观点和社会文化观点。

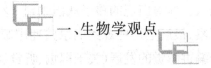

一、生物学观点

生物学观点(Biological View)注重运用生理结构,尤其是神经-体液调节系统乃至基因的特征来解释心理、行为产生的原因与结果。比如说人为什么会犯罪?一般的观点认为社会环境、教育背景、环境诱因等现实的社会因素诱发人们去犯罪,而秉持生物学观点的学者则着眼于从生物学的角度来探讨犯罪产生的原因。如被誉为"犯罪心理学的鼻祖"的意大利精神病学家、犯罪学家龙勃罗梭(Cesare Lombroso,1836—1909)则主要从生物学的角度来诠释犯罪心理。

龙勃罗梭的学术观点缘于其常年作为监狱医生的日常观察。龙勃罗梭主要运用人类学的方法来研究罪犯的生物特征。他认为罪犯与正常人不同,具有独有的生物学特征,即罪犯的颅相与非犯罪人的颅相有明显的不同。如1870年12月,在意大利帕维亚监狱,龙勃罗梭指出意大利著名的土匪头子维莱拉的头颅就与常人的不同,即维莱拉头颅枕骨部位有一个明显的凹陷。他认为这种情况源自其蚓突(vermis)肥大,这正是低等生物体的基本特征,因此他推断罪犯主要是天生的。他认为:罪犯的体格和心理有别于非犯罪人的;犯罪的生物缘由主要在于人类学中的退化与返祖现象,罪犯主要是由正常人蜕变为低级的原始人;犯罪具有遗传特征,它从犯罪生物学特征中诞生。

生物学家达尔文也用生物学的观点来诠释心理现象,其名著《人类与动物的表情

(*the expression of the emotion in man and animals*)》的基本观点是人类的表情源于动物进化,即动物在适应环境的过程中,形成了人类的表情。达尔文的观点又被后世的不少学者所继承,从而形成了所谓的进化心理学(evolutionary psychology),即认为人类的心理、行为特质源于原始人(猿类)的遗传特性,只是在适应环境的过程中,这些遗传特性有所进化而已。如男人比女性主张有更多的性自由,在进化论者看来,这主要源自雄性动物原始的生物本能。

目前持生物学观点的研究者普遍具有这样的理念,即研究者终需依据生物化学过程对心理现象和行为习惯加以理解,即生物学机制在研究心理时不可或缺,如不同的阅读会导致不同的脑电、不同的神经兴奋过程产生。因此持生物学观点的研究者总是希望把复杂的心理现象还原为若干更加简单的小单位来进行研究,他们往往试图在最精确的分析水平上来解释行为。目前秉持生物学观点的学者们已经发展出一个交叉领域学科,即行为神经科学(behavioral neuroscience),该学科的主旨是考察行为背后的脑的机制,比如感觉、学习、情绪等。

二、心理动力学观点

心理动力学(psychodynamic view)的观点认为,人们的行为不仅源于强大的内驱力,而且人们的行为方式、行为风格也受到潜意识的制约,如弗洛伊德所说:"没有口误这回事,所有的口误都是潜意识真实地流露;当你瞧不起一个人的时候,这种轻视一定能够被感觉得到,这个人就会作出某些事情以自卫。""没有所谓的玩笑,所有的玩笑都有认真的成分。"心理动力学的理论正起源于西格蒙德·弗洛伊德(Sigmund Freud,1856—1939)的精神分析理论。1895年,弗洛伊德与布洛伊尔合作出版了《歇斯底里症研究》一书。该书标志着弗洛伊德精神分析学建立了初步的理论基础。1899年出版的《梦的解析》被认为人文学科中经典的伟大著作之一,《梦的解析》的出版标志着精神分析心理学正式形成。1913年弗洛伊德的《图腾与禁忌》出版发行,弗洛伊德在该书中自信满满地声称自己发现了三大真理:一是梦是无意识欲望和童年欲望变形的满足;二是俄狄浦斯情结深深根植于每一个人的心中,比如说文学、艺术创作的源泉和动力就是俄狄浦斯情结,文学艺术家的创作不过是俄狄浦斯情结的升华,同样读者和观众在阅读、欣赏作品的过程中,也能使自己俄狄浦斯情结式的性爱冲动得到释放与升华;三是儿童具有性爱意识和动机。

从弗洛伊德的精神分析观点出发,我们可以把内驱力比作不断承接雨露的湖水。湖水总是不断积蓄着,同时也不断在积蓄内在的紧张感,它总是试图冲破各种束缚以使自己得到释放。心理动力就来源于机体需要不断释放自身的欲望、内驱力,机体的紧张度才能得到缓解,如此机体才会停止反应。

弗洛伊德对于人类动力来源的解释越来越自信、越来越偏执。原本的同事也纷纷质疑弗洛伊德,如阿德勒的个体心理学和荣格的分析心理学对于心理动力的解释明显不同于弗洛伊德的解释,阿德勒强调出生顺序、自卑与补偿对人的作用,荣格则强调机体无意识的重要性。

三、发展观点

发展观点(development view)认为变化才是真正的绝对存在,但是对于变化的理解有着不同的见解。发展的观点主要分为两类:遗传决定论和环境决定论。遗传决定论的创始人是英国的 F. 高尔顿。1869 年,他出版了《遗传的天才》一书,书中说:"一个人的能力乃由遗传得来,其受遗传决定的程度,如同一切有机体的形态及躯体组织之受遗传的决定一样。"彪勒认为儿童心理发展的过程是儿童内部素质向着自己的目的有节奏运动的过程,外界环境在这里只起着促进和延缓这一过程的作用,而不能改变这一过程。单纯主张遗传决定论的人现已极少,但此种思想仍在流传:詹森(Jensen D. W.)1969 年总结了自己在 8 个国家所做的 100 多种研究,提出一个人智商的 80% 来自遗传的观点;英国心理学家 H.J. 艾森克认为一个人 60%～70% 的才能是由遗传决定的,30% 由环境决定。在当代,由于生物学中的基因技术有着突飞猛进的发展,关注于解决具体问题的基因遗传研究得到越来越多的重视。

在当代,由于人口的膨胀,尤其是产能的过剩,生态危机成为人类发展的重大威胁,因此当代心理学环境决定论的研究越发重视以生态学的视角来研究心理与行为。生态心理学(Ecological Psychology)的学术理论主要起源于 20 世纪 40 年代堪萨斯大学的巴克和赖特对自然定居点居民行为的生态学研究。①

生态心理学强调物理情境在整合人类行为中的作用,并将研究兴趣点集中在物理环境对生活在这一环境中人的影响上。生态心理学认为,人类行为是个体内在因素与外在环境相互作用的结果,即行为是个人行为的生态观(Ecological Theory)强调内外因互动与平衡的结果。巴克等人的理论归根结底来源于其导师,但是巴克和他的同事则根据勒温的场论(Field Theory)进一步发展出行为情绪论(Behavior Setting Theory),提出不同的情境引发不同的行为;人有心理障碍或疾病表示个体行为与环境配合不良,是

---

① 吴建平:《生态心理学探讨》,载《北京林业大学学报(社会科学版)》2009 年第 2 期。

生态系统失衡的结果的观点。① 生态心理学家关注的重点集中在关系和关系周围的环境上,从关注患者转到关注患者周围的关系,从内部治疗走向外部治疗,提倡用生态疗法去解决人的心理问题。生态心理学家认为,自然世界塑造着人类的心理世界,人类的心理世界也塑造着自然世界;生态疗法以大自然作为一种治疗介质帮助人们重新适应社会,将人们与他们自身、社区以及环境连接起来。

四、行为主义观点

行为主义的先驱者最早可以追溯到俄国的心理学家巴甫洛夫,而最经典的学派创始人则是美国的心理学家约翰·华生(John Watson,1878—1958)。行为主义在本质上属于绝对的环境决定论,只不过行为主义者不关注泛泛而论的环境的影响,他们关注的焦点集中在 S(stimulate)—R(reaction)的连接上。换句话说,行为主义者往往只关心如何使用奖励、处罚的手段来塑造或者改正人们的行为。华生曾自信地宣称:只要给他一打健全的婴儿,他可以将其训练成为任何类型的人物。

行为主义长期在美国心理学界占据主流地位,这与华生著作中有魔性的个人叙述风格有关。斯金纳(Burrhus Frederic Skinner,1904—1990)更是美国学术界的大家,他的个人影响力甚至超过了华生。与华生一样,斯金纳同样是极端的行为主义者,生活中的华生主张话多无益,总是三缄其口;斯金纳则坚决反对心理学研究意识,声称:"心理"这一概念让心理学陷入了循环论证的泥潭,让心理学追逐一个过于主观以至于根本无法证实其存在的东西。②

行为主义者的研究成果是极其丰富的,如他们在塑造、改造儿童行为方面的成就极为显著,远非其他学派可以与之比拟。因此行为主义的治疗被社会各界标识为严密的"科学",而其他学派的心理治疗只能被悲哀地界定为"艺术"。

五、认知观点

认知的观点(cognitive view)发源于 20 世纪的六七十年代,它是在批判行为主义的

---

① 张嫒等:《环境心理学》,陕西师范大学出版总社有限公司 2015 年版,第 15～16 页。
② 津巴多:《津巴多普通心理学》,中国人民大学出版社 2008 年版,第 17 页。

疏漏时日益壮大的。认知学派批判行为主义的S-R连接属于无脑的心理学,坚定地主张行为与反应之间有着一个决定性的中枢机制,即机体(O——organism)既然可以给出不同刺激(S)的意义,那么同样可以按照机体的辨识与理解发出不同的行为指令。虽然认知学派的这一理论未必是普遍真理,但是却深度激发了心理学工作者对于脑功能的研究。认知学派新锐地拓展了心理学家对于认知过程的理解,因此毫不夸张地说,犹如行为主义革命精神分析一样,认知学派再次掀起了心理学历史上的一次革命。

认知心理学有广义、狭义之分,广义的认知心理学是指凡是注重研究感知、记忆和思维等认识过程的,就属于认知心理学;而狭义的认知心理学则往往被界定在所谓的信息加工心理学的范畴中,即主要运用信息加工的观点和术语,使用模拟、验证、探索等方法来探索人的认知过程。狭义的认知心理学认为,人的认知过程主要由四个子系统构建而成:感知系统、记忆系统、控制系统和反应系统。狭义的认知心理学在具体的研究中,不仅特别注重研究大脑的功能,开发与使用大量的以脑活动成像技术为核心的各项具体技术,逐渐形成了"认知神经科学"。这门崭新的学科,还特别注重使用高性能的计算机,把他们对于人脑的研究成果运用于制造新的运算工具、运算法则中。因此在思维等认知领域,狭义的认知心理学取得了让世人感到惊艳的成就。

追溯认知学派方兴未艾的历史,有一点让人感到相当迷惑,即创建此学科的代表性人物不明确。美国著名的语言学家乔姆斯基(Avram Noam Chomsky,1928—)是目前公认的认知心理学的先驱者之一,他提出了人类语言中枢的序列化理论。乔姆斯基的层次结构理论(Chomsky hierarchy)也已成为当代计算机科学的基础理论之一,在算法分析、编译技术、图像识别、人工智能等领域中得到广泛的应用。

目前认知学派的研究尤其是关于脑功能的研究已经得到各国政府的高度重视,政策与资金支持的力度正在持续加大。

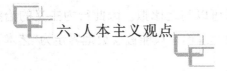

六、人本主义观点

人本主义观点(humanistic view)发源于20世纪五六十年代。人本主义的心理学反对运用科学的实证的方法来研究心理学,主张从整体上研究人格。虽然人本主义的观点从内容上看,与精神分析学的观点大相径庭,即精神分析学主要研究心理疾病,而人本主义心理学主要研究人良善的一面,但是二者的理论研究思路大致相同。

人本主义的理论大家主要有亚伯拉罕·马斯洛(Abraham Harold Maslow,1908—1970)、卡尔·罗杰斯(Carl Ransom Rogers,1902—1987)等。马斯洛反对"把人当作动物和机器,盲目照搬自然科学研究方法的机械主义心理学方法论,倡导以'问题为中心'

而不是以'方法为中心',以'整体动力论'消除还原主义的弊端,消解科学与价值之间的矛盾,使心理学成为'价值科学';提倡性善论和对健康人格的研究,重视人的潜能、自由、责任和尊严,强调人性与社会价值的统一"。① 卡尔·罗杰斯的研究主要限定在咨询心理学的领域,与马斯洛一样,他反对以分解的、还原主义的立场来研究心理问题,强调启发来访者的自我发现、自我尊重。他还开创了"来访者中心"治疗学派,提出了咨询理论,对当代的心理咨询实践产生了深刻的影响。

虽然有人认为由于人本主义学者不重视使用严谨的实证方法,他们提出的理论至多是一种研究假设,其科学价值有限②,但是由于心理现象特别复杂,实证研究的实验室效度与生态学效度难以兼顾,因此运用实证的方法来研究心理学确实存在着天花板效应。而人本主义的理论却有价值引领的功效,因此人们往往自觉按照马斯洛、罗杰斯等的人本主义心理学的原理来指导、践行自觉的人生,因此人本主义的胜利几乎成为一种现实的难以阻挡的趋势。

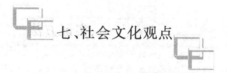

七、社会文化观点

秉持社会文化观点(sociocultural view)的代表性人物繁杂,彼此间的理论关注焦点并不集中。如苏联的心理学家维果茨基、德国的法兰克福学派、新精神分析学派中的阿德勒和弗洛姆等都强调文化、社会、历史对于人们心理与行为的制约作用。虽然社会文化观点早就在社会中得到了相当广泛的传播,但是直到最近几年才得到迅速的扩散和更多的重视。这主要缘于当今社会产业分工日益国际化,高科技行业连具体的产品制造往往也不是由单个国家就能够轻易完成的,因此跨文化的交流、跨文化的管理才是重新寻找人文心理、行为的文化之根。显然,这种实践不仅有助于促进社会和谐,还能够促使个人拓展视野。

---

① 王鹏、潘光花、高峰强:《经验的完形——格式塔心理学》,山东教育出版社2009年版,第45页。
② 津巴多:《津巴多普通心理学》,中国人民大学出版社2008年版,第16页。

第三节 心理学发展新知识的基础性方法

心理学自始至终都在和伪科学做坚决的斗争,占星术、颅相学、手相学和面相学等之所以被界定为伪科学,关键在于伪科学是一种未经过科学方法检验的理论。心理学发展新知识的方式方法则与伪科学有很大的不同,它主要依靠实证的态度、实证的方法来探求知识。虽然目前对于心理学之黑箱,我们能够探求的内容很少,相关研究尚处在一个蹒跚起步的阶段,但是实证方法的运用终将推动心理学一步一个脚印、踏踏实实地前进。

一、实证方法

一般来说,实证的方法主要由以下几个步骤构成:一是提出研究假设;二是提出检验研究假设的具体方案;三是收集数据、资料;四是分析、检验结果(接受或者推翻研究假设);五是进行重复检验、批判与反思。

在上述的五个步骤中,最核心、最关键的步骤是提出研究假设。为了使自己的研究假设具备高质量,首先我们要厘清为什么要进行研究,即是问题导向、兴趣导向,还是工作任务的导向激发你的研究动机的?一般来说,好的研究动机往往使该项研究具有社会价值,使该项研究符合自己的兴趣爱好。比如说减轻学习负担是社会所关注的现实的需要,但是从不同的角度对其进行研究,会产生不同的研究方向。从教育心理的角度来看,可以研究运用什么样的教学形式以减轻学生的学习负担,更好地激发学生的学习兴趣;而从人机功效学的角度而言,可以探讨使用何种座椅可以缓解学生的课堂疲劳;而从锻炼心理学的角度出发,如何促使学生进行锻炼、如何高效缓解学生的疲劳等都是可以深入探讨的研究方向。

而确立研究方向以后,还不能轻易地提出自己的研究假设。文献的检索与综述是提出研究假设特别重要的步骤,其目的在于了解同行在相关的研究领域做过哪些工作,解决了哪些问题,还存在哪些问题,尝试过什么样的研究路径。从学科知识积累的角度来看,闭门造车注定行不通,掌握大量前人的研究资料是做好研究的基本前提。

提出研究假设的时候,必须要对自己的研究假设有理论上的构思,如首先要判断自己的研究假设是否有意义,有没有具体的方案来检验自己的研究假设,比如说童年的环境会影响儿童以后的发展,但是如果研究者人为地创设一个恶劣的童年环境来检测自己的研究假设,这显然是不可以的。

心理学研究所涉及的概念往往是抽象的,每个人的理解都会有所不同,因此为了保证自己的研究成果的客观公正性,并且可以被同行重复检验,研究者往往采用"操作性定义(operational definition)"的方法。1923 年,美国物理学家布里奇曼(P. W. Bridgman)最早提出操作性定义研究方法。人们一般认为"操作性定义"是根据可观察、可测量、可操作的指标来界定某一抽象概念(研究变量)的方法。操作性定义构成方式主要有三种:一是从抽象概念的构成程序来界定,如何谓"饥饿",即人为界定离上次进食已有 6 个小时为轻度饥饿,上次进食 8 小时后才进食为"中度饥饿",距离上次进食 12 小时以上为"重度饥饿";二是从抽象定义的动态特征来界定其操作性定义,如人为界定优秀的中长跑运动员指可以用 34 分钟或更少的时间跑完 10000 米的人;三是从抽象定义的静态特征来界定其操作性定义,如可以人为规定城市家庭(一家三口)平均年收入在 50 万元以上的城市家庭、平均年收入 30 万元的农村地区家庭可称为富裕家庭。

实证方法的第二个步骤是提出检验研究假设的具体方案。这里我们拿心理学发展历史上著名的霍桑实验(hawthorne experiment)来做一个说明。实验的主持人美国哈佛大学梅奥(Mayo George Elton, 1880—1949)教授。当时的管理学理论中盛行"泰勒制",认为只要坚持"计件制度"、多劳多得,就可以促使员工劳动,而不需考虑其他条件。因此当时的工厂普遍不重视劳动环境,个人的劳动条件很差。这种恶劣的劳动环境已经成为一个显著的社会问题,学者希望通过做研究来推翻"泰勒制"的基本原理。

在早期阶段,霍桑实验的研究者(全国科学委员会的专家)提出的研究假设是:劳动条件的改善可以增加工人的劳动热情,增加产量;而劳动条件恶劣则会影响工人劳动的积极性,导致产量下降。

那么如何来检验这样的研究假设?研究者设定的主要技术路径是,通过检测改变照明条件的方法来观察实验的结果。可是经过两年多的实验,研究者发现,照明度的改变对生产效率的提高与否并无影响。当实验组照明度增强时,实验组和控制组都增产;当实验组照明度减弱时,两组依然都增产,甚至实验组的照明度减至 0.06 烛光时,既往产量亦无明显变化;直至照明减至如月光一般、实在看不清时,产量才急剧下降。面对此结果研究人员虽然感到茫然,但是还是认为自己完成了研究,即推翻了研究者既往的研究假设。

然而研究者对于固有研究假设被推翻还存疑,于是梅奥教授被邀请加入霍桑实验。梅奥加入实验团队以后,仔细评估了既往的研究设计,觉得前期的研究思路没有破绽,因此他也照葫芦画瓢,继续在继电器装配测试室做了一个福利实验。

实验目的总的来说是查明福利待遇的变化与生产效率的关系。但两年多的实验表明,不管福利待遇如何改变(包括工资支付办法的改变、优惠措施的增减、休息时间的增减等),都不影响产量的持续上升,甚至工人自己对生产效率提高的原因也说不清楚。福利实验同样推翻了梅奥教授的研究假设。

梅奥与前期的研究者不同的地方在于,当他不能证明自己既有假设的时候,他没有轻易地放弃。他与同事对实验的参与者进行了广泛的调查,结果发现导致生产效率提高主要有如下原因。

①参加实验的光荣感。在实验开始时,6 名参加实验的女工曾被召进部长办公室谈话,她们认为能够参与实验是莫大的荣誉。这说明被重视的自豪感对于人的积极性有明显的提高作用。

②成员间良好的关系。至此梅奥教授终于可以解释其之前研究的疏漏之处,即由于没有严格地控制实验条件,参与实验的个人知道整个实验的基本流程、基本设想,因此实验的参与者认为能够参与实验,本身就是一种荣耀。这种心理预期激励了员工,使他们的产量持续地处于增加的过程中。

借鉴于经典的霍桑实验,社会心理、管理心理乃至新药的开发实验现都采取"双盲设计"的方案,以避免疏漏的产生。

由于梅奥教授通过访谈得到了新的解释,所以他调整了自己的研究假设。其新的研究假设是:"尊重员工","保障员工"作为社会人的权利,就可以增加他们的劳动热情,提高产品的质量。梅奥教授后期所主持的霍桑实验主要有两个实验项目:"访谈实验"和"群体实验",结果都顺利地验证了他自己的研究假设。

实验方法的第三个步骤是收集数据和资料。收集数据最核心的要点是收集因为实验条件(自变量:dependent variable)被操控而产生变化的数据,即主要收集因变量(dependent variable)数据。假如由于实证研究的方案不科学,或者在实证研究的过程中,具体的操作不严谨,那么所收集到的数据就很有可能是被污染的数据。如霍桑实验的早期阶段收集的数据都被污染了,因此虽然收集到了数据,但据此分析却并不能得出科学的结论。

需要指出的是确定了因变量数据收集的前提之后,同样需要确定应变量的操作性定义。如假设研究的课题是自学辅导可以提高初中生的学习成绩,那么自变量就是"自学辅导","因变量"就是学习成绩。在界定学习成绩的时候,必须要给出可靠的操作性定义,如学习成绩指"数学"的得分,还是指"中考"的得分,或者二者合计的得分。这些都必须给出明确的界定。

实验方法的第四个步骤是分析、检验结果。确定了因变量数据是可靠的之后,就需要对数据进行统计与整理。在心理学的实证研究中,运用统计学的方法是很常见的现象,这是因为心理现象很复杂,个人的心理、行为表现不能类推到同类之中。如物理学中的比萨斜塔实验,实验结果一目了然,根本不需要进行统计分析。而心理学的研究却往往需要对较多样本的整体数据作分析,才能得出确切的结论。

如前述的研究课题是自学辅导可以提高初中生的学习成绩。研究结果显示:在实验班级与对照班级通过随机取样的方法,严格控制其他无关变量的情形下,实验班级的平均成绩对比对照班级的成绩有所提高。那么是否可以据此认定前面的研究假设成立?从严格的统计学原理出发,我们还是不能对研究假设成立予以确认,即只有通过差异性的统计学检验,才能最终确认差异是由操控自变量带来的,还是就是一种随机误差。

实验方法的第五个步骤是进行重复检验、批判与反思。从学科发展的角度来看,心理学知识的积累必须要得到权威的认定,任何人的实证研究成果都必须设置清晰的步骤,公开所有的过程,其目的就在于便于同行进行重复检验。只有经得起重复检验的结果,才会得到心理学界公认,并且逐渐成为新的基础性的认知。比如瑞士著名的儿童心理学家皮亚杰运用"临床法",提出儿童思维"守恒"的概念。从科学性的角度来看,皮亚杰的"临床法"并不严谨,于是世界各地的心理学家再度设计更加严谨的实验手段对其加以反思与检验,并且公开这些实验的过程。最终,众多的重复性实验均指向一个结果,从而使皮亚杰提出的"守恒"概念得以确认。

二、心理学发展新知识常用的方法

虽然运用实证的方法,尤其是实验的方法是心理学积累新知识最可靠的方法,但是鉴于心理学的复杂性,我们不能排除使用传统人文学科固有的研究方法。这些方法主要包括个案研究、调查研究、自然观察、相关性研究和实验研究。

1. 个案研究

个案研究包括单一对象的研究,也包括对极少对象的研究。个案研究的主旨不在于服务特定的对象,而在于关注研究的去向,即试图确认单一对象的研究所得能够推广到所有的或者说相关的群体中。如我们关注到一个长寿的老人,发现他滴酒不沾、爱吃萝卜,那么是否可以得出这样的结论:戒酒有助于长寿?爱吃萝卜有助于长寿?显然这是行不通的,因为某人会立刻反驳:我的奶奶每天都要喝一两杯白酒,她特别爱吃肉,几乎不吃蔬菜,她已经92岁了,身体非常健康;我的爷爷滴酒不沾、爱吃蔬菜,还有运动的习惯,但是他却没有活到80岁。那么如此看来,我们又能否认为个案研究应该被排除?但事实上,根据个案研究得出的成果比比皆是,如前述的儿童心理学的开创者就运用了个案研究的方法,获得有益的研究成果。在当代,皮亚杰也是通过个案研究的方法来著述儿童心理学理论的,同样取得了斐然成就。

目前个案研究在儿童、经典伟人的研究中稳步推进,可以预计这种案例研究方法,将长期发挥自己独有的作用,可为严谨的实证研究提供活跃、丰富的理论构想。

2. 调查研究

在调查研究中,设计问卷是一种常用的方法。好的调查报告,可以比较充分地发挥其独特的作用,如1936年,盖洛普公司根据盖洛普民意测验准确地预测到罗斯福将再次当选总统而促使公司事业迅速发展。目前政府机构、各大企业都非常重视根据调查的数据来制定政策和开发产品,心理学工作者也因此而大有作为。由于设计良好的调查问卷、组织实施整个调查的过程需要大量的专业技术,且人们在面对调查时具有心理防卫机制,所以如何促使人们坦率地填写调查问卷,回答调查人员的提问,并且保证调查的可信、有效至关重要。考虑到不少接受调查的人员在填写问卷时,因为时间仓促而不能准确有效地回答问题,不能准确地反映其内心的真实想法,因此在设计调查问卷的时候,连提问的顺序都需要经过认真设计,如"漏斗原则(先一般后具体)"的使用可以帮助被调查人员梳理思路、准确回答问题。

3. 自然观察

自然观察在心理学的研究中,同样难以被取代,比如研究动物的心理、行为,研究自然环境中母亲与儿童的互动等。观察法使用简便,可以就近使用,也可以长期坚持使用。而长期观察所得到的数据往往更加可靠,比如说根据同事、配偶、上下级之间常年的互动所得出的结论比短期的心理测验得出的结论可靠得多。

目前自然的观察(不操纵被试)已经大规模地运用了高科技手段,比如说无处不在的摄像头,不仅时时刻刻、不知疲惫地坚持观察人们,而且研究人员可以通过回放技术反复查看观察内容;单向玻璃的使用,可以使被观察者的行为表现得更加自然,不被研究人员所打扰。但是由于自然的观察容易演变为记流水账,不得要领,因此在设计自然观察研究方案的时候,往往要制订比较严密的观察计划,即有哪些节点需要观察、并且要保障这些节点的观察内容可以用于横向、纵向的对比。只有这样才能在撰写研究报告的时候,可以提出有深度的理论构思或者得出清晰的观察结论。

4. 相关性研究

出于现实或者伦理的原因,研究人员往往无法很好地控制研究条件以达到实验的要求。[①] 此时往往可以运用数学统计的方法来探究相关因素之间是否存在着潜在的因果关系。由于无法界定被试,实验中的自变量、因变量在相关研究中难以被准确界定,因

---

① 津巴多:《津巴多普通心理学》,中国人民大学出版社2008年版,第25页。

此相关关系仅仅是因果关系的必要条件，而不是充分条件。仅有相关关系，未必存在因果关系。

戴维·迈尔斯通过论证抑郁与低自尊之间存在显著的相关关系，精辟地说明了在相关关系成立的前提下，低自尊有可能导致抑郁；反之，抑郁也可能导致低自尊；另外令人悲伤的事件或者遗传倾向有可能既诱发低自尊，又能诱发抑郁。因此在这一情形中，低自尊与抑郁之间是一种并立的关系，而非因果关系。① 戴维·迈尔斯饶有兴趣地指出了在相关研究中，还可能会出现虚假相关，即统计时，相关系数虽然显示有相关性，但是实际上二者毫无关联，此时相关系数就是骗人的数字。这种情况的出现主要缘于研究者在进行研究设计的过程中，不恰当地选择了没有代表性的样本，从而导致虚假相关情形的出现。

5.实验研究

实验研究是指研究者控制条件并且直接操控自变量的研究，最经典的实验之一当属比萨斜塔实验。虽然按照现代的标准，伽利略的比萨斜塔实验不够严谨，但是比萨斜塔实验却第一次突出了在控制条件下，观察操控自变量所带来的变化的神奇结果。

在日常生活中，人们也会自觉不自觉地引入控制了条件的观察行为，如恋爱中的考验，"假如我和你妈妈同时落到水中，你先救谁？"当然，要让"考验"上升到实验的高度，则要经过严格的规划与设计，即必须尽可能地控制可能干扰因果关系的无关因素的影响。

如某食品公司宣传自己开发的一款高端的营养品能够促使儿童身高增加。该公司宣传他们选择了经常购买这款产品的家庭，与没有购买这款高端营养品的家庭进行对比观察。结果显示，前述的研究假设成立。但实际上，该食品公司没有遵循随机抽样的原则，在被试的选择上存在巨大的漏洞，致使实验的结果毫无可信度。因为平时能够花钱买高端营养品的家庭的经济条件可能更加优越，这样的家庭本身的营养条件更好，运动、教育条件一般也更好，所以他们的孩子身高突出很可能是其他因素导致的。该项实验的设计是一种无能的失败或者是一种不道德的故意诱导。

实验研究主要探究因果关系，是探究因果关系经典、可靠的手段。而因变量的变化有没有数量上的特征，往往也是实验需要探究的问题，在设计实验时需要考虑到这一要点。因此现代心理学的实验研究往往既探究因果关系，同时又考察自变量与因变量之间的函数关系。如霍桑实验就是既探索因果关系，同时又试图探索函数关系的一个实例。再如，学习难度增加有可能激发人的求胜欲望，那么是不是使用难度越大的学习材料，学习效果越好？显然不能得出这样的结论。实验结果显示，往往中等难度的学习材料对人们学习动机的激励作用最大。

---

① 戴维·迈尔斯：《心理学（第7版）》，人民邮电出版社2006年版，第27页。

实验研究中偏差的来源有很多,控制偏差的方法也有很多。这些知识非常专业,需要我们专门学习才有可能掌握一二。

三、心理学研究中的伦理问题

心理学研究的主要对象是人及动物。如果不考虑伦理要求,那么心理学的研究有可能使参与研究的人员的身心受到伤害。在这一方面,人们有非常多的经验教训。因此世界各国的心理学界越来越重视心理学研究的伦理问题,一般都针对本国的实际颁布形形色色的伦理原则与行为准则。一般说来,是各国心理学家所要共同面对的实际的伦理问题有以下三个方面。

1. 欺骗

从各种文化的伦理要求来看,世人普遍要求享有知情权,即既然要动员人们参与心理学的研究,那么参与者有权要求研究的设计者、主持者告诉他们研究的真实情况,如研究目的、研究项目等。但是在实际情况下,如果告诉了被试真实的实验意图,那么这很可能会导致被试产生各种各样的心理防卫,从而导致整个研究的失败。

针对这一情况,一种普遍的解决方法是可以使用必要的欺骗,但是其有使用限度,即不能给被试带来实质性的伤害,并且要有必要的酬劳来弥补被试因实验不符合伦理道德要求而带来的损失。

2. 使用动物做被试

在生态主义、环保主义盛行的当下,使用动物来做实验,所遇到的社会阻力越来越大。但是在研究中,使用动物进行实验的成本很低,而且潜在的伤害要比使用人类被试小很多。如要开发一种新型的抗焦虑药物,该药物的疗效不确定,副作用不明确,贸然使用人类被试存在很大风险,而使用小白鼠做类比实验,风险则小很多。而选择小白鼠做抗焦虑的实验研究一个起码的前置性处理手段就是,运用电击、饥饿等手段让这些无辜的小白鼠人为地患上焦虑症,然后再给这些小白鼠服用新型的抗焦虑药物,显然这一做法违背时代精神。现代心理学界的伦理学守则对此则有明确的要求,即在整个的实验过程中,要尽量使实验动物有良好的生活环境,认真评估研究所得与使用动物所带来的伦理失分的代价,如果潜在的知识获得的价值不足够大,则尽量不要使用动物来做实验;如果要伤害动物,也要尽量减少动物的痛苦。目前使用动物做实验的争议也越来越大,不少心理学家提出,无论实验有多大价值,都不应该使用动物做实验。

3. 涉及宗教、价值信仰、法律等方面的精神层次问题难以进行实证研究

科学的力量虽然是巨大的,但是科学的实证的方法并不能解决生活中的所有问题,价值、信仰、个人的偏好、审美的情操等都难以运用实证的手段加以研究。这绝对不是一种遗憾,而是真实的存在,不确定性、自由的选择也是美好生活的一部分。

◀ 巩固练习 ▶

一、选择题

1. 科学心理学诞生于( )年。
   A. 1803　　　　　　B. 1840　　　　　　C. 1879　　　　　　D. 1917
2. 科学心理学的创始人是( )。
   A. 冯特　　　　　　B. 詹姆斯　　　　　C. 斯金纳　　　　　D. 巴甫洛夫
3. 心理动力学派最经典的代表人物是( )。
   A. 弗洛伊德　　　　B. 荣格　　　　　　C. 弗洛姆　　　　　D. 阿德勒
4. 德国的生理学家和实验心理学家( )是儿童心理学真正的创始人。
   A. 艾宾浩斯　　　　B. 普莱尔　　　　　C. 费希纳　　　　　D. 缪勒
5. 个体对学习活动所要达到的目标的主观估计是( )。
   A. 学习需要　　　　B. 学习动机　　　　C. 学习迁移　　　　D. 学习期待
6. 美国哈佛大学教授梅奥的( )充分揭示了工人不是只受金钱刺激的"经济人",人际认识、人际态度在决定其行为方面起重要作用。
   A. 罗森塔尔实验　　B. 霍桑实验　　　　C. 权威服从实验　　D. 从众实验

二、简答题

1. 简述科学心理学的基本任务。

2. 简述西方心理学有哪些经典的流派。

3. 简述弗洛伊德精神分析学派的基本观点。

4. 简述行为主义学派的基本观点。

5. 谈谈自然观察与实验研究的异同。

6. 简述心理学研究中常见的伦理问题。

三、案例分析题

某市场调研公司应邀研究电影院观众上座率的影响因素，设计了大规模的问卷调查。调查问卷统计结果显示：50％以上的调研对象报告自己之所以不愿意去电影院看电影是因为电影院的影片质量不佳；20％左右的人认为看电视、看网络视频更加便捷，而不愿意去电影院看电影；只有5％左右的人认为电影票太贵，所以自己不愿意去电影院看电影；其他的人选择了其他理由。但是现实却是，每逢电影院票价打折，电影院的上座率便会大幅上升。那么请问能否就此否认调研公司数据的真实性？能否根据调研公司的数据，给出提高电影院上座率的建议？请根据心理学研究的基本原则、基本方法予以解释。

▎推荐书目

[1] 津巴多. 津巴多普通心理学. 北京：中国人民大学出版社，2008年。
[2] 戴维·迈尔斯. 心理学（第7版）. 北京：人民邮电出版社，2006年。
[3] 张积家. 普通心理学. 北京：中国人民大学出版社，2015年。

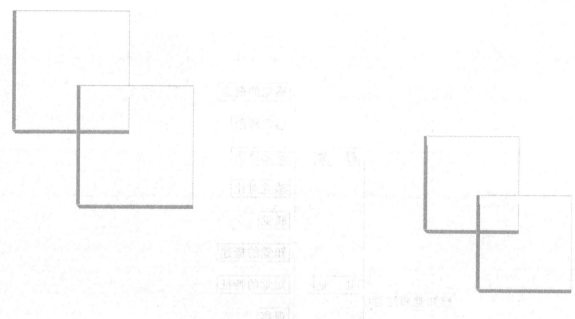

第二章 感知觉和注意

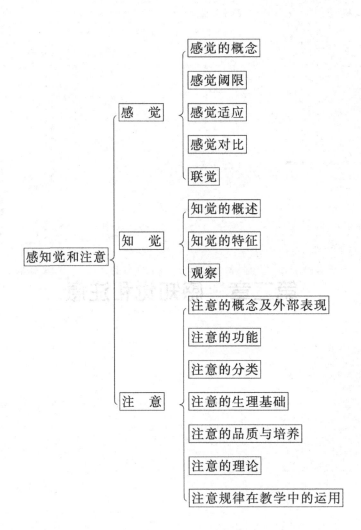

蝙蝠能在漆黑的夜空里自由飞翔,并成功地绕过各种障碍物。

青蛙在静止的苍蝇堆中会被饿死,但当一只苍蝇从它眼前飞过,青蛙的"昆虫觉察器"就会突然觉醒。

腐烂的肉会让我们感到恶心,但有些动物如秃鹫却趋之若鹜,并以它为食。

夏天去游泳,刚下水的时候,你感觉水很凉。但游了一会儿,你觉得水让人感觉很舒服。

飞驰而过的卡车发出的巨大声响无法吵醒沉睡中的母亲,但婴儿的哭声会让母亲从沉睡中醒来。

思考题:

1.为什么有些刺激我们感觉不到,但有些动物却能感觉得到?同样,有些刺激我们能感觉得到,但有些动物却感觉不到?

2.我们和秃鹫对腐肉为什么会有不同的反应?我们对腐肉的感觉比秃鹫的更准确吗?

3.为什么刚下水游泳时让你感觉凉的水,一会儿后又会让你感到舒服?刚下水的感觉比后来的感觉更准确吗?

4.为什么卡车发出的巨大声响无法吵醒熟睡中的母亲,但婴儿的哭声却会让她醒来?

我们生活在一个由各种各样的能量构成的世界中,这些能量时刻冲击着我们的身体。而我们的大脑处于黑暗、封闭和寂静的头颅之中,外部世界是如何进入我们的大脑中的呢?我们是如何看到五颜六色的鲜花?如何闻到玫瑰的芬芳的?如何感受到夏日的炎热和严冬的寒冷的?毫无疑问这些都是由我们的感知觉来完成的。那么什么是感知觉?人的感知觉是如何产生的?人的感知觉有什么规律?什么是注意?注意有哪些类型?注意有什么规律?这是本章将要讲述的主要内容。

第一节 感觉

一、感觉的概念

感觉是人脑对事物的个别属性的反应①,然而这样的描述并不能告诉我们感觉是如

---

① 彭聃龄:《普通心理学(第5版)》,北京师范大学出版社2019年版,第84页。

何形成的。要在头脑中表征这个世界,我们必须识别环境中的物理能量(如光波、声波等),并将其转换成大脑能够读懂的神经信号。这些神经信号到达相应的大脑感觉皮层后,就会激活我们相应的感觉。

来自外部世界的光、声波及其他各种能量不能直接到达大脑,因为我们的神经系统不能传输这些物理能量,并且大脑也读不懂它们。大脑唯一能够读懂的语言就是神经信号。在心理学中,凡是能使感受细胞兴奋的任何事物都可以称为刺激。心理学家用换能这一概念表示将物理刺激转化为神经信号的过程。我们的每种感受器(如眼睛、耳朵、鼻子)对某种特定的能量敏感,负责将这种能量转换成神经信号,大脑利用这些神经信号来创造自己的体验。这一过程进行得特别快,以致我们认为感觉就是事物本身的属性,但事实并非如此。比如,腐烂的肉对我们来说是臭的、恶心的,但对于以腐肉为食的生物来说,腐烂的肉很可能不是臭的、不是令它们恶心的。因此,臭、令人恶心的气味并不是腐肉本身的属性,而是我们的大脑根据鼻子传递给它的神经信号创造出来的。不仅我们的嗅觉如此,而且我们所有的感觉都是大脑根据神经信号创造出来的。

现在请思考一个问题:如果森林中有一棵大树倒了,但没有任何具有听觉的生物在场,会有声音存在吗?

答案可能会有点儿让你吃惊:没有。一棵树倒下,会产生振动,振动会在空气等介质中传播,这就是声波。声波变成声音,必须由具有听觉的生物来完成。如果没有具有听觉的生物在场,声波只是声波,而不会变成声音。我们的大脑根据感觉器官提供的神经信号创造了颜色、声音、味道等我们所具有的感觉体验。

光幻视

如果你患有眼疾或戴隐形眼镜,下面这个动作一定不要做。现在,请闭上你的双眼,然后用你的手指轻轻按压一个眼睛的内角。你会"看见"一个由于手指按压而产生的图像,这些光感叫作光幻视。[①]

产生光幻视这一现象的原因是,眼睛中的感受细胞对压力有一定的敏感性。按压能够和光一样刺激视神经,就会产生虚幻的光感。有时在脑外科手术中,直接电刺激枕叶也会产生相同的效果。这说明光线对光感的产生并不是必不可少的。可见,有关光的感觉体验一定是大脑创造的,而不是外部世界的本质属性。现在我们知道,我们看到事物不仅缘于眼睛的功能,大脑也在其中起着非常重要的作用。每一种感觉都始于感受器,在经过一系列过程之后,最终由大脑完成。我们的感觉系统像一个永不关闭的生物计算机,感觉过程是收集、转换、分析、编码的过程,它把数据源源不断地传输给大脑。

感觉虽然很简单,但是很重要,在人的生活和工作中具有重要的意义。首先,它提供

[①] 菲利普·津巴多、罗伯特·约翰逊、薇薇安·麦卡恩:《津巴多普通心理学(原书第7版)》,钱静、黄珏苹译,中国人民大学出版社 2016 年版,第 84 页。

了内外环境信息,没有感觉提供的信息,人就不可能根据自己机体的状态调节自己的行为;其次,它保证了机体与环境的信息平衡;最后,它是一切高级、复杂的心理现象的基础,是人的全部心理现象的基础。①

感觉剥夺实验

第一个以人为被试的感觉剥夺实验是由贝克斯顿、赫伦、斯科特于 1954 年在加拿大一所大学的实验室里进行的。被试是自愿参与实验的大学生,他们每天的报酬是 20 美元(当时大学生打工一般每小时可以挣 50 美分)。所有的被试每天要做的事是:每天 24 小时躺在有光的小屋里的床上,时间尽可能长(只要他愿意)。被试有吃饭的时间、上厕所的时间。严格控制被试的感觉输入,如给被试戴上半透明的塑料眼罩,这种眼罩可以透进散射光,但戴上眼罩被试不能形成图形视觉;给被试戴上用纸板做的套袖和棉手套,限制他们的触觉;使用 U 形泡沫橡胶做的枕头,同时用空气调节器发出的单调嗡嗡声限制他们的听觉。在实验开始前,大多数被试以为能利用这个机会好好睡一觉,或者思考论文写作、制订课程计划。但后来被试报告说,自己对任何事情都不能进行清晰的思考,哪怕是很短的时间的思考。他们不能集中注意力,思维活动似乎是"跳来跳去"的。感觉剥夺实验停止后,这种影响仍在持续。具体来说,对于简单的作业,如词或数字的记忆,感觉剥夺实验没有对被试产生影响;对于中等难度的作业,如移动单词中的字母,感觉剥夺实验也没有对被试产生影响;对于复杂的问题,如需运用高水平语言能力和推理能力的创造测验、单词联想测验,接受过感觉剥夺的被试的成绩不如未接受感觉剥夺的被试的。可见感觉剥夺影响了复杂的思维过程或认识过程。此外,接受感觉剥夺实验的被试中有 50% 的人报告自己产生了幻觉,其中大多数是视幻觉,也有被试报告说自己产生听幻觉或触幻觉。

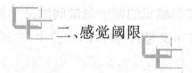

二、感觉阈限

我们的感觉器官只能对一定范围的刺激作出反应,这个刺激范围就是我们的感觉阈限。感觉阈限包括绝对阈限和差别阈限。

1. 绝对阈限

刺激只有达到一定的强度才能引发我们的感觉,那种刚刚能够感觉到的最小的刺激量称为绝对阈限。如果你指着夜空中的一颗星星给朋友看,而对方却看不到,这说明

---

① 彭聃龄:《普通心理学(第 5 版)》,北京师范大学出版社 2019 年版,第 84 页。

你们视觉的绝对阈限存在差异。你能看见这颗星星,说明它达到了你视觉的绝对阈限;你的朋友看不见这颗星星,说明它没有达到你朋友视觉的绝对阈限。由于人们对刺激的敏感性存在很大的差异,而且敏感性也会随时间变化而产生变化,因此心理学家给出绝对阈限的操作定义是:在多次的实验中,50%的次数能够感觉到某一刺激所需的刺激强度。

在心理学发展早期,许多研究是为测量绝对阈限而设计的,这一领域的研究被称为心理物理学。早期的心理物理学家认为,绝对阈限是固定不变的,如果一种刺激超过了个体的绝对阈限,个体就能感觉到;如果刺激低于个体的绝对阈限,个体就感觉不到。

后来心理学家发现,我们的绝对阈限并不是固定不变的。比如,当有人拨打你的手机时,你有时能听到手机铃声,有时却听不到。信号检测论能帮助我们理解这种现象,该理论认为感觉取决于刺激的特征、背景刺激和探测器。你能否听到你的手机铃声,不仅取决于铃声的大小,而且取决于环境中噪声强度和你的身心状态。在安静的环境中,你容易听到你的手机铃声,你头脑清醒以及期待一个电话时也容易听到手机铃声;相反,在嘈杂的环境中及昏昏欲睡时则不容易听到手机铃响。经典的心理物理学显然没有考虑到个体的身心状况及期待等因素对绝对阈限的影响。

信号检测论认为,感觉不是一种简单的有或无的体验,而是信号被检测到并准确被加工的概率;由于个体的身心状态处于不断变化中,因此感觉阈限也是不断变化的。由于考虑到了背景刺激和个体的身心状态等影响信号检测的各种因素,信号检测论比经典心理物理学更准确地描述了感觉阈限。

2. 差别阈限

调音师能辨别出音高的细微差异;品酒师能够辨别出不同酒类之间的微小差异。差别阈限是指刚能引起差别感觉的两个刺激间的最小差异量,也称最小可觉差。心理学家给出差别阈限的操作定义是:在多次的实验中,50%的次数能够感觉到两个刺激间的最小差异量。

德国莱比锡大学的韦伯发现,差别阈限与刺激强度成正比,即当刺激强度较小时,差别阈限也小;当刺激强度较大时,差别阈限也大,心理学家称之为韦伯定律。比如,食堂的馒头价格从 5 角涨到 1 元,可能会影响你的购买意愿;一件 100 元售价的衣服价格涨了 5 角,估计不会影响你的购买意愿。韦伯定律描述的是一个近似值,适用于中等强度的刺激,我们日常生活中的刺激大多在此范围内。

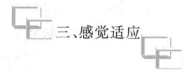
三、感觉适应

当你走进隔壁宿舍时,你可能会闻到一种味道,但很快这种味道好像就消失了。"入芝兰之室,久而不闻其香;入鲍鱼之肆,久而不闻其臭",描述的是嗅觉适应现象。戴着手表找手表、戴着眼镜找眼镜描述的触觉适应现象。研究发现,只要经过3秒左右的时间,触压觉的感受能力就会下降到约为原始值的25%。不过,感觉适应并非都会导致感受能力的降低。我们从明亮的地方走到黑暗的地方,刚开始可能什么也看不到,过一会儿后,就又能看到一些东西的轮廓了,我们的感受能力提高了。这种由于刺激物对感受器的持续作用而使感受能力发生变化的现象,即感觉适应。

虽然感觉适应通常会降低我们的感受能力,但其对我们却非常有利。如果我们的感觉系统不具备适应能力,那么我们很快就会被涌入的大量信息所淹没。尽管在大多数情况下,感觉适应降低了我们的感受性,但感受性的降低可以使我们关注环境中丰富多样变化着的信息,而不被单调持续刺激所吸引。

我们的痛觉很难适应,这是为什么呢?进化心理学家认为,痛觉是伤害性刺激信号,如果我们很容易适应痛觉,那么痛觉就会危及我们的生存。在进化的过程中,痛觉容易适应个体的基因逐渐消失。

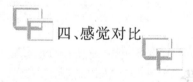
四、感觉对比

对比是感觉相互作用、相互影响而使感受性发生变化的现象,即当同一感官受到不同刺激的作用时,其感觉会发生变化,这种现象叫感觉对比。感觉对比可分为同时对比与继时对比两种。

同时对比是几个刺激物同时作用于同一感受器而产生的对比现象。视觉的同时对比表现较为明显。例如,灰色的正方形放在红色的背景内,正方形看上去有点发绿;放在绿色的背景内,正方形看上去有点发红。所谓"月明星稀,月暗星多"说的也是这个道理。

刺激物先后作用于同一感受器而产生的对比现象叫继时对比,也叫先后对比。例如,吃了苦的东西后,再喝白开水,会觉得水也有点甜了;先吃苹果,会觉得苹果很甜,但是吃过糖再吃苹果,会觉得苹果很酸,说的也是这个道理。

五、联觉

用刀子刮毛玻璃产生的声音会让人身上起鸡皮疙瘩;红色和橙色会给人带来温暖的感觉,而蓝色和绿色则会给人带来清凉的感觉。这样的通道刺激不但能引起该通道的感觉,而且能够引起另一种通道的感觉的现象,被称为联觉。在日常生活中,人们常说"甜蜜的声音""冰冷的脸色"等,都属于联觉现象。

大多数人会把尖锐的声音与"小"的感觉联系起来,把低沉的声音与"大"联系在一起。从进化角度来看,这种联系无疑源自这样一个事实:小型物品、人或者动物发出的声音比较尖锐。人类在进化中掌握了这样的本领:为了区分身后的叫声来自一只熊还是一只老鼠,人类本能地将声音与物体联系了起来,人类不必转身就可以知道是否存在危险。

关于联觉产生的原因,存在很多解释。一些研究者认为,大脑由于区域间出现了额外的神经连接,使其结构产生了改变,从而产生了联觉;一些研究者认为更可能是由于大脑抑制现有的神经连接的能力减弱,从而导致感觉产生互相结合。一些最新的假设则倾向于认为,联觉是在神经连接形成的最初几年里,通过多样化的学习而形成多种感觉的结合。随着大脑的成熟,部分联觉并没有消失,也许是因为它们很有用,也许只是因为它们并无害处。

第二节 知觉

一、知觉的概述

1. 知觉的概念

无论我们感觉到什么,我们总是会自动对其进行描述和解释,这就是我们的知觉。

从信息加工的角度来看,知觉就是人脑在已有知识经验的基础上,对感觉信息的组织和解释。简单来讲,知觉过程就是在感觉中寻找意义的过程。①

知觉过程包括两个互补的过程:自下而上的加工和自上而下的加工。自下而上的加工依赖于大脑中用于感觉这些刺激特征的特征感受器:什么颜色?什么味道?有多大?冷的还是热的?自下而上的加工将感觉数据传送到大脑皮层进行分析。由于这种知觉加工过程依赖于刺激特征,心理学家常称自下而上的加工为数据驱动加工。在自上而下的加工中,知觉者的需要、兴趣和爱好、对活动的预先准备状态和期待及一般知识经验,都在一定程度上影响知觉的过程和结果。② 比如一部新电影上映了,有的观众对其赞不绝口,有的观众则批评指责,显然知觉者自身的兴趣爱好、知识经验影响了他们对电影的知觉。自上而下的加工依赖于知觉者自己思想中的概念,因此也被称为概念驱动加工。一般来说,我们对知觉对象了解得越多,自上而下的加工就越会占优势;我们对知觉对象了解得越少,自下而上的加工就越会占优势。

2. 知觉的分类

知觉是多种感觉器官协同作用的结果。根据何种感觉器官在知觉过程中占主导地位,可以将知觉分成视知觉、听知觉、嗅知觉等。根据认识对象的特征,可以把知觉分为空间知觉、时间知觉和运动知觉。根据知觉中意识参与的程度,知觉可以分为阈上知觉和阈下知觉。根据知觉是否与客观事物相符,又可以把知觉分为正确的知觉与错觉。

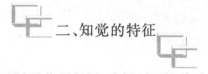

二、知觉的特征

1. 知觉的选择性

由于认知资源的有限性,在一定时间内,人们总是有选择地以少数事物为知觉对象,对它们作出清晰的反应,而其他事物则成为知觉模糊的背景。知觉系统这种有选择地注意某些刺激,而忽略其他刺激的现象,即知觉的选择性。

知觉的对象与背景是可以互相转化的。在下图中,你看到了一个水杯还是两张人脸?如果你在课堂上认真听课,老师的声音就是你知觉的对象,你听得很清楚,周围其他

---

① 菲利普·津巴多、罗伯特·约翰逊、薇薇安·麦卡恩:《津巴多普通心理学(原书第7版)》,钱静、黄珏苹译,中国人民大学出版社2016年版,第105页。

② 彭聃龄:《普通心理学(第5版)》,北京师范大学出版社2019年版,第141页。

的刺激则是模糊的背景。这时,你的同学突然拍了你一下,问了你一个问题,此刻同学的声音很可能成为你知觉的对象,老师的声音则成为模糊的背景。

知觉对象的选择与很多因素有关。一般来说,强度较大、色彩鲜明、具有活动性的客体易成为被选择的对象。客体自身的组合规律如简明性、对称性、规律性等,使它们容易被选择为图形。此外,知觉者的经验、兴趣、爱好及职业等也影响着知觉对象的选择。

除了存在于空间的刺激组合中之外,在时间序列中也同样存在着对象和背景的关系。对一个物体的知觉,往往受到前后相继出现的物体的影响。发生在前面的知觉直接影响到后来的知觉,产生了后续知觉的准备状态,这种现象叫知觉定势。

我们的认知资源是有限的,正是因为有了知觉的选择性,我们才能够把注意力集中于少数重要的刺激或刺激的重要方面,从而更有效地认识外界事物,更好地适应外界环境。

2. 知觉的理解性

知觉的理解性是指人在知觉过程中,不是被动地把知觉对象的特点记下来,而是以过去的知识经验为依据,力求对知觉对象作出某种解释,使它具有一定的意义。因此,人的知觉与记忆、思维等高级认识过程有密切的联系。比如,远处出现一个模糊的、熟悉的身影,知觉会帮助你认出它是谁;一个陌生的电话打来,接听后传来一个熟悉的声音,知觉会帮助你判断对方是谁的声音。

3. 知觉的整体性

我们的大脑似乎讨厌缝隙。在上图中,我们会将四段圆弧看成一个完整的圆。我们的大脑自动填补了圆弧与圆弧之间的空白,心理学家称这种现象为主观轮廓。这种把不完整的图形知觉为完整图形的特性,心理学家称之为知觉的整体性。

在听音乐时,我们如何将一个个音符整合成音乐的旋律?我们又怎样将色彩、外形、轮廓等元素组合成家人的面容?格式塔心理学家通过系统研究,归纳出一套知觉组织规律,如接近律、相似律、连续律和共同命运律等。接近律是指人们倾向于将空间上接近的成分归在一起。相似律是指人们倾向于将颜色、亮度、形状相似的成分组成一个整体。连续律是指人们更喜欢平滑连接的和连续的图像,而非分开的图像。共同命运律是指我们倾向于将一起移动的物体知觉为一个整体,如一群大雁、一群老鼠和一群蚂蚁等。

4. 知觉的恒常性

知觉的恒常性是指当知觉的客观条件在一定范围内改变时,我们的知觉却在相当程度上保持着它的稳定性。① 知觉恒常性包括形状恒常性、大小恒常性和颜色恒常性。

(1) 形状恒常性

当我们从不同的角度观察同一物体时,虽然物体在视网膜上投射的形状是不断变化的,但是我们知觉到的物体形状并没有发生相应改变,这就是形状的恒常性。

(2) 大小恒常性

当我们从不同的距离观看同一物体时,物体在视网膜上成像的大小是有变化的。距离远,它在视网膜上成像较小;距离近,它在视网膜上成像较大。然而在实际生活中,当我们走近一个物体时,并不会觉得它的大小发生变化。

(3) 颜色恒常性

一个有颜色的物体在色光照明下,它的表面颜色并不受色光照明的严重影响,而是保持相对不变,这就是颜色恒常性。比如,无论是在中午的白光下,还是在夕阳的红光下,我们都会觉得我们的国旗是红色的。当然,知觉恒常性也是有限度的,如果知觉条件变化太大,我们的知觉也会发生变化。

知觉的恒常性说明知觉不单纯是人脑对外界信息的反映,知识经验在知觉过程中也起着重要作用。人们在日常生活中,会将形状与观察角度、大小与距离联系起来。当观察条件改变时,我们利用已经建立的联系,保持对事物稳定的知觉。知觉的恒常性能够帮助我们在变化的世界中辨别和跟踪物体。

---

① 彭聃龄:《普通心理学(第5版)》,北京师范大学出版社2019年版,第147页。

三、观察

观察是知觉的高级形式,是一种受思维影响的有目的、有计划、比较系统的、持久的知觉活动。观察比一般知觉有更多的积极性和理解性,思维在其中起着重要的作用,所以观察也叫"思维的知觉"。观察的全过程和注意、思维等密切联系。

观察是人从现实中获得感性认识、主动积极的活动形式,是人们学习知识、认识世界的门户,也是一切创造的开端。科学研究、艺术创造和教育教学等都离不开细致、敏锐的观察。

观察力是指人迅速、敏锐地发现事物细节和特征等方面的知觉能力。观察力是智力结构的重要组成部分,是学生学习活动不可缺少的能力。

在学校教育教学中,培养学生的观察力一般应从以下几方面入手。第一,引导学生明确观察的目的与任务;第二,做好观察事物或现象的知识准备;第三,制订周密的观察计划;第四,教给学生观察方法;第五,学会做观察记录,分析、整理观察资料,巩固、认知观察结果;第六,对学生因材施教,对其进行观察训练,养成观察的习惯。①

第三节 注 意

注意贯穿于心理过程始终,没有注意就不能有效地进行各种活动。学习注意的特点和规律,可以帮助我们学会组织和发展自己的注意力,科学地学习和工作,以提高学习和工作的效率。

---

① 姚本先:《心理学(第3版)》,高等教育出版社2018年版,第106页。

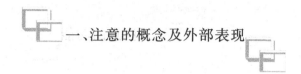

一、注意的概念及外部表现

1. 注意的概念

注意是心理活动对一定对象的指向和集中。指向性和集中性是注意的两个基本特性。指向性是指心理活动在某一时刻总是有选择地朝向一定对象。因为人不可能在某一时刻同时注意到所有的事物，接收到所有的信息，所以只能选择一定对象加以反映。例如，我们要想看清楚满天星斗，就只能看向个别方位或某个星座。指向性可以保证我们的心理活动清晰而准确地把握某些事物。集中性是指心理活动停留在一定对象上的深入的加工过程。注意集中时，心理活动只关注所指向的事物，抑制了与当前注意对象无关的活动。比如，当我们集中注意力去读一本书的时候，就无暇顾及旁边的人声、鸟语或音乐声，或者有意不去关注它们。注意的集中性保证了我们对注意对象有更深入完整的认识。当学生认真听课时，其心理活动指向教师的教学活动，对周围其他刺激视而不见，听而不闻。注意的指向性和集中性是密切联系在一起的。

2. 注意的外部表现

一般来说，注意的外部表现有以下三个方面内容。

一是适应性动作出现。人在注意状态下，感觉器官一般是朝向注意对象的。当我们注意某个物体时，会"注目凝视"；注意一种声音时，又会"侧耳细听"；在我们专注于回忆往事、思考问题时，又常会"眼神发呆，若有所思"。当然，最明显的适应性动作就是个体能够跟随组织者的思路，配合做各种运算或操作等。这也说明个体正处于积极的有意注意状态。

二是无关运动停止。当人们集中注意时，就会高度关注当前的活动对象，一些与活动本身无关或起干扰作用的动作会相应减少甚至停止。例如，一个认真听讲的学生不会总是东张西望或者玩一些与活动不相关的物品。

三是呼吸运动变化。人在注意时，呼吸常常是轻缓而均匀的，有一定的节奏。但有时在紧张状态下、高度注意时，人们常会"屏息静气"，甚至牙关紧闭、双拳紧握。

二、注意的功能

注意的基本特性决定了注意的一些主要功能,这些功能主要表现在以下三个方面。

1. 选择功能

注意的选择功能指注意使得人们在某一时刻选择有意义的、符合当前活动需要和任务要求的刺激信息,同时避开或抑制无关刺激的作用。这是注意的首要功能,它确定了心理活动的方向,保证我们的生活和学习能够次序分明、有条不紊地进行。

2. 保持功能

注意的保持功能指注意可以将选取的刺激信息在意识中加以保持,以便心理活动对其进行加工,完成相应的任务。如果选择的注意对象转瞬即逝,无法对其展开心理活动,个体也就无法进行正常的学习和工作。

3. 调节监督功能

注意可以提高活动的效率,这体现在它的调节监督功能上。在注意集中的情况下,错误减少,准确性和速度提高。另外,注意的分配和转移保证活动顺利进行,并适应变化多端的环境。

三、注意的分类

1. 无意注意

无意注意也称不随意注意,是一种被动的注意。它既没有预定目的,也不需要意志努力。或者说,注意的引起与维持不是依靠意志的努力,而是取决于刺激物体本身的性质。在这种注意活动中,人的积极性的水平较低。无意注意既可帮助人们对新异事物进行定向,使人们对事物获得清晰的认识,又能使人们被动地从当前进行的活动中离开,干扰他们正在进行的活动,因而具有积极和消极两方面的作用。

引起无意注意的因素很多,概要地可以分为主观与客观两方面。客观上引起无意注意的因素主要有以下几个方面。

(1) 刺激物的强度

刺激强度越大,越容易引起无意注意。如响亮的声音比微弱的声音、浓艳的色彩比浅淡的色彩、巨型广告牌比小型广告牌等更容易引人注意。不过,这里的强度不仅指刺激物的绝对强度,而且指相对强度。霓虹灯在白天也许并不引人注目,但在漆黑的夜晚里却格外醒目,使人容易注意到它。

(2) 刺激物的新异性

任何新奇的东西都容易成为注意的对象,而刻板的、千篇一律的习惯性刺激则不容易引起人们的注意。我们常有这种体验:从未见过的东西,一旦出现则会特别引人注目。

(3) 刺激物之间的对比度

刺激物之间在强度、形状、大小、颜色或持续时间等方面的差距越大,就越容易引起人们的无意注意。如现实中黑白相间、红绿相映、大小对立及高低悬殊等往往能大大增强刺激的效果。

(4) 刺激的变化

运动、变化的事物容易引起人们的注意,而静止、平淡的事物则往往容易被人们忽略。动画片的播放效果胜于幻灯片;霓虹灯之所以引人注目,不仅在于其色彩的鲜艳,还在于图像的不断变化。

引起无意注意除了客观方面的因素外,还受人的主观因素的影响。人的需要、兴趣、情绪、精神状态、知识、经验和期望心理等都是引起无意注意的主观因素。

2. 有意注意

有意注意也称随意注意,是有预先目的的、必要时需要意志努力、主动地对一定事物产生的注意。有意注意的发生和维持,虽也与主体的需要、兴趣、情感、知识经验等有关,但这些主观因素的作用是间接表现出来的,它们都受主体当时确定的活动目的所制约。

有利于保持有意注意的条件包括以下四个方面。

第一,加深对目的的理解。有意注意是一种有预先目的的注意,目的越明确、越具体,有意注意就越容易保持。

第二,合理组织活动。活动组织得是否合理,关系到有意注意的保持。

第三,培养间接兴趣。间接兴趣是一种有关活动结果的兴趣。有了这种间接兴趣,尽管活动本身枯燥,但有意注意仍能保持很长时间。

第四，排除干扰。外界的刺激物、机体的某些状态（如疾病、疲劳等）、无关的思想和情绪等都可能干扰正在进行的活动，因此要采取措施，排除干扰。

3. 有意后注意

有意后注意又称随意后注意，它是有预定目的但不需要意志努力的注意。有意后注意是一种特殊形式的注意，是由有意注意升华而来的更高级的注意。在有意注意条件下，主体要维持这种注意需要作出一定的意志努力。这种注意虽然受间接兴趣制约，但是随着活动的深入，人们不仅对活动的结果感兴趣，而且对活动本身也产生了兴趣。活动中的困难或被克服，或由于直接兴趣的产生，主体对困难的承受程度也随之提高。在维持这种注意时，主体也不再需要付出特别的意志努力了。这时的注意，虽然保持了有意注意的本质特点——有目的性，但又不同于最初的有意注意，它已不再需要意志努力了。这种有自觉目的但又不再需要意志努力的注意，就是有意后注意。人类有效率的活动，如熟练的操作技能、智慧技能，与这种注意密切相关。

四、注意的生理基础

1. 定向反射

新异刺激物的出现会对以前已经建立的条件反射产生抑制作用，而对新异刺激产生一种特殊的反射，这种特殊的反射就是定向反射。定向反射是由情境的新异性所引起的一种复杂而又特殊的反射，是注意的初级生理机制，是人和动物共同具有的一种反射。定向反射是由新异刺激引起的，刺激物一旦失去新异性（习惯化），定向反射也就不会发生了。

2. 注意的大脑皮层机制

网状结构不传递环境中的特定信息，但它对维持大脑的一般性活动水平，保证大脑有效地加工特定的信号，具有重要的意义。研究表明，脑干网状结构是有机体从睡眠到觉醒，并保证注意选择性的重要器官。损坏这一组织，将使大脑皮层的紧张度急剧下降，并引发注意的严重失调。

在注意中人们选择一些信息，而放弃另一些信息是由边缘系统和大脑皮层来完成的。边缘系统既是调节大脑皮层紧张性的结构，又是对新旧刺激物进行选择的重要结构。研究表明，在边缘系统中存在着大量的神经元。它们不仅对特殊通道的刺激作出反应,而且对刺激的每一变化作出反应。当环境中出现新异刺激时,这些细胞就会活跃起来,而对已经习惯了的刺激不再作出反应,这些神经元也叫"注意神经元"。它们是对信息进行选择的重要器官,是保证有机体实现精确选择行为方式的重要器官。

产生注意的最高部位是大脑皮层。大脑皮层不仅对皮层下组织起调节、控制的作用,而且是主动调节行动、对信息进行选择的重要器官。在选择性注意的产生中,大脑额叶有重要作用。额叶对动物和人的行为具有控制和计划的作用。具体地说,注意是由某些动因引起的一种大脑皮层上的优势兴奋中心的负诱导。当刺激产生作用时,大脑皮层上有关刺激作用的相应部位产生优势兴奋中心。这个中心对其周围区域的皮层有一定的抑制作用,一个兴奋点诱导其周围产生抑制,称为负诱导。负诱导过程使人更集中、更清楚地反映引发这一优势兴奋中心的那些刺激,这就是注意过程运行的机理。

近些年来,由于脑成像技术不断应用于心理学的研究,人们对注意的神经机制研究积累了大量的实验证据。有研究者提出注意需要三个脑区的协同活动:第一,认知对象的大脑功能区(功能柱);第二,丘脑神经元,其功能是提高大脑的激活水平;第三,大脑前额叶的控制区选择被注意的对象,从而提高相应脑区的激活水平和增加注意持续的时间。

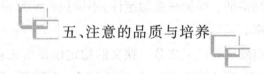

五、注意的品质与培养

1. 注意的范围

注意的范围又称注意的广度,是指一个人在同一时间内能够清楚地把握注意对象的数量。它反映的是注意品质的空间特征。

心理学家很早就开始研究注意广度问题。1830年,心理学家汉密尔顿最先做了这方面的实验。他往地上撒了一把石子,发现人们很难在一瞬间同时看到六颗以上的石子。如果把石子两个、三个或五个组成堆,人们能同时看到的堆数和能看到的单个的数目一样多。利用速示器进行的研究表明,成人在1/10秒内一般能注意到8~9个黑色的或4~6个没有联系的外文字母。

扩大注意广度,可以提高工作和学习的效率。在生活中,排字工人、打字员、汽车驾驶员等职业的技能都需要具有较大的注意范围。影响注意范围的因素主要有以下三个方面。

（1）注意对象的特点

注意的范围因注意对象特点的不同而有所不同。一般说来,注意对象的组合越集中,排列越有规律,相互之间能成为有机联系的整体,注意的范围就越大。

(2)活动的性质和任务

用速示器呈现一些英文字母,其中有些英文字母存在书写错误,要求一组学生在短时间内判断哪些字母书写有误,并报告字母的数量;要求另一组学生报告所有字母的数量。结果表明,前者知觉到的字母数量要比后者的少很多。可见,活动任务越复杂,越需要关注细节的注意过程,注意的范围会越小。

(3)个体的知识经验

一般来说,个体的知识经验越丰富,整体知觉能力越强,注意的范围就越大。专业素养深厚的人在阅读专业资料时可以做到"一目十行",非专业人士即使逐字逐句地阅读,也不见得能获得准确的理解。我们知道,围棋高手扫视一下棋盘,就能掌握双方的形势和局面变化等信息,这得益于良好的注意广度;初学者由于欠缺经验,就只能一部分一部分地来关注棋势。

2. 注意的稳定性

注意的稳定性也称注意的持久性,是指注意在同一对象或活动上所保持时间的长短。这是注意的时间特征。衡量注意稳定性,不能只看注意保持时间的长短,还要看这段时间内活动的效率。

注意的稳定性有狭义与广义之分。狭义的稳定性是指注意在某一事物上所维持的时间,如长时间看电视、读一本书等。人在注意同一事物时,很难长时间地注意注意对象。例如,把一只表放在被试耳边,并与其保持一定距离,使被试能隐约听到表的滴答声。实验结果表明,被试时而听到表的滴答声,时而又听不到。广义的稳定性是指注意在某项活动上保持的时间。在广义的稳定性概念中,注意的具体对象可以不断发生变化,但注意指向的活动的总方向始终不变。例如,学生在听课的时候,跟随教师的教学活动,一会儿看黑板,一会儿记笔记,一会儿读课文。虽然注意的对象不断在变化,但都服从于听课这一总任务。在学习和工作中,我们都强调广义注意的稳定性。

同注意的稳定性相反的表现是注意的分散。注意的分散又称分心,是指在注意过程中,由于无关刺激的干扰或者单调刺激的持续作用引起的偏离注意对象的状态。无关刺激的干扰容易引起无意注意,妨碍有意注意;单调刺激的作用是指有意注意如果千篇一律、毫无新意,会引起主体疲劳和精神松懈,也会使其产生分心。

影响注意的稳定性的因素有如下三个方面。

(1)注意对象的特点

注意对象本身的一些特点影响到注意维持时间的长短。一般来说,内容丰富的对象比内容单调的对象更能维持注意的稳定性。相对于一个透明的玻璃茶杯,人们可能会花更多的时间来关注一幅色彩丰富的图画。此外,活动的对象比静止的对象更能维持注意的稳定性。相对于一幅画,人们有可能会花更多的时间关注变化着的电视画面。有关新生儿的研究表明,他们注视人脸和复杂图形的时间远比注视墙壁和灯光的时间长。但这并不是说事物越复杂,刺激越丰富,注意力就越稳定。过于复杂、变幻莫测的对象反而容易使人产生疲劳,导致注意的分散。

(2) 主体的精神状态

除了外部刺激物的特点之外,个体的主观状态也影响注意的稳定性。一个人身体健康、情绪良好、精力充沛,容易全力投入学习和工作,不知疲倦。相反,一个人处于失眠、疲劳、疾病状态,或者在情绪受挫的情况下,注意无法保持稳定,活动效率也会大大降低。

(3) 主体的意志力水平

注意的稳定性实际上就是指保持良好的有意注意,因此需要有效地对抗各种干扰。主体具备坚强的意志力,就可以战胜各种困难,克服自身缺点,始终如一地保证活动的进行和活动开展的高效率。

3. 注意的分配

注意的分配是指在同一时间内把注意指向不同的对象和活动。注意的分配在人的实践活动中有重要的现实意义。如教师需要一边讲课,一边注意学生的课堂反应;司机需要一边驾车,一边观察路况。事实证明,注意的分配是可行的,人们在生活中可以做到"一心二用",甚至"一心多用"。不过,注意的分配是有条件的。

第一,同时进行的几种活动中至少有一种应是高度熟练的。当个体掌握一种活动达到自动化的熟练程度时,个体就可以集中大部分精力去关注比较生疏的活动,保证几种活动同时进行。我们可以做到边听报告边记笔记,显然是由于我们写字已经达到熟练甚至自动化的程度。驾驶技术高超的司机可以边驾车边为乘客报站名,体现的也是这个道理。

第二,同时进行的几种活动必须有内在的联系。有联系的活动才便于注意分配,这是因为活动间的内在联系有利于形成固定的反应模式,经过训练人们就可以掌握这种反应模式,同时兼顾几种活动。例如,歌唱演员有时自弹自唱同一首歌,甚至能够边唱歌边剪纸,也是借助了活动间的内在联系或人为地建立活动联系,以达到注意的分配的目的。

4. 注意的转移

注意的转移是指根据活动任务的要求,主动地把注意从一个对象转移到另一个对象上。例如,在学校课程安排上,如果先上语文课,再上数学课,学生就应根据学习需要,把注意主动及时地从一门课转移到另一门课上。

注意的转移不同于注意的分散。前者根据任务需要,有目的地、主动地转换注意对象,为的是提高活动效率,保证活动的顺利完成。如看完一堂录像教学课,要求学生互相讨论。后者是由外部刺激或主体内部因素的干扰作用引起的,是消极被动的。注意的分散违背了活动任务的要求,偏离了正确的注意对象,降低了活动效率。如两个学生在看教学录像的过程中交头接耳、互相说笑,而没有关注录像的内容,显然是注意分散的表现。

良好的注意转移表现为注意在两种活动之间转换时间短,活动过程效率高。影响注意转移的因素有以下四个方面。

第一,对原活动的注意集中程度。个体对原来活动兴趣越浓厚,注意力越集中,注意的转移就越困难。很难让一个沉迷于电脑游戏的孩子转移注意力,去拿起书本温习功课。当然,如果人体对原活动的注意力本来就不够集中,就比较容易随活动任务的要求而转移注意。

第二,新注意对象的吸引力。如果新的活动对象引起个体兴趣,或能够满足他的心理需要,注意的转移就比较容易实现。假如那个正在玩电脑游戏的孩子,听到自己喜欢的动画片开演了,可能会离开电脑,将注意力转移到看动画片上。

第三,明确的信号提示。在需要转移注意的时候,明确的信号提示可以帮助个体大脑进入唤醒和兴奋状态,灵活迅速地转换注意对象。文艺演出中报幕员的角色,其实也发挥着这方面的作用。这种提示信号既可能是物理刺激(如铃声、号角),也可以是他人的言语命令,甚至是自己内部言语的提醒。

第四,个体的神经类型和自控能力。神经类型灵活性高的人比不灵活的人更容易实现注意的转移,自控能力强的人比自控能力弱的人更善于主动及时地进行注意的转移。

主动而迅速地进行注意的转移,对于各种工作和学习都十分重要。有些工作要求在短时间内对各种新刺激作出迅速准确的反应,对注意转移的要求很高。例如,一个优秀的飞行员在起飞和降落时的五六分钟的时间内,注意的转移就达200次之多。

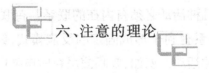

六、注意的理论

1. 过滤器理论

(1)早期选择模型

1958年,布罗德班特提出了注意的过滤器理论。他认为,神经系统在加工信息的容量方面是有限的。当信息通过各种感觉通道进入神经系统时,由于设置在神经系统某个部位的过滤机制使部分信息获得通过,并使这部分信息接受进一步的加工;而其他的信息就被阻断在这种机制的外面而完全丢失了。神经系统的过滤作用表现为"全或无"的性质,通过的信息完全通过,没有通过的信息就完全丢失了。布罗德班特把这种过滤机制比喻为一个狭长的瓶口,当人们往瓶内灌水时,一部分水通过瓶颈进入瓶内,而另一部分水则由于瓶颈狭小、通道容量有限而被留在瓶外了。这种理论有时也叫瓶颈理论或单通道理论。

(2) 中期选择模型

特瑞斯曼(Treisman,1960)提出了注意过滤的中期选择模型,也被称作衰减器理论。根据这一理论,输入的刺激大约要经过三类加工:第一类是对刺激的物理特征的加工或分析,对于言语材料来说,就是指其声学特征,如声高、声强等;第二类加工是判断这些刺激是不是语言材料,如果是的话,将其整合为音节和单词;第三类加工是识别这些单词并理解其意义。并不是所有的刺激都能完成这三类加工,当进入感觉器官的各种信息可以区分彼此、不至于互相混淆时,对无关信息(未被注意的信息)的加工才会停止,而对被追随的信息的加工则继续下去。

衰减器理论主张当信息通过过滤装置时,不被注意或非追随的信息只是在强度上减弱了,而不是完全消失了。特瑞斯曼指出,不同刺激的激活阈限是不同的。有些刺激对人有重要意义,如自己的名字、火警信号等。它们的激活阈限低,容易被激活;当它们出现在非追随的通道时,容易被人们所接受。

衰减器理论与过滤器理论的早期选择模型对过滤装置的作用有不同的看法,但两者又有共同的地方:有相同的出发点,即主张人的信息加工系统的容量有限,因此,外来的信息必须经过过滤装置加以调节;两种理论都假定信息的选择发生在知觉分析之前,只有经过选择的信息,才能接受进一步的加工和处理。

(3) 晚期选择模型

德尤奇等人提出了选择性注意的另外一种观点——后期选择模型,其后由诺曼等人加以完善。这种理论认为,所有输入的信息在进入过滤器或衰减装置之前已经经过充分的分析,然后才进入过滤或衰减装置,因而对信息的选择发生在加工后期的反应阶段。

2. 认知资源理论

(1) 资源限制理论

从注意是如何协调不同的认知任务或认知活动的角度出发,认知资源理论认为,与其把注意看成一个容量有限的加工通道,不如将其看成对刺激进行归类和识别的认知资源或认知能力,且这种认知资源是有限的。对刺激的识别需要占用认知资源,刺激越复杂或加工任务越复杂,占用的认知资源就越多。当认知资源完全被占用时,新的刺激将得不到加工(未被注意)。同时该理论认为,输入刺激本身并不能自动地占用资源,而是在认知系统内有一个机制负责给输入刺激分配资源。这一机制是灵活的,可以受我们控制,这样我们可以把认知资源分配到重要刺激上。资源量的分配还部分地取决于个体的唤起水平。在一定范围内,个体的唤起水平越高,相应的认知资源就越多;超过了这个范围,唤起水平的提高可能会导致认知资源的减少。刺激资源的分配量由认知系统的分配方略来控制,这一方略通常取决于刺激的特异性及个体当前的意向等。

(2)双重加工理论

双重加工理论是由谢夫林等人在认知资源理论的基础上提出来的。该理论认为,人类的信息加工存在两类,即自动化加工和意识控制的加工,其中自动化加工不受认知资源的限制,不需要注意,是自动进行的。这些加工过程由适当的刺激引发,发生比较快,也不影响其他加工过程;在习得或形成之后,其加工过程比较难改变。而意识控制的加工受认知资源的限制,需要注意的参与,可以随环境的变化而不断进行调整。

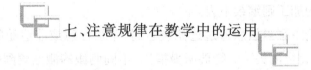

七、注意规律在教学中的运用

1. 运用无意注意的规律组织教学

增强刺激物的对比程度、增强刺激物的变化、增强教学内容或方式的新异性,能够消除学生大脑皮层的疲劳,使其神经活动经常保持兴奋,不同程度地吸引并维持学生的无意注意。然而,要想真正运用好无意注意的规律,收到更好的教学效果,组织教学还应该掌握操作要适当、直观要适时、新奇要适度等原则。

(1)操作要适当

以增强刺激物的对比操作为例,"万绿丛中一点红"之"红"、"鹤立鸡群"之"鹤"都能特别吸引人的不随意注意。然而有些老师往往操作过当,画蛇添足,如板书时用几种颜色的粉笔书写或随意圈点、勾画知识点,使学生眼花缭乱,分散了学生的注意力。又如,在教学中教师提高嗓音、压低嗓音或突然停顿都能引起学生的无意注意,但是过分的造作,搞不必要的语调变化或为活跃课堂气氛突生枝节,会造成学生注意力的分散。

(2)直观要适时

新出现的事物最容易成为注意的对象。在课堂上,虽然使用课件或直观教具无疑会引起学生的无意注意,但是如果课件或教具出示过早或过滥会影响使用的效果,甚至适得其反。如有的教师在授课前反复试播课件,在课前把挂图挂在墙上,或是把教具摆放在讲桌上,这样教师在授课时,学生或是沉浸在刚才的课件画面里,或是被挂图、教具吸引而转移注意力。当教师真正使用课件或教具时,这些又失去了其新颖性,从而不能引起学生的注意。

(3)新奇要适度

为了吸引学生的无意注意,教师无论是在教材的处理上还是在教学的组织上都会挖空心思地求新求异。然而,过度的新奇一方面可能导致学生的注意力分散,另一方面可能会使学生眼花缭乱、无所适从。我们知道学生感兴趣的东西不是自己完全不了解的新东西,也不是完全陌生的新奇内容,而是与他们已有知识经验相联系的东西。所以,故弄玄虚、超出学生的接受水平、学生不能从已有知识经验中找到根据的"新奇",无法使学生的注意保持在所要学的内容上。

2. 运用有意注意的规律组织教学

有意注意不仅有明确的目的,而且有意志努力的参与。它的主要缺点是容易使个体产生疲劳,从而导致个体分心。另外,有意注意的活动并不总是符合个体的兴趣和心理需要,有时个体难免会对其产生厌倦。在教学中,教师要保证学生有良好的有意注意,应注意从以下三个方面着手。

(1)明确学习的目的和任务

学习活动的进行,更多地需要有意注意的调节和控制。帮助学生确立明确的学习目的和正确的学习态度,是保证学生持之以恒地学习的前提。另外,在每节课开始之前,教师都要让学生了解本节课的教学目标和应掌握的知识点,以增强学生学习的自觉性,有的放矢地配合教师的教学活动进行学习。特级教师魏书生提出的"目标定向教学法",就强调要让学生了解一堂课的教学目标和任务要求,使其积极主动地配合教学,完成预定目的。

(2)培养间接兴趣

除了让学生明确学习目标之外,还应让学生了解本学科知识学习的意义和重要性,在知识教学中渗透思想教育。特别是在一些内容相对枯燥、难度较大的科目学习中,使学生了解学习的功用和社会价值,引导他们对学习结果产生间接兴趣,可以使他们进入有意注意的学习活动。历史上有些科学家一生从事的物理、化学研究,一开始并非其兴趣所在。然而为了使国家富强、科技腾飞,他们总是能全身心地投入学习和工作。

(3)合理组织课堂教学,防止学生分心

学习活动需要学生维持有意注意,但人的注意又很难长久的集中,所以教师的教学应避免任务安排过满,节奏过于紧张;应该张弛有度,给学生适当的放松休整的时间。有时教师适当放慢授课速度,穿插些有趣的谈话,可以更好地促进学生学习。

另外,教师可以运用多种教学手段,采取生动活泼的形式来调整学生的注意状态。色彩丰富的形象、活动画面的刺激以及实操活动,有利于减少甚至消除学生的疲劳感,维持较长时间的有意注意。

3. 运用相互转换的规律组织教学

在教学中,如果人们过分要求学生依靠有意注意来进行学习,容易引发他们产生疲劳;反之,如果只让学生凭借无意注意进行学习,则不利于他们克服学习中的困难去完成学习任务。所以无论是在整个教学活动中,还是在一堂课上,教师都应充分利用两种注意转换的规律组织教学。如在一堂课上课之初,教师就应采取措施,通过组织教学活动把学生停留在上一节课或课间的注意转移到本节课上来,对新的一节课形成有意注意。在讲授新的学习内容时,教师虽然可以容许学生有时对学习内容产生无意注意,但当讲授学习内容的重点、难点时,必须设法让学生保持有意注意,充分理解和思考问题。当学生保持高度紧张的有意注意一段时间后,教师要改变教学方式,让学生适当放松一下,或结合教学内容讲授一些有趣的例子,使学生由有意注意转为无意注意。在课程快结束时,教师要提出明确要求,使学生保持有意注意,然后布置作业。

巩固练习

一、选择题

1. 知觉条件在一定范围内发生变化,而知觉的印象仍然相对不变的特性称为知觉的(　　)。

　　A. 选择性　　　　B. 整体性　　　　C. 理解性　　　　D. 恒常性

2. 两个静止的物体按一定时间依次呈现可使人觉得其是一个动态的物体,这种知觉称作(　　)。

　　A. 真动知觉　　　B. 似动知觉　　　C. 幻觉　　　　　D. 时间错觉

3. "月明星稀"是感觉的(　　)现象的表现。

　　A. 适应　　　　　B. 对比　　　　　C. 后象症　　　　D. 视觉障碍

4. "入芝兰之室,久而不闻其香"属于感觉的(　　)现象。

　　A. 同时对比　　　B. 后象　　　　　C. 适应　　　　　D. 继时对比

5. 把某些事物或现象当作知觉对象,把另一些事物或现象当作知觉背景,这是知觉的(　　)性。

　　A. 选择　　　　　B. 理解　　　　　C. 整体　　　　　D. 观察

6.驾驶技术高超的汽车驾驶员在开车过程中,一边观察道路的情况,一边操纵方向盘,这种现象体现了(   )。

A.注意的稳定性　　　B.注意的转移　　　C.注意的分配　　　D.注意的集中

7.在同一时间内,人们能够清楚地知觉对象的数目是注意的(   )的表现。

A.范围　　　　　　B.稳定性　　　　　C.分配　　　　　　D.转移

9."眼观六路,耳听八方"是指注意的(   )。

A.范围　　　　　　B.稳定性　　　　　C.分配　　　　　　D.起伏

二、简答题

1.举例说明什么是感觉对比现象。

2.简述知觉的基本特征。

3.简述有利于保持有意注意的条件。

4.影响注意分配的条件。

5.容易引起无意注意的条件有哪些?

6.简述如何运用有意注意的规律组织教学。

三、论述题

1.论述如何在教学中应用感知觉的规律。

2.论述注意规律在教学中的应用。

◀ **推荐书目**

[1] 舒尔茨. 现代心理学史,北京:中国轻工业出版社,2014年。
[2] 彭聃龄. 普通心理学(第5版). 北京:北京师范大学出版社,2019年。
[3] 黄希庭、郑涌. 心理学导论. 北京:人民教育出版社,2015年。

第三章 记 忆

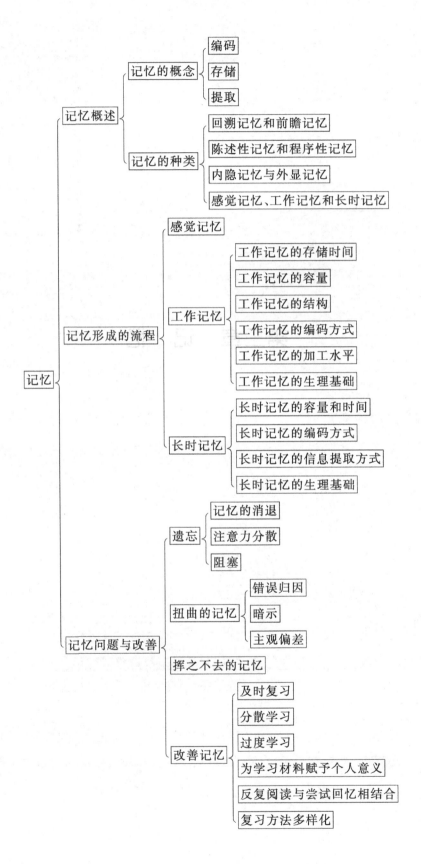

心理学家皮亚杰曾这样描述自己的一段生动的记忆[①]：

"我坐在自己的婴儿车里，保姆推着婴儿车在巴黎香榭丽舍大街上走着，这时一名男子试图绑架我。我被带子固定在婴儿车上，与此同时，保姆勇敢地挡在我和绑匪之间。她被绑匪抓伤了多处，我依然能够在她脸上看到模糊的疤痕印记……大约在15岁前，我一直都相信这段记忆是真实的。"

为了表示对保姆的感谢，皮亚杰的父母送给保姆一块名贵的手表。然而多年以后，该保姆给皮亚杰的家人写了一封信，承认自己编造了整个故事，并归还了手表。

思考题：

1. 皮亚杰为什么会记住根本就不存在的事情？
2. 皮亚杰的这段记忆来自哪里？
3. 你有没有过和他人对同一件事有不同记忆的经历？

和皮亚杰一样，我们的记忆并不总是能够准确地记录曾经发生的事情，即便我们对自己的记忆深信不疑。

第一节 记忆概述

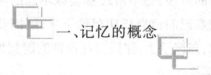

一、记忆的概念

记忆是在头脑中保存和积累经验的心理活动。[②] 信息加工心理学家认为，记忆是一个对信息进行编码、存储和提取的信息处理系统。

1. 编码

首先，记忆需要从我们的感觉系统中挑选信息，对其进行编码。编码是指信息的最初加工，是将信息转变为心理表征的过程。例如，有人问起你的家乡，你会向他描述你家乡的名胜古迹、风土人情，或者给他看你家乡的图片。这些都是你家乡的表征，可以帮助

---

① 菲利普·津巴多、罗伯特·约翰逊、薇薇安·麦卡恩：《津巴多普通心理学（原书第7版）》，钱静、黄珏苹译，中国人民大学出版社2016年版，第195页。

② 彭聃龄：《普通心理学（第5版）》，北京师范大学出版社2019年版，第214页。

对方了解你的家乡。心理表征也有着相同的作用,它们保存了过去经验的重要特征,使我们可以把这些经验再现出来。

(1)无意编码

在日常生活中,编码往往是自动进行的,以致我们根本没有意识到这一过程。比如,尽管我们没有刻意去记昨天吃了什么,但是我们通常还是能够回想起昨天吃了什么。这种自动加工一旦开始,便很难停止。比如,当你听到一个熟悉的词时,你会自动地把它的含义记起来。此外,那些引发强烈情绪的事件更不需要我们有意进行编码就能将其存储到记忆之中。

(2)有意编码

学生所学的各门课程中的概念和原理往往需要有意识地进行编码才能被记住。比如,要掌握绝对阈限这个概念,我们可以一遍遍地进行复述,从而将这个概念背下来(机械加工);也可以将其与夜空中若隐若现的星星联系起来进行理解记忆(精细加工),如果能够看到星星,说明星星达到了你视觉的绝对阈限;如果看不到星星,说明星星没有达到你视觉的绝对阈限。哪种方式让你能够更容易回想起绝对阈限的概念呢?答案通常是第二种。

2. 存储

存储是个体将已经编码的信息保存下来的过程。在本章第二节中,你会了解到记忆的存储包括三个不同的阶段,每个阶段都会以不同的形式将信息存储于不同的时间段内。如果你想把那些难记的信息长期存储下来,就需要及时将这些信息与已有的知识经验联系起来。例如,在课堂上,你只有几秒钟的时间理解老师言语信息中的某种意义,否则这些信息就会丢失。

3. 提取

提取是对我们在编码和存储过程中付出努力的回报。如果记忆被恰当地编码,那么就形成了一个有效线索,能够帮助我们在一瞬间提取信息,使其进入我们的意识或在无意识层面影响我们的行为。不过,提取并不总是能顺利实现。虽然我们的记忆系统非常了不起,但它有时也会犯错,会扭曲信息,甚至会记忆根本不存在的信息。在本章的第三节中,我们将会详细解析这一问题。

有时仅仅是空气中的某种味道就能唤起一段尘封已久的记忆。比如,冬天空气里的煤烟味常常会唤起某人的某种情绪,以及某人对农村生活的回忆。而有些记忆却不太容易提取,就像有些知识点你明明已经记住了,但在考场上仍有可能想不起来。

在考试中,选择题通常比问答题更容易作答。因为问答题需要你运用最少的提取线索来回忆相关内容,而选择题则需要你再认相关内容,再认的线索比回忆的线索更加完整。不过我们在做选择题时也会遇到一个问题,即几个选项都是我们学过的,但是其中只有一个与特定的问题相匹配。这时我们就可能会记错,如同警察给目击者观看多名犯罪嫌疑人的照片时,目击者可能会将某一犯罪嫌疑人误认为罪犯。

(1)编码特异性

回到你曾经生活过的地方,你可能会想起来很多在其他地方想不起来的信息;与童年时的朋友聊天,你很可能会想起许多自己多年来未曾想起的记忆。这两种情况都可以用编码特异性来解释,即能否成功回忆信息取决于进行记忆编码与提取线索时,伴随的线索在多大程度上与记忆内容相匹配。根据编码特异性原则,在为考试做准备的时候,你最好找一个与考场相似的地方进行复习,这会使你在考场上想起来更多的复习过的内容;在复习的时候想一想该内容可能会以哪种形式出现在试卷中,或许会让你在考试中取得更好的成绩。

(2)心境一致记忆

心境一致记忆是指个体在不同的心境中经历的事情,往往在同样的心境中更容易被回想起来。有研究表明,那些正处于抑郁状态的个体,在回忆他们父母的时候,常常伴随着拒绝、内疚等情绪。在情绪低落时,青春期的孩子会觉得父母极为冷酷无情;而当情绪高涨时,父母的形象似乎又从"魔鬼"变成了天使。而问题的关键在于,无论哪种心境中的记忆,他们都坚信自己的记忆是真实而恒定的。[1]

记忆像录像机吗?

有人将记忆比喻为"录像机",这种比喻会使人们误认为记忆会如实地记录我们经历过的事情,但事实并非如此。认知心理学家把记忆看作一个解释系统,就像艺术家那样把信息拿来,砍掉其中的一些细节,然后将剩余部分组成有意义的模式。下面这个小活动可以帮助我们理解这一论点。

请仔细阅读下面的短文[2]。

主治医师琼斯面前有一张长长的桌子,桌子上面躺着一个面色苍白的人。头顶上的灯光将此人照得非常清楚,琼斯正在对他进行仔细的检查。琼斯手里握着一把小小的锋利的工具。他轻轻划了一下,那人身上就出现了一条细细的血口子。随后,一个助手继续仔细地划开这道口子,而另一个助手将被灯光照得发亮的表面脂肪挪开,这样重要的器官就露了出来。结果每个人都被吓住了,因为那个丑陋的东西长得太大了,以致

---

[1] 戴维·迈尔斯:《迈尔斯心理学(第7版)》,黄希庭等译,人民邮电出版社2011年版,第309页。
[2] 菲利普·津巴多、罗伯特·约翰逊、薇薇安·麦卡恩:《津巴多普通心理学(原书第7版)》,钱静、黄珏苹译,中国人民大学出版社2016年版,第180页。

无法切除。琼斯知道再继续下去也无济于事。

请在下列词语中圈出文中出现过的词语:

病人、手术刀、血、肿瘤、癌症、护士、疾病、手术

在研究中,大多数阅读了这篇短文的被试都圈了病人、手术刀和肿瘤这三个词语。你圈了哪些词呢?实际上,这三个词没有一个出自短文。显然,虽然将这篇短文描述的场景解释为一台手术会让使人更容易理解短文内容,但却会让你的记忆出错。当你把这篇短文与手术联系在一起之后,你就会"记住"有关手术的一些名词,如病人、手术刀等,然而实际上这些词并没有出现在文中。我们的记忆并没有将这段话原封不动地存储下来,而是砍掉其中的一些细节,将其记忆成描述一台手术的场景的内容。在我们回忆的时候,我们提取的只是记忆的片段。随后,我们会根据这些片段来重建我们的记忆。在重建的过程中,我们会采用自认为合理的方式来填补片段之间的空白。记忆的重建工作往往进行得天衣无缝,以致我们无法分清哪些内容是真实的,哪些内容是重建的结果。

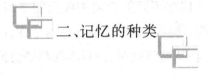

二、记忆的种类

根据不同的标准,记忆可以分为以下不同的种类。

1. 回溯记忆和前瞻记忆

根据记忆的内容指向过去还是指向未来,记忆可以分为回溯记忆和前瞻记忆。

(1) 回溯记忆

回溯记忆指的是对于过去发生的事件的记忆,也即我们通常所说的记忆,如对读过的一本书、看过的一场电影、有过的一次旅行的记忆。这些都是对过去获得的信息的存储和提取,不涉及"未来"的计划,也不需要在未来付诸行动。

(2) 前瞻记忆

在日常生活中,我们经常要记住将来某一时间要做的事情,比如什么时间交作业、什么时间上课,心理学家称之为前瞻记忆。前瞻记忆是指对将来要完成的活动或事情的记忆。[①] 在日常生活中,我们会不断地制订计划。要成功完成这些计划,就需要前瞻记忆的参与。一个完整的前瞻记忆包含两个组成部分:一是对"做什么"的记忆,即对将

---

① 刘伟:《前瞻记忆:社会心理学的视野》,北京大学出版社2014年版,第3页。

要执行的行为内容的记忆,如对"要交作业"的记忆;二是对"何时"去做的记忆,如对"下周一"要交作业的记忆。如果这种计划没有被成功执行,会给生活和工作带来种种不便,有时甚至会造成重大不幸。据报道,2019年4月,湖南一男子开车送孩子去幼儿园。途中接了一个电话后,忘记孩子没下车,锁车门后离开,导致孩子在车内被困十个小时,因暴晒窒息死亡。①

2. 陈述性记忆和程序性记忆

(1)陈述性记忆

陈述性记忆是关于是什么的记忆,它负责存储我们可以描述的信息,包括我们知道的事实和记得的经历。在考试中回忆相关的知识,以及在生活中回想以前的经历都要依靠陈述性记忆。运用陈述性记忆通常需要意识层面付出努力。我们可以看到人们在试图回忆事件或经历时会转动眼球,或者作出特定的面部表情。

陈述性记忆又可以分为情景记忆和语义记忆。情景记忆不仅存储了事件,而且存储了事件发生的时间和地点,是我们头脑中的日记或自传式记忆。当有人问你去年暑假是怎样度过的时,你会在情景记忆中搜索相关的信息。语义记忆存储了词语和概念的基本含义,但它一般不会保存获得该信息的时间和地点。例如,虽然你在语义记忆中保留了"顺风车"这个词的含义,但可能想不起来第一次学习这个词的时间和地点。语义记忆更像百科全书或数据库,它的信息量巨大,包括姓名、规则和礼节等。

(2)程序性记忆

程序性记忆是关于如何做的记忆,我们走路、打球、跳舞都会用到程序性记忆。人们所有能够熟练操作的技能都存储在程序性记忆中,不过大部分程序性记忆是在无意识层面进行的。只有在训练的初期,我们才必须认真地考虑自己行为的细节。在我们熟练掌握这项技能之后,我们通常就不需有意识地考虑每个步骤,就像我们走路不需要思考如何迈步,骑自行车也不需要考虑如何保持车的平衡一样。

3. 内隐记忆和外显记忆

如果一种记忆能够在我们没有意识到的情况下影响我们的行为或心理,这种记忆便是内隐记忆;如果一种记忆在提取的过程中总是需要意识的参与,那么这种记忆就是外显记忆。研究发现,脑损伤、脑老化、酒精中毒、抑郁心境等被试变量、加工水平、注意状态、信息保持时间、干扰和记忆负荷量等因素对外显记忆影响较大,但对内隐记忆影

---

① http://news.sina.com.cn/c/2019-04-10/doc-ihvhiqax1558998.shtml.

响较小。①

程序性(熟练的、自动化的)记忆通常都是内隐记忆,比如我们骑自行车时并不需要思考该如何保持车的平衡。内隐记忆并不局限于程序性记忆,也可以是陈述性记忆。比如,虽然你既无法回忆也无法再认学习过的某个英语单词,但是在做词干补笔任务(一个单词缺几个字母,让被试填补成最先想到的单词)时却能正确地将单词补充完整,对这个单词的记忆就属于内隐陈述性记忆。陈述性记忆大多是外显记忆,但外显记忆并不局限于陈述性记忆。大多数程序性记忆形成的最初多是在意识层面上,只有在熟练掌握之后才会进入无意识层面。

4. 感觉记忆、工作记忆和长时记忆

从信息加工的过程来看,记忆还可以分为感觉记忆、工作记忆和长时记忆。在下一节中,我们将分别介绍这三种记忆的特征和作用。

第二节 记忆形成的过程

任何信息要变成大家永久的记忆必须经过三个阶段:感觉记忆、工作记忆和长时记忆。这三个阶段就像一条流水线一样,将源源不断的信息流转化为能够被存储和回忆的有意义模式。

感觉记忆 → 工作记忆 ⇄ 长时记忆

一、感觉记忆

我们的感觉系统提供给我们的信息量,远远超出我们能加工的信息量。比如,在我们看书时,感觉系统所提供的信息不仅有书上的文字,还有房间里的声音、光线、空气中的味道等。我们的大脑需要对这些信息进行筛选,然后决定对哪些信息进行关注。这个过程需要花一点时间,感觉记忆就为大脑保留这些信息提供最多几秒钟的时间来帮助

---

① 杨治良等:《记忆心理学(第3版)》,华东师范大学出版社2012年版,第196~200页。

其完成这一任务。感觉信息在刺激停止作用后的瞬间贮存被称为感觉记忆,它为进一步的信息加工提供了时间和可能性。

感觉记忆会对感觉信息进行初步登记,因此又被称为感觉登记。感觉记忆是三个阶段中保存时间最短的一个阶段,一般只会将视觉、听觉、嗅觉等各种感觉信息保留最多几秒钟的时间。多亏了感觉记忆,我们在看电影时才会感觉看到的画面是连续的,而实际上电影只是一系列迅速闪过的照片;多亏了感觉记忆,我们听音乐时才能感受到连贯的旋律,而不是一个个音符。

那么,感觉记忆能够存储多少信息呢?斯佩林(Sperling)设计了一个巧妙的实验:给被试短暂地(1/20秒,即50毫秒)呈现一个包含12个字母的矩阵,矩阵分成3行,每行有4个字母。①

$$
\begin{matrix}
G & K & E & Q \\
R & Y & H & T \\
C & M & L & A
\end{matrix}
$$

在全部报告中,斯佩林让被试回忆尽可能多的字母,大多数被试只能报告回忆起大约4个字母。在部分报告中,斯佩林要求被试回忆某一行的所有字母。他事先并不告诉被试要回忆哪一行,而是用一个声音作为信号:高音代表第一行,中音代表第二行,低音代表第三行。如果声音信号在字母矩阵呈现后紧接着出现,被试能够根据声音信号准确地回忆三行中的任一行(声音信号所指代的那一行),因此感觉记忆的容量可以达到12个字母甚至更多。但是当字母矩阵和声音信号之间的时间间隔超过四分之一秒时,被试回忆的平均水平便只有每行一个字母。这也再次表明感觉记忆中的信息消退得非常快。

我们也拥有一种对听觉刺激的瞬时记忆,称为回声记忆。只是这种回声记忆不像图像记忆消退得那样迅速。一般来说,刚刚说过的单词可以保存三四秒的时间。②

感觉记忆是由我们感觉系统中快速消退的刺激痕迹构成的。③ 每一种感觉都有单独的感觉寄存器,且每种感觉寄存器只保存相应的感觉信息。如对视觉信息的登记称为图像记忆;对听觉信息的登记称为回声记忆;对味觉信息的登记叫味觉记忆;对嗅觉刺激的登记称为嗅觉记忆;对触觉刺激的登记称为触觉记忆。需要强调的是,感觉记忆中的信息是无意义的,为感觉赋予意义的工作是由记忆的下一个阶段工作记忆完成的。

---

① 本杰明·B.莱希:《心理学导论(第9版)》,吴庆麟等译,上海人民出版社2010年版,第238页。
② 戴维·迈尔斯:《迈尔斯心理学(第7版)》,黄希庭等译,人民邮电出版社2011年版,第300页。
③ 菲利普·津巴多、罗伯特·约翰逊、薇薇安·麦卡恩:《津巴多普通心理学(原书第7版)》,钱静、黄珏苹译,中国人民大学出版社2016年版,第174页。

二、工作记忆

工作记忆是记忆系统对信息进行处理的第二阶段。工作记忆从感觉记忆中选择性地提取信息，然后将其与长时记忆中存储的信息建立联系。心理学家原来将该阶段的记忆称为"短时记忆"，目前这一术语仍在使用。与短时记忆这个概念相比，工作记忆更强调其对信息的加工。工作记忆为我们提供了一个头脑"工作空间"，一方面我们在这里对信息进行归类和编码，随后再将其存入长时记忆中；另一方面，工作记忆还从长时记忆中提取信息。如当我们参加考试的时候，不但试卷上的内容会进入工作记忆中，而且长时记忆中的知识也会进入工作记忆中。任何进入意识的信息都会经过工作记忆，并且我们能够意识到任何进入工作记忆的信息。因此，一些心理学家认为，人们一直寻找的意识所在之处就是工作记忆。

1. 工作记忆的存储时间

我们可以将工作记忆视为整个记忆系统的中央处理器。在发挥作用的时候，工作记忆一般会将信息保留 20 秒左右的时间，这比感觉记忆保留信息的时间要长得多。如果你努力用心记的话，信息可以在工作记忆中保存更长的时间。比如，在打电话之前，不断重复所要拨打的电话号码，那么你就能将电话号码放在记忆中保持更长的时间。工作记忆所发挥的作用与计算机的中央处理器所发挥的作用非常相似，工作记忆不仅仅是心理活动的中心，还是记忆系统其他组成部分之间的桥梁。

2. 工作记忆的容量

工作记忆的容量非常有限，只有 5~9(7±2) 个组块。组块指意义单元。一个组块可以是一个字母或数字、一个名字、一个概念、一个年代。通过将零散的信息组成大的组块，我们可以将更多的信息存储在工作记忆的 7 个空槽中。

3942　5614　9358
1840　1949　1976

上面这两行数字，哪一行看一眼更容易被记住呢？相信大多数同学都会选第二行。虽然这两行都有 12 个数字，但第一行是随机排列的 12 个数字，超出我们工作记忆的容量，我们看一眼很难记住。第二行虽然也有 12 个数字，但在我们眼里，可以把它看成三个重要年代。我们会把它组成 3 个组块，因此看一眼便能记住。组块的大小受刺激材料特征和主体知识经验的影响。比如上面两行数字，第一行数字是随机排列的数字，很难形成大的组块;第二行数字则容易形成三个年代的组块,这是由于刺激材料特征的作用。当然,要使第二行数字形成三个组块,需要具备一定的知识,这是主体知识经验的作用。

在打电话时,我们可以通过不断的复述,从而将电话号码保持在工作记忆中,这种方法叫作保持性复述。这种方法不但能够让复述的信息保持在工作记忆中,而且还能防止涌入的其他信息将复述的信息挤出工作记忆。但是如果你想把信息存储到长时记忆中去,这个方法就不怎么有效了,而不懂得记忆运作机制的人往往试图使用保持性复述来达到长时记忆的目的。那些希望通过不断机械复述就能记住考试内容的同学,在考场上很可能会想不起来背过的内容。将信息保存到长时记忆中的一个更好的办法是精细复述。在使用这一方法的时候,信息不只是被简单地重复,而是与长时记忆中的知识建立联系。新信息与长时记忆中建立的联系越多,新信息就越有意义,也就更容易被记起。

当工作记忆超载时,早先进入的信息通常会丢失,这样可以为新的信息腾出空间。另外,如果需要我们注意的信息占据了工作记忆的所有空间,我们可能会忽视其他信息,所以在开车时打电话是非常危险的。

工作记忆的有限容量有一个好处,即它可使工作记忆很容易被完全检索。索尔·斯腾伯格的研究表明,每当我们试图回想起某件事情时,都会对工作记忆进行彻底的搜索。斯腾伯格的实验要求被试记住长度不等的一系列数字,然后给他们呈现某个数字,问这个数字是否属于他们刚记住的这串数字中的某一个。如果被试此前记住的数字串较长,那么他们回答花费的时间比之前记住较短数字串的更长。[1]

3. 工作记忆的结构

艾伦·巴德利认为工作记忆由中央执行系统、语音回路、视觉空间画板和情景缓冲器四个成分构成。[2]

中央执行系统是工作记忆的信息交流中心,它与大脑的有意识反应系统相互配合,将个体的注意分配到重要信息(从感觉记忆和长时记忆里输入的信息)上。当你在课堂上听课的时候,中央执行系统会帮助你决定关注老师讲的内容,或关注你手机上的内容,或是关注周围同学的声音。

语音回路存储和处理言语信息。当你复述一个电话号码时,你就是在使用语音回路。无论是在阅读,还是在听课,工作记忆都会将你接触到的所有词语转换成口语,输入

---

[1] 本杰明·B. 莱希:《心理学导论(第9版)》,吴庆麟等译,上海人民出版社2010年版,第241页。
[2] 菲利普·津巴多、罗伯特·约翰逊、薇薇安·麦卡恩:《津巴多普通心理学(原书第7版)》,钱静、黄珏苹译,中国人民大学出版社2016年版,第176页。

和保存在语音回路中。

视觉空间画板对视觉和空间信息执行着与语音回路一样的功能,即负责编码视觉图像与空间物体的心理表征。假如有人问你从宿舍往图书馆怎么走,你可能会使用视觉空间画板形成从宿舍到图书馆的心理地图。

情景缓冲器负责将工作记忆中的各种信息整合为一个连贯的情景。在我们解决问题的过程中,情景缓冲器为我们提供了一个组织视觉、空间、语音与时间顺序等各方面信息的场所,让我们把这些信息整合为一段可供记忆的情节,使我们能够记住生活中经历过的事件以及各种各样的故事情节。

4. 工作记忆的编码方式

工作记忆编码主要以听觉和视觉方式进行,你可以将这两种编码方式与工作记忆中的语音回路和视觉空间画板联系起来。

5. 工作记忆的加工水平

在一个实验中,克雷克和塔尔文让被试在屏幕上观看60个常见的词语,每次向被试呈现一个词语。当每个词语出现时,主试都会问被试一个事先准备好的问题,不同的问题会影响被试记忆加工的深度。例如,当词语"BOOK"出现时,主试会问下面三个问题中的一个:"它是大写字母书写的吗?""它是否与词语COOK押韵?""它属于文具吗?"很显然,这三个问题的记忆加工水平是逐步加深的。接下来,主试要求被试从一个包含180个词语的列表中选出在屏幕上看到的60个词语。结果发现,被试对深度加工过的词语的记忆,效果是最好的。加工水平理论认为,深度加工在工作记忆与长时记忆之间建立了更多的联系,让新信息变得更加有意义,从而更便于记忆。① 我们可以将这一策略运用到自己的学习中:对新信息的深度加工能够改善记忆效果。

6. 工作记忆的生理基础

脑成像研究显示,大脑额叶皮层参与了工作记忆的加工,将注意聚焦于短时存储、设定优先加工顺序、制订计划、更新工作记忆的内容,并且监控事件发生的顺序。虽然一些细节尚不明确,但是工作记忆可能是以神经回路中重复闪现信息的形式保存信息的。②

---

① 菲利普·津巴多、罗伯特·约翰逊、薇薇安·麦卡恩:《津巴多普通心理学(原书第7版)》,钱静、黄珏苹译,中国人民大学出版社2016年版,第177页。
② 菲利普·津巴多、罗伯特·约翰逊、薇薇安·麦卡恩:《津巴多普通心理学(原书第7版)》,钱静、黄珏苹译,中国人民大学出版社2016年版,第177~178页。

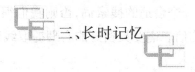
三、长时记忆

长时记忆通常是指那些存储时间在一分钟以上,甚至可以保持终生的记忆。长时记忆并不是工作记忆的加长版,它是一种完全不同的记忆。除了存储时间不同之外,长时记忆和工作记忆在存储容量、信息提取的方式、存储信息的形式等方面均存在明显的不同。

1. 长时记忆的容量和时间

长时记忆的容量是无限的,目前还没有人能够让长时记忆的容量饱和,我们不必为了保留记忆的容量而减少学习的强度。长时记忆利用其存储空间来保存任何经由工作记忆传递过来的事件、情绪、技能、词语和规则等,存储了我们有关世界和自己的全部知识。除非遭受外部伤害或患上痴呆,长时记忆具有终身保留信息的潜力。因此,无论就记忆容量而言,还是就其存储时间而言,在这三种记忆中,长时记忆无疑是冠军。有人将长时记忆比作计算机的硬盘,但这种比喻常常会误导人们,即使计算机硬盘再大,它的容量也会随着存储内容的增多而减少,而长时记忆的容量则会随着存储内容的增多而增大。我们建议把长时记忆看作头脑中的脚手架,你建立的联系越多,它保留的信息也就越多。

记忆不像是一个逐渐被填满的容器,而更像是一颗不断生长的大树,我们所有的记忆都挂在它的树枝上。①

——彼得·拉塞尔

2. 长时记忆的编码方式

长时记忆主要是以语义编码的形式来保存信息的。语义编码是一种与意义有关的抽象编码,不带有感觉通道的特征。心理学家提出了多种语义记忆模型来对长时记忆的存储形式进行描述和解释,如层次网络模型、激活扩散模型、集理论模型、特征比较模型及联结主义模型。②

3. 长时记忆的信息提取方式

我们的长时记忆存储着大量信息,在寻找某一信息的时候,不能像在工作记忆中那

---

① 戴维·迈尔斯:《迈尔斯心理学(第7版)》,黄希庭等译,人民邮电出版社2011年版,第307页。
② 杨治良等:《记忆心理学(第3版)》,华东师范大学出版社2012年版,第44~58页。

样对所有信息进行搜寻。我们是运用线索从长时记忆中提取信息的,就像我们在网上搜索信息一样,需要选取一个合适的搜索词,否则我们很可能会获得一堆网络垃圾。准确提取我们长时记忆中的信息需要具备好的心理提取线索。

4. 长时记忆的生理基础

工作记忆主要是大脑皮层前额叶的功能,而长时记忆中的信息首先在海马体中得到整合,然后被转移到相应大脑皮层区域进行永久性存储。

1953年,一个名字首字母为H. M. 的年轻人为了治疗严重的癫痫而去除了脑中的海马体和杏仁核(详见"H. M. 的生平")。手术的确降低了他癫痫发作的频率,然而他却再也无法对生活事件形成新的记忆。H. M. 的案例让科学家认识到海马体在新记忆形成中的关键作用。

神经科学家发现,个体对强烈情绪事件的记忆与人脑杏仁核有着密切关系。这些强烈的情绪有助于个体迅速找到并提取记忆。经历过创伤性事件(如地震、暴力袭击等)的个体往往会在头脑中不断重复所经历的不幸事件,就是由于杏仁核在起作用。有时这些记忆会严重影响当事人的日常生活,形成创伤后应激障碍(PTSD)。不过从进化的视角来看,情绪在记忆中具有重要的适应性作用。比如,你在某个地方遇到一条毒蛇,那么这段恐怖的经历会让你尽可能远离这个地方,以避免再次遇到毒蛇。因此,我们应该感谢杏仁核和应激激素,二者通过合作,来增强我们对这些创伤性经历的记忆。

不过,我们的长时记忆并不存储在海马体和杏仁核中,对事件和信息的记忆则存储在大脑皮层上,不同记忆的片段分别存储在最初加工这一特定感觉信息的大脑皮层区域。比如,在你去年春节经历的记忆中,亲朋好友的面容存储在视觉皮层上,声音存储在听觉皮层上,气味存储在嗅觉皮层上等。那么,我们是如何把这些记忆片段整合成我们完整的记忆呢?虽然神经科学家还没有完全解开谜底,但我们现在知道海马体在这个过程中起着主要作用。记忆在海马体的帮助下,逐渐变得更为牢固,这一过程被称为记忆巩固。每当我们提取一段记忆,与其相关的各种感觉片段就会从大脑皮层的各个区域聚集到海马体处,然后海马体会将这些片段重新组合起来,形成一段连贯的记忆。① 在每次提取的过程中,这段记忆对应的神经回路会得到加强,最终这段记忆不再需要海马的组织整合就可以直接被提取,并且任何一个片段(如一段音乐旋律)都可以使我们提取完整的记忆。这可以帮助我们理解为什么H. M. 无法形成新的陈述性记忆,因为没有海马体就意味着他的大脑失去了形成新的陈述性记忆所需的脑组织;也可以帮助我们理解为什么他的程序性记忆一切正常,因为程序性记忆的提取与海马体无关。

---

① 菲利普·津巴多、罗伯特·约翰逊、薇薇安·麦卡恩:《津巴多普通心理学(原书第7版)》,钱静、黄珏苹译,中国人民大学出版社2016年版,第183页。

H. M. 的生平①

H. M. 全名亨利·古斯塔·莫莱森,1926 年生于美国康涅狄格州哈特福德市。小时候的 H. M. 是个健康的男孩,但在一次车祸之后,他患上了癫痫。到他 27 岁的时候,癫痫已经严重到让他什么都做不了的程度。癫痫随时都有可能发作,他每周都要昏厥好几次。神经外科医生斯科维尔在为他做了检查后认为,只要切除 H. M. 的一部分致病脑组织,就可以减轻他的症状。

1953 年 9 月 1 日,27 岁的 H. M. 清醒地躺在手术台上,只做了头皮麻醉。斯科维尔在他额头两侧钻了两个小洞,用一根金属吸管吸出了双侧的海马体和海马体周围的部分内侧颞叶组织。手术非常有效,H. M. 的癫痫发作频率迅速减少。但是很快,人们发现一个未曾想到的副作用出现了:H. M. 再也无法形成新的记忆。

那时候的科学界普遍认为,记忆是广泛分布在大脑中的,不可能只取决于某一个组织或某一区域。加拿大心理学家米尔纳在对 H. M. 进行了一系列测试之后,于 1957 年发表了一篇著名的论文,将 H. M. 的遗忘症与他失去的那部分脑组织联系了起来。至今这篇论文仍是神经科学史上被引用次数最多的文献之一。从此,H. M. 成为"职业被试",科学家、学生从各地赶来拜访 H. M.,每一次他都友好而又带着些许困惑地回答着各种各样的问题。

他有着完全正常的智力。因为他可以把记忆保留很短的一段时间,所以他可以跟人交谈。有一次米尔纳要他尽量地记住"584"这个数字,H. M. 甚至编了一套复杂的方法来帮助自己记忆,他对米尔纳解释道:

"这很容易。你只要记住 8。你看,5、8 和 4 加起来是 17。你记住了 8,17 减去 8 等于 9。把 9 分成 5 和 4,这不就得出 584 嘛。"

他专心致志地把这套法诀背了好几分钟。然而刚一分神,这个数字就从他的脑海中消失了,他甚至不记得刚才有人要他记住些什么。H. M. 仍然会做算术,已有的知识并没有完全丢失,也都保留了完好的短时记忆。然而没有了海马体,H. M. 的短时记忆无法被转化为长时记忆。

他的生活从此变得很简单:和家人一起去买东西,偶尔为草坪除草、清理落叶、看看电视,有时候做顿午饭、整理一下床铺。这些都是他 27 岁以前就已经学会做的事情。虽然他能记得一些小时候的事情,记得父母带他去旅行,但是总也想不起自己最喜欢的一个叔叔其实已经去世了,尽管那是在他做手术三年前发生的事。

他搬进了新家,并在那里生活了很久。但是每一次去街角商店买东西,每一次走过家旁边的小路,每一次和邻居打招呼,他都以为是第一次。

---

① 百度百科:H. M. https://baike.baidu.com/item/H. M. /7379359? fr＝aladdin,编写时做了适当修改。

对他来讲,时间并不是连贯的。他没有意识流,只有稍纵即逝的意识点滴。如果你问他吃过午饭了没有,他一般会说:"不知道"或者"吃了吧",也说不上吃了什么。在十几分钟的谈话里,他可能会把一个笑话重复讲三遍,每一遍都使用一模一样的句子和语气,一点也意识不到自己已经讲过这个笑话了。

他形容自己的生活:"像是大梦初醒……每一天都和其他日子没有关联……"

1962年,米尔纳发现,H.M.竟然能在不自知的情况下学会一些复杂的操作。在一次实验中,她让H.M.照着镜子里的图像,在纸上描五角星。这对正常人来说,都不算是一项简单的任务。

H.M.一开始也描不好,但是随着日复一日地练习,他画得越来越好,越来越熟练。他自己却一点也不记得之前画过这种东西。当他发现自己画得不错时,还很高兴地说:"哈,这个比我想得要容易嘛。"

虽然他仍然不知道那个总是来他家的研究者科金到底叫什么名字,但他觉得她很熟悉。如果科金在见面的时候问他:"我们以前见过面吗?"他会说:"见过。"

"在哪里见过?"

"高中。"

如果给H.M.一串C开头的名字让他选,他会选出科金的名字Corkin。

他会低估自己的年龄,也不知道自己有没有白头发。然而如果你突然把他带到镜子前,他并不会惊慌失措。他的大脑已经在成百上千次的重复中,熟悉了自己的形象。

H.M.一直是一个温和友善的人。和他相处了半个世纪的神经科学家科金说:"如果走进你房间的每个人都是陌生人,你会怎么办呢?一种办法是保持警惕,提防每一个人,另一种办法是把每一个人都当作朋友。H.M.选择了后者。"

H.M.并不茫然。他有着自己的价值观,知道自己喜欢什么。他认为填字游戏可以帮助他记住单词,而且很好玩,他可以玩整整一个下午。

H.M.还很有幽默感。有一次他准备去麻省理工大学参加一个测试,和研究者一起出门。门刚关上,研究者忽然想起忘带钥匙了,他对H.M.说:"我怀疑我把钥匙忘在屋里了。"H.M.说:"好吧,你就算忘了,至少也还能记得是(把东西)忘在哪里了。"

H.M.有时也能感觉到自己好像在参与一项研究,但是他不太清楚到底是什么研究。科金经常跟他说:"你知不知道自己很有名,你帮我们做了很多研究。"他总是有些羞涩地问:"真的吗?"20秒后,他就又会忘掉这件事。科金每次告诉他,他在参加研究的事时,他都很开心,能对别人有所帮助让他觉得很快乐。

2008年12月2日凌晨5:05,亨利·古斯塔·莫莱森,也就是人们所熟悉的H.M.,在位于康涅狄格州温色洛克市的疗养院里去世,享年82岁。他的全名也是在这天由一位长期照料他的神经科医生公布的,以此感谢他一生为神经科学研究领域作出的奉献。同时,他的大脑也被保留了下来。

第三节 记忆问题与改善

有时候,我们会想不起来一些信息;有时候,我们会记错一些信息;有时候,我们想忘记一些信息,但却做不到。记忆心理学家丹尼尔·沙克特将这些记忆问题称为记忆的"七宗罪":消退、注意力分散、阻塞、错误归因、暗示、主观偏差和挥之不去的记忆。① 其中,消退、注意力分散和阻塞会使我们想不起来想要记住的内容,被称为"遗忘的三宗罪";错误归因、暗示和主观偏差会使我们回忆出错误的信息,被称为"扭曲的三宗罪";挥之不去的记忆会给我们带来长期的情绪困扰。

一、遗忘

1. 记忆的消退

记忆会随着时间的流逝而变得模糊,这种观点被称为遗忘的消退。如果让大家在某课程结束一年后再次参加该课程的考试,可能相当多的同学会考得比较糟糕。虽然没有人直接观察到人类记忆消退的痕迹,但有许多证据支持该学说。

心理学家艾宾浩斯研究了自己遗忘无意义音节的规律。他在两个辅音之间插入一个元音,编制了无意义音节词表,并以自己为研究对象开展记忆研究。他从无意义音节词表中随机选出一些无意义音节,快速大声朗读八遍,然后试图回忆这些音节。不过,在数周之后,这些音节根本无法被回忆起来。艾宾浩斯不得不发明另一种方法:再学法,即测量再次记住无意义音节所需要的学习次数。如果再次记住无意义音节所需要的学习次数少于第一次所需的学习次数,那么两者之间的差距就是记忆的保存量。通过这种方法,艾宾浩斯发现了无意义音节的遗忘规律:遗忘的进程是不均衡的,在识记后的最初时间遗忘得很快,之后逐渐减慢,最后几乎不再遗忘,即"先快后慢"。

现代心理学家对我们如何记忆有意义的信息更感兴趣。研究发现,有意义的信息

---

① 菲利普·津巴多、罗伯特·约翰逊、薇薇安·麦卡恩:《津巴多普通心理学(原书第7版)》,钱静、黄珏苹译,中国人民大学出版社2016年版,第191页。

也会逐渐消退,但它们并不像艾宾浩斯对无意义音节的记忆那样消退得那么快。然而,有些记忆则完全不遵循艾宾浩斯的遗忘曲线规律。比如,即便在没有练习的情况下,大家也不会忘记怎样骑自行车,它会永久地被存储在程序性记忆中。显然,并不是所有的记忆都会消退。

虽然记忆的消退会让考生在考场上抓狂,但我们容易忘记的常常是那些很少用到的信息。这些信息的消失可以避免记忆系统被很少用到的信息所占据。俄国记者谢瑞舍乌斯基仅靠听觉就能记住其他记者借助笔才能记录下来的内容;一般人只能复述7个数字组成的字符串,最多不超过9个,但谢瑞舍乌斯基在安静的房间里却能复述70个快速呈现的数字或单词;在回忆15年前的事情时,他能一口气背出几百个事件。① 但是,谢瑞舍乌斯基却说自己经常被无用的记忆所干扰,这些记忆占据着他的意识,致使他很难进行抽象思维。可见,抛弃那些无用过时的信息的确是一件好事。

2. 注意力分散

当你找不到钥匙时,或者忘记父母生日时,并不是由于这些记忆从大脑中消失了,而是由于你将注意力放到其他事情上,进而导致记忆提取失败。当你找不到钥匙时,注意力分散发生在记忆的编码阶段,也就是说当时你没有注意把钥匙放在哪里了。当你忘记父母的生日时,注意力分散出现在记忆提取时,你可能把注意力放在其他更吸引你的事情上,从而忽略了父母的生日。虽然注意力分散会给我们带来一些麻烦,但注意力分散只不过是注意转移这一重要能力的副产品而已。

3. 阻塞

在考场上,你有没有过明明知道答案,但就是想不出来的经历?在生活中,你有没有过碰到一个人,明明知道对方的名字,但就是说不出来的时候?如果有过的话,你就经历了心理学中所说的舌尖现象。你当时想不起来,并不因为信息从你脑中消失了,而是因为信息被阻塞,不能被提取。最终,你一定会回想起来的。舌尖现象通常是由于缺乏背景线索而无法激活必要的记忆图式所导致的。

干扰也会导致记忆的阻塞。一般来说,将要学习的信息彼此之间越相似,它们之间可能产生的干扰就越大;无意义的信息比有意义的信息更容易造成干扰;此外,引发强烈情绪的事件也是造成干扰的重要原因。如果昨天你刚刚失恋了,那么在今天的课堂上,你可能记不住老师讲了哪些内容。

当先前的记忆干扰个体对新信息的学习与记忆时,我们称之为前摄抑制。例如,在新的一年开始的时候,人们仍然容易把年份写成上一年,就是因为受到了前摄抑制的影

---

① 戴维·迈尔斯:《迈尔斯心理学(第7版)》,黄希庭等译,人民邮电出版社2011年版,第290页。

响。当新信息干扰个体回忆旧的信息时,我们称之为倒摄抑制。比如,当我们学习了英文字母,再去读之前学习的汉语拼音时,就容易把汉语拼音读成英文字母,就是因为受到了倒摄抑制的影响。

我们在背诵诗歌或文章时,一般来说开头和结尾部分比中间部分更容易被记住,我们把这个现象称为序列位置效应。开头之所以比较容易被记住,是因为开头部分只受到倒摄抑制的影响,我们称之为首因效应;结尾部分之所以容易被记住,是因为其只受到前摄抑制的影响,我们称之为近因效应;而中间部分既受到前摄抑制的影响,又受到倒摄抑制的影响,因而最不容易被记住。

上述三宗罪我们称之为"遗忘的三宗罪",这三宗罪会导致我们回忆不出来一些内容。接下来的这三宗罪我们称之为"扭曲的三宗罪",因为这三宗罪会导致回忆出错误的信息。

二、扭曲的记忆

1. 错误归因

有时候,我们的记忆可以被提取,但是却与错误的时间、错误的地点和错误的人联系在一起,沙克特称之为错误归因。就像我们前面所讲,在提取记忆阶段,我们提取的只是一些碎片,我们要根据这些碎片重建我们的记忆。在重建记忆的过程中,我们就可能将错误的时间、地点和人物添加进我们的记忆中。

心理学家唐纳德·汤普森就曾因此而被指控犯有强奸罪。受害者对侵犯者给出了非常具体的描述,但这一描述恰恰是错误的。汤普森是幸运的,他有充足的证据证明自己当时不在场。当受害人被侵犯时,他正在电视台接受采访。原来,受害人在遭受侵犯之前正在看汤普森的采访,然后就将受到侵犯错误地归因为汤普森。①

错误归因还会导致人们错把别人的想法当作自己的想法。一个人听到一个想法并将其记下,当他忘记这个想法的出处的时候,就会把这个想法当作自己的想法。

2. 暗示

暗示也能够扭曲甚至创造记忆,这在法庭审判中是件令人担心的事情。在法庭上,法官或律师会询问目击者,他们可能会有意无意地给目击者一些暗示,而这可能会改变

---

① 菲利普·津巴多、罗伯特·约翰逊、薇薇安·麦卡恩:《津巴多普通心理学(原书第7版)》,钱静、黄珏苹译,中国人民大学出版社2016年版,第195页。

目击者的证词。出于对这一问题的担忧,洛夫特斯与帕尔默着手研究在哪些情况下,目击证人的记忆会发生扭曲。

在洛夫特斯与帕尔默的一个经典实验中,45名学生一起观看了有关一场车祸的7个视频片段。每当放完一个电影片段,学生需要回答汽车的行驶速度有多快。被试被随机分成5组,第一组学生需要回答的问题是:"两辆车互相接触到对方的时候,车子的行驶速度有多快?"另外四组学生也要回答类似的问题,但"接触"一词被换成"撞到""碰撞""相撞"或者"撞碎"。结果发现,回答"撞碎"问题的学生对汽车速度的估计,比回答"接触"问题的学生的估计平均快出9英里(25%)。① 可见,问题的表达方式能够显著地影响人们对一件事情的回忆。

在另外一个实验中,洛夫特斯和帕尔默让150名学生观看了一段时长为1分钟的影片,影片的内容是多辆车相撞的事故。有50人被问道:"当汽车撞碎对方时,车子的速度大约是多少?"有50人被问道:"当汽车互相撞到对方时,车子的速度大约是多少?"剩下的50人则不需要回答任何问题。一个星期后,研究者将被试召集在一起,问他们一系列问题,其中研究者最感兴趣的问题是:"是否在影片中看到碎玻璃?"结果发现,在回答"撞碎"问题的被试中,报告看到碎玻璃的人数更多。但事实上,影片中并没有出现任何碎玻璃的画面。②

在洛夫特斯和帕尔默的研究之后,涌现了大量关注目击者回忆正确性的研究。这些研究发现:③

如果事先提醒目击者询问的方式(如法庭上律师的质问)会导致记忆产生偏差,就会减少因询问方式不同而产生的影响。

随着时间的流逝,记忆会逐渐消退,人们会更容易受到误导信息的影响。

记忆在每次被提取之后都会被重建,然后再存入长时记忆之中,这会增加出错的概率。

年幼的儿童和65岁以上的老人特别容易受到误导信息的影响。

对记忆正确性的自信与真实的正确性无关。

3. 主观偏差

主观信念会给记忆蒙上个人色彩,如有研究表明对未婚夫的当前感觉可能会歪曲他们最初的回忆。在一项研究中,研究者对成对的恋人进行了两次调查,两次调查中间

---

① 斯科特·普劳斯:《决策与判断》,施俊琦、王星译,人民邮电出版社2004年版,第29页。
② 斯科特·普劳斯:《决策与判断》,施俊琦、王星译,人民邮电出版社2004年版,第29~31页。
③ 菲利普·津巴多、罗伯特·约翰逊、薇薇安·麦卡恩:《津巴多普通心理学(原书第7版)》,钱静、黄珏苹译,中国人民大学出版社2016年版,第196~197页。

间隔两个月。结果显示,在那些关系发展良好的恋人中,对彼此最初记忆的评价要好于真实情况;在那些关系发展不好的恋人中,对彼此最初记忆的评价要比真实情况差。

当感情到来时,人们会觉得它永远都不会消失;而当感情消失时,人们会觉得它从来都不曾到来;一旦感情回来时,人们会觉得它仿佛从未离开过。

——苏格兰作家 乔治·麦克唐纳

虽然错误归因、暗示和主观偏差会扭曲我们的记忆,但这正是由于我们的记忆为了寻求意义而舍弃细节所导致的,否则我们的记忆就只能像计算机一样存储大量信息,却没有任何意义。

三、挥之不去的记忆

有时我们的记忆系统太有效了,一些令人不快的记忆无论怎样也挥之不去,特别是当这些记忆伴有强烈消极的情绪时。事实上,令人不快的记忆在头脑中挥之不去正是某些心理障碍的典型症状。例如,恐惧症患者头脑中总是闪现着有关蛇、蜘蛛一类令人惊悚的记忆;抑郁症患者总是无法停止回忆生活中那些令人不快的事情。不过挥之不去的记忆也有积极的作用。例如,一个人如果在一个地方被蛇咬伤,每次路过那个地方时他都会想起来这件事情。这会令他非常小心,以免再次被蛇咬伤。

弗洛伊德认为,为了保护我们的自我概念并减少焦虑,我们可能会压抑那些让我们痛苦的回忆,从而想不起来那些让我们痛苦的经历,这种观点被称为遗忘的压抑说。弗洛伊德所说的压抑是否真的存在呢?研究发现,对创伤经历的最常见反应并不是把这些记忆压抑到无意识中去,而是铭刻于心,使之成为挥之不去的记忆。

不过,科查吉娅和和吉诺(2016)最近的研究发现,我们对自己干过的坏事会选择性地失忆,他们将其称为失德失忆症(unethical amnesia)。他们认为,我们的记忆是被建构出来"让自我感觉良好"的,假如某些记忆起不到这个作用,我们就不愿意提取这些记忆。我们需要一个正面积极的自我形象,为此我们不惜修改、删除、构建我们的记忆。① 对于那些我们做过的坏事的记忆,压抑或许是存在的;对于创伤性事件的记忆,则往往是挥之不去的。

---

① Kouchaki M. & Gino F. Memories of unethical actions become obfuscated over time. Proceedings of the National Academy of Sciences of the United States of America, 2016, 113: 6166~6171.

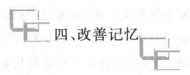

四、改善记忆

就如前面所说,我们会不时地被我们的记忆所捉弄。那么在学习中,我们该采用什么方法来改善我们的记忆呢?

1. 及时复习

艾宾浩斯的遗忘曲线告诉我们,遗忘的规律是先快后慢,因此及时复习可以阻止在学习后立即发生急速遗忘。

2. 分散学习

分散学习不仅可以避免集中学习引发的疲劳,而且可以在巩固的过程中增强记忆。在一个持续时间长达 9 年的实验中,巴瑞克一家四口在限定的次数内练习翻译外语单词,练习的间隔时间为 14 至 56 天不等。结果发现,练习间隔的时间越长,5 年后记忆的保持效果越好。① 可见,为期末考试、考研或其他考试而不断反复学习材料,可以增强我们的长时记忆;持续一学期或几个学期的分散学习而非短期的突击学习更有助于长时记忆。这也可以帮助我们理解艾宾浩斯对无意义音节集中学习遗忘得那么快的原因。

在我们的日常生活中,间隔开来的事件更容易记忆。每天 1 次、连续听 5 天的名字比 1 天连续听 5 遍的名字更容易被记住。在某种程度上,我们的记忆经过了最优化的设计,从而保证我们能生存下去。

3. 过度学习

艾宾浩斯在研究自己对无意义音节的记忆时发现,第一天他大声重复记音节表的次数越多,第二天再学时需要重复的次数就越少。他发现,记忆的保持量依赖于学习的时间,掌握材料之后,过度学习能增加记忆的保持量。

4. 为学习材料赋予个人意义

无意义的信息比有意义的信息更容易被遗忘。为了更好地回忆学习过的材料,用自己的语言复述学习材料和做笔记是非常有效的方法。在学习时,将材料内容与已经掌握的内容联系起来,形成尽可能多的练习来丰富我们的提取线索,将有助于我们在需

---

① 戴维·迈尔斯:《迈尔斯心理学(第 7 版)》,黄希庭等译,人民邮电出版社 2011 年版,第 294 页。

要时争取提取相应的信息。

5. 反复阅读与尝试回忆相结合

苏联心理学家伊凡诺娃将被试随机分成两组,第一组被试连续阅读4次,第二组被试阅读2次并试图回忆2次。1小时后,第一组记忆的保持量为50%,第二组记忆的保持量为75%;1天以后,第一组记忆的保持量为30%,第二组记忆的保持量为73.5%;10天之后,第一组记忆的保持量为25%,第二组记忆的保持量为57.5%。① 很显然,用反复阅读与试图回忆相结合的方法进行学习,比仅通过反复阅读进行学习,效果要好一些。

6. 复习方法多样化

苏联心理学家赞可夫的研究发现,采用多样化复习方法的三年级学生的学习成绩超过了采用单调复习方法的二年级学生的成绩。② 可见,在学习时,可以使用视听结合、手脑并用、图像与语言相结合、阅读与操作相结合的方法,在大脑皮层上建立多通道练习,丰富记忆的提取线索。

巩固练习

一、选择题

1. 在学习游泳之前,小兰通过阅读书籍记住了一些与游泳有关的知识。小兰对游泳知识的记忆是( )。

A. 陈述性记忆　　　B. 程序性记忆　　　C. 瞬时记忆　　　D. 短时记忆

2. 短时记忆的容量单位是( )。

A. 比特　　　　　　B. 组块　　　　　　C. 字节　　　　　D. 词组

3. 晓东在记忆英文单词时,如果不对其加以复述,这个单词在他头脑中的记忆只能保持几十秒。这种记忆是( )。

A. 瞬时记忆　　　　B. 短时记忆　　　　C. 长时记忆　　　D. 内隐记忆

4. 让丽丽先后学习两组难度相当、性质相似的材料,随后检查发现她对前一组材料的回忆效果不如后一组的好,这是因为( )的作用。

A. 倒摄抑制　　　　B. 前摄抑制　　　　C. 分化抑制　　　D. 延缓抑制

5. 大鹏以前住的房子里有个壁橱,所有的餐具都放在壁橱里。自从搬到新家后,他总是习惯性地想要去壁橱里找餐具,但是新家根本没有壁橱。他的行为反映了由( )造成的遗忘现象。

---

① 范安平等:《新编心理学(第三版)》,华东师范大学2016年版,第68页。
② 范安平等:《新编心理学(第三版)》,华东师范大学2016年版,第68页。

A. 缺乏提取线索　　　B. 倒摄抑制　　　　C. 前摄抑制　　　　D. 压抑

6. 如何启动计算机、如何骑自行车都属于(　　)记忆。

A. 情景记忆　　　　B 语义记忆　　　　C 程序性记忆　　　D. 工作记忆

二、简答题

1. 简述记忆的种类。

2. 试述工作记忆和长时记忆的区别。

3. 简述艾宾浩斯的遗忘规律及适用范围。

4. 试述丹尼尔·夏克特提出的记忆的"七宗罪"。

5. 在学习中,如何改善记忆?

三、推荐书目

[1]理查德·格里格,菲利普·津巴多. 心理学与生活(第 19 版). 北京:人民邮电出版社,2014 年。

[2]Kouchaki M. & Gino F. Memories of unethical actions become obfuscated over time. Proceedings of the National Academy of Sciences of the United States of America, 2016.

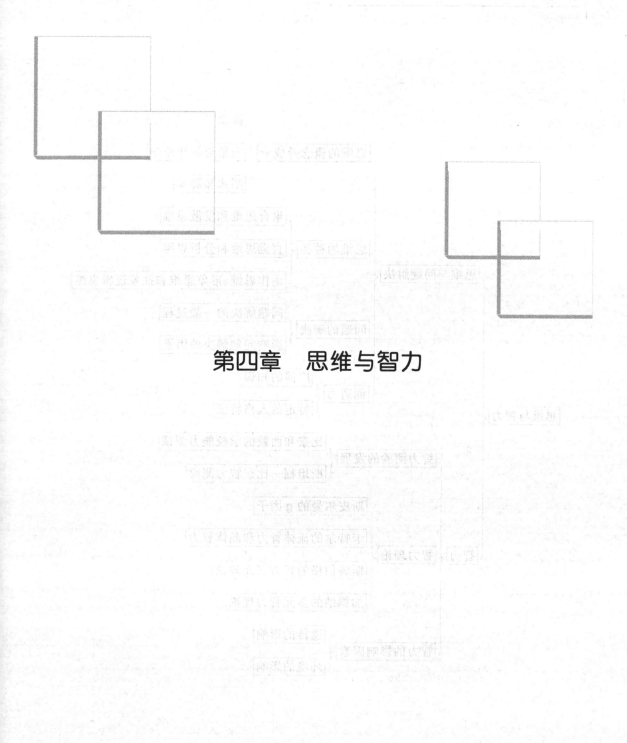

第四章 思维与智力

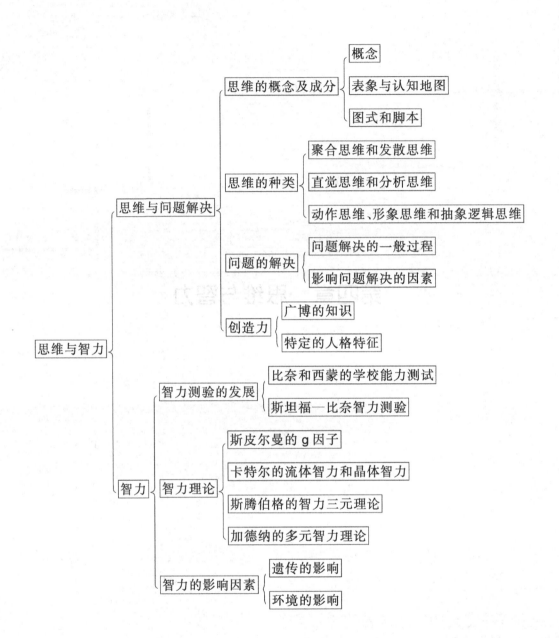

把一张打印纸对折100次,大概会有多厚? 会不会有10000米厚?

你的直觉可能会告诉你没有,但是我们来仔细计算一下。假设一张打印纸厚度为0.1毫米,对折10次,厚度达到约0.1米;对折20次,厚度大约105米;对折30次,厚度大约107千米(107374米);对折40次,厚度大约109950千米;对折50次,厚度约达到1.1亿千米;对折100次,厚度约达到1268万亿千米,这个厚度大约可折合为134亿光年。

思考题:
1. 为什么我们的直觉感知的结果与实际情况差别这样大?
2. 直觉什么时候是可靠的? 什么时候又是不可靠的?

与其他动物相比,人类不是最强壮的,也不是速度最快的,更不是最凶猛的,但是我们人类善于思考,更善于解决问题。通过盖房子、做衣服,我们可以抵御寒冷;通过制造各种机器,我们可以潜入水底,在海上航行,在陆地上飞驰,在天空中翱翔,甚至还可以探索太空;通过研制药物,我们可以治愈多种疾病。思维的力量使我们人类的足迹遍布整个地球,甚至可到达太空。在本章的第一节,我们将探讨思维和问题解决;在二节我们将探讨智力,包括智力测验、智力理论及智力的影响因素。

第一节 思维与问题解决

一、思维的概念及成分

解决一个复杂的问题,选一部自己满意的手机,考虑如何度过这个周末,这些活动均与我们的思维有关。一般来说,我们将思维看作在脑中进行的复杂信息的加工活动,通过这些活动我们可以处理自己的想法、感受、需要和经历。思维加工的信息可以来自内部,也可以来自外部。当今心理学家认为,思维是一种认知过程。在这一过程中,大脑运用从感觉、记忆等方面获得的信息来创造和操控诸如概念、表象、图式和脚本这样的心理表征。①

---

① 菲利普·津巴多、罗伯特·约翰逊、薇薇安·麦卡恩:《津巴多普通心理学(原书第7版)》,钱静、黄珏苹译,中国人民大学出版社2016年版,第211页。

思维加工的信息无论来自哪里,都会涉及概念、表象、图式或脚本等心理表征。思维会根据意义对这些心理表征进行组织,最终形成我们的判断、推理、想象、决策和问题解决等更高级的思维过程。

1. 概念

假如一个外星人来到地球,他可能会被各种各样的感觉刺激所淹没。如果他慢慢发现可以根据事物的共同属性对其进行分类,那么他就形成了概念。什么是概念呢?同类的事物(如圆形的物品)、事件(如好事)和人(如男人和女人)在头脑中形成心理表征,我们也就形成了关于它们的概念。如桌子这个概念,就是我们对餐桌、课桌、讲桌、办公桌等多种同类事物的概括。

概念是思维的基本单元,它可以帮助我们将知识组织起来。为了将事物进一步简化,我们对概念进行分层,形成概念层级。如首先我们将动物分成脊椎动物和无脊椎动物,再将脊椎动物分成鱼、两栖动物、爬行动物、鸟、哺乳动物等。

每个人都会以独特的方式来概念化这个世界,但个人具有独特性的同时也具有相似性。我们形成的概念可以分为两种:自然概念和人工概念。我们根据日常生活经历形成的对于事物的心理表征就是自然概念。这种概念往往是不精确的,如我们有关"鸟"的概念会在我们的头脑中唤出一个原型,即根据我们的个人经历而形成的有关典型鸟类的一般形象。[①] 当我们判断一个动物是不是属于鸟类时,我们会在头脑中将这一动物与我们头脑中鸟的原型进行比较。研究发现,人们在判断"鹰"属于鸟类所需的时间比判断"企鹅"属于鸟类所需的时间少。这是因为与企鹅相比,鹰与人们头脑中鸟的原型更加接近。人们会根据自己经常感知到的事物的特点来形成相应的自然概念。这些特点被存储在记忆中后,被感知的次数越多,留下的记忆痕迹就越多,这样原型就越容易被迅速地回忆起来。

与自然概念不同,人工概念是根据一套规则或特征来进行定义的。如果你看过生物学的专业书籍,那么你也许见过"鸟"的人工概念:有羽毛、两足、恒温、卵生的脊椎动物。一般来说,我们在学校里学到的大多数概念都是人工概念。

2. 表象与认知地图

除了利用概念进行思考以外,我们还可以利用各种感觉表象来进行思考。比如,说到一个我们熟悉的人时,我们会想起他的面容;提到一首我们喜欢的乐曲时,我们会想起它动听的旋律;提到我们喜欢吃的食物时,我们会想起它的味道。这都属于我们的感

[①] 菲利普·津巴多、罗伯特·约翰逊、薇薇安·麦卡恩:《津巴多普通心理学(原书第7版)》,钱静、黄珏苹译,中国人民大学出版社2016年版,第212页。

觉表象。头脑中的感觉表象能够让那些曾经感知过的,并存储在我们记忆中的信息"复苏","这种"复苏"可以在没有即刻感觉输入信息的情况下发生。

视觉表象和其他感觉表象(听觉、味觉、嗅觉和触觉等)使我们的思维更为复杂和丰富。对于一些问题,表象比文字更能清晰地表达对象之间的关系。如何从宿舍走到教室,从教学楼怎样才能走到食堂,认知地图能够帮助我们完成这些任务。这种对于物理空间的认知再现是一种特殊形式的视觉表征。人们会在头脑中形成所处环境的地图,并使用这些地图来引导他们到达目的地。

3. 图式和脚本

图式是一组相关概念的集合。当我们思考问题时,图式能够为我们提供一个大致的概念性框架。假如你要去某所著名的大学参观,虽然你可能没有去过该大学,但有关大学的图式会让你知道这所大学里会有图书馆、教学楼、运动场、餐厅学生和教师等。新信息往往是模糊的和不完整的,只有将其与图式中的信息联系起来,我们才能清楚地理解该信息。

脚本是一种事件图式,包括在特定情境中,一些相关的具体事件和行为应该以何种方式依次发生的信息。我们有去餐厅吃饭和图书馆借书的脚本,意味着我们知道做这些事情的流程。如果你的脚本和周围其他人的脚本有较大差异的话,就有可能会引发冲突。比如在餐厅,大家都在排队打饭,你直接插队打饭,就会引发大家的不满。和那些与我们有相同脚本的人相处会让我们感觉良好,因为大家会用同样的视角来看待事物,并会对事情有着同样的预期。理解脚本的作用能够使我们以更加灵活的方式来对待文化差异。

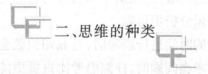

二、思维的种类

1. 聚合思维和发散思维

聚合思维又称求同思维,指的是把各种信息结合起来,得出一个正确答案的过程。聚合思维是人们在解决问题过程中常用的思维方法。例如,科学家在开展研究的过程中,要从已知的各种资料、数据和信息中归纳得出合理的结论;公安人员调查案件时,要从各种迹象、各类可疑人员中找出作案人和作案事实;一些同学在做作业时,会考虑标准答案是什么等。

发散思维又称求异思维,是从已有的信息出发,尽可能向各个方向扩展,不受已知方式、方法和规则的约束,以获得多种不同的解决问题的办法,得出各种不同的结果。例如,一题多解、一物多用均运用了发散思维。许多心理学家认为,发散思维是创造性思维最主要的特点,是测定创造力的主要指标之一。

2. 直觉思维和分析思维

直觉思维指未经逐步分析就迅速对问题答案作出推测的思维,如办案人员根据现有线索对嫌疑人的初步判断。分析思维指经过逐步分析后,对问题作出明确结论的思维。比如你在解答几何证明题时,就使用了分析思维。

直觉判断有时候是准确的。纳里尼·安贝迪德的研究发现,仅仅通过观看6秒的视频,人们就可以对他人的人格特征作出相当准确的判断。诺贝尔奖得主心理学家丹尼尔·卡尼曼认为,直觉是进化的结果,它可以帮助我们的祖先在紧急危险的情况下快速作出判断。①

直觉判断却并不总是准确的,有时候只是看起来正确,但实际上却是我们的偏见。例如,一些管理人员常常会高估自己的直觉判断能力,认为自己擅长对他人的能力和人格进行直觉判断,因此他们常常仅仅根据现场面试结果进行人员招聘。但事实上,如果能够参考应聘人员的教育水平和测验分数等客观数据,他们往往可以作出更准确的判断。

那么,我们什么时候该相信自己的直觉,什么时候该认真地进行分析性思考呢?一般来说,虽然我们对人格特征的直觉判断往往是正确的,但当我们利用直觉进行数据判断时,则很可能会出错。你现在知道自己为什么会错误估算打印纸折叠100次的厚度了吧。

一般来说,在问题复杂且时间有限的情况下,我们更可能会通过直觉思维来进行判断。由于工作记忆容量的有限性,意识层面的分析思维无法应对这种复杂情境,直觉思维往往会比不完全的逻辑分析更可靠。

然而当我们有充足的时间进行思考时,专业知识就会起作用。研究发现,耶鲁大学四年级的学生在解决学术类问题时,仔细思考比直觉更能有效地帮助他们解决问题,但大一新生却更容易通过直觉获胜。可见,当个体有了解决某一问题的必备知识时,直觉会阻碍其认真思考;而当个体不具备相关知识的情况做判断时,运用直觉往往比运用不完善的分析思维表现得更好。

3. 动作思维、形象思维和抽象逻辑思维

动作思维是最早产生的思维,是通过实际动作操作和解决问题的思维过程。2岁前

---

① 菲利普·津巴多、罗伯特·约翰逊、薇薇安·麦卡恩:《津巴多普通心理学(原书第7版)》,钱静、黄珏苹译,中国人民大学出版社2016年版,第217页。

儿童的思维常常是伴随着动作产生的,他们不能在动作之外进行思考。儿童在掌握抽象数学概念之前,用手摆弄物体进行计算,就属于动作思维。成人也有动作思维,如家电修理人员一边操作一边思考如何解决机器故障。需要指出的是,成人的动作思维是以丰富的知识经验为基础的,并在整个动作思维过程中依靠语言进行调节和控制,它与尚未完全掌握语言的幼儿的动作思维是不同的。

形象思维是指利用头脑中的表象进行的思维,是从动作思维基础上发展起来的。由于表象功能的出现,儿童的动作思维向形象思维过渡。如儿童在头脑中利用三个手指加上四个手指进行计算就属于形象思维。成人也经常使用形象思维,如作家塑造一个文学人物形象,画家创作一幅图画,都要在头脑里先构思出这个人物或这幅图画的画面。形象思维不仅属于作家和艺术家,而且它也是科学家重要的思维形式。例如,苯分子的结构、磁力线等都是科学家抽象思维和形象思维结合运用的产物。

抽象逻辑思维是用概念、公式、定理等语言符号进行的思维。例如,数学定理的证明、科学假设的提出、文章思想的概括等均属于抽象逻辑思维。

从整体上来说,儿童最早出现的是动作思维,然后是形象思维,最后才是抽象逻辑思维;后一种思维的出现并不意味着前一种思维的消失。在成年人身上,这三种思维是相互联系、相互补充的。

三、问题的解决

在日常生活、学习和工作中,我们会遇到各种各样的问题。我们都希望能够解决遇到的所有的问题,成为一个善于解决问题的人。要成为一个善于解决问题的人,我们需要先了解一下问题解决的一般过程。

1. 问题解决的一般过程

(1)发现问题

发现问题是问题解决的首要环节,有时发现问题比寻找问题的答案更不容易,因为生活中所遇到的各种问题并非都是显而易见的。

(2)明确问题

明确问题的关键在于抓住问题的核心。能否明确问题在很大程度上取决于已有的知识经验,知识经验越丰富,就越容易抓住问题的关键和核心。优秀的问题解决者不会轻易作出决策,而是在考虑到问题所有的可能性后,再着手寻找解决问题的方案和策略。

（3）提出假设

提出假设指寻找解决问题的方法和途径，提出解决问题的策略。提出假设是问题解决的关键阶段：正确的假设引导问题顺利得到解决，不正确的假设往往使问题的解决走弯路。

（4）检验假设

检验假设就是把提出的假设付诸实践，去解决问题。如果问题解决了，表明假设是正确的；如果问题没有解决，表明假设可能是错误的，需要进行修改，或者提出新的假设。

2. 影响问题解决的因素

善于解决问题的人具有哪些特点呢？首先，他们必须掌握解决问题所需的知识和经验；其次，他们善于选择有效的问题解决策略，以及规避问题解决中的障碍。

（1）知识和经验

各个领域都有自己的专家，如物理学家、地质学家、天文学家、生物学家、医学专家等。这些专家在解决自己领域中的问题要比新手容易得多。什么原因使得专家解决问题更容易呢？研究发现，专家不仅拥有某一领域大量的知识，而且这些知识和经验在头脑中的组织也更为合理，在需要的时候可以被快速提取并加以应用。

在一项有关专家和新手的研究中，研究者给国际象棋大师和新手看真实比赛的棋局各5秒钟，然后打乱棋子的顺序，让他们重新恢复棋局。结果发现，国际象棋专家正确恢复棋子的数量在20至25个，而新手只能正确恢复6个。当研究者给国际象棋大师和新手呈现随机摆放的棋局，象棋大师和新手恢复棋子的数量则没有显著差异，都在6个左右。国际象棋大师拥有的丰富的国际象棋知识和经验，使他们能够在头脑里将真实棋局中的棋子组成较大的组块，从而在恢复真实棋局时能获得更好的成绩；但是对于随机摆放的棋子，国际象棋大师的知识经验就无处可用，因而与新手的表现没有显著差异。

（2）问题解决策略

如果遇到的问题比较简单，则解决方法也比较简单。比如，你要打开一间教室的门，但不知道一串钥匙中的哪一把可以打开门。你可以一一尝试，直到找到能打开门的那一把。如果问题比较复杂，则需要更有效的解决方法。解决专业领域的问题不仅需要专业知识，还需要专门的程序或公式。这种专门的程序或公式就是我们接下来要说的算法策略和启发式策略。

算法策略。无论你学什么专业，从事什么样的工作，选择正确的算法都能使你在很多问题上找到正确的解决途径。算法是指解题方案准确而完整的描述，是一系列解决问题清晰的指令，代表着用系统的方法描述解决问题的策略机制。如果你已经获得了解决问题必要的信息,那么算法可以帮助你解决问题。比如,你可以使用算法来计算你的综合测评分数、你在操场上跑了多少公里等。

算法并不能帮助我们解决所有问题,比如算法无法帮助解决未知信息过多的问题及过于复杂而无法用公式计算的问题。因此,解决问题还需要一些依靠直觉和经验的策略,这就是启发式策略。

启发式策略。我们拥有许多启发式策略,比如贵的商品要比便宜的商品质量更好;手机无法开机可能是因为没电了。启发式策略是一些简单和基本的经验法则,它们能够帮助我们简化问题情境,但并不能保证问题能得到正确解决。一些启发式策略要求人们具备专业知识和经过专业训练,但也有一些通用的启发式策略不要求人们具备专业知识,却可能在困境中为你提供帮助。接下来,给大家介绍三种通用的启发式策略,它们能使我们从不同的角度来解决问题。

手段—目的分析法是指将需要解决的大问题分解成几个容易解决的小问题。这样你就可以着手制订计划,将这些小问题各个击破,从而大问题也会更容易得到解决。

逆推法是指从问题的终点开始逆推,直至找到通往问题起点的路径或方法。对于目标明确的问题(如迷宫),逆推法是一种极其有效的解决策略。

类比法,即如果你现在面临的问题与你之前经历过的问题相似,那么你或许可以利用之前用过的方法来解决现在面临的问题。这其中的关键就在于找出问题的相似之处。

(3)思维定势

思维定势是指用以往解决类似问题的方式来解决新问题的倾向。在日常生活、学习和工作中,我们会经常遇到类似的问题,思维定势可以帮助我们用同样的方法解决问题,这是思维定势的积极作用。但是当问题情境发生变化时,思维定势则会妨碍人们采用新的方法来解决问题。比如,你能不能用六根火柴摆出四个三角形?如果你做不到的话,很可能是因为思维定势限制了你的思维。

(4)功能固着

功能固着是一种特殊的思维定式,是指个体在解决问题的过程中只想到一个物体通常的功能,而想不到该物体还有其他功能的现象。如果给你一支蜡烛、一盒图钉、一盒火柴,你能否把蜡烛点燃并把它固定到墙壁上?你会怎么做?如果你没想出办法的话,很可能是因为火柴盒的最常见用途限制了你的思维,使你想不到可以用图钉把火柴盒固定在墙上,将火柴盒用作蜡烛的支撑物,这就是功能固着的表现。

(5)动机强度

是不是解决问题的动机强度越大,解决问题的效率越高呢?答案是否定的。耶基斯和多德森发现,动机强度与效率之间的关系可以用倒 U 形曲线来表示,即在问题解决过程中存在一个最佳动机强度。在达到最佳动机强度之前,问题解决效率随着动机强度的增强而提高；而一旦超过最佳动机水平，问题解决效率则随着动机强度的增强而降低。不过，难度不同的任务有着不同的最佳动机强度。一般来说，最佳动机是中等强度的动机；对于比较简单的任务来说，最佳动机强度偏高；对于比较复杂的任务来说，最佳动机强度偏低。所以加油、呐喊或许能够有助于提高田径运动员的成绩，但对于正在解答复杂数学题的学生来说，却会起反作用。

(6) 问题的表征方式

问题的表征方式直接影响问题的解决。如果问题的表征方式符合人们的经验或知觉的习惯，则有利于问题的解决；反之，则妨碍问题的解决。比如，有个道士爬山，他清晨6点出发，走走停停，直到晚上6点才到达山顶。第二天凌晨6点，他从山顶沿上山的路线下山，速度是上山速度的3倍。试问：山路上是否存在这样一个点，道士恰好在同一时刻经过这一点？这个问题有点让人难以着手。如果换一种方式呈现问题：清晨6点，一个道士从山下开始爬山，走走停停，直到晚上6点才到达山顶；另一个道士也在清晨6点沿相同的路线从山顶开始下山，速度是上山道士的3倍，试问：两个道士是否会在途中相遇？这个问题的答案是显而易见的。这两个问题实质上是相同的，只是问题的表征方式不同，但显然第二种表征方式更有利于问题的解决。

(7) 人格特征

积极的人格品质如自信、乐观等有助于问题的解决，而消极的人格品质如自卑、自傲则不利于问题的解决。

四、创造力

由于大量简单、机械的劳动逐渐被机器所取代，我们所处的这个时代比以往任何时候更强调创新，而创新的基础是人们的创造力。创造力是一个难以对其下定义的概念，心理学家对创造力的定义也很难达成一致，但多数心理学家能够接受一个较为笼统的定义：创造力是指能够为问题的解决提供新奇思路的能力。

很多人认为，创造力是一种天赋，是普通人所不具备的，但是很少有研究支持这一观点。事实上，这种想法会阻碍创新，会让人们认为创新是自己无法做到的。韦斯伯格认为,非凡的创造力来自广博的知识和某些人格特征,而非超人的天赋。①

1. 广博的知识

富有创造力的个体对于他们所在领域的知识有着深刻的认识和理解。实际上,我们在成为一个专家之前是不会变得非常有创造力的。广泛而系统地掌握所在领域的专业知识能够帮助我们创新,但是要做到这一点也并不容易,因为这要求我们需要具备强烈的动机以完成数年高强度的学习和练习。几乎在任何一个领域中,我们都需要经过超过 10 年或者 10000 小时的努力才能游刃有余地掌握所需的知识和技能。

2. 特定的人格特征

心理学家菲利普·津巴多等人认为富有创造力的个体主要具有以下五个方面的特征。②

(1)独立

富有创造力的个体能够顶住不走寻常路所带来的社会压力,敢于做自己,敢于坚持自己认为正确的事情,较少受到他人的影响。

(2)对某个问题具有强烈兴趣

富有创造力的个体对需要创新的问题具有非常强烈的兴趣,他们会持续不停地思考那些吸引他们的问题。奖励对他们来说可能具有一定的激励作用,但他们创新最主要的动机还是来自内部。

(3)愿意重构问题

富有创造力的个体不仅努力解决问题,还经常质疑问题的本质,并且总是在不停地重新定义问题。

(4)喜欢复杂

很多人都崇尚简单,但富有创造力的个体更容易被复杂的问题所吸引,他们会沉浸于在复杂中寻找简单的规律。

(5)需要刺激性的交流

在事业发展早期,富有创造力的个体往往会寻找一位导师,这位导师能引导他在该领域获得快速发展。随后他会超越导师,从与自己相似的人那里寻求更多的刺激性

---

① 菲利普·津巴多、罗伯特·约翰逊、薇薇安·麦卡恩:《津巴多普通心理学(原书第 7 版)》,钱静、黄珏苹译,中国人民大学出版社 2016 年版,第 226 页。

② 菲利普·津巴多、罗伯特·约翰逊、薇薇安·麦卡恩:《津巴多普通心理学(原书第 7 版)》,钱静、黄珏苹译,中国人民大学出版社 2016 年版,第 229 页。

交流。

尽管研究者在天赋对创新的作用的看法上存在争论,但研究者还是达成了两点共识:第一,创新需要人们对想要作出创新的领域的知识非常精通;第二,高水平的创新需要人们具有某些人格特质。

那么,高智商是创新所必需的吗?低智商会抑制创新,但高智商未必意味着富有创新能力,许多高智商的人并没有作出任何创新。要想更好地理解创造力和智力的关系,我们需要懂得智力是什么及人们如何测试智力,这就是第二节我们将要学习的内容。

第二节 智力

虽然智力测验已经有一百余年的历史,但是人们对智力的含义仍然存在争论。多数心理学家认为,智力是一种与掌握知识、推理和解决问题有关的能力。

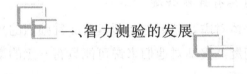

一、智力测验的发展

1. 比奈和西蒙的学校能力测试

20世纪初,法国通过了一项法案。该法案要求所有法国儿童都要上学,然而一些儿童似乎难以从该法案及普通的学校课程中获益,他们需要特殊课程。究竟哪些儿童需要特殊课程呢?法国教育部长于1904年委托比奈和西蒙等人来研究这个问题。比奈和西蒙设计了一套包括30道题目的测验,这些题目对上学所必须具备的各种能力进行了抽样测试。他们用这些题目测验巴黎的儿童,发现该测验的确能够预测儿童的学业成就。

比奈和西蒙认为,所有儿童的智力都遵循同样的发展过程,但是有些儿童的智力会发展得快一些,一些儿童的智力则会发展得慢一些。在测验中,迟钝儿童的表现就像年龄较小的儿童一样,而聪明儿童的表现就像年龄较大的儿童一样。比奈和西蒙用这些题目测试了年龄不同的儿童,计算了各个年龄段的平均得分,然后将每个孩子的表现与不同年龄段儿童的平均成绩进行比较。如果一个孩子的得分与5岁儿童的平均分相同,那么他的心理年龄(mental age)就是5岁。比奈和西蒙认为,如果一个孩子的心理年龄比实际年龄小两岁的话,那么这个孩子就需要接受特殊教育。

需要说明的是,比奈和西蒙把他们测验的成绩解释为对被试当下表现的评估,而不是对其天生智力的测量。他们希望将测试的结果用于发现那些需要给予特殊帮助的孩子,而不是给孩子打上聪明或迟钝的标签。比奈和西蒙担心测验会被用来给儿童"贴标签",从而限制他们的发展。对于那些经过测试被发现的需要给予帮助的孩子,他们希望能够通过特殊教育,找到帮助他们提升的方法。但是比奈和西蒙可能会无奈地发现,他们为了筛选那些需要给予特殊帮助的孩子而编制的测验,很快就被当作一种测量遗传智力的工具而使用。

2. 斯坦福—比奈智力测验

比奈去世后,斯坦福大学的刘易斯·特曼试图使用比奈的学校能力测验进行研究,但他发现根据巴黎儿童编制的这一测验常模不适用于美国加利福尼亚的学生。因此,特曼对这个测验进行了修订,保留了一些题目,增加了一些新题目;并对大量年龄不同的人群进行了测试,以获得评分的参照标准;将测验的年龄上限从青少年扩展到成年人。特曼把他修订的测验称为斯坦福—比奈智力测验。这一测验很快就成为评判其他智力测验是否可靠的标准。不过由于该测验只能对个体进行逐一测试,所以没有群体测试那么经济。

(1) 比率智商

在斯坦福—比奈智力测验中,特曼还引入了智商(IQ)这个概念。这个概念最早是由德国心理学家威廉·斯腾提出的。一个人的心理年龄除以实际年龄,再乘以100,采用这种方法计算出来的智商被称为比率智商。如果一个孩子的实际年龄是10岁,而他的测试成绩显示其智龄为10岁。用这个孩子的智龄除以实际年龄,我们得到1;将这个数字乘以100就得到了他的智商,即100。那些智龄和实际年龄相等的孩子,其智商即为100,他们的智商就是这一年龄阶段儿童的平均智商水平。

(2) 离差智商

心理学家很快发现,通过这一公式计算得出的数值无法如实地反映成人的智力水平。比如,一个40岁的成年人在智力测验中的得分与一个20岁普通人的一样,那他的智商只有20岁普通人的一半吗?显然不是。人们长大后并不会变得越来越笨,而是朝着不同的方向发展,而这个智商计算公式不能反映这些发展。于是,心理测量学家决定摒弃原来的智商公式,用正态分布曲线计算智商,即离差智商。心理学家发现,不管在哪个年龄群体中,人们的智力测验得分都呈正态分布。离差智商的分值是根据一张对照表换算出来的。在这个对照表中,各个测验分数都标注在正态分布的相应位置上,每个年龄组的平均得分都设定为100。得分低于70的人通常被认为是智力障碍者;得分超过130的人通常被认为是智力超常者。

斯坦福—比奈智力测验成功促进了其他智力测验的发展。现在我们拥有许多智力测量工具,其中最著名的是韦氏智力测验系列,包括韦氏成人智力量表、韦氏儿童智力量表和韦氏学龄前儿童智力量表。这些量表的开发者心理学家大卫·韦克斯勒认为斯坦福—比奈智力测验过于依赖被试的语言能力,因此他增加了不依赖被试语言能力的操作分测验,主要测试被试在数字符号、图画填充、木块图、图片排列、物体拼凑任务上表现出来的能力;言语分测验主要测试被试在知识、领悟、算术、相似性、数字广度、词汇任务上表现出来的能力。韦氏智力测验不仅可以像斯坦福—比奈智力测验那样计算一个总体智力分数,而且还可分别计算言语分数和操作分数。如果一个人的言语分数比其操作分数低很多,可能表明被试存在阅读障碍或语言能力障碍等方面的问题。

二、智力理论

在我们身边,我们不难发现有些同学擅长数学,有些同学擅长文学,有些同学擅长美术,有些同学擅长音乐,还有的同学擅长舞蹈等。我们的能力如此多样,用智力这一个概念是否能够完全描述这些能力呢?为了弄清是否存在一种贯穿于各种能力之间的一般能力,心理学家开始研究各种能力之间的关系。斯皮尔曼在智力领域率先使用因素分析的技术,在不同的能力测试中寻找和统计相关内容。

1. 斯皮尔曼的g因子

斯皮尔曼发现,人们在不同类型的智力测验中的成绩存在高度相关性,所以他认为个体在所有智力领域的表现都受到了一个共同因素的影响,那就是一般智力。斯皮尔曼认为,虽然有些人在某些领域才华出众,但这些个体差异并不能否定一般智力因素的存在。斯皮尔曼把这个一般智力因素称为g因子,并认为g因子是天生的。

近年来,越来越多的研究支持斯皮尔曼的观点。神经科学家约翰·邓肯等人的研究发现,许多对于g因子的测试都与大脑额叶的一些部位有关,因此他们认为,这就是g因子的神经生理基础。①但是其他研究者则认为,这种对智力本质的解释过于简单化了。从总体上来看,多数心理学家认为g因子的确是存在的,但在g因子的神经生理机制作用方面尚存在争论。

---

① 菲利普·津巴多、罗伯特·约翰逊、薇薇安·麦卡恩:《津巴多普通心理学(原书第7版)》,钱静、黄珏苹译,中国人民大学出版社2016年版,第241页。

2. 卡特尔的流体智力和晶体智力

卡特尔采用更为高级的因素分析技术,将一般智力分成两个相对独立的组成部分:晶体智力和流体智力。晶体智力是指个体获得的知识及获得这些知识的能力,可以根据词汇、算术和一般性知识进行测量。① 流体智力是指发现复杂关系并解决问题的能力,可以根据积木图案、视觉空间测试进行测量。晶体智力能够帮助我们更好地应对日常生活和具体问题,而流体智力则帮助我们处理新奇的、抽象的问题。这两种智力对我们的生存和适应都具有非常重要的作用。

在个体一生中,晶体智力与流体智力有着不同的发展趋势:在青少年期之前,两种智力都随着年龄增长而不断提高;在青少年期之后,特别是在成年阶段,流体智力缓慢下降,而晶体智力不但不减退,反而可能有所增长。这是因为流体智力与脑和神经系统机能关系较密切,在衰老的过程中,脑和神经系统结构发生退行性改变,机能减退,流体智力也自然下降。而晶体智力受社会文化和教育的影响较大,由于知识经验的积累,晶体智力在一生中一直保持发展。所以年轻人处理加工新颖信息的能力较强,而中老年人在分析、解决问题方面能力较强。

3. 斯腾伯格的智力三元理论

罗伯特·斯腾伯格认为,智力由三种相对独立的成分构成,分别是实践智力、分析性智力和创造性智力。个体在某一方面能力的高低并不能成为预测其他两个方面的能力的依据。

(1) 实践智力

实践智力反映在人们对日常事务的处理上,其核心在于适应环境的能力,即寻找适合自身发展的环境或者按照自己的需要改造环境的能力。② 大家能在身边发现一些在校学习成绩很好,但在生活中却不怎么成功的人。这可能与他们处理不好人际关系,或者不知道如何应对意料之外的事件有关,即他们缺乏斯腾伯格所说的实践智力。对自己优点和弱点的认知也是实践智力的重要组成部分。

(2) 分析性智力

斯腾伯格把大多数智力测验所测量的能力叫作分析性智力。这种智力包括问题解决、理性判断和对比观点的能力。分析性智力给人们提供了能够应用于许多熟悉任务

---

① 理查德·格里格、菲利普·津巴多:《心理学与生活(第19版)》,王垒等译,人民邮电出版社2014年版,第286页。
② 菲利普·津巴多、罗伯特·约翰逊、薇薇安·麦卡恩:《津巴多普通心理学(原书第7版)》,钱静、黄珏苹译,中国人民大学出版社2016年版,第242页。

的信息加工技能。

(3)创造性智力

创造性智力是指人们处理新异问题的能力,包括创造、发明、发现、想象、猜想或假设的能力。①达尔文创建进化论,以及弗洛伊德创建精神分析理论用到的能力就是创造性智力。

4. 加德纳的多元智力理论

加德纳在脑损伤病人身上发现,大脑某些部位的损伤只会使一种能力减弱,而其他能力却不受影响。他还研究了一些学者综合征患者(savant syndrome),发现这些人在某些方面(如计算、绘画、音乐等)的表现非常优秀,在其他方面的表现却很糟糕,甚至生活不能自理。所以,加德纳认为我们存在多种独立的智力,而传统的智力测验只测量了人类智力的有限部分。他认为我们至少有九种不同的智力,并将这些智力称为多元智力。

语言智力:指有效地运用语言的能力,可以使用传统智力测试中的词汇和阅读理解部分进行测量。这种智力在作家、诗人、演说家、主持人、律师等职业上表现得比较明显。

逻辑数学智力:指对数字或逻辑的感知和推理能力,可以利用传统智力测验中的类比、数学和逻辑问题进行测量。这种智力在科学家和数学家等职业上表现得比较明显。

空间智力:指在头脑中形成和操作有关事物的表象,并进一步想象它们之间空间关系的能力。这种智力在画家、雕塑家、航海家及建筑学家等职业上表现得比较明显。

音乐智力:指表演、创作和欣赏音乐的能力。这种智力在作曲家、指挥家、歌唱家、演奏家等职业上表现得比较明显。

身体动觉智力:指控制运动和灵活掌握物体的能力。这种智力在运动员和舞蹈家等职业上表现得比较明显。

人际智力:指理解他人意图、情绪、动机和行动的能力,并能与他人有效合作的能力。这种智力在推销员、心理治疗师等职业上体现得比较明显。

内省智力:指认识自己,发展出令人满意的自我认同感,并规划自己生活的能力。②这种智力在优秀的政治家、哲学家、心理学家、教师等职业上有出色的表现。

自然智力:指将生物分为不同种类,并能察觉其所在环境微妙变化的能力。这种智力在生物学家、地质学家、考古学家等职业上体现得比较明显。

---

① 理查德·格里格、菲利普·津巴多:《心理学与生活(第19版)》,王垒等译,人民邮电出版社2014年版,第288页。

② 菲利普·津巴多、罗伯特·约翰逊、薇薇安·麦卡恩:《津巴多普通心理学(原书第7版)》,钱静、黄珏苹译,中国人民大学出版社2016年版,第243页。

存在智力：指对生命、死亡和终极现实提出问题和思考问题的能力。这种智力在哲学家身上表现得比较明显。

加德纳认为，这九种智力的每一种都来自脑中的一个独立模块。不同的智力使我们的祖先能够应对不同的适应性问题，如找到回家的路、读懂别人的情绪等。与斯腾伯格一样，加德纳认为智力的每一个组成部分是同等重要的，但每一个组成部分的价值是由文化决定的。不同的文化会根据实际需要，对智力的不同组成部分进行奖励。西方文化崇尚语言智力和逻辑数学智力，而某些文化则看重其他的一种或多种智力。不过，要对这些刚被认识到的智力进行测量，仅靠笔试是不行的。加德纳的测量方法要求被测者在各种各样的生活情境中接受观察和评估，但这些测验还处于编制过程中。

近年来，情绪智力成为大众所熟知和热议的一个概念。情绪智力包含四种主要成分：准确和适当的感知、评价和表达情绪的能力，理解和分析情绪的能力调节，管理情绪的能力和运用情绪促进思维的能力。加德纳理论中的人际智力和内省智力与情绪智力相似。

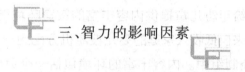

三、智力的影响因素

当前，心理学家普遍认为，遗传和环境都会对智力产生影响。

1. 遗传的影响

研究发现，一同被抚养的同卵双生子的智商相关系数为 0.86，一同被抚养的异卵双生子的智商相关系数为 0.60。这表明遗传关系越密切，智商的相关系数就越高。① 研究者比较了基因重叠程度不同的群体，发现大约有 50% 的智商分数变异是由遗传造成的。

遗传和环境对智力的影响权重是很难衡量的。尽管收养研究发现，孩子的智商与亲生父母智商的相关系数要高于其与养父母智商的相关系数。不过，我们并不能据此推论，遗传比环境对智力的影响更大，因为孩子的智商与亲生父母智商的关系不仅涉及遗传的作用，还涉及孕期环境，甚至孕前环境的作用。

2. 环境的影响

研究发现，被分开抚养的同卵双生子智商的相关系数(0.72)低于一同被抚养的同卵

---

① 菲利普·津巴多、罗伯特·约翰逊、薇薇安·麦卡恩：《津巴多普通心理学（原书第 7 版）》，钱静、黄珏苹译，中国人民大学出版社 2016 年版，第 251 页。

双生子智商的相关系数(0.86);被分开抚养的兄弟姐妹智商的相关系数(0.47)低于一同被抚养的兄弟姐妹智商的相关系数(0.24)。① 这表明环境越相似,智商的相关系数就越高。

环境是一个复杂的概念,它既可以是物理的,又可以是心理的。即使是生活在同一个家庭里的孩子,成长的心理环境也很可能是不同的。如果你有兄弟姐妹,可能会对此深有体会。比如,你们是否得到了父母同样的关注?在不同的时间里,你们感受到的家庭压力是否不同?家庭的经济来源是否发生了变化?环境包含多个成分,且这些成分总是处于动态变化当中,很难说清楚是哪些环境因素影响着智商。

一项针对 26000 名儿童的追踪研究发现,根据家庭的社会经济状况和母亲的教育水平能够更好地预测 4 岁孩子的智商。② 从影响力上来看,家庭贫穷所造成的消极影响远大于家庭富裕所带来的积极影响。贫穷的环境会在许多方面影响智力的发展,尤其是在营养、健康和教育方面。研究表明,因贫穷而在孕期健康状况不佳和出生时体重偏轻的孩子,在儿童期智商偏低。此外,贫穷还意味着孩子在成长过程中会缺乏良好的营养、接触书籍和计算机的机会及父母的关心和精心照顾。

大量研究表明,给年幼儿童提供内容丰富的教育环境能提高他们的智力。在一项设计良好的实验中,来自低收入家庭的婴儿被随机分配到一个环境内容丰富的小组,或是一个没有干扰的控制组中。内容丰富的环境包括一个免费的早教学校,这个学校里有可以外借教育玩具的图书馆,还有儿童发展专家进行家访。这些专家会教父母如何在家里提供高质量的儿童看护。这一实验对从 2 岁到 12 岁儿童的智商产生了持久的积极影响。③ 从 20 世纪 60 年代起,美国政府开始实施旨在为低收入家庭 3 至 5 岁的儿童提供内容丰富的教育环境的"先行计划"。大量研究表明,"先行计划"的确帮那些身处逆境的孩子做好了上学的准备。与那些没有受到干预的孩子相比,参加了"先行计划"的孩子在智商测验中的得分更高,并且能够一直保持下去。同控制组的孩子相比,接受"先行计划"干预的孩子被置于特殊教育班级和留级的概率更低,违法犯罪的概率也更低,完成高中学业的概率更高。类似的积极干预开始得似乎还不够早。有研究表明,那些在出生后一个月内就开始接受早期教育干预的孩子的智力水平要比控制组的孩子高出 30%之多。④ 显然,个体越早进入刺激源丰富的环境,环境对其产生的影响就越大。这些研

---

① 菲利普·津巴多、罗伯特·约翰逊、薇薇安·麦卡恩:《津巴多普通心理学(原书第7版)》,钱静、黄珏苹译,中国人民大学出版社 2016 年版,第 251 页。

② 理查德·格里格、菲利普·津巴多:《心理学与生活(第19版)》,王垒等译,人民邮电出版社 2014年版,第 289~290 页。

③ 本杰明·B.莱希:《心理学导论(第 9 版)》,吴庆麟等译,上海人民出版社 2010 年版,第 306 页。

④ 菲利普·津巴多、罗伯特·约翰逊、薇薇安·麦卡恩:《津巴多普通心理学(原书第7版)》,钱静、黄珏苹译,中国人民大学出版社 2016 年版,第 254 页。

究充分说明了环境在智力发展过程中发挥着重要作用,为促进智力发展提供了有效的途径。

巩固练习

一、选择题

1.在思维训练课中,老师让大家举例说明纽扣的用途,小丽只想到了纽扣可以缝在衣服前面用来扣衣服,却想不到纽扣可以用于制作装饰品等。这种现象属于(　　)。

　　A.功能迁移　　　B.功能固着　　　C.功能转换　　　D.功能变通

2.(　　)列出了在特定情境下,可能发生的行为和反应的正确顺序,例如当你去超市买东西时可能发生的行为和反应。

　　A.原型　　　　　B.脚本　　　　　C.算法　　　　　D.图式

3.一种外星生物降落到地球上,他们被"淹没"在各种必须处理的感觉刺激中。最后,外星生物想出了简化思维的办法,他们根据物体的共同属性和经历对事物进行分类。换句话说,外星生物学会形成(　　)。

　　A.算法　　　　　B.概念　　　　　C.启发式策略　　D.假设

4.老师问:一张桌子有四个角,锯掉一个角,还有几个角?张冬不假思索地回答道:三个角。老师又问:还有其他答案吗?张冬想了想,没有回答出来。这表明张冬在解决问题时,受到(　　)的影响。

　　A.功能固着　　　B.原型启发　　　C.心理定势　　　D.垂直迁移

5.有一道数学题让你求三角形的面积。你将三角形底边长度的二分之一乘以高算出三角形的面积。你使用了(　　)来解决这个问题。

　　A.算法　　　　　B.启发式策略　　C.功能固着　　　D.知觉

6.晓红在解决数学问题时,总是从多种途径寻求解决问题的方法。小红的思维属于(　　)。

　　A.聚合思维　　　B.发散思维　　　C.常规思维　　　D.具体思维

7.初三学生小岩晚上在家复习功课,突然灯灭了。他根据物理课上所学的知识,推测灯灭可能是因为闸刀盒里保险丝断了,于是检查了闸刀盒里的保险丝。这是问题解决过程的(　　)。

　　A.发现问题阶段　B.理解问题阶段　C.提出假设阶段　D.检验假设阶段

二、问答题

1.简述思维的种类。

2.简述思维过程中影响问题解决的因素。

3.富有创新能力的个人通常会拥有什么样的人格特质?

4.试述斯滕伯格的成功智力理论。

5.试述加德纳的多元智力理论。

◀推荐书目▶

[1]菲利普·津巴多,罗伯特·约翰逊.津巴多普通心理学(原书第7版).北京:中国人民大学出版社,2016年。

[2]本杰明·莱希.心理学导论.上海:上海人民出版社,2010年。

第五章 情 绪

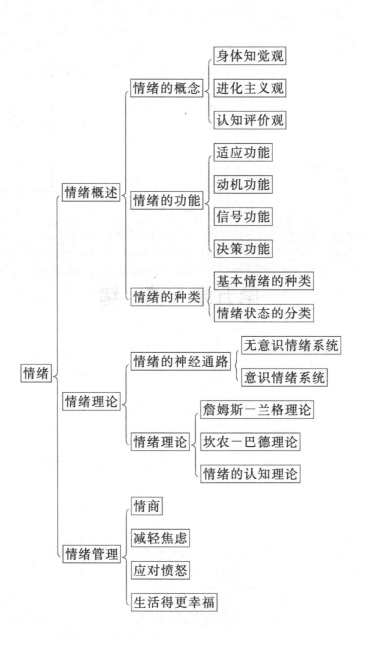

晋朝有一个叫乐广的人,非常喜欢结交朋友,并经常请朋友到家里喝酒聊天。一天,乐广做了一桌子的好菜,宴请宾客。大厅中觥筹交错,热闹非凡。

一位客人正举杯痛饮,无意中瞥见杯中似有一条游动的小蛇,但碍于众多客人的情面,他硬着头皮把酒喝下。后来,乐广的这位客人没有说明原因就告辞离开了。这让乐广感到很纳闷:他为什么突然不喝酒就走了呢?

过了好几天,乐广一直没有见到这位朋友。乐广很想念他,于是就亲自登门去看他。谁知这位朋友已经病了好几天了,而且病得很厉害。乐广奇怪地问:"前几天喝酒的时候,你不是还好好的,怎么一下子就病得这么厉害了呢?"

刚开始这位朋友支支吾吾什么也不说,后来在乐广的再三追问下,这位朋友才说出实情:"那天你盛情招待我,本来大家喝酒喝得很高兴。我喝了几杯酒以后,突然发现我的酒杯里有一条蛇,而且还在慢慢地蠕动。我当时感到很害怕,也觉得很恶心。但你的盛情难却,所以我勉强喝了那杯酒,然后就离开了。回到家里以后,我感到全身都不舒服,总觉得肚子里有一条小蛇。就这样,我一病不起了。"

乐广得知他的病情后,思前想后,终于记起他家大厅墙上挂有一张弯弓。他猜测这位朋友所说的蛇一定是倒映在酒杯中的弓影,于是他再次把客人请到家中,邀朋友举杯。那人刚举起杯子,墙上弯弓的影子又映入杯中,宛如一条游动的小蛇,他惊得目瞪口呆。这时,乐广指着墙上挂着的弓说:"都是它在作怪,杯中的蛇是这张弓的影子!"随后,乐广把弓从墙上取了下来,杯中小蛇果然消失了。这位朋友恍然大悟,开心地说道:"噢,原来是这样啊,杯中的蛇竟然是墙上弓的影子!"乐广的这位朋友压在心上的石头被搬掉了,病也随之而愈。

思考题:

1.什么让乐广一病不起?
2.什么让乐广的病痊愈?
3.情绪有什么功能?
4.如何调节不良的情绪?

第一节 情绪概述

一、情绪的概念

赢得大奖我们会感到开心,受到污辱我们会感到愤怒,失去亲人我们会感到悲伤,遇到毒蛇猛兽我们会感到害怕,这些都是我们日常生活中常见的情绪。但什么是情绪呢?这个问题并不容易回答。由于情绪研究者的关注点不同,使用的研究方法和手段不同,对情绪的定义也存在很大的差异。据统计,心理学界至少有90种不同的情绪定义。这些定义可以分为身体知觉观、进化主义观和认知评价观三种取向。①

1. 身体知觉观

身体知觉观认为,情绪来自对身体变化的知觉。詹姆斯和兰格认为,刺激引发身体产生生理变化,生理变化进一步导致情绪的产生。②

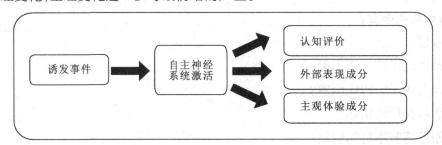

2. 进化主义观

进化主义观认为,情绪是由进化而来的,是对环境的适应,是人类祖先在适应自然环境过程中形成的,其作用是调集多个不同成分来应对和解决遇到的问题。汤姆金斯和伊扎德强调情绪是生物体在对自然环境的适应过程中进化而来的,由基因编码的反

---

① 傅小兰:《情绪心理学》,华东师范大学出版社2016年版,第2页。
② 傅小兰:《情绪心理学》,华东师范大学出版社2016年版,第3页。

应程序激活,能够被环境中的刺激事件所诱发。①

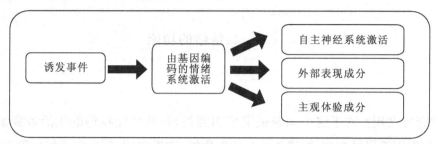

3. 认知评价观

情绪的认知评价观认为,情绪产生的前提是对事件的评价,情绪来自对诱发事件意义和重要性的评价。阿诺德认为,情绪是趋利避害的一种体验倾向;拉扎勒斯认为,情绪来自由环境中好的和不好的信息引发的生理反应的组织,依赖于暂时的或持续的评价。②

认知评价观强调对外部环境刺激的评价是情绪产生的直接原因,并总结出情绪产生的三个来源:外部环境刺激、身体生理刺激和认知评价刺激。

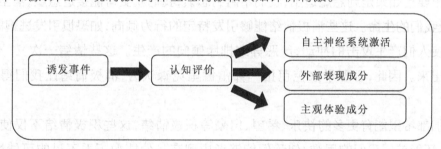

综上所述,尽管有关情绪的定义存在许多争论,但大多数心理学家认为,情绪包含生理唤醒、主观体验和外部行为表现三个成分。比如,你走在大街上,突然发现一条凶恶的大狗朝自己冲了过来,你会感到心跳加速,呼吸变得急促,这是情绪的第一个成分——生理唤醒。你感到很害怕,这是情绪的第二个成分——主观体验。你可能拔腿就跑,或者寻找武器来与狗搏斗,这是情绪的第三个成分——外部行为表现。因此,傅小兰等人将情绪界定为:伴随着生理唤醒和外部行为表现的主观体验。③

---

① 傅小兰:《情绪心理学》,华东师范大学出版社 2016 年版,第 4 页。
② 傅小兰:《情绪心理学》,华东师范大学出版社 2016 年版,第 4 页。
③ 傅小兰:《情绪心理学》,华东师范大学出版社 2016 年版,第 5 页。

二、情绪的功能

情绪有什么用？对于这个问题最常见的回答是：情绪让我们的生活多姿多彩。不过，情绪的作用不只是如此，情绪还具有适应功能、动机功能、信号功能和决策功能等。

1. 适应功能

进化心理学家认为，情绪是在漫长的岁月里由自然选择而来的，那些对危险刺激（如毒蛇猛兽）产生躲避反应、对有益刺激（如朋友和食物）产生趋近反应的个体更可能生存和繁衍下去。相反，不能躲避危险和趋近有利事物的个体将会消亡，它们的基因将会消失。

很多人希望自己没有恐惧、悲伤这些消极情绪，但事实上这些负面情绪对我们的生存非常重要。如果走到悬崖边上，我们不感到恐惧，我们就更可能接近悬崖，甚至跌落悬崖，危及我们的生命。这些消极情绪能够引发特定的行为倾向，如恐惧引发逃跑的倾向，愤怒促使人们产生攻击的冲动，厌恶导致排斥倾向的产生。这些情绪一次又一次将人类拯救出来。因此，心理学家芭芭拉·弗雷德里克森认为，消极情绪让我们得以活到今天。①

我们都希望能有更多的快乐、希望、自豪等积极情绪，这些积极情绪不仅使我们感觉良好，还能扩展我们的思维，使我们能够考虑到在其他情况下看不见的可能性，进而提高我们的创造力；能够拓宽我们的视野，使我们收获更多；能够帮助我们改变坏习惯，让我们与他人的关系更加紧密；让我们更加健康，使我们百折不挠，从而建构更美好的未来。因此，心理学家芭芭拉·弗雷德里克森认为，积极情绪让我们生活得更好。②

2. 动机功能

情绪是动机系统的一个重要成分，能够激发和维持个体的行为。快乐与喜欢等积极情绪会促使我们接近那些引发相应情绪的人、物或场景；而恐惧和厌恶等消极情绪则会导致我们回避或排斥那些引发相应情绪的人、物或场景。这些情绪存储在我们的记忆中，帮助我们在类似事件发生时迅速作出反应。

---

① 芭芭拉·弗雷德里克森：《积极情绪的力量》，王珺译，中国人民大学出版社2010年版，第19页。
② 芭芭拉·弗雷德里克森：《积极情绪的力量》，王珺译，中国人民大学出版社2010年版，第20页。

3. 信号功能

情绪在人际交往中具有传递信息、沟通思想的功能。在生命的早期,婴儿与看护者之间的交流就是通过情绪而不是语言进行的。在日常生活中,我们可以根据他人情绪的外部表现,推测对方的情绪;他人也可以根据我们情绪的外部表现推测我们的情绪。我们看到某人正暴跳如雷,就知道最好不要去招惹他;看到某人哭泣,就知道对方可能需要安慰。此外,表情还是言语交流的重要补充,如微笑能使言语信息表达得更加明确。

4. 决策功能

很多人认为,良好的决策来自冷静的大脑。人们也常常认为理智和情绪、情感是对立的,但事实并非如此,神经科学家安东尼奥·达马西奥报告的埃利奥特的案例就是一个典型的事例。埃利奥特本来是一位拥有让人羡慕的职业的丈夫和父亲,但是当医生在他大脑中发现了一个肿瘤后,他的生活被彻底改变了。医生切除了脑中的肿瘤以挽救他的性命,并且他看上去康复得很好。但是随着他的康复,他的决策变得越来越糟糕。在工作中,他无法确定工作的优先顺序,因为他不知道什么事情最重要,于是他被解雇了。随后,他又做了很多高风险的商业投资,但所有的尝试都失败了。最后,他花光了所有的积蓄,妻子也和他离婚了。后来他再婚,但第二任妻子最终也离开了他。神经科学家检查发现,他的认知功能没有任何损伤,他的语言能力、思维能力、逻辑推理能力和智商都和原来的一样好,但是他丧失了情绪体验。比如,当老板把解雇通知书递给他时,他很平静;当他把所有积蓄投入一项非常愚蠢的投资中时,他不感到焦虑;当他的两任妻子先后收拾行李离开他的时候,他不感到难过。不仅埃利奥特如此,在大量丧失情绪功能的脑损伤病人身上也是如此。神经科学家发现,这些人过于注重细节,不能处理好优先顺序,往往把真正重要的任务搁在一边;他们的推理能力完好无损,但是无法在生活中依据物品、事件和人的重要性对其进行排序。[①] 这些案例说明情绪在决策过程中起着重要的作用。具体来说,情绪能够帮助我们制定决策,因为它们能给不同的选项赋予不同的价值。

安东尼奥·达马西奥认为,情绪是推理过程的组成部分,可以协助推理过程。在某些情况下,情绪甚至可以替代推理。比如,恐惧可以帮助人们在紧急情况下快速作出反应来躲避危险。情绪使得生物体能够在无需考虑的情况下迅速作出反应,不过情绪并不能解决所有问题。在某些情况下,情绪所提供的解决办法对问题解决实际上并无益处。比如在考场上,你紧张得头脑一片空白,这使你不能取得好成绩。

---

① 安东尼奥·R.达马西奥:《笛卡尔的错误:情绪、推理和人脑》,毛彩凤译,教育科学出版社 2007 年版,第 35~74 页。

三、情绪的种类

1. 基本情绪的种类

虽然情绪的种类很多,但大多数心理学家认为,基本情绪的数量并不太多。保罗·艾克曼(Paul Ekman)发现有七种情绪的面部表情在不同文化中是通用的,如微笑表示快乐,哭泣表示悲伤,并据此提出了七种基本情绪:愤怒、厌恶、恐惧、快乐、悲伤、轻蔑和惊奇。艾克曼的团队证明,人类共享一套固定的情绪表达模式,人类有着共同的基因传承。①

罗伯特·普拉切科让人们对大量情绪词汇进行评分,并对评分结果进行统计分析。他发现存在四对相反的基本情绪:快乐与悲伤、愤怒与恐惧、信任与厌恶、惊奇与期待。普拉切科还阐述了基本情绪如何组合产生复合情绪,如害怕和信任组合在一起是顺从,恐惧和惊奇组合在一起是敬畏,快乐和信任组合在一起是喜爱,悲伤和厌恶组合在一起是悔恨。

2. 情绪状态的分类

依据情绪发生的强度、持续性和紧张度,可以将情绪状态分为心境、激情和应激。

(1)心境

心境是一种比较微弱、持久,具有渲染性的情绪状态,其构成其他心理活动的背景,并影响它们的功能执行。就其影响范围来说,心境具有渲染性,比如一个人处于愉快的心境中时,往往看见什么都觉得高兴,在家里同家人和颜悦色,到单位与同事谈笑风生,见邻居会笑脸相迎,走在路上也会感到天高气爽。

(2)激情

激情是一种持续时间短、表现剧烈、失去自我控制力的情绪状态,通常由强烈的欲望和明显的刺激引发,如暴跳如雷、欣喜若狂等。激情具有爆发性和冲动性,同时伴随有明显的生理变化和行为表现。当激情到来时,人们常常不能意识到自己在做什么,不能控制自己,不能预见行为后果,不能评价自己的行为及行为的意义。

---

① 菲利普·津巴多、罗伯特·约翰逊、薇薇安·麦卡恩:《津巴多普通心理学(原书第 7 版)》,钱静、黄珏苹译,中国人民大学出版社 2016 年版,第 393 页。

(3)应激

应激是在出乎意料的紧急情况下出现的高度紧张的情绪状态。在应激状态下,人体把各种资源都调动起来,来应对威胁和挑战。如突然出现火灾、地震,或者突然遭到歹徒的抢劫等会使人们在心理上产生高度唤醒和紧张,并产生相应的反应。在应激状态下,心跳会加快,呼吸会变得急促,血压和血糖会升高,这些自发的生理反应调集全身的资源来帮助我们更好地应对所面临的威胁和挑战。但是如果应激状态持续过久,人们的身体会由于长时间超负荷运转而变得虚弱,并导致一些慢性疾病产生。

情感的种类

我国心理学界常将情绪和情感进行区分,将那些与生理需要是否得到满足相联系的体验称之为情绪,将那些与社会性需要相联系的体验称之为情感,并将情感分为道德感、理智感和美感。

1. 道德感

道德感是指用一定的道德标准去评价自己或他人的思想和言行时产生的情感体验。当自己或他人的思想或言行符合自己的道德标准时,就会产生正义感、荣誉感、责任感等情感体验;否则,就会产生厌恶感、憎恨感、负罪感等情感体验。道德感对个体的道德行为具有重要影响。它可以规范个体的言行,也可以使个体按照道德标准去衡量和影响别人的言行。

2. 理智感

理智感是认知活动中产生的情感体验。人们在探索未知事物时表现出好奇心和求知欲,问题得以解决时的喜悦感和幸福感都是理智感的具体体现。理智感对人们从事学习活动和探究活动具有积极的推动作用。

3. 美感

美感是用一定的审美标准来评价事物时所产生的情感体验。凡是符合我们的审美标准的事物都能引起美的体验。人们在感受美的时候会产生愉悦的体验,并且沉醉于其中,乐此不疲,因此美感能够成为个体行为的动力。

第二节 情绪理论

害怕老鼠和蜘蛛的人大多知道自己的恐惧是不理智的,但仍然无法克服这种恐惧,为什么呢?这是因为我们的大脑中有两个不同的情绪处理系统:无意识情绪系统和意识情绪系统。

一、情绪的神经通路

1. 无意识情绪系统

无意识情绪系统是一个快速反应系统,其在无意识层面进行。它能迅速对接收到的信息进行筛选,帮助我们对可能出现的危险作出快速反应,并且这个过程甚至在信息到达我们的意识层面之前就已经完成。这套快速反应系统与我们的内隐记忆相连,承担着早期预警的作用。当一个特别害怕老鼠的人在看到一个疑似老鼠的东西时,几乎会同时惊叫着跳起来。这个过程不需要意识的参与,它是大脑在无意识层面上自动运作的。当害怕老鼠的人看到老鼠时,无意识情绪系统将接收到的视觉信息传到视丘脑,然后再将其直接传到杏仁核,杏仁核便迅速启动恐惧和逃避反应。这个过程不经过大脑皮层,这一切都是在无意识层面进行的。①

无意识情绪系统对曾经威胁过人类祖先生命的刺激(比如蛇)特别敏感。虽然汽车在当今社会比蛇夺取了更多人的生命,但是绝大多数人更害怕蛇。无意识情绪系统还可以通过经典性条件反射来习得新的恐惧,如害怕能够预示蛇出现的信号。无意识情绪系统能够帮助我们远离危险,并从危险中逃脱。不过,无意识情绪也会给我们带来烦恼,让我们害怕那些对我们并不构成威胁的事物,并且这种害怕难以消除,甚至可能发展成为恐惧症。

2. 意识情绪系统

情绪的意识加工系统与我们外显记忆相联系。这个系统反应较为缓慢,并且更为理性。当害怕老鼠的人看到疑似老鼠的东西时,意识情绪系统会将接收到的视觉信息传向视丘脑,然后再传向视觉皮层,对视觉信息进行全面评估,然后再向杏仁核及其他低级的脑结构发送情绪信息。意识情绪系统与无意识情绪系统的大脑回路并不相同,所以害怕老鼠的人对老鼠的意识情绪和无意识情绪并不一致。虽然他们知道老鼠并不

---

① 菲利普·津巴多、罗伯特·约翰逊、薇薇安·麦卡恩:《津巴多普通心理学(原书第7版)》,钱静、黄珏苹译,中国人民大学出版社2016年版,第396页。

可怕,但是他们仍然无法克制对老鼠的恐惧。①

我们大脑皮层的两侧额叶在情绪活动中扮演着不同的角色。一般而言,右侧脑半球负责消极情绪(如恐惧、愤怒等),左侧脑半球则负责积极情绪(如快乐、自豪等)。这种特性被称为情绪的偏侧性。

二、情绪理论

假如你走在路上,突然一条恶狗咆哮着向你冲了过来,你肯定会感到害怕。那么是什么使你感到害怕呢?是"这条恶狗要咬我"的想法,还是你感觉到的心跳加速和呼吸变得急促使你感到害怕呢?心理学家之所以还在争论认知解释、生理唤醒和主观感受之间的关系,不仅是因为求知欲,而且是因为它们之间的关系对于治疗恐惧症和抑郁症等情绪障碍非常重要。比如,我们该怎样减少人们对老鼠的恐惧呢?是该针对恐惧的想法进行治疗,还是应该关注伴随恐惧产生的生理唤起呢?

1. 詹姆斯－兰格理论

人们通常会说,我们伤心,所以我们哭泣;我们害怕,所以我们颤抖。但美国心理学家威廉·詹姆斯却认为我们把顺序弄错了。他认为,我们的情绪是由生理反应引发的。詹姆斯说:"我们因为哭泣而感到难过,因为攻击而感到愤怒,因为颤抖而感到恐惧。"当一条恶狗扑向你的时候,詹姆斯会认为你不是因为害怕而逃跑,而是因为逃跑而感到害怕。这个观点看上去有些荒谬,但詹姆斯真正想表达的观点是:理解情绪需要将认知解释和生理反应结合在一起。詹姆斯这样说:

如果恐惧既没有使心跳加快,也没有使呼吸变浅;既没有使嘴唇颤抖,也没有使四肢无力;既没有使人出现鸡皮疙瘩,也没有使人五脏六腑难受得翻腾,那么我们很难想象恐惧这种情绪还剩下什么?假如有这样一种愤怒状态,它没有使人感觉到怒火要冲破胸口,没有脸红,没有咬牙切齿,没有使人有采取暴力的冲动,取而代之的是放松的肌肉、镇定的呼吸和平静的面孔,你能想象出这样的愤怒吗?②

丹麦心理学家卡尔·兰格也提出了相同的观点,所以心理学家们称这种理论为詹

---

① 菲利普·津巴多、罗伯特·约翰逊、薇薇安·麦卡恩:《津巴多普通心理学(原书第 7 版)》,钱静、黄珏苹译,中国人民大学出版社 2016 年版,第 398 页。

② 安东尼奥·R.达马西奥:《笛卡尔的错误:情绪、推理和人脑》,毛彩凤译,教育科学出版社 2007 年版,第 104～105 页。

姆斯—兰格理论。

2. 坎农—巴德理论

心理学家沃尔特·坎农(Walter Cannon)和菲利普·巴德认为,我们的生理唤起远没有情绪来得快,所以我们的情绪不可能是由生理唤起引发的。此外,我们的生理反应的种类非常有限,而我们的情绪却多种多样,有限的生理反应怎么能引发如此之多的情绪呢?他们认为,对情境的认知解释同时引发了情绪和生理反应,心理学家称之为坎农—巴德理论。

现在来看看你对这两个理论的理解:如果我们的大脑不能收到心脏跳动或胃部翻腾的信息,按照这两种理论,这种情况将会对我们的情绪体验产生怎样的影响?根据詹姆斯—兰格理论,将得出我们的情绪体验将减弱的结论,因为该理论认为生理反应引发情绪体验;而根据坎农—巴德理论,将得出我们的情绪体验不会发生变化的结论,因为该理论认为情绪的产生与生理反应的产生是同时的,并且是相互独立的,是由我们对情境的认知解释同时引发的。

心理学家霍曼访谈了 25 名在第二次世界大战中脊髓受损的士兵,让他们回忆他们脊髓受伤前后的情绪唤醒事件。那些脊髓底端受损、仅仅丧失腿部知觉的士兵,报告说他们的情绪几乎没有变化;而那些颈部以下全部丧失知觉的士兵则报告其情绪的强度有明显的减弱。这些士兵说,尽管他们能表现得和过去一样,但类似愤怒这样的情绪体验已不像过去那样强烈。① 该研究支持詹姆斯—兰格理论:生理反应引发情绪体验。现代神经科学也已经证实,我们的生理状态会影响我们的情绪。在日常生活中,我们在饥饿时脾气会变差;睡眠不足也更容易使人产生愤怒。此外,酒精、烟草及抗焦虑和抗抑郁的药物也能通过影响大脑的生理状态,进而影响我们的情绪。

另外,我们会记住与特定事件相关的生理状态,即躯体标记。比如,如果你在路上看见一条蛇,你会迅速地在脑海中回想起以前遇到类似情况时的生理反应。这有效地回击了坎农的观点:生理反应太慢而无法引发情绪。因为情绪的躯体标记就存储在脑中,不存在反应太慢的问题。②

不过,情绪既可以源自有意识思维(如因考试而焦虑不安),又可以源自无意识记忆(比如某种食物曾让你感到不舒服,再看到它时你便会觉得恶心)。这支持了坎农—巴德理论,即认知解释引发我们的情绪。

---

① 戴维·迈尔斯:《迈尔斯心理学(第 7 版)》,黄希庭等译,人民邮电出版社 2011 年版,第 430 页。
② 菲利普·津巴多、罗伯特·约翰逊、薇薇安·麦卡恩:《津巴多普通心理学(原书第 7 版)》,钱静、黄珏苹译,中国人民大学出版社 2016 年版,第 402 页。

3. 情绪的认知理论

情绪的认知理论强调认知评价的作用。对于同一事件，不同个体可能会产生不同的情绪，而认知评价决定着体验到哪一种具体的情绪。

(1) 阿诺德的评定—兴奋理论

阿诺德提出了情绪的评定—兴奋理论，认为刺激情景并不直接产生情绪，从刺激出现到情绪的产生，要经过对刺激的评估。情绪产生的基本过程是刺激情境——评估——情绪。同一刺激情景，对它的评估不同，就会产生不同的情绪反应。如果评估的结果对个体"有利"，就会引发积极的情绪体验，并倾向于接近刺激物；如果评估的结果对个体"有害"，就会引发消极的情绪体验，并倾向于躲避刺激物；如果"无关"，人们就会对刺激物予以忽视。①

阿诺德认为，情绪是大脑皮层和皮层下组织协同作用的结果，大脑皮层的兴奋是情绪产生最重要的条件。情绪产生的过程是这样的：刺激作用于感受器产生神经冲动，通过内导神经传至丘脑，再传到大脑皮层，刺激情境在大脑皮层得到评估，形成一种特殊态度(如躲避或接近)。这种态度通过外导神经将大脑皮层的冲动传至丘脑，使交感神经兴奋，进而影响血管和内脏反应。血管和内脏反应的反馈信息又通过丘脑传到大脑皮层，在大脑中被评估，使纯粹的认知经验转化为情绪。

随着认知心理学的发展，情绪的认知理论逐渐演变为两大支派。一支以斯坦利·沙克特为代表，主要研究生理唤醒和认知的关系；另一支以拉扎勒斯为代表，从环境、行为和认知的交互影响方面探讨认知对情绪的影响。

(2) 沙克特的二因素理论

斯坦利·沙克特认为我们的情绪取决于两个因素：对外部刺激的解释和对内部生理反应的解释，因此该理论被称为二因素理论。该理论将认知解释视为情绪中的关键成分。

斯坦利·沙克特和杰罗姆·辛格认为情绪的生理反应是弥散的，不同的情绪并没有特定的生理反应。也就是说，不管体验到了哪种情绪，植物神经系统和内分泌系统都是以相同的方式被激活的。生理反应对情绪体验有重要的影响，但必须通过对生理反应的解释起作用。比如，当听到附近有枪击声时，你感到心怦怦地跳，你会把来自身体的感觉解释为害怕；但是，当你遇到心上人时，感到心怦怦地跳，你会把这种感觉解释为爱情。二因素理论强调生理反应会影响我们的情绪，这一点跟詹姆斯—兰格理论是一致的。但是二因素理论更强调对生理反应的解释，而不是生理反应本身。我们对生理反应的解释与我们对环境的解释是密不可分的。

---

① 彭聃龄：《普通心理学(第5版)》，北京师范大学出版社2019年版，第394页。

沙克特和辛格设计了一个实验。在实验里，研究者告诉大学生被试，将在他们身上进行维生素对视觉影响的研究。在给被试注射所谓的"维生素"之后，让他们与另一名参加实验的被试一起等待进行实验。与他们一起等待的那个人实际上是研究者找来的一个演员。注射的药物实际上是肾上腺素，该激素能够引起心脏和其他器官的唤起。演员在一半被试面前作出高兴、可笑的举止，而在另一半被试面前表现出愤怒的样子并中途退出实验。研究发现，当与表现高兴的演员在一起时，被试更多将自己的生理反应解释为高兴；当与表现愤怒的演员在一起时，他们更多将自己的生理反应解释为愤怒。当告知被试注射的药液的真实效果时，演员的行为则不能影响他们的情绪，他们会将相应产生的生理反应直接归因到药物上。一种生理唤起被体验为哪种情绪取决于我们对这种唤醒作出了怎样的解释，这一发现已经在很多研究中被重复验证。尽管情绪的生理唤醒并不像沙克特所认为的那样总是相同的，但是生理唤起的确能够增强任何情绪体验。比如，刚刚观看了足球比赛的球迷在遇到批评和指责时，更容易将足球比赛引发的生理唤醒错误归因为对方的批评，因而更容易愤怒并产生冲突。

达顿和阿伦对该理论进行了非常有趣的检验。研究的被试是一群年龄在18至35岁之间，在加拿大的卡普兰奴峡谷独自游玩的男性。一位漂亮的女性会邀请他们回答一些问题，请他们根据一张模糊的女性照片，写一个简短的故事。最后，这位漂亮的女性还给被试留下她的姓名和电话，如果被试想深入交谈可以给她打电话。一半男性在卡普兰奴峡谷上空的吊桥上接受访谈。该吊桥由绳索和木块组成，扶手很低，走上去吊桥会不停地摇摆晃动，让人感到恐惧。另一半男性是在稳固的桥上接受访谈，在桥上行走不会让人感到害怕。研究发现，在危险的吊桥上接受访谈的男性所写的故事中比在稳固的桥上接受访谈的男性所写的包含更多的性意向，在危险的吊桥上接受访谈的男性后来给女采访者打电话的次数是在牢固的桥上被试的四倍。① 这个实验很明显地说明了，在危险的吊桥上接受访谈的男性将自己的生理唤醒（摇摆吊桥引发的心跳加速和呼吸急促）解释为被该漂亮的女性所吸引。

类似的吸引力增强现象也会发生在坐过山车、看恐怖电影等高生理唤醒的情境中。所以当你在判断自己是否爱上对方时，一定要慎重地区分各种可能的生理唤醒。当然，如果你想在约会中吸引对方，也可以将约会安排在高高的吊桥上或类似的高生理唤醒的地方。不过，如果你真的将对方带到高高的吊桥上，对方也有可能将生理唤醒解释为愤怒。在一般情况下，环境能够为我们的生理反应提供合理的解释，比如看到好朋友而感到开心。但是当有许多刺激争相吸引我们注意的时候，我们很容易作出错误归因，就像前面的吊桥实验一样。

---

① 菲利普·津巴多、罗伯特·约翰逊、薇薇安·麦卡恩：《津巴多普通心理学（原书第7版）》，钱静、黄珏苹译，中国人民大学出版社2016年版，第402页。

(3)拉扎勒斯的认知—评价理论

拉扎勒斯认为,情绪是人与环境相互作用的产物。在情绪活动中,人不仅接受环境中刺激的影响,还要调节自己对刺激的反应。也就是说,情绪必须有认知活动作指导。只有这样,人才能了解环境中刺激的意义,选择适当的、有价值的动作反应。拉扎勒斯认为,情绪是个体对环境事件知觉到的有害或有益的反应。在情绪活动中,人们需要不断地评价刺激事件与自身的关系。[①]

初评价是指个体确认刺激事件与自己是否有利害关系及其程度。只要人处在清醒的状态下,这种评价随时随地都会发生,这是人类生存适应一个重要的方面。

次评价是指人对自己的反应行为的调节和控制的评价,包括能否控制刺激事件以及控制的程度等。当人们要对刺激事件作出行为反应时,必须根据主观条件和客观社会规范来考虑行为的后果,从而选择有效的措施和方法。比如,当人们受到侵犯或伤害时,是采取攻击行为还是防御行为,这主要取决于人们对刺激事件的判断。在这种评价过程中,自身经验起着重要的作用。

再评价是指人对自己的情绪和行为反应的有效性和适宜性的评价,这实际上是一种反馈性行为。如果再评价结果表明行为是无效的或不适当的,人们会调整自己对刺激事件的次评价,甚至初评价,并相应地调整自己的情绪和行为反应。

不过,认知理论也面临一些挑战,似乎有些情绪体验并不需要认知评价。在一系列简单曝光效应研究中,被试被要求观看一系列的外语单词、汉字、数字和奇怪的面孔。这些刺激呈现的速度很快,因此无法被看清楚。随后,研究者让被试回答他们对呈现的刺激的喜欢程度,其中一些是呈现过的刺激,另一些是新刺激。研究发现,被试给呈现过的刺激评分更高。显然,这种喜欢并非来自认知评价。可见,虽然认知评价很重要,但并不是对所有的情绪体验来说都很重要。在一些情况下,人们的情绪体验可能会受进化而来的心理机制的影响。[②]

第三节 情绪管理

无论是在日常生活中,还是学习和工作中,管理情绪的能力都非常重要。例如,在打

[①] 彭聃龄:《普通心理学(第 5 版)》,北京师范大学出版社 2019 年版,第 396~397 页。
[②] 理查德·格里格、菲利普·津巴多:《心理学与生活(第 19 版)》,王垒等译,人民邮电出版社 2014 年版,第 390 页。

牌或下棋时,如果你能做到不向对手泄露自己的情绪和意图,你的胜算也会增加不少。

一、情商

近些年来,情商(EQ)成为大众所熟知的一个流行词。实际上,情商是情绪智力的俗称。彼得·萨拉维和黛西·格雷瓦尔认为,情绪智力包括感知情绪、理解情绪、运用情绪和管理情绪四种能力。大量研究发现,情绪智力可以预测人们的社会关系满意度、婚姻满意度及工作是否成功。[①]

不过,情绪控制也有副作用。过度控制情绪的人往往过于封闭,从不表达情感和不满。过度控制情绪还会干扰人们对那些伴随强烈情绪事件的回忆。在我们实施情绪控制的训练方案之前,我们应该考虑这样的训练会对那些过度控制情绪的人带来什么样的影响。事实上,情绪健康的人不但知道如何控制或表达情绪,而且知道何时何地需要控制情绪及何时何地能够表达情绪。

国际标准情商测试题[②]

这是一组欧洲流行的测试题,可口可乐公司、麦当劳公司、诺基亚公司等世界500强企业,曾以此为员工EQ测试的模板进行测验,帮助员工了解自己的EQ状况。此测试共33题,测试时间25分钟,最大EQ值为174分。假如你准备就绪,请开始测试计时。

第1~9题:请从下面的问题中,选择一个和自己最切合的答案。

1. 有能力克服各种困难_____
   A. 是的   B. 不一定   C. 不是的

2. 如果我能到一个新的环境,我要把生活安排得_____
   A. 和从前相似   B. 不一定   C. 和从前不一样

3. 在一生中,我觉得自己能达到我所预想的目标_____
   A. 是的   B. 不一定   C. 不是的

4. 不知为什么,有些人总是回避或冷淡我_____
   A. 不是的   B. 不一定   C. 是的

5. 在大街上,我常常避开我不愿打招呼的人_____
   A. 从未如此   B. 偶然如此   C. 有时如此

---

① 菲利普·津巴多、罗伯特·约翰逊、薇薇安·麦卡恩:《津巴多普通心理学(原书第7版)》,钱静、黄珏苹译,中国人民大学出版社2016年版,第404~405页。

② 资料来源:才储网 http://www.apesk.com/eq/。

6. 当我集中精力工作时,假使有人在我旁边高谈阔论_____
   A. 我仍能专心工作　　　B. 介于A、C之间　　　C. 我不能专心工作且感到愤怒

7. 不论到什么地方,我都能清晰地辨别方向_____
   A. 是的　　　　　　　　B. 不一定　　　　　　C. 不是的

8. 我热爱所学的专业和所从事的工作_____
   A. 是的　　　　　　　　B. 不一定　　　　　　C. 不是的

9. 气候的变化不会影响我的情绪_____
   A. 是的　　　　　　　　B. 介于A、C之间　　　C. 不是的

第10～16题:请如实选答下列问题,将答案填入右边横线处。

10. 我从不因流言蜚语而气愤_____
    A. 是的　　　　　　　　B. 介于A、C之间　　　C. 不是的

11. 我善于控制自己的面部表情_____
    A. 是的　　　　　　　　B. 不太确定　　　　　C. 不是的

12. 在就寝时,我常常_____
    A. 极易入睡　　　　　　B. 介于A、C之间　　　C. 不易入睡

13. 有人侵扰我时,我_____
    A. 不露声色　　　　　　B. 介于A、C之间　　　C. 大声抗议,以泄己愤

14. 在和别人争辩或工作出现失误时,我常常感到精疲力竭,而不能继续安心工作_____
    A. 不是的　　　　　　　B. 介于A、C之间　　　C. 是的

15. 我常常被一些无谓的小事困扰_____
    A. 不是的　　　　　　　B. 介于A、C之间　　　C. 是的

16. 我宁愿住在僻静的郊区,也不愿住在嘈杂的市区_____
    A. 不是的　　　　　　　B. 不太确定　　　　　C. 是的

第17～25题:在下面的问题中,每一题请选择一个和自己最切合的答案。

17. 我被朋友、同事起过绰号,被讥讽过_____
    A. 从来没有　　　　　　B. 偶尔有过　　　　　C. 这是常有的事

18. 有一种食物使我吃后呕吐_____
    A. 没有　　　　　　　　B. 不清楚　　　　　　C. 有

19. 除去看见的世界外,我的心中没有另外的世界_____
    A. 没有　　　　　　　　B. 不清楚　　　　　　C. 有

20. 我会想到若干年后有使自己极为不安的事_____
    A. 从来没有想过　　　　B. 偶尔想到过　　　　C. 经常想到

21. 我常常觉得自己的家人对自己不好,但是我又确切地认为他们的确对我

好_____

    A. 否   B. 说不清楚   C. 是

22. 天天我一回家，就马上把门关上_____

    A. 否   B. 不清楚   C. 是

23. 我坐在房间里，把门关上，但我仍觉得心里不安_____

    A. 否   B. 偶尔是   C. 是

24. 当一件事需要我作决定时，我常觉得很难_____

    A. 否   B. 偶尔是   C. 是

25. 我常常用抛硬币、翻纸、抽签之类的游戏来猜测凶吉_____

    A. 否   B. 偶尔是   C. 是

第26～29题：下面各题，请按实际情况如实回答，仅需回答"是"或"否"即可，在你选择的答案旁画"√"。

26. 为了工作我早出晚归，早晨起床我常常感到疲惫不堪。

    是_____ 否_____

27. 在某种心境下，我会因为困惑陷入空想而将工作搁置下来。

    是_____ 否_____

28. 我的神经脆弱，稍有刺激我就会战栗。

    是_____ 否_____

29. 睡梦中我常常被噩梦惊醒。

    是_____ 否_____

第30～33题：本组测试共4题，每题有5种答案，请选择与自己最切合的答案，在你选择的答案下打"√"。

答案标准如下：

    1   2   3   4   5

   从不   几乎不   一半时间   大多数时间   总是

30. 工作中我愿意挑战艰巨的任务。1 2 3 4 5

31. 我常发现别人好的意愿。1 2 3 4 5

32. 我能听取不同的意见，包括对自己的批评。1 2 3 4 5

33. 我时常勉励自己，对未来充满希望。1 2 3 4 5

计分评估：

计分时请按照记分标准，先算出各部分得分，最后将几部分得分相加，得到的分值即为你的最终得分。

第1—9题，每回答一个A得6分，回答一个B得3分，回答一个C得0分。计_____分。

第10—16题,每回答一个A得5分,回答一个B得2分,回答一个C得0分。计_____分。

第17—25题,每回答一个A得5分,回答一个B得2分,回答一个C得0分。计_____分。

第26—29题,每回答一个"是"得0分,回答一个"否"得5分。计_____分。

第30—33题,从"从不"至"总是"分数分别为计1分、2分、3分、4分、5分。计_____分。

总计为_____分。

测试后如果你的得分在90分以下,说明你的EQ较低。你常常不能控制自己,你极易被自己的情绪所影响。很多时候,你容易被激怒、发脾气。这是非常危险的信号——你的事业可能会毁于你的暴躁。对此最好的解决办法是能够给不好的东西一个好的解释,保持头脑冷静,使自己心情开朗。正如富兰克林所说:任何人生气都是有理由的,但很少有令人信服的理由。

如果你的得分在90~129分,说明你的EQ一般。对于一件事,你不同时候的表现可能不一样,这与你的意识有关。你比前者更具有EQ意识,但这种意识你不是常常有,因此需要你多加注重、时时提醒自己。

如果你的得分在130~149分,说明你的EQ较高。你是一个快乐的人,不易惊恐、担忧;对于工作你热情投入、敢于负责;你为人正义正直,对他人富于同情心和关怀。这是你的长处,应该努力保持。

如果你的EQ在150分以上,那你就是个EQ高手。你的情绪不但不是你事业的阻碍,反而是你事业有成一个重要的前提条件。

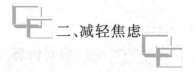

二、减轻焦虑

焦虑是危险到来的信号,能够驱使人们思考并寻找各种可能的解决办法。在通常情况下,焦虑的到来都只是为了给人们敲醒警钟,提醒人们提前做好准备,有备无患。因此对于焦虑,我们应该心怀感激。

有时,我们探测危险的能力过于敏感,以致让我们觉得自己一直处于危险之中。如果你的焦虑超出对现实威胁应有的反应范围,或者损害了你的社会功能(就像一位女性总担心自己出门会被狗咬,害怕自己染上狂犬病,所以终日躲在家里不敢出门),你需要采取一些措施来减轻你的焦虑。

大量的情绪研究主要集中在帮助患有情绪障碍的人恢复正常,很少有研究者关注如何减少一般人的焦虑。积极心理学之父马丁·塞利格曼推荐了两种改善日常生活焦虑的技术:渐进式放松训练和冥想①。这两种技术需要每天花 20~40 分钟的时间来进行练习,并且坚持使用。

渐进式放松训练是指一种逐渐的、有序的,使肌肉先紧张后放松的训练方法。该方法强调,放松要循序渐进地进行,要求人们先使肌肉紧张,继而放松全身。这样做的目的是为了让被试在感受肌肉紧张和放松后,更好地体验所产生的那种放松感。具体做法是:找一个安静的场所,选择一个舒适的姿势坐好或躺好,按照下列部位的顺序进行放松:手、前臂、前额、眼、牙齿和舌头、脸颊和嘴唇、颈部和肩膀、胸部和背部、腹部和腰部、臀部、大腿、小腿(脚尖向上,脚尖向下)、脚(内收外展)。先使手部肌肉紧张,保持 5~7 秒,注意肌肉紧张时所产生的感觉。紧接着很快地使紧张的肌肉彻底放松,并细心体察放松时肌肉有什么感觉。当手部肌肉进行一张一弛的训练时,尽量使其他肌肉保持放松。

冥想是一种使人放松、缓解压力的有效方式。冥想者可以运用各种各样的技术来进入冥想状态,不过冥想者一般都会从集中精力进行一种重复性的行为(如呼吸)开始。超觉冥想是冥想的简化版,它简单易行,也很有效果。这个练习需要每天进行两次,饭后进行,每次 20 分钟。冥想有四大注意事项:第一,内外环境必须安静;第二,必须有可专注的目标物;第三,摒除一切杂念,静候心灵波动的自然起伏;第四,保持身心安适、轻松、舒畅、安静、自然。掌握了四大注意事项后,按以下步骤进入冥想:第一,在安静的房间里,盘坐在柔软的垫子上,同时使室内灯光柔和,空气清新,室温适宜;第二,微闭双眼;第三,放松肌肉;第四,用鼻呼吸,每呼吸时,心中默数"一"字,如此二十分钟后,自行停止。时间可以估计(不用闹钟),停止后合上双眼,休息一两分钟。

三、应对愤怒

愤怒使我们丧失理智,且总是与攻击和暴力联系在一起,因此愤怒情绪的名声不太好。但实际上愤怒也有积极的作用。例如,愤怒可以让他人知道我们的感受,可以给予我们力量,让我们大胆地站出来维护自己的权利。

当下公众对发泄愤怒持有一些危险错误的认识。一些大众图书和文章宣称,即便像暴怒那样释放情绪也比压抑愤怒要好。宣泄假设主张我们可以通过攻击行为使愤怒

---

① 塞利格曼:《认识自己 接纳自己》,任俊译,万卷出版公司 2010 年版,第 43~44 页。

得到释放,以减少愤怒情绪。然而,虽然宣泄有时会让人们持续几小时感觉良好,但是宣泄通常不能消除一个人的愤怒。在更多情况下,不加控制的愤怒往往会引起更多的愤怒。首先,它会引起报复,使小矛盾变成大冲突。其次,表达愤怒会增加愤怒。埃布森(Ebbesen)和他的同事采访了100个被航空公司解雇的工程师和技术人员,要他们回答一些问题以释放其愤怒情绪,如"你认为公司在哪些方面对你不公平?"之后,让他们填写问卷,以评价他们对公司的态度。结果发现,与那些没有宣泄情绪的人相比,那些宣泄情绪的人表现出更多的愤怒和敌意。①

如今很多公司和学校纷纷建立了宣泄室,让员工或学生通过呐喊或击打来释放自己的情绪,然而现有研究并不支持这一做法。布什曼(Bushman)的研究发现,当愤怒的人击打吊袋后,他们会反复想起那个使他们愤怒的人,一旦有报复机会,他们将变得更具攻击性。虽然表达愤怒有时候是有益的,但是不加克制地发泄怒火往往会让你更加生气,即便你只是捶墙或摔了杯子。所以布什曼说,用发泄来减少愤怒就像用汽油去灭火。②

那么,应对愤怒最好的方法是什么呢?第一,等待。等待可以降低你愤怒的生理唤醒水平。第二,用其他的方式使自己平静下来,比如运动。只有等到怒火减退后,你才可以以更为理性方式看待自己真正的不满,更为理性地思考如何解决问题。

当我们以促进和解而不是报复的方式表达不满时,更有利于发展我们的人际关系。讲文明礼貌不仅意味着对微小的愤怒保持沉默,更意味着要清楚而肯定地表达重要信息。非暴力性沟通有助于解决引发愤怒的冲突,比如你对你的室友说:"当你把昨天的垃圾留到今天让我扔时,我感到很生气。"

如果他人的行为真的伤害了你,那该怎么办呢?研究者建议:宽恕。康德说,愤怒是拿别人的错误来惩罚自己。不要让愤怒带来进一步的伤害,宽恕可以减轻愤怒,并使身体平静下来。

四、生活得更幸福

许多人认为,如果拥有更多的钱,他们会更幸福。但从长远来看,不断增加的财富几乎不会提高幸福感。财富就像健康,完全缺乏会带来不幸,但拥有它并不能确保幸福。研究表明,那些为财富而拼命奋斗的人,其幸福感常常偏低,特别是那些赚钱是为了证

---

① 戴维·迈尔斯:《迈尔斯心理学(第7版)》,黄希庭等译,人民邮电出版社2011年版,第448页。
② 戴维·迈尔斯:《迈尔斯心理学(第7版)》,黄希庭等译,人民邮电出版社2011年版,第448页。

明自己、获得权利或炫耀的人,其幸福感更少。那些为了亲人、个人成长和给社会做贡献而奋斗的人常常能体验到更高的生活质量。

为什么更多的钱只能带来短暂的快乐?为什么我们不会一直快乐,也不会一直痛苦,而总是会回到一个惯有的水平上?适应水平法则和社会比较法则可以帮助我们回答这个问题。

1. 适应水平法则

适应水平法则是指我们判断各种刺激时,倾向于把它与我们先前的经验联系起来。如果我们现在的收入或社会地位比以前提高了,我们会感到非常开心。然而我们很快就适应了这种新的状态,认为这是应该的,并要求更好的东西。如果明天早上醒来,你到了一个理想的社会,没有疾病,没有犯罪,需要的商品都可以从超市领取,你会一直快乐吗?答案是否定的。你可能会一时觉得开心,但是不久后你又会回到你原来的状态。通过物质成就来获得快乐,需要不断增加大量财富,这有助于解释为什么人们对于物质会贪得无厌。

2. 社会比较法则

幸福不仅与我们过去的经验有关,也与我们和他人的比较有关。我们总是把自己与他人相比,把自己与那些更优越的人相比。同样的道理,把自己与那些不幸的人相比可增加我们的满意度。一条波斯谚语说:"我为自己没有鞋子而哭泣,直到我们遇到了一个没有脚的人。"这个谚语使用了比较,可以帮助人们提高自己的满意度。

3. 增进幸福的建议

如果我们的情绪总是围绕着特定水平波动,但为什么一些人看起来整天都很快乐,而另一些人则整天都郁郁寡欢呢?研究表明,幸福在很大程度上受遗传的影响。对254对同卵双生子和异卵双生子的研究表明,人与人之间幸福程度的不同有50%是由遗传决定的,甚至分开抚养的同卵双胞胎也常常有相似程度的幸福。我们的幸福围绕着自己的幸福基点上下波动。这使得一些人更幸福一些,使得另一些人更悲伤一些。不过,尽管幸福受遗传的影响,但还是会受一些我们可控的因素所影响。戴维·迈尔斯在总结有关幸福感的研究基础上,给出了以下一些建议。①

(1)认识到持久幸福并不来自财富上的成功

我们能适应不断变化的环境,无论是获得意外之财,还是遭遇车祸。好消息是即便

---

① 戴维·迈尔斯:《迈尔斯心理学(第7版)》,黄希庭等译,人民邮电出版社2011年版,第455页。

遭遇不幸,我们不会一直沉浸在痛苦之中;坏消息是财富上的成功并不会让我们获得持久的幸福。财富就像健康,完全缺失会带来痛苦,但是拥有它并不能确保我们一直快乐。

(2) 管理好自己的时间

幸福的人通常从合理支配他们的时间中得到助益。管理自己的时间有助于个人确立目标,并把总目标分解为每天的工作。尽管我们经常高估我们明天能完成的工作量,但我们总是低估一年中能完成的任务量,只要你每天都在进步。

(3) 表现得快乐

我们的行为表现能影响我们的心理感受。莱尔德和他的同事让学生收紧面部肌肉,把眉毛聚在一起,从而使学生作出皱眉的表情。学生们报告说自己感觉到有一些愤怒。同样,学生被诱导表现出微笑表情(牙齿咬住一支笔)会使他们感到更快乐,并比皱眉者回想到更多的快乐记忆。斯诺德格拉斯和她的助手通过改变不同的散步方式来研究行为反馈现象。大家可以体会一下:用小的、拖沓的步伐走几分钟,并坚持眼睛向下看;再大踏步地行走,并舒展你的手臂,眼睛直视前方。这样是否会让你体会到心情产生了变化?你对世界微笑,便会感觉良好;你板着脸,整个世界都会对你皱眉头。

(4) 寻求能施展你才华的工作和娱乐方式

快乐的人常常处于福流(flow)体验中,福流是指我们全身心地做事情时的感觉。这些活动并不需要多么奢侈和昂贵,游泳、下棋、读书、写作、打牌、做手工等活动都能使人进入了福流状态。什么时候时间为你而停止,什么时候你发现,你现在做的正是你一直想做的,而且你希望永不停止的,你就进入福流体验当中。打一场势均力敌的球赛,阅读一本点亮心灵的好书,把房间打扫得一尘不染都能使人进入福流状态。做这些事情的过程不见得多么令人愉悦,但是做完后,你会说这很有趣,而且希望还有机会这么做。

(5) 运动

大量研究表明,运动可驱散抑郁状态下释放的激素,提高肾上腺髓质分泌儿茶酚胺的能力,儿茶酚胺的增多能缓解抑郁症状;另外运动还可以通过释放一种叫作β—内啡肽的脑化学物质,改善人体中枢神经的调节能力,令人感到镇静和快乐。因此运动不但能促进身体健康,而且还是一种矫正轻度焦虑和抑郁的方法。

(6) 与关心你的人保持亲密关系

与一般人和不幸福的人相比,幸福的人有着非常充实的社交生活。幸福的人也是最少独处的人,他们在社交上花很多时间,朋友对他们的评价都是人缘好。与关心的你的人保持亲密关系可以帮你度过困难时期。当然,不要认为别人对你亲密友好是理所应当的,对待好朋友也要像对待其他人一样友善,要肯定他们,和他们一起玩耍,并学会分享。

（7）帮助他人

帮助那些需要帮助的人，做好事会让人感觉良好。加拿大弗雷泽大学进行了一项研究。参加这项研究的200多名的大学生每人收到一笔买礼物的钱，他们可选择给自己或给医院里的儿童买礼物。结果显示，那些选择了用钱买零食给医院里的儿童的大学生所报告的幸福指数高于其他人。理查德·戴维森发现在进行公益活动时，大脑的表现与进行享乐活动时是不一样的。当我们为自己做事情时，积极情感的体验较为短暂，因为它们依赖于外部环境；而当我们帮助他人时，积极情感体验能够持续更长时间。

（8）心存感激

埃蒙斯和麦卡罗随机将学生分成三组，让他们写两周的日记，第一组写令他们心存感激的事情，第二组写令他们讨厌的事情，第三组记录每天发生的事情。结果发现，写下感恩事件学生的快乐程度和对生活的满意度远远高于另外两组。心存感激的人每天都会关注生活中的积极方面，感激朋友的善意，感激衣食无忧，感激家人的关心等。心存感激的人每天都体验着幸福。

巩固练习

一、选择题

1. 王悦接到高考录取通知书已有十多天了，仍心情愉悦，经常觉得平淡的事也能让她很高兴。这种情绪状态属于（　　）。
   A. 激情　　　　　B. 心境　　　　　C. 应激　　　　　D. 热情

2. 当同学们获悉本班取得学校合唱第一名的成绩时欣喜若狂，他们的情绪状态属于（　　）。
   A. 激情　　　　　B. 心境　　　　　C. 应激　　　　　D. 热情

3. 欣欣解决了一个困惑已久的数学难题时，心里很高兴，美滋滋地给自己点了个赞。这种情感属于（　　）。
   A. 道德感　　　　B. 理智感　　　　C. 美感　　　　　D. 幸福感

4. （　　）属于情商高的表现。
   A. 没有情绪　　　　　　　　　　　B. 情绪变化极度敏感
   C. 知道如何控制自己的情绪反应　　D. 总是能够欺骗撒谎者

5. （　　）最早提出生理反应能够影响情绪的观点。
   A. 詹姆斯—兰格理论　B. 艾克曼的理论　C. 二因素理论　D. 坎农—巴德理论

6. 小英帮助生病在家的小明辅导功课后感到很快乐，这种情感属于（　　）。
   A. 道德感　　　　B. 美感　　　　　C. 理智感　　　　D. 幸福感

二、简答题

1. 情绪由哪些成分构成?

2. 为什么有些人明明知道老鼠不会伤害自己,还是会非常害怕老鼠?

3. 简述阿诺德的评定—兴奋理论。

4. 简述情绪的二因素理论。

5. 哪些措施可以提高人们的生活满意度?

◀推荐书目▶

[1]傅小兰.情绪心理学.上海:华东师范大学出版社,2016年。
[2]芭芭拉·弗雷德里克森.积极情绪的力量.北京:中国人民大学出版社,2010年。
[3]安东尼奥·达马西奥.笛卡尔的错误:情绪、推理和人脑.北京:教育科学出版社,2007年。
[4]塞利格曼.真实的幸福.沈阳:万卷出版公司,2010年。

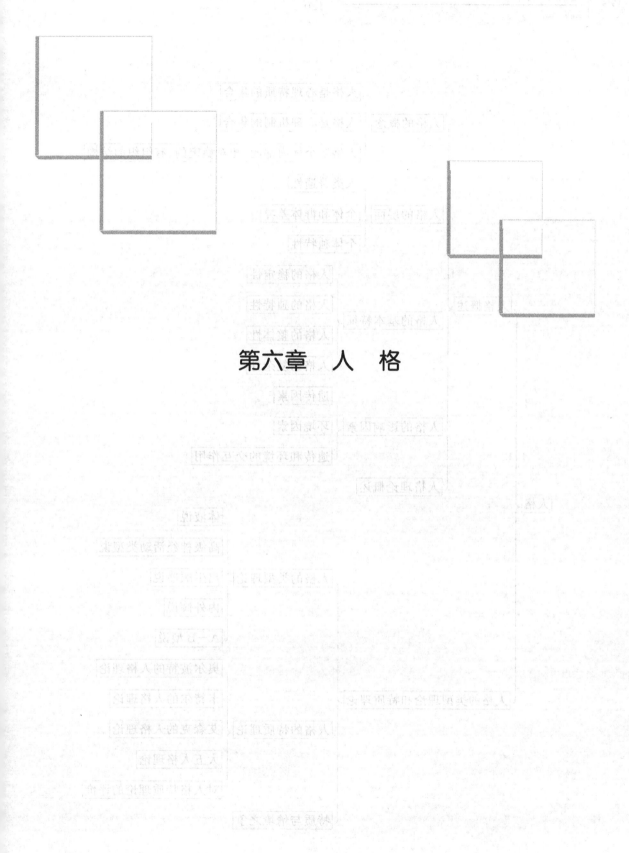

第六章 人　格

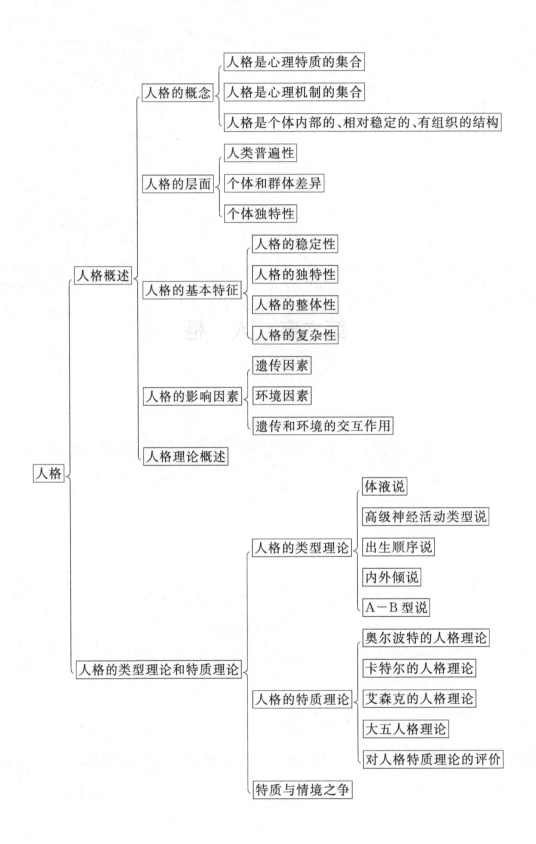

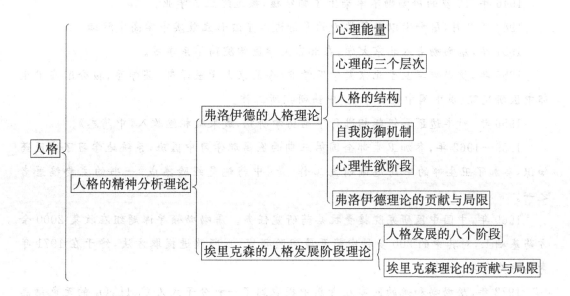

1930年12月30日,屠呦呦出生于浙江省宁波市,是家里五个孩子中唯一的女孩。

1946年,16岁的屠呦呦不幸染上了肺结核,被迫终止了学业。

1948年2月,屠呦呦以同等学力的身份进入宁波私立效实中学高中就读。

1951年,屠呦呦考入北京大学,在北京大学医学院药学系学习。

1955年,屠呦呦毕业于北京大学医学院(今北京大学医学部)药学系,被分配在卫生部中医研究院(现中国中医科学院)中药研究所工作。

1956年,对半边莲和银柴胡进行了生药学研究,成果被相继收入《中药志》。

1959—1962年,参加卫生部全国第三期西医离职学习中医班,系统地学习了中医药知识,参加了卫生部的中药炮制研究工作,是《中药炮炙经验集成》一书的主要编著者之一。

1969年,中国中医研究院接受抗疟药研究任务。屠呦呦领导课题组在收集2000余方药基础上,对其中的200多种中药开展实验研究,不断改进提取方法,终于在1971年青蒿抗疟研发成功。

1972年,屠呦呦和她的同事在青蒿中提取到了一种分子式为$C_{15}H_{22}O_5$的无色结晶体,将其命名为青蒿素。

1977年3月,屠呦呦以"青蒿素结构研究协作组"名义撰写的论文《一种新型的倍半萜内酯——青蒿素》发表于《科学通报》。

1992年针对青蒿素成本高、难以根治疟疾等缺点,发明出双氢青蒿素(疗效为前者10倍的"升级版"),并获一类新药证书和"全国十大科技成就奖"。

2009年,屠呦呦编写的《青蒿及青蒿素类药物》出版。

2011年9月,青蒿素研究成果获拉斯克临床医学奖。获奖理由是"因为发现青蒿素,挽救了全球特别是发展中国家数百万人的生命"。因为没有博士学位、留洋背景和院士头衔,屠呦呦被当时的媒体报道称为"三无"科学家。

2015年10月5日,屠呦呦与威廉·坎贝尔和大村智获2015年诺贝尔生理学奖。理由为她发现了青蒿素,这种药品可以有效降低疟疾患者的死亡率。①

思考题:

1.屠呦呦是一个什么样的人?

2.哪些因素造就了屠呦呦的行为模式和成就?

在日常生活中,我们常常描述自己和他人,这是因为我们需要对自己和他人具有一定的预测能力。如果我们失去了这种预测能力,就会陷入焦虑之中。描述自己和他人是人格心理学的重要内容。

---

① 摘自百度百科:https://baike.baidu.com/item/%E5%B1%A0%E5%91%A6%E5%91%A6/5567206?fr=aladdin,有删改。

第一节 人格概述

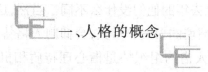
一、人格的概念

在日常生活中,我们会说"人格高尚","你侮辱了我的人格",这里面所说的人格指的是我们的人品、品德。而心理学中所说的人格是指个体内部有组织的、相对稳定的心理特质和机制的集合。①

1. 人格是心理特质的集合

心理特质是心理学家用来描述人们之间差异的各种特征。这样的一个概念可能会让你觉得很抽象。假如让你比较你的两个好朋友的异同之处。你可能会说他们都很善良,但是其中一个比另一个更友好,或者说一个比另一个更自信。这里面的善良、友好、自信都属于心理特质。我们认为那个友好的朋友在大多数时间内、大多数情境中都是友好的,那个自信的朋友在大多数时间内、大多数情境中都是自信的。心理特质描述的是一个人的平均倾向。总体来看,友好的人比不友好的人更好相处。

特质研究者需要回答四个问题。第一,存在多少种基本特质?第二,这些特质是如何被组织起来的,即特质的结构?比如,开放性与外倾性有什么样的关系?第三,这些特质的根源是什么?比如,外倾性受遗传的影响吗?抚养方式是否影响外倾性的发展?第四,特质在个体经历、行为和生活事件中表现出的相关性和因果关系。比如,外倾的人是不是有更多的朋友?他们遇到麻烦时是不是有更多的人可以求助?

2. 人格是心理机制的集合

心理机制是指人格的过程,多数的心理机制包括三种基本成分:输入、决策规则和输出。心理机制会使人们对环境中的特定信息(输入)更加敏感,使他们倾向于作出某种选择(决策规则),并引导他们作出特定的行为(输出)。比如,一个外倾的人会时刻关注

---

① 兰迪·拉森、戴维·巴斯:《人格心理学——人性的科学探索(第2版)》,郭永玉等译,人民邮电出版社2011年版,第4页。

与他人交流的机会(输入),并自动思考如何与他人沟通(决策规则),一有机会就积极与他人互动(输出);神经质的个体会对周围人的敌意更为敏感(输入),会自动思考应对敌意的方法(决策规则),并表现出相应的愤怒和攻击行为(输出)。

3. 人格是个体内部的、相对稳定的、有组织的结构

人格存在于个体内部,且具有跨时间、跨情境的稳定性。例如,我们觉得我们的朋友现在与上周、上个月甚至去年的他们没什么不同。当然,这并不是说人格在所有情况下都表现出一致性。有些情境的力量非常大,会抑制人格特质。比如,多数外倾的人在听讲座时也会保持沉默。人格的组织性是指心理特质和机制以一种协调的方式彼此联系。这种协调方式包含决策规则,这些决策规则会依据具体情境来确定激活哪种行为。

二、人格的层面

人格心理学家通常从三个层面来研究和分析一个人,这三个层面分别是人类普遍性、个体和群体差异及个体独特性。①

1. 人类普遍性

人们都喜欢趋利避害,都有归属某个社会群体的愿望,这就属于人格分析的普遍性内容,即人类共有的人格特质和机制。通过了解这些内容,我们可以理解人类本性的一般规律。

2. 个体和群体差异

一个人喜欢交往,喜欢参加聚会;另一个人喜欢独自静静地阅读书刊,这就是个体差异。这种差异是程度上的差异,即外倾性的程度不同。群体差异是指同一群体中的人可能具有某些共同的人格特征,它们使该群体有别于其他群体。比如,男性通常比女性有更多的身体攻击。

3. 个体独特性

世界上没有完全相同的两个人,即便是同卵双生子也不完全相同。每个人都有一

---

① 兰迪·拉森、戴维·巴斯:《人格心理学——人性的科学探索(第2版)》,郭永玉等译,人民邮电出版社2011年版,第10页。

些他人所没有的个体特质,即个体独特性。个体独特性也是人格心理学的研究内容之一。

三、人格的基本特征

人格具有稳定性、独特性、整体性和复杂性四个基本特征。①接下来,我们逐一了解人格的这四个特征。

1. 人格的稳定性

人格的稳定性是说人格具有跨时间的连续性和跨情境的一致性。跨时间的连续性是指一个现在外向的人,我们可以预测他将来很可能也是外向的。但稳定性并不表明不能产生变化,人格也可能会缓慢地产生变化。跨情境的一致性是指一个外向的人在大多数场合都是外向的,但也并不是说没有例外。在一些特殊的场合,他也可能表现得内向,只是在大多数场合他的表现是外向的。

2. 人格的独特性

每个人都是独一无二的个体,即便是同卵双生子,遗传基因完全相同,也会因为经历不同,而在人格上表现出差异。除了同卵双生子之外,其他人的基因不完全相同,生活的环境也不一样,因而每个人都是独特的。

3. 人格的整体性

人格的整体性(又称组织性),是指人格所包含的心理特质和机制以一种协调的方式彼此联系。人格是一个有组织的整体,人格中任何因素的改变都会引起其他因素的改变。

4. 人格的复杂性

人格由许多复杂的因素构成。人格的复杂性体现在人的矛盾性上,一个杀人犯也可能有良心发现的时候,一个榜样人物也可能从事犯罪活动。

---

① 郭永玉:《人格心理学:人性及其差异的研究》,中国社会科学出版社2005年版,第5页。

四、人格的影响因素

人格心理学家认为,人格是由遗传与环境共同塑造而成的。接下来,我们来逐一了解人格的影响因素。

1. 遗传因素

你可能听人说过:"某人像他爸爸一样固执","某人像她妈妈一样开朗"。这就是在说人格的遗传性。行为遗传学的研究表明,几乎所有的人格特质都受遗传因素的影响。斯蒂格等人对336对双生子的积极人格特质进行了调查,调查的内容涉及24种积极的人格特质(如勇敢、善良等)。研究发现,在24种积极人格特质中,有21种受遗传影响较大。例如,就勇敢来说,同卵双生子的相关系数为0.50,而异卵双生子的相关系数仅为0.19。[①]

凯根对害羞的遗传基础进行研究,发现从出生的第一天起,新生儿就已经在对刺激物的反应程度上表现出差异。大约20%的孩子害羞反应强烈,其中10%的孩子极其羞怯;35%~40%的孩子对新刺激反应冷静,另外10%的孩子对新刺激则表现得非常大胆,这些差别无疑是由遗传所导致的。在他们出生后的最初几个月内,许多易激动、羞怯的婴儿变得害羞和内向,而那些不易激动、更加大胆的婴儿变得外向,并且大部分孩子在11年后的测试中仍然保持着相同的气质类型。这种稳定性反映了遗传对人格的长期影响。[②]

遗传会决定我们的人格吗?答案是否定的。遗传会为我们设定对某些生活情境作出反应的大致范围,但我们所具有的独特的家庭地位和生活经历使得我们的人格成为独一无二的。

2. 环境因素

即便是遗传学家也承认,遗传因素只能解释我们人格的大约一半内容,其余部分则由环境因素来解释。

[①] 理查德·格里格、菲利普·津巴多:《心理学与生活(第19版)》,王垒等译,人民邮电出版社2014年版,第428页。

[②] 菲利普·津巴多、罗伯特·约翰逊、薇薇安·麦卡恩:《津巴多普通心理学(原书第7版)》,钱静、黄珏苹译,中国人民大学出版社2016年版,第425页。

(1) 家庭环境

许多人格理论强调早期经历。我们的人格在很大程度上取决于我们的父母不仅是因为我们继承了他们的基因，还因为他们为我们提供了成长的环境。那些被遗弃在条件恶劣的孤儿院中的孩子，大都表现出身心发展不良的状况。不良的看护环境影响了这些孩子人格的健康发展。

(2) 社会和文化环境

虽然害羞是一种普遍的人格特质，但在不同文化群体中，认为自己害羞的人群比例存在很大差异。有研究发现，大约40%的美国成年人认为自己是害羞的人。但是在亚裔美国人中，这个数字约上升至60%。而在犹太裔美国人中，这一数字则约下降到25%。在我国被试和以色列被试中进行的研究也发现存在类似的差异。[1] 为什么会有这么大的差异呢？访谈发现，两种文化对待儿童成功与失败的方式不同。在许多亚洲国家，一个孩子取得成功可能会是父母、老师、教练等，甚至各种神灵的功劳。但是如果一个孩子失败了会是谁的责任呢？所有的责任可能都会落在这个孩子身上。这种文化容易导致回避风险、小心谨慎的行为风格产生，也就是说个体会更容易成为一个害羞的人。而在以色列，遭遇失败的孩子将得到所有人的安慰，并且父母及其他人会说，由于没有给予孩子足够的照料和充分的训练、竞争不公平等而导致孩子失败。但是一旦取得成功，孩子将会得到很多赞扬。以色列文化教导他们：没有损失，只有收获。而这正是对抗害羞的关键因素。由此可见，人格在很大程度上取决于在我们成长过程中与我们互动的那些人，比如我们的父母、兄弟姐妹、朋友、同学和老师等。

3. 遗传和环境的交互作用

如果一个孩子内向、不爱笑，害怕陌生人；另一个孩子外向、爱笑，活泼勇敢，你更愿意与哪个孩子一起玩呢？相信很多人会更愿意选择与外向爱笑的孩子一起玩，而内向的孩子则会营造出一种缺乏支持的氛围。这种氛围的差异反过来会让原本害羞的孩子变得更加害羞，让大胆的孩子变得更活泼开朗。遗传和环境以这种方式产生交互作用，最初的遗传特征随着时间的流逝得以加强或削弱。

---

[1] 菲利普·津巴多、罗伯特·约翰逊、薇薇安·麦卡恩：《津巴多普通心理学（原书第7版）》，钱静、黄珏苹译，中国人民大学出版社2016年版，第421页。

五、人格理论概述

人格理论是人格心理学家对人格结构和功能的假设。在本章中,我们将遇到多种人格理论。为什么会有这么多不同的人格理论呢?这是由于人格比较复杂,不同的人格理论家出发点不同,试图解释的现象不同,数据的来源不同以及研究方法不同,所以得出不同的人格理论。一些人格理论家对人格的结构感兴趣;一些人格理论家对人格如何发展感兴趣;每个人格理论都可以解释一些人格现象,综合起来可以使我们对人格有更多的理解。大家会发现,不同的人格理论适合处理不同的问题。比如你想要了解一个人当前大致的人格特征,你要从求职者中为公司招募新的员工,人格的类型理论或特质理论会是你的助手。如果你想要弄清楚一个人是如何成为现在这个样子的,精神分析理论可能会对你有所帮助。

第二节 人格的类型理论和特质理论

心理学家描述人格通常有两种方式:一种是将人们分成不同的种类,称为类型理论,比如内向或外向、友善或冷漠、开放或保守等;另一种是在不同的特质上对个体进行等级评定,称为特质理论,比如在内外向这个特质上,假定1代表内向,5代表外向,2、3、4分别代表它们中间不同的水平。

一、人格的类型理论

我们常常根据不同的特点对人们进行分类,比如性别、民族或专业。人格理论家也对人们进行分类,即人可分成不同的人格类型。如果把一个人归为某一种人格类型,那就不能把其归为该理论中的其他类型。许多人喜欢在日常生活中使用人格类型,因为人格类型能简化我们对自己和他人的理解。

1. 体液说

两千多年前,人们就开始根据古希腊医生希波克拉底所提出的四种气质类型来对彼此进行分类。在心理学中,气质是指在个体生命早期就显现出来的,促使人格与个人生活方式形成的遗传性人格倾向。① 希波克拉底认为人体中有四种性质不同的液体,分别来自不同的器官。其中,黏液产生于脑,黄胆汁产生于肝,黑胆汁产生于胃,血液产生于心脏。个体的气质是由体内哪种体液占主导地位所决定的。多血质的人生性快乐、好动,在他们体内温暖的血液占主导地位;胆汁质的人易怒、易兴奋,在他们的体内,肝脏分泌的黄胆汁占主导地位;抑郁质的人易悲伤、哀愁,在他们体内,胃分泌的黑胆汁占主导地位;黏液质的人平和、有节制,善于思考、谨慎,在他们的体内,黏液占主导地位。显然,希波克拉底的生物学知识并不准确,但由于体液说较好地反映了人们在气质方面的差异,所以这四种气质类型沿用至今。

近年来,生理心理学家提出,某些人格气质的差异是由脑内化学物质的平衡状况不同所导致的,而这种平衡也许具有遗传基础。杰罗姆·凯根认为:我们都拥有相同的神经递质,只是每个人的组合比例不同罢了,而正是这种组合比例的不同导致人们的气质产生差异。从这个角度来看,体液的气质理论依然存在,只不过体液气质理论的主体从体液变成了神经递质。

2. 高级神经活动类型说

巴甫洛夫认为人的气质是由人的高级神经活动类型决定的,这为体液说提供了新的解释。大脑皮层的基本神经活动有强度、均衡性和灵活性三种基本特性。强度是指神经系统兴奋与抑制的能力,兴奋与抑制能力强,其神经活动就属于强型;兴奋与抑制能力弱,其神经活动就属于弱型。均衡性是指兴奋与抑制能力的相对强弱。根据神经活动的均衡性,又可以将强型分为两类:如果兴奋与抑制的能力基本接近,就是平衡型;兴奋能力明显高于抑制能力,就是不平衡型。灵活性是指兴奋与抑制之间相互转换的速度。

根据这三种特性可以将个体的神经活动分为不可遏制型、活泼型、安静型和弱型。其中,不可遏制型个体神经活动强,但神经活动兴奋能力强于抑制能力,因此个体易兴奋,难以控制自己,对应体液说中的胆汁质;活泼型个体神经活动强,兴奋和抑制之间比较平衡,且二者之间转换比较灵活,对应体液说中的多血质;安静型个体神经活动强,兴奋和抑制之间比较平衡,但兴奋与抑制之间转换不灵活,对应体液说中的黏液质;弱型个体兴奋和抑制过程都弱,对应体液说中的抑郁质。

---

① 菲利普·津巴多、罗伯特·约翰逊、薇薇安·麦卡恩:《津巴多普通心理学(原书第7版)》,钱静、黄珏苹译,中国人民大学出版社2016年版,第425页。

神经活动类型	强度	均衡性	灵活性	气质类型
不可遏制型	强	不平衡	—	胆汁质
活泼型	强	平衡	灵活	多血质
安静型	强	平衡	不灵活	黏液质
弱型	弱	—	—	抑郁质

3. 出生顺序说

进化论提出,生物体为了找到合适的生存环境而表现出多样化。弗兰克·沙洛维根据进化论的思想,提出了根据出生顺序来预测人格的方法。沙洛维认为,头生子的位置是现成的,他们直接要求父母给予爱与关注;他们通过认同和遵从父母的观念来获得想要的关注和资源。而后出生的孩子就不同了,他们要在先出生的孩子还没有占据主导地位的领域里占有优势。因此后出生的孩子通常对经验持有开放性,以便在生活中获得新的、更有助于成功的位置。为了检验后出生的孩子更喜欢创新,而头生儿更安于现状这一假设,沙洛维调查了在科学、历史及文化领域的革命中,对这些革命持支持或反对态度个体的出生顺序资料。研究显示,后出生的孩子比第一个出生的孩子更倾向于支持创新理论。一项针对700多名职业棒球手兄弟的研究表明,弟弟们比哥哥做出冒险举动的可能性更大,比如尝试盗垒(棒球比赛术语),并且当他们冒险时更有可能获得成功。① 如果你是家里最小的孩子,那么你很可能比哥哥姐姐们更会取悦大家。当然,这并不意味着该模式适用于所有的家庭和个体,这只体现了一种统计学层面上的总体趋势。

4. 内外倾说

荣格将人格分为内倾和外倾,这是最为人们所熟知的一种人格类型说。外倾的人关注外部刺激,他们与周围世界的人和事更加协调,他们更加自信友好,但是却不怎么善于调和内心的需要。内倾的人更加关注内部体验,即他们自己的想法和情感。这使他们看起来更加羞怯而不善于言谈。

5. A—B型说

美国心脏病学家弗里德曼和罗森曼发现,心脏病患者多极端好胜、富有攻击性、缺

---

① 菲利普·津巴多、罗伯特·约翰逊、薇薇安·麦卡恩:《津巴多普通心理学(原书第7版)》,钱静、黄珏苹译,中国人民大学出版社2016年版,第425页。

乏耐心,常有时间紧迫感和怀有敌意,他们把这种人格类型称为 A 型人格。① A 型人格的个体通常对生活中的某些重要方面感到不满,竞争意识特别强,且野心勃勃,而且通常是一个孤独者。弗里德曼和罗森曼把与之相反的人格类型称为 B 型人格。该人格类型的人较松散、与世无争,对任何事皆泰然待之。研究者认为,A 型人格的个体比一般人群更容易患冠心病。

前面给大家介绍了五种人格类型理论,实际上人格类型理论不止这些,还有比较有争议的九型人格理论。人格的类型理论之所以广受欢迎,是因为它们能够简化我们对他人的理解。但同时这也是它们的缺点,因为人格类型理论往往无法抓住人格更细致的特点。

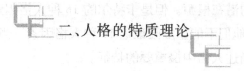

二、人格的特质理论

与类型理论不同,特质理论采用连续维度。特质是持久的品质或特征,这些品质使个体行为在不同情境和时间里保持一致。特质与气质有什么不同呢?我们可以把气质看作人格的基础,植根于个体的生物本性;可以把特质看作在气质基础上形成的受经验影响的多维结构。

1. 奥尔波特的人格理论

什么样的特质能够描绘人格呢?奥尔波特和他的同事对《韦伯斯特新国际词典》进行检索,发现在英语中有大约有 17953 个形容词可以用来描述个体差异。自此研究者一直试图在这些特质词汇中寻找基本的维度,试图对这些特质词汇进行分类,弄明白有多少基本维度存在。

奥尔波特把人格特质分为两类,即共同特质和个人特质。共同特质指在某种社会文化中,多数人共有的、相同的特质;个人特质指个体具有的独特特质。奥尔波特又将个人特质分为首要特质、中心特质和次要特质。首要特质是一个人最典型、最具有概括性的特质,是主宰人们生活的特质,但并不是所有人都会形成这种明显的人格特质。中心特质指构成个体独特性的几个重要特质,是影响和组织我们行为的重要特质。次要特质是有助于预测个体行为的特定个人特征,如饮食和衣着偏好,但对于整体描述一个人的人格作用则要小得多。奥尔波特感兴趣的是,这三种人格特质是如何组合在一起形

---

① 理查德·格里格、菲利普·津巴多:《心理学与生活(第 19 版)》,王垒等译,人民邮电出版社 2014 年版,第 416 页。

成不同的个体特质。

奥尔波特认为人格是个体行为的决定因素,他用"使黄油融化的那把火会使鸡蛋变硬"这句话来说明,同样的刺激能够对具有不同人格的个体产生不同的影响。许多特质理论都延续着奥尔波特的研究传统。

2. 卡特尔的人格理论

在读研究生期间,卡特尔与斯皮尔曼合作开展研究。斯皮尔曼是许多统计技术包括因素分析技术的发明者。卡特尔认为因素分析技术是建立客观、科学人格分类的有效工具。在职业生涯中,他致力于发展和应用因素分析技术来研究人格。卡特尔以奥尔波特的形容词表为起点,探索列出16种人格特质,称之为根源特质。他认为,这16种人格因素是个体行为的潜在根源。但是卡特尔的16种人格因素模型还是受到了一些人格研究者的质疑,因为他们不能重复验证这16种人格因素。当今的人格心理学家认为,用更少的特质也可以描述人格中最重要的特征。

3. 艾森克的人格理论

艾森克根据人格测验数据提出人格三大维度:外倾性、神经质和精神质。他认为这三大特质具有高度的遗传性,且具有生理基础。

外倾性包含大量次级特质:好交际的、主动的、爱冒险的、支配的等①。外倾性得分高的人喜欢聚会,有许多朋友,具有较高的活动水平;而在外倾性上得分较低的人喜欢独处,喜欢安静,热爱读书,有时看上去冷漠、有距离感,但是他们通常会有几个亲密朋友,喜欢常规的、可预测的生活方式。

神经质包含焦虑的、易怒的、感到内疚的、缺乏自尊的、紧张的、害羞的以及喜怒无常的等次级特质。在神经质上得分高的人负面情绪过多,往往喜欢自寻烦恼,常常焦虑与抑郁,有睡眠问题,还会遭受许多心身疾病的困扰;在神经质上得分低的人情绪稳定、平静,对压力事件反应慢,且容易从痛苦的情绪中恢复过来。

精神质包含攻击性、以自我为中心的、有创造力的、冲动的、反社会的等次级特征。在精神质上得分高的人是孤独的、不合群的人,因为缺乏同理心,所以可能会残酷无情;他们具有攻击性,包括言语攻击与身体攻击,对所爱的人也是如此;他们喜欢新奇和不寻常的事物,完全忽视危险的存在;他们喜欢捉弄人,具有反社会倾向。有研究者认为将"精神质"改称为"反社会人格"或"变态人格"更为准确。

艾森克将外倾性和神经质两个维度组合起来勾画出一个环状图形。四个象限分别

---

① 兰迪·拉森、戴维·巴斯:《人格心理学——人性的科学探索(第2版)》,郭永玉等译,人民邮电出版社2011年版,第68～70页。

对应一种气质类型：外倾—情绪稳定对应多血质，外倾—情绪不稳定对应胆汁质，内倾—情绪稳定对应黏液质，内倾—情绪不稳定对应抑郁质。个体可以对应到这个圆中的任何一点，找到从非常内向到非常外向，从情绪非常不稳定到情绪非常稳定的各种气质类型。

4. 大五人格理论

当今的人格研究者认为艾森克人格理论的三个维度是非常重要的，但仅有这三个维度还不够全面。近年来，多数人格研究者认为五个因素更能全面地描述人格。这五个因素分别如下。

开放性（openness to experience）：包含求知欲强、好奇、独立（对应面是思想封闭、缺乏好奇心和想象力）。

责任感（conscientiousness）：尽责的、谨慎的、克制的、坚定的（对应面是不负责任、马虎的和冲动的）。

外倾性（extraversion）：健谈的、精力充沛的、大胆的（对应面是安静的、有保留的、害羞的）。

宜人性（agreeableness）：有同情心的、善良的、亲切的（对应面是冷漠、有敌意或残酷的）。

神经质（neuroticism）：焦虑的、不稳定的、喜怒无常的（对立面是稳定的、冷静的、满足的）。

这五个因素的英文首字母连起来，构成了 OCEAN 一词，可以理解为人格的海洋。这五个因素包含了艾森格人格理论的三个维度，每个因素代表着一个大的分类，里面包含多个次级特征。这些次级特征有独立的内涵,但却有一个共同的主题。大五人格模型是人格研究者在奥尔波特数量庞大的特质词汇中寻找人格结构的成果。为了证明五因素模型的普遍性,研究者将他们的研究扩展到英语之外的德语、汉语、希伯来语、朝鲜语和日语等。大型研究表明,大五人格模型在欧洲、亚洲、非洲与美洲的50多种文化中都适用。①需要强调的是,大五人格模型是通过对大量的特质词群进行统计分析得出的,而不是根据某个理论推论出来的。近年来随着脑成像技术的发展,研究者发现,与大五人格模型的特征差异相对应,个体的脑功能也是有差异的。

大五人格模型的支持者也试图从进化的角度来解释五种人格维度的形成原因。我们可以把五个维度看作对五种关键社会适应问题的回答:"谁是容易与之沟通交流的(外倾性)?谁是善良的、好相处的(宜人性)?谁是认真可靠的(尽责性)?谁是情绪不稳定的(神经质)?谁有好的想法(开放性)?"②由于这些问题对我们的社会适应非常重要,因此人们通常从这些方面对人进行描述。

进化心理学家也试图解释为什么人们在不同人格维度上存在那么大的差异。比如在外倾性上,为什么人与人之间存在那样大的差异?人类是高度社会化的动物,按理来说,不善于社会交往的人应该是适应社会不良的,我们可以在身边见到很多不善于社会交往的人(内倾)。这可能是因为在不同的环境中,不同人格特质的适应性是不同的。在非常危险的环境中,社会交往谨慎的(低外倾)个体更可能得以存活。在人类进化的过程中,环境的多样性使人格不同的个体具有不同的优势和不足。虽然多数文化都推崇外倾的人格特质,但是对于作家来说,内倾或许是一种宝贵的特质;多数文化都更为推崇宜人性而非冷漠,但对于创新创业者来说,独立、不受他人左右的特质是非常必要的;多数文化都非常推崇责任感,但太多的责任感或许会限制一个人发挥冒险能力;多数文化也都推崇开放性,但太多的开放性会让人博而不专。因此,与其评判我们应当具有什么样的特质,不如好好利用我们所拥有的特质,寻找最适合我们生存的环境。

5. 对人格特质理论的评价

(1)特质理论的积极作用

特质理论至少在两个方面可以帮助我们。第一,特质可以帮助我们描述他人,从而有助于我们更好地理解人与人之间的差异。第二,特质可以帮助我们预测将来的行为。比如在组织招聘中,我们可以使用人格测验挑选出那些更适合该岗位的人。

---

① 菲利普·津巴多、罗伯特·约翰逊、薇薇安·麦卡恩:《津巴多普通心理学(原书第7版)》,钱静、黄珏苹译,中国人民大学出版社2016年版,第427页。
② 理查德·格里格、菲利普·津巴多著:《心理学与生活(第19版)》,王垒等译,人民邮电出版社2014年版,第427页。

(2) 对人格特质理论的批评

特质理论也受到一些研究者的批评。首先,特质理论常常只是用某种标签来描述人,然而并不能对其进行解释。比如我们可以把抑郁情绪归因为抑郁特质,也可以把自信友善的人格归因为外倾,但这并不意味着我们真正理解这些行为产生的原因。也就是说,特质理论只是找出了一些人格特质,但并没有告诉我们这些特质是怎样形成,以及这些特质是如何相互作用的。而且由于大多数人在各种人格特质上的得分多集中在量表的中间部分,一些研究者质疑,特质对于理解普通人到底有多大的作用。

其次,特质理论只是静态描述人格,而不能描述个体的人格是如何变化的。此外,特质理论还存在自我实现预言的问题,即当个体被贴上某种特质标签以后,就更可能朝着这个标签指示的方向发展,这让他们更加难以改变自我。比如,一个被贴上"害羞"标签的孩子要想变得大胆,那么他既要和这一特质作斗争,又要和这个标签作斗争。

三、特质与情境之争

人格心理学家认为特质使个体的行为在不同的时间和情境中具有一致性,并认为特质是个体行为的决定因素。但社会心理学家沃尔特·米歇尔认为,在不同的情境中,我们的行为并非总是一致的。比如,在某些情境中健谈的个体,在另外一些情境中也许会变得害羞;当情境发生剧烈变化的时候,情绪稳定的人也会情绪崩溃。所以米歇尔认为,在预测行为的时候,情境信息比人格信息更为重要。① 米歇尔的观点挑战了大多数人格理论的根基。如果在不同的情境中,人们的行为并不那么一致的话,人格理论还有什么作用呢?米歇尔的质疑遭到了猛烈的回击。反对者认为,米歇尔所使用的方法低估了不同情境下行为的一致性,即当人们处于熟悉情境中及有旁观者在场的时候,他们的行为是非常一致的。

研究发现,人格特质在所有影响行为的因素中只占不足10%。但是即使这样,我们也不能认为剩下的90%的影响行为的因素都是由情境决定的,情境与行为之间的相关性其实十分微弱。行为是人格特质和情境交互作用的结果。米歇尔并不是要抛弃人格理论,而是将行为视为情境、个人对于情境的解释及人格共同作用的结果。

当情境中的线索非常不明晰时,人格特质对于行为的影响较大;当情境十分清晰明了的时候,人格就很难对行为产生影响。比如,在一次重要的会议开始前,主持人要求参

---

① 菲利普·津巴多、罗伯特·约翰逊、薇薇安·麦卡恩:《津巴多普通心理学(原书第7版)》,钱静、黄珏苹译,中国人民大学出版社2008年版,第427~428页。

会人员将手机调为静音或振动状态。然而在会议中你的手机突然响了,这时所有人的目光都投向了你,你会怎样做?个体在这种情境中的行为表现几乎都是一致的,即赶紧关掉手机。但是,如果你正在餐厅吃饭,你的电话突然响了,你会怎样做?在这一情境中,个体的行为就不那么明确,有人可能会关掉手机,不接电话,而有人则可能会立即接电话。这一情境中的个体的行为受人格影响更大。

第三节 人格的精神分析理论

19世纪晚期,社会上出现了一种疾病。该病发作时,病人会肌肉无力,身体部分失去感觉甚至瘫痪,但是医生却找不到病人有什么器质性病变。后来,法国医生让·沙尔科通过催眠成功消除了病人的症状。这时,人们才意识到这是一种心理疾病。一个叫西格蒙德·弗洛伊德的年轻医生听说此事后感到非常好奇,于是来到巴黎向沙尔科学习催眠。回到维也纳后,弗洛伊德用学到的方法来治疗自己的病人,但是许多人不能被催眠到治疗所需要的程度,并且在催眠中症状消失了的病人,在催眠结束后,症状往往会再次出现。屡屡受挫之后,弗洛伊德决心寻找治疗该病的新方法,从而最终创立了精神分析理论。①

一、弗洛伊德的人格理论

精神分析是弗洛伊德治疗心理障碍的一系列方法,精神分析理论是弗洛伊德对于人格和心理障碍的解释。不过,人们很难将弗洛伊德的理论与治疗方法分开,所以精神分析既可以用来表示精神分析的方法,又可以用来表示精神分析理论。

1. 心理能量

弗洛伊德深受达尔文进化论的影响,他的理论最初包含自我保护本能和性本能。这与达尔文进化论中生存和繁衍的观点是一致的。

---

① 菲利普·津巴多、罗伯特·约翰逊、薇薇安·麦卡恩:《津巴多普通心理学(原书第7版)》,钱静、黄珏苹译,中国人民大学出版社2016年版,第432页。

后来,目睹了第一次世界大战给人类带来的巨大灾难后,弗洛伊德认为人类具有天生的死的本能,这一本能在攻击他人的过程中表现得非常明显。于是,弗洛伊德将自我保护本能和性本能合称为生的本能。他把生的本能称为力比多,把死的本能称为塔纳托斯。虽然力比多通常是指性本能,但弗洛伊德用力比多来表示所有满足需要、维持生命和追求快乐的动力。同样,塔纳托斯指所有破坏、伤害和攻击他人或自己的动力。

弗洛伊德假定每个人的内部都有一个能量来源,并称其为心理能量。弗洛伊德认为,每个人都有固定的心理能量,可以通过各种方式来释放自己的心理能量。比如,个体可以通过打篮球、踢足球等竞技性运动来释放自己死的本能。

2. 心理的三个层次

弗洛伊德认为,人的心理由意识、前意识和潜意识组成。意识是指你当下能够觉知到的所有思想、情感和知觉。这些只是一小部分对你有用的信息。如果你需要,还可以有大量的记忆与想法能够进入你的意识,这些信息存储在你的前意识中。任何目前没有存在你的意识当中,但能够被读取到的意识中的信息,都处于前意识层面。

弗洛伊德经常用冰山来比喻人的心理,冰山在水面以上的部分是我们的意识,能够看见的水面以下的那部分是我们的前意识,水面以下完全看不见的那部分则是我们的潜意识。在弗洛伊德的理论中,潜意识里的内容是那些不能够被我们的意识所接受的冲动、感受和想法。社会不允许人们毫无顾忌地表现性本能和攻击本能,所以个体必须学会控制这些驱力。弗洛伊德认为,控制这些冲动的方式之一就是不让它们进入意识层面。比如,一个对父亲非常生气的孩子,可能会有希望父亲死掉的想法。这种想法会让儿童感到非常焦虑,所以他会把这一想法压抑到潜意识中去。许多不能被接受的性冲动、攻击冲动、想法和感受会被压抑到潜意识中去。我们通常意识不到这个隐蔽的区域,这是因为这个区域里面的内容太具有威胁性,太容易引发焦虑,以致意识拒绝承认它的存在。通过精神分析技术,心理治疗师能够发现一些人们平时意识不到的记忆。

当然,这些潜藏在无意识中的记忆也会通过梦境、口误、笔误或各种心理障碍症状的形式表现出来。弗洛伊德认为,没有什么事情是偶然发生的,每一种行为、思想和情感的产生都是有原因的,每一次口误、迟到、忘记一个人的名字和摔坏他人的东西都有其特定的原因。如果我们能够对潜意识进行分析,就可以寻找它们产生的根源。

3. 人格的结构

弗洛伊德把人的心理比喻为灌满水的管道系统,水产生的压力就是心理能量,包括性本能和攻击本能,心理能量积累后需要释放。当内部出现压力时,有三种释放压力的方法:一个管道工认为应该打开所有阀门放水,将压力维持在最低水平;另一个管道工认为应该采用间接引流法释放压力,以免造成混乱;第三个管道工认为应该把所有阀门都关闭。① 这三个管道工分别代表着弗洛伊德所说的本我、自我和超我,这三个成分共同构成了我们的人格。

(1)本我

本我是人类心理最原始的部分,是个体生来就具有的人格成分,是所有驱力和冲动的源泉。本我是那个认为应该把所有阀门打开,将压力维持在最低水平的管道工。本我就像一个被惯坏的孩子:自私、冲动、追求享乐。它遵循快乐原则,总是想要立刻满足自己的各种需要,不计行为的后果。在婴儿期,本我占主导地位。当婴儿看见一个非常吸引人的玩具时,他就想伸手去拿,拿不到就会大哭大闹,这是本我遵循快乐原则的表现。它不讲道理,不遵循逻辑,没有任何耐心。

(2)自我

自我是那个主张采用间接引流法释放压力的管道工,它使本我的驱力和冲动变得可以被接受,至少不会使问题产生。弗洛伊德认为,自我在儿童两岁或三岁时开始出现。自我遵循现实原则,为本我的需求提供现实的选择。比如在商店里,自我会阻止儿童偷走自己想要的玩具或零食的冲动行为的产生。因为儿童能考虑到被抓住所带来的后果,所以儿童会请求父母帮自己购买想要的玩具或零食,而不是偷走自己想要的东西。

(3)超我

超我是那个主张关闭所有阀门的管道工,他甚至希望增加更多的阀门来控制压力。大约在儿童5岁左右,超我开始出现。超我是心中父母的化身,是从父母、老师和其他权威人物那里习得的道德和价值观,与我们在日常生活中所说的良心相近。在成长的过程中,儿童根据父母和其他成人制定的规则形成一套内部规则,从而就渐渐形成了超我。它遵循道德原则,在我们心中告诉我们"应该"做什么,"不应该"做什么。当我们做错了事情,超我会使我们产生罪恶感、羞耻感和尴尬;当我们做了正确的事情,它会使我们感到骄傲和自豪。超我还包括理想的自我,即我们认为自己应当努力成为的那种人。不难看出,超我经常会和本我发生冲突,因为本我想要做那些让我们感到快乐的事情,而超我则坚持做那些应该做的事情。

本我、自我和超我分别遵循不同的原则,各自有着不同的目标,从而导致个体内部冲突产生。比如,你在路上看到一张100元钱,本我可能会说:"捡起来,赶紧走。"超我说:"捡到钱应该归还失主。"自我不仅要面对本我和超我的要求,还要面对现实情境:"有没有人看到我捡钱"。这时候你将体验到焦虑。焦虑是一种不愉快的状态,是一种信号,表明自我正受到现实、本我的冲动以及超我约束的威胁。当本我和超我产生矛盾时,自

---

① 兰迪·拉森、戴维·巴斯:《人格心理学——人性的科学探索(第2版)》,郭永玉等译,人民邮电出版社2011年版,第251页。

我会采取折中的方式来尽量满足两者的需要。强大的自我能使人心理平衡,远离焦虑,但如果本我和超我任何一方超过了自我,就会使人产生焦虑。

4. 自我防御机制

弗洛伊德认为,焦虑是我们为社会进步付出的代价。作为现代人类社会的一员,我们必须控制自己的性冲动和攻击冲动,不让它们表现出来。但由于自我担心掌控不了本我和超我之间的冲突,便会产生弥散性焦虑。它使得我们感到不安,但我们又不知道为何不安。① 在这种情况下,自我会运用防御机制来减轻焦虑。这些防御机制通过各种方式来减轻焦虑或者改变焦虑的方向,但这些方法通常都是对现实的扭曲。这些防御机制主要有压抑、否认、替代、合理化、反向、退行、投射和升华。

(1)压抑

压抑是指将不能被意识接受的想法、感受和冲动从意识中排除出去的过程。压抑是所有自我防御机制的先行者。个体一旦意识到社会不允许的内容存在于意识中,会通过压抑将其从意识中排除出去,从而避免焦虑产生。不过弗洛伊德认为,压抑总是无法彻底实现,被压抑的想法、感受和冲动仍然会跑出来,并在梦、口误、笔误等活动中表现出来。

(2)否认

当现实情境极易引起焦虑时,人们可能会使用否认这种防御机制。比如,相当多的癌症患者在得知自己的检查结果时,可能会说这不是真的,或者认为检查结果有问题。否认是指坚持事情不是自己所看见的那样,拒绝自己所看见的现实。

那些一天抽一包烟的烟民之所以不担心自己的健康问题是因为这些烟民可能会否认吸烟与疾病之间的关系,否认自己对香烟危害的易感性,或否认自己想要长寿的愿望。健康心理学家发现,人们经常弱化各种不健康行为的危害性。② 这在一定程度上助长了各种不健康行为。

(3)替代

替代是指将不被接受的冲动从最初的源头转向更加安全的对象。比如,你父母毫无缘由地批评了你,在他们面前你克制了自己的愤怒;回到自己的房间,你大声呵斥你的宠物,并踢了它一脚。你将发泄愤怒的对象转为宠物,从而替代了真正使你愤怒的对象——你的父母。

---

① 戴维·迈尔斯:《迈尔斯心理学(第7版)》,黄希庭等译,人民邮电出版社2011年版,第500页。
② 兰迪·拉森、戴维·巴斯:《人格心理学——人性的科学探索(第2版)》,郭永玉等译,人民邮电出版社2011年版,第256页。

(4) 合理化

合理化是指为大家所不能接受的事情找出可以被大家接受的理由,用一个容易被大家接受的解释来取代真实的原因。比如,针对我国男足在国际比赛中屡屡受挫的情况,有人提出可以通过归化外国球员的方法来提高男足战绩,但很多人从情感上难以接受这种方法。这时候有人说,好多国家都有归化球员,所以我们也可以归化外国优秀球员,这就是合理化。

(5) 反向

反向是指将那些不被接受的冲动转变成截然相反的、能够被人接受的方式。比如人们有时心中讨厌或憎恨一个人,但在表面上却对此人十分热情和关心此人;有时心里喜欢一个人,表面上对这个人却异常冷淡等。

(6) 退行

退行是指人们在遭受挫折或处于焦虑、应激等状态时,放弃比较成熟的应对技巧或方式,而使用生命早期的某种行为方式来满足自己的某些需求。比如有一些孩子,本来已经学会了自己大小便,但是在家里有了更小的孩子后,又突然开始尿裤子。这很可能就是因为这些孩子发现自己不能像从前那样获得父母的照顾,从而以尿裤子的行为来吸引父母的关注。

(7) 投射

投射是指个体将自己不为社会认可的欲望和想法归咎到别人身上。比如,一个经常算计别人的人会经常觉得别人也在算计他,一个不信任别人的人会经常觉得别人不信任自己。宋代著名学者苏东坡和佛印和尚是好朋友。一天,苏东坡去拜访佛印,与佛印相对而坐,苏东坡对佛印开玩笑说:"我看你是一堆狗屎。"而佛印则微笑着说:"我看你是一尊金佛。"苏东坡觉得自己占了便宜,很是得意。回到家以后,苏东坡得意地向妹妹提起这件事。苏小妹说:"哥哥你错了。佛家说'佛心自现',你看见别人是什么,就表示你看见自己是什么。"这个故事可以帮助我们理解投射这种自我防御机制。

投射测验[①]

投射测验是指给被试呈现刺激模糊的图片,让被试描述自己看到了什么或者就此讲述一个故事。这些刺激本身没有任何意义,因而人们解读出来的意义都可以假设为他们想法和情感的投射。投射测验在临床心理学中被广泛地应用于人格和心理障碍的评估。最著名的两个投射测验是罗夏墨迹测验和主题统觉测验。

---

① 百度百科:投射测验 https://baike.baidu.com/item/%E6%8A%95%E5%B0%84%E6%B5%8B%E9%AA%8C/991391?fr=aladdin。编写时作了适当修改。

罗夏墨迹测验

罗夏墨迹测验是由瑞士精神病学家赫尔曼·罗夏于1921年开发的。测验材料为10张墨迹图,其中5张上有是浓淡不同的黑色,2张由黑色与红色印成,3张是由多种颜色印制。主试按一定顺序把墨迹卡片一张接一张地呈现给受测者,并让受测者说出看到墨迹图形像什么和想到了什么,主试者记录下受测者的反应。测验者通常会用心理动力学理论来解释被试的回答,看看被试的潜意识性冲动和攻击冲动是如何从回答中反映出来的。罗夏墨迹测验测试工具的价值遭到了质疑,因为研究表明其信效度令人失望。一些批评家认为罗夏墨迹测验会将许多正常人诊断为病态的人。不过,许多精神分析师依然支持这一测试。他们认为,如果将这一测试和其他人格测试一起使用,这一测试能够提供独到的见解。

主题统觉测验

亨利·默里开发的主题统觉测验则是一种拥有更加坚实科学基础的投射测验。该测验于1935年编制完成,由30张黑白图片组成。根据被试的年龄、性别采用其中20张进行测试,要求被试根据图片讲故事,每个故事约15分钟。主题统觉测试背后的理论认为,被试会感知真实图像中的元素,然后根据自己的想法、感情和需要来填入自己的解读和解释。随后,测验者会通过寻找故事中各人物之间的关系来解读被试的回答。主题统觉测验的有效性得到了证实,其特别适用于评估成就动机。

(8)升华

升华是最理想的防御机制,它把不被社会认可的动机通过某种渠道转化为社会期望的行为。司马迁在《报任安书》中写道:"盖文王拘而演《周易》;仲尼厄而作《春秋》;屈原放逐,乃赋《离骚》;左丘失明,厥有《国语》;孙子膑脚,《兵法》修列……"古人利用升华这种防御机制来应对自己的困境,最终使自己名垂青史。

5.心理性欲阶段理论

弗洛伊德通过对病人过去经历的分析发现,心理问题的根源往往是童年早期没有得到解决的冲突。他认为,人格发展要经历一系列阶段,每一阶段包含特定的冲突,个体解决这一冲突的方式塑造了其人格的某个方面。因此,在精神分析人格理论中,个体差异源于儿童在各个发展阶段解决冲突的方式。经历所有阶段之后,个体的整体人格便最终形成。因为所有这些都发生在童年期,所以弗洛伊德认为"儿童是成人之父"。[①]

弗洛伊德认为,在每一个阶段,儿童通过把力比多聚集在身体的某一部位来获得性

---

① 兰迪·拉森、戴维·巴斯:《人格心理学——人性的科学探索(第2版)》,郭永玉等译,人民邮电出版社2011年版,第262页。

满足,并且以力比多聚集的身体部位命名该阶段。基于这一原因,人们把弗洛伊德的人格发展理论称为心理性欲阶段理论。

如果儿童不能解决某阶段的冲突,那么他就会固着在该阶段。与前一阶段相比,后一阶段往往代表着更为成熟的性欲满足方式。如果儿童固着在某一阶段,他就会表现出不成熟的性满足方式。在发展的最后阶段,成年人可以从健康的亲密关系和工作中获得快乐。

(1)口唇期(0—1.5岁)

对婴儿来说,无论拿到什么东西,他都会将其放到嘴里。据此弗洛伊德认为,婴儿最早的性快感来自嘴巴,刚开始通过吮吸和吞咽获得快感,随后有了牙齿,婴儿通过撕咬和咀嚼享受攻击的乐趣。若婴儿在吮吸、吞咽等口腔活动中获得满足,长大后会有正面的口唇期人格,如乐观开朗,即口唇性乐观。

这一阶段的主要冲突是断奶。有时,婴儿的断奶过程可能会产生痛苦或创伤性的经历,从而导致口唇期固着。那些贪吃、酗酒、吸烟的成年人仍然通过口唇来获得快乐,很可能是因为他固着在口唇期阶段,形成了口唇依恋型人格。具有口唇依恋型人格的人也可能会出现咬指甲、吸手指或咬铅笔等问题。固着在口唇期的人可能会过于依赖他人:他们希望自己像婴儿那样被照顾、被娇惯,希望别人替自己做决定。

口唇期的另一冲突可能与咬有关,这一冲突发生在儿童长牙之后。这时期的儿童发现可以通过咬或咀嚼来获得快乐。① 一般父母讨厌儿童咬东西,特别是当孩子咬其他儿童或成年人时。因此,儿童咬东西的冲动会与父母的限制之间产生冲突。固着于此冲突的个体会发展出敌意、争执或讥讽的口唇侵犯性人格,会继续通过心理上的"咬"或言语上的攻击来获得满足。

(2)肛门期(1.5—3岁)

弗洛伊德认为,肛门括约肌是肛门期性快感的来源。一开始,儿童通过排便来获得快感;然后在排便训练阶段,通过控制排便来获得快感。父母通过对儿童进行排便训练使儿童发展出一定程度的自我控制。如果父母的要求符合儿童的自我控制能力,良好的习惯便可以建立,从而使幼儿长大后具有创造性与高效率性。

如果父母训练过严,与儿童发生冲突,则会导致所谓的肛门人格,形成一种是肛门排放型人格,表现为邋遢、浪费、无条理、放肆、凶暴等;另一种是肛门滞留型人格,表现为过分干净、过分注意条理和细节、固执、小气、忍耐等。因此弗洛伊德特别强调,父母对儿童大小便训练不宜过早、过严。

---

① 兰迪·拉森、戴维·巴斯:《人格心理学——人性的科学探索(第2版)》,郭永玉等译,人民邮电出版社2011年版,第262页。

(3)性器期(3—6岁)

在这一阶段,儿童发现了自己的生殖器,并认识到抚摸自己的生殖器可以获得快感。弗洛伊德认为,孩子们开始享受抚摸自己的生殖器,并发展出对异性父母的性欲望。但这种行为和欲望不能够被社会所接受,儿童会将其压抑在潜意识中,所以儿童并不能意识到抚摸或者乱伦的冲动,只是感到很喜欢异性父母。这种对异性父母的性欲望会带来强烈的潜意识冲突,弗洛伊德将男孩对母亲的潜意识冲突称之为"俄狄浦斯情结"(恋母情结)。

俄狄浦斯情结①

底比斯王拉伊奥斯年轻时曾经劫走国王佩洛普斯的儿子克律西波斯,因此遭到诅咒。他的儿子俄狄浦斯出生时,神谕表示他会被自己的儿子杀死。为了逃避厄运,拉伊奥斯刺穿了新生儿的脚踝(oidipous在希腊文的意思即为"肿胀的脚"),并将他丢弃在野外让其自生自灭。然而奉命执行任务的牧人心生怜悯,偷偷将婴儿转送给科林斯的国王波吕波斯,婴儿被他们当作亲生儿子抚养。

德尔菲神殿的神谕说,俄狄浦斯会弑父娶母。俄狄浦斯长大后,并不知道科林斯国王与王后并非自己的亲生父母。为避免神谕成真,俄狄浦斯便离开科林斯并发誓永不再回来。俄狄浦斯流浪到忒拜附近时,在一个岔路上与一群陌生人发生冲突,失手杀了人,被杀之人中正包括了他的亲生父亲。当时的忒拜被狮身人面兽斯芬克斯所困,他会抓住每个路过的人,如果对方无法解答他出的谜题,他便要撕裂吞食对方。忒拜为了脱困,便宣布谁能解开谜题,从斯芬克斯口中拯救城邦的话,便可获得王位并娶国王的遗孀约卡斯塔为妻。后来,俄狄浦斯解开了斯芬克斯的谜题,解救了忒拜。于是,他继承了王位,并在不知情的情况下娶了自己的亲生母亲为妻,生了两女儿和两个儿子。

后来,俄狄浦斯统治的国家不断有灾祸与瘟疫,国王因此向神请示,想要知道为何会降下灾祸。最后在先知提瑞西阿斯的提示下,俄狄浦斯才知道他是拉伊奥斯的儿子,终究应验了他之前杀父娶母的不幸命运。震惊不已的约卡斯塔羞愧地上吊自杀,而同样悲愤不已的俄狄浦斯则刺瞎了自己的双眼。

弗洛伊德从古希腊神话中借用了俄狄浦斯情结。他认为,所有的男性都在潜意识中想杀死自己的父亲,并在性上占有自己的母亲。不过这里说的是潜意识,在意识层面这种观念是不能被感受到的。但是乱伦的欲望存在于潜意识中,造成了大量烦恼产生。男孩子知道如果自己这种隐藏的冲动一旦流露出来,便会激怒父亲。他害怕父亲会割掉自己的生殖器来惩罚自己对母亲的性欲望,即阉割焦虑。这种阉割焦虑导致男孩子压抑对母亲的欲望,并通过认同父亲的行为来避免让父亲生气。弗洛伊德认为,这种对

---

① 360百科:俄狄浦斯情结:https://baike.so.com/doc/5391504-5628235.html。

父亲的认同影响超我的发展,因为当他下定决心认同父亲时,他就接受了父亲的价值观和形象,结束了俄狄浦斯情结。① 弗洛伊德认为,俄狄浦斯情结的解决不仅是男性性别角色发展的开始,也是超我和道德发展的开始。

在弗洛伊德的理论中,女孩的"伊莱克特拉情结"(恋父情结)与男性的俄狄浦斯情结相对。在古希腊神话中,伊莱克特拉与父亲有乱伦关系。母亲知情后杀死了父亲,勃然大怒的伊莱克特拉说服弟弟杀死了母亲。弗洛伊德认为,小女孩会因为自己没有阴茎而责备母亲。她渴望拥有父亲,同时会嫉妒他有阴茎,即阴茎嫉妒。女孩对父亲所产生的性和情感依恋是社会所禁止的,因此她对父亲的感受必须转向健康的感情,同时必须接受自己的"劣势",喜欢母亲,并认同母亲。这样做她就将接受她的社会角色,并接受母亲的价值观而形成自己的超我。

弗洛伊德认为,不能解决恋母情结和恋父情结会导致性器期人格,表现为以自我为中心,自私、冲动,对他人缺乏真诚感等特点。

弗洛伊德试图用恋父情结和恋母情结来解释性别认同和性别角色问题,但许多心理学家认为这些答案过于牵强,认为弗洛伊德忽略了男孩和女孩会受到不同社会化方式的影响,也忽视了遗传差异带来的影响。

(4) 潜伏期(6—12岁)

由于在这一阶段没有特殊的性冲突,所以弗洛伊德认为这一时期的心理处于休息或潜伏状态,它是儿童进入学校学习成年人应具有的各种知识和技能的主要阶段。但是随后的精神分析家们认为,个体在这一阶段有很多发展,比如学会自己做决定、学会社交与交友等。

(5) 生殖期(12岁以后)

随着发育成熟,个体通过性器官获得性快感的兴趣重新产生。不过因为成功解决了俄狄浦斯情结和伊莱克特拉情结,所以青少年不再把异性父母当作性对象,性对象则变成了同龄的伙伴。进入生殖期的个体能够像关心自己甚至超过关心自己一样,来关心爱人。

弗洛伊德认为,生殖期没有特殊的冲突。人们只有在解决了前面几个阶段的冲突后,才能进入生殖期。弗洛伊德认为,人格的主要发展在5、6岁时就已经完成,成年人的人格主要取决于个体在婴儿阶段和童年阶段解决冲突的方式。

弗洛伊德将心理性欲发展阶段比喻为战斗中的军队。如果某个阶段的冲突没有完全得到解决,那么就必须让一些士兵留下来来监管这些冲突。一部分心理能量就必须用于保卫工作,以免冲突再次爆发。冲突解决得越差,占用的心理能量就越多,用来完成

---

① 本杰明·莱希:《心理学导论》,吴庆麟等译,上海人民出版社2010年版,第480页。

后面任务的心理能量就越少。如果前面的冲突得到很好的解决,就可以有更多的心理能量来建立成熟的亲密关系和丰富的人际关系,以及进行更好的人格调整。弗洛伊德把成功人格定义为具有建立和维持爱的关系的能力。

6. 弗洛伊德理论的贡献与局限

今天很少有心理学家是弗洛伊德理论的忠实粉丝。然而,我们不能仅仅因为弗洛伊德某些离奇的观点就拒绝他所有的思想。

(1) 弗洛伊德理论的贡献

弗洛伊德的最大贡献是他对潜意识动机的论述。这引发了心理学家对潜意识心理的关注和探索,弗洛伊德也因提出早期经验对后来发展有重要影响的观点而备受尊重。早期经验到底有多重要?虽然长期以来,人们一直对长期经验到底有多重要争论不休,但是今天很少有心理学家怀疑早期经验的长远影响。总之,弗洛伊德是一个在黑暗的、崭新的领域中探索的先锋,在此过程中,他改变了我们对人性的看法。

(2) 弗洛伊德理论的局限性

弗洛伊德的理论不符合科学规范。最大的问题就在于他提出的诸如"力比多""肛门期""本我""自我""超我"等概念都较为模糊,很难进行清晰的操作性定义。如果我们想要检验弗洛伊德的基本假设——健康的人格是本我、自我和超我力量的均衡,我们该如何做呢?我们可以用客观的测验挑选出心理健康的人,但是我们无法测量出本我、自我和超我的相对力量。也就是说,精神分析的许多假设只能用访谈法或临床法来进行检验。然而不幸的是,访谈法或临床法既费时,花费又大,也不是客观研究人类发展的方法。如果精神分析不能被科学的检验,那么它就不能得到科学事实的支持。因此一些心理学家认为,精神分析更像是一种信念,而不是科学事实。

弗洛伊德的理论只是对过去的一种解释,对未来的预测性表示很差,它可能只是一种后视偏差。无意识心理也并不像弗洛伊德认为的那样黑暗和不堪。有关情绪的神经科学研究发现,大脑有着意识和无意识两个平行加工通道,无意识能够快速地探测诱发情绪的刺激,而意识探测诱发情绪的刺激的过程则较为缓慢和符合逻辑。

此外,弗洛伊德轻视女性。他声称女性不可避免地具有"阴茎嫉妒"的苦恼,认为女性终生都在潜意识层面尝试弥补这部分生理缺陷。一些心理学家认为,这只是弗洛伊德将他自己和当时男权世界的态度投射到女性身上的反映。[1]

---

[1] 菲利普·津巴多、罗伯特·约翰逊、薇薇安·麦卡恩:《津巴多普通心理学(原书第7版)》,钱静、黄珏苹译,中国人民大学出版社2016年版,第438页。

二、埃里克森的人格发展阶段理论

随着弗洛伊德著作的广为流传,弗洛伊德吸引了许多的追随者。然而,他学生的观点并不总是与他的观点相一致。他们最终修正了弗洛伊德的一些思想,提出了自己的见解,也成了重要的理论家,埃里克森就是这些极负盛名的理论家中的一个。

尽管埃里克森继承了弗洛伊德的许多观点,但是他的观点有两个方面不同于弗洛伊德。首先,埃里克森强调儿童是寻求适应环境积极的、好奇的探索者,而不是父母塑造的受生物力量驱使的奴隶。其次,埃里克森很少强调性驱力,而是更强调社会和文化的影响。基于这个原因,我们将弗洛伊德的理论称为心理性欲阶段理论,而将埃里克森的理论称为心理社会理论。

1. 人格发展的八个阶段

埃里克森将人的发展视为一系列心理社会阶段,这些阶段贯穿于整个人生,所有阶段都与人际关系有关。埃里克森总共定义了八个这样的阶段,在每一个阶段中,个体都面临一个新的挑战。埃里克森认为,当人们面临这些挑战的时候,他们所做的决定会影响其人格成长,好的选择能为以后阶段的发展打下基础。大部分人能顺利地解决每个阶段的心理社会危机,然后去接受新的挑战;但有些人并没有完全解决这些危机,在以后的生活中需要继续解决这些危机。

(1)婴儿期(0—2岁):获得信任感,避免不信任感

儿童刚出生时是完全依赖他人的,会面临的这样一些问题:谁来照顾我?当我饿的时候,会有人喂我吗?当我冷的时候,会有人给我穿衣服吗?当我哭的时候,会有人安慰我吗?儿童需要通过与照料者之间的交往来建立对环境的基本信任感。如果父母能够为儿童及时提供食物、温暖和由身体接触带来的安慰,那么儿童很可能会与其建立牢固的依恋关系,并自然而然地获得这种信任感,在今后的生活中,个体就会对生活及他人持有一种积极的态度;如果得不到及时和持续的照料,基本需要没有得到满足,或者有时候得到满足,有时候得不到满足,缺乏身体的亲近和温暖的情感,儿童就可能形成一种强烈的不信任感、不安全感和焦虑感。处于这种环境之中的孩子无法为下一阶段的心理社会发展做好准备。健康的人格需要信任的基础,有了信任,人才会更加富有冒险精神;但是一个被溺爱的婴儿可能会变得过于信赖他人。

(2)儿童早期(2—3岁):获得自主感,避免羞愧和怀疑

当儿童开始学会走路和说话的时候,儿童与事物和他人进行互动的能力提高了。

儿童开始尝试发展新能力,父母叫他们走,他们却偏偏跑;让他们保持安静,他们却大声叫嚷。儿童在检验自己的力量,在试着回答这样一个问题:我在多大程度上能掌控世界?如果儿童带着对他人的信任感进入这一阶段,那么这些新掌握的技能会给儿童带来舒服的自主感,并让儿童觉得自己是个有能力、有价值的人。如果发展得好,儿童会认为自己能够控制和擅长做许多事情,很信任自我,养成自主探究和学习的习惯。

当儿童独立做事时,如果父母禁止、限制或惩罚其自主行为,那么儿童可能会感到羞愧并怀疑自己的目标。① 过分保护儿童的父母很可能会导致儿童出现这些问题,因为他们会阻碍儿童去探索和遭遇各种生活事件、生活经历的本能冲动。此外,超出孩子能力的苛刻要求(如过早尝试大小便训练)会压抑孩子坚持掌握新技能的努力,让他们感觉气馁。过高的要求还会导致孩子和家长之间产生对峙,会破坏两者间的支持性关系。

(3)学前期(3—6岁):获得主动感,避免内疚感

3岁左右的儿童开始模仿成年人,穿成年人的衣服和鞋子,扮演成年人的角色,表现出成年人的行为,初步体验成年人的角色。当进行角色扮演时,儿童通过组织游戏、选择领导和设置目标来练习这些技能。如果发展顺利,这一阶段的儿童会发展出主动感,变得雄心勃勃,并且努力实现目标。

这个阶段的危机来自对孩子自控能力要求过高的家长,他们会这样说:"你为什么不能安静地坐着呢?"这样会让孩子因为受到挫败而认为自己无能和感到内疚。如果家长对孩子积极主动的尝试给予恰当的鼓励,那么孩子就会感到自由和自信,这些都是下一阶段的发展所需要的。

(4)学龄期(6—12岁):获得勤奋感,避免自卑感

如果儿童成功解决了前三个阶段的危机,那么儿童就为更加系统地掌握各种技能做好准备。在小学里,课堂教学及体育活动能够让孩子学习更为复杂的智力和运动技能,同伴交往使孩子能够练习社交技能。如果孩子能成功完成这些任务,那么儿童就会觉得自己很有能力。然而一些孩子却没有勇于尝试,而是作壁上观,或经历了一些挫败,让他们产生自卑感,感觉自己缺乏天赋或能力,无法在生活中获得成功。

(5)青年期(12—18岁):获得自我同一性,避免角色混乱

青少年身体发生巨大变化,不管他们是否准备好了,他们都将从儿童变为成人,这可能是人生中特别困难的一段时期。在这一阶段,青少年开始问自己:我是谁?我是什么样的人?埃里克森认为,青春期的根本问题是青少年在不断扩展的社交世界之中,在为不同的观众扮演不同的角色而造成的混乱中,能否找到自己真正的定位,即是否能获

---

① 兰迪·拉森、戴维·巴斯:《人格心理学——人性的科学探索(第2版)》,郭永玉等译,人民邮电出版社2011年版,第286页。

得自我同一性。解决有关自我同一性的问题能够帮助个体找到自我的连贯性和统一性。虽然一个人的自我同一性在一生中发生变化是正常的,但如果青少年不能为自己的定位问题找到令自己满意的解决方案,他的自我概念可能就会缺乏稳定的核心。

许多人会进行大量的探索,尝试多种不同的同一性探索。最终一些人知道了什么是最重要的,什么是他们想要的生活,获得了一种"我是谁"的感觉,形成了相对稳定的自我同一性。然而有些个体却没有那么幸运,他们的发展呈现出了角色混乱的局面,在没有明确认识自己和认清生活意义的情况下便进入了成年期。许多人将经历同一性混乱的困惑,即不清楚自己到底是谁,游离在各种角色之间,没有稳定的人际关系、工作、目标和价值观。在解决同一性危机的过程中,有些人发展出了消极的自我同一性。他们认同了不被社会认可的角色,如小偷、抢劫犯。不幸的是,现代社会提供了很多不被接受的社会角色。青少年正在迫切探索自己是谁,所以非常容易受环境的影响。

玛西亚认为,成熟的自我同一性是在经过探索后对个人的价值观、人际关系或职业生涯作出坚定的承诺。假如没有经过探索和选择就形成了自我同一性,如不假思索地接受了父母的价值观,则属于同一性早闭。

大学阶段是大学生在正式进入社会之前,探究各种角色和学习承担责任的阶段。大学生在形成对某种观点和价值的承诺之前,可以改变专业,可以加入不同的群体,可以探究不同的人际关系,可以结识背景不同的人,可以了解各个研究领域。埃里克森认为,只有考虑了各种选择,并认真对其进行比较后,个体才可以作出承诺,并用余生来实践和完成这些承诺。玛西亚将这种状态称为自我认同延迟。

(6)成年早期(18—25岁):获得亲密感,避免孤独感

在成年早期,个体关注的重点是自己与他人之间的友谊和亲密关系,努力寻求建立相互满意和亲密的人际关系。年轻人一旦知道自己是谁,该朝什么方向发展,就开始了与他人共享生活的阶段。这一阶段的年轻人正准备与另一个体建立一种新的信任和亲密关系。多数人通过婚姻的形式来获得这种亲密感,但婚姻并不能保证获得亲密关系。

埃里克森认为,你必须知道自己是谁,知道自己可以干什么才能开始爱其他人,并与对方分享生活。因为与他人建立爱的关系,意味着对他人作出情感、道德和性的承诺。作出这种承诺要求个体克制一些个人的偏好,承担一些责任,放弃一些隐私和独立,同时个体也能从中获得一些回报。没有获得亲密关系或不能维持亲密关系则会给个体带来孤独感。

但是埃里克森所描述的从自我同一性到亲密关系这一发展顺序也许并不能准确地反映当前的现实。现在的年轻人倾向于在婚前同居,倾向于推迟对他人作出终生亲密关系的承诺。如今,许多人在处理有关亲密关系的问题时还必须应对自我同一性问题(如职业选择)。与埃里克森所描述的那一代年轻人相比,今天的年轻人在生活中要面对更多的选择和更复杂的情境。

（7）中年期（25—65岁）：获得繁衍感，避免停滞感

对那些在早期发展阶段成功解决了同一性和亲密关系问题的人而言，繁衍感是对家庭、工作、社会及后代作出贡献的承诺。个体把对自己和伴侣的承诺扩展为对整个家庭、工作、社会及后代的承诺。无论是通过抚养子女获得快乐，还是借着工作或职业活动做一些有意义的事，他们努力获得一种感觉：他们正在创造一种比自己的生命更长久的东西。与此相反，那些没有解决自我同一性和亲密关系危机的人也许会经历中年危机。这些人会质疑过去的选择，变得愤世嫉俗、停滞不前。在极端情况下，他们还会变得自我放纵、轻率鲁莽。

（8）老年期（65岁以上）：获得完善感，避免绝望感

老年人所要面对的挑战是死亡正在接近，身体、行为和社会角色都在发生改变。在这个阶段，人们试图回忆过去的生活，尤其是回忆他们过去所作的选择和决策，并赋予它们意义。他们努力发现自己生命中有意义的感觉，这会帮助他们面对不可避免的死亡的事实。如果他们成功了，他们就能在回顾自己的一生时，坦然地说他们没有什么想改变的，自我充满完善感。如果他们失败了，就会对过去的错误行为和选择产生懊悔，难以面对死亡，充满绝望。

2. 埃里克森理论的贡献与局限

与弗洛伊德的理论相比，埃里克森的理论强调人的理性和社会适应，强调许多人们经历过或正在经历的挑战和困境，很容易被人们所接受。

然而，埃里克森也因对发展的动因阐述不清而遭受批评。人们必须拥有什么样的经验才能成功解决各种心理社会冲突呢？前一心理社会阶段的发展结果如何影响下一阶段的人格发展的呢？埃里克森对这些都没有作出明确阐述。因此，他的理论仅仅是对人类的社会性发展和情绪发展的真实描述，却不足以解释这些发展的动因。

◀ 巩固练习 ▶

一、选择题

1. 中学生晓楠极端争强好胜、性格外向急躁、富有竞争意识，且常常处于紧张状态，很难使自己放松。晓楠的人格特征属于（　　）。

A. A型人格　　　　B. B型人格　　　　C. C型人格　　　　D. D型人格

2. 小琼十分内向，不爱说话，无论是在陌生的环境里，还是在家里，都少言寡语。这表明她的人格具有（　　）。

A. 整体性　　　　B. 稳定性　　　　C. 独特性　　　　D. 功能性

3.肖晓活泼好动、善于交际、思维敏捷,易接受新事物、兴趣广泛,注意力容易转移。他的气质类型属于( )。

  A.多血质　　　　　B.胆汁质　　　　　C.黏液质　　　　　D.抑郁质

4.自上初中以来,刘俊好像突然不认识自己了,"我是谁?""我将来做什么?"这类问题经常困扰着他。根据埃里克森的心理社会理论,他处于( )发展阶段。

  A.亲密感对孤独感　　　　　　　　B.勤奋感对自卑感
  C.自我同一性对角色混乱　　　　　D.信任感对不信任感

5.中学生小孙近期心里很矛盾,他觉得未来的自己应该是一名科学家,但又觉得自己能力有限,不能实现人生目标。根据埃里克森的人格发展阶段理论,当前他处于( )发展阶段。

  A.亲密感对孤独感　　　　　　　　B.勤奋感对自卑感
  C.自我同一性对角色混乱　　　　　D.信任感对不信任感

6.人们通常认为"北方人开朗、豪爽,南方人含蓄、细腻。"根据奥尔波特的人格理论,上述人格特征属于( )。

  A.共同特质　　　　B.首要特质　　　　C.次要特质　　　　D.中心特质

7.你的朋友总是容易发怒和焦虑,即便环境中没有什么可以引发此类反应的因素。大五人格特质中,( )能够描述你朋友的反应。

  A.内倾　　　　　　B.友善　　　　　　C.神经质　　　　　D.责任感

8.罗夏墨迹测验和主题统觉测验是基于( )的自我防御机制理论。

  A.退化　　　　　　B.否认　　　　　　C.合理化　　　　　D.投射

二、简答题

1.简述人格的特征。

2.简述大五人格理论。

3.简述弗洛伊德的人格结构理论。

4.简述埃里克森的人格发展阶段理论。

推荐书目

[1] 兰迪·拉森,戴维·巴斯. 人格心理学——人性的科学探索(第2版). 北京:人民邮电出版社,2011年。

[2] 郭永玉. 人格心理学:人性及其差异的研究. 北京:中国社会科学出版社,2005年。

第七章 毕生发展

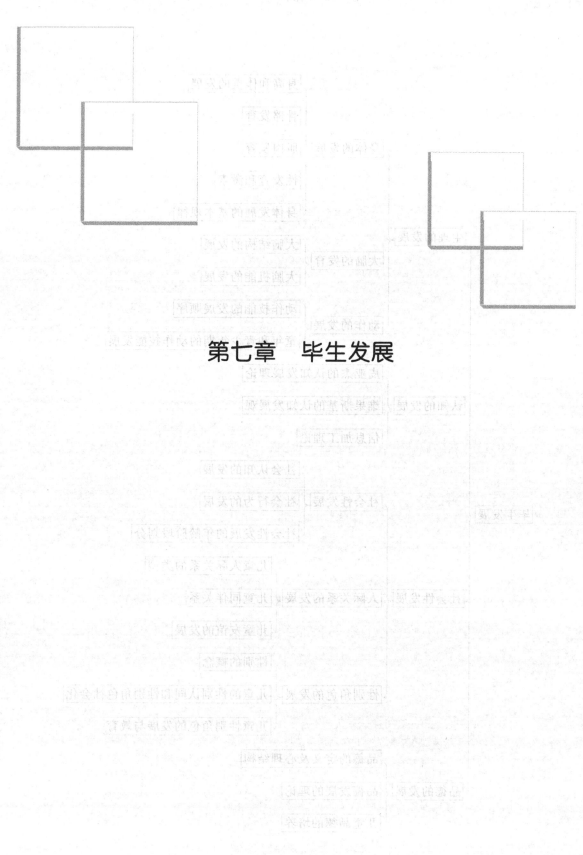

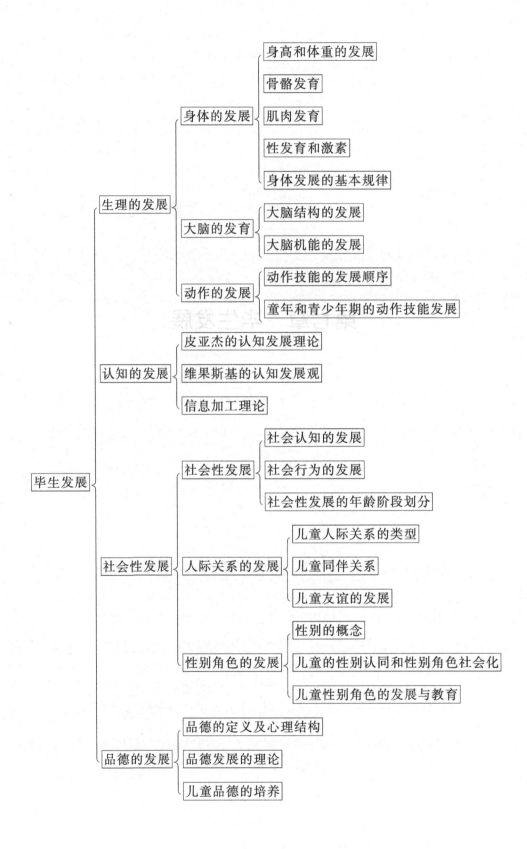

第一节 生理的发展

你是否经常听到成人对成长中的儿童和青少年发出这样的感叹:"哎呀,你家孩子都会走路了,你看,这孩子像水草一样疯长,刚买没多久的裤子又短了。"对那些只是偶尔留意儿童发展的人来说,没有什么比儿童惊人的发展速度更让他们觉得好奇的了。从一个需要依赖他人、不能自由活动的婴儿,成长为一个能跑会跳、精力充沛、在体格上有一天将会超过父母的个体,这期间的发展着实令人吃惊。这些神奇的生理变化正是本节的主题。

生理发展是个体发展的基础,也是个体心理发展的物质基础。个体的生理发展也叫生物因素的发展,指人类个体的生理结构与机能及其本能的变化。个体的生理发展过程是一种内发过程,即个体按照自身预定的程序和节奏自然成熟、成长的过程。本节将对个体生理各方面发展的特点进行阐述。

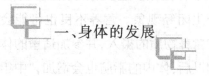

一、身体的发展

1. 身高和体重的发展

(1) 身高和体重发展的两个高峰期

身高和体重是儿童身体发育的主要标志。人体从出生到成熟,生理发育速度有快有慢,其中有两个阶段属于身体成长的高峰期。一个是出生后的第一年,另一个是青春发育期。除此之外的其他时期,生理发育的速度都比较缓慢。身高在发育期持续增加,到成年期后不再增长。到了老年期,则有一定程度的降低。

第一个发育高峰期的年龄是 0—2 岁,第一年发育速度最快。身高比出生时增长约 50%,体重达到出生时的两倍。第二年与第一年末相比,身高约增长 10 厘米,体重增加 3~3.5 千克。研究发现,新生儿的身高与其成年后的身高没有密切关系。

2—12、13 岁儿童的身体发育保持相对平稳的速度。其间,2—5 岁比 5—12 岁发展速度要快一些。

第二个发育高峰期的年龄是 11－13 岁(女)、13－15 岁(男),这个年龄阶段属于青春发育期。在这期间,儿童每年身高增长的平均值为 6～7 厘米,甚至可以达到 10～11 厘米,体重增长的平均量为 4～5 千克。

(2)性别不同的儿童身高和体重发展速度存在两个交叉点

按照当前儿童的发育水平,女孩在 11 岁左右开始进入青春发育期,她们身高和体重的年增长量超过男孩,平均年增长量曲线位于男孩之上,形成第一个增长曲线交叉。

男孩进入青春发育期约比女孩晚两年。在女孩身体发育高峰期已过、发育速度减缓时,男孩正好进入青春发育高峰,他们发育的速度不仅追上女孩的发展速度,身高、体重、肩宽等身体发展水平也都超过女孩,形成第二个增长曲线的交叉。此后男性儿童的身高和体重一直处于领先地位。

大多数个体在 20 多岁达到他们的最高身高,并一直保持较为稳定的身高值直到 55 岁左右。在此之后,身高开始下降,身高下降的过程往往十分缓慢,最终女性约降低 5 厘米,男性约降低 2.5 厘米。身高下降的原因在于脊椎和骨头的连接变得不再紧密,而女性患骨质疏松症的风险较男性更大,身高下降得更多。

体重的增加反映了内脏、肌肉和骨骼的发育情况及营养和健康状况,它是个体发育好坏的标志之一。有研究显示,女性第一次月经的出现及其持续出现,要求女性身体脂肪含量需占体重的 17%。体重减少过多的厌食症少女或从事特殊运动导致体内脂肪含量过少的女性都可能产生闭经现象。营养不良也可能会造成个体发育迟缓等,所以在青春期应特别注意增加营养物质的摄入,并参加适量的体育锻炼。

个体进入成年中期以后,体内的脂肪也会增加,"中年发福",导致个体肥胖产生。这种肥胖也并不是必然的,生活方式的选择在此期间起到重要作用。中年期个体保持适量的运动锻炼可以避免中年肥胖现象的产生。

2. 骨骼发育

在孕期,最初形成的骨结构是柔软的软骨,然后慢慢硬化成骨质材料。出生时,婴儿的大多数骨骼都是柔软而有韧性的,因此不易发生骨折。当把新生儿拉起时,他们不能站立或保持身体平衡,原因之一就是他们的骨骼太小、太软。新生儿的头骨中有几块是可以弯曲的软骨,这对母亲和胎儿来说是一大幸事,它们使得胎儿可以顺利通过母亲的宫颈和产道。这些头骨被六个囟门分开,出生后,囟门将逐渐被一些矿物质填充,到 2 岁时形成一整块头盖骨,同时在头盖骨连接处留有一些柔韧的接缝。这些接缝或者说骨缝,使得头盖骨能够随着大脑的生长而不断扩展。

身体的其他部位,如脚踝和脚、手腕和手,将随着儿童的成熟分化出更多(而非更少)的骨骼。与青少年的手部骨骼相比,1 岁婴儿的手骨数量少些,连接也不紧密。

估量儿童生理成熟的方法是拍手及腕部的 X 光片。X 光片可以显示骨骼的数量及硬化的程度,这叫作骨龄。使用这种技术,研究者发现女孩比男孩成熟得更快。出生时,女孩的骨骼成熟水平仅比男孩早 4~6 周。但是到 12 岁时,性别间的"成熟差距"已经扩大到 2 岁。

身体所有部位的骨骼并不都是以同样的速度生长和硬化的。头盖骨和手部骨骼先成熟,而腿骨的生长则会一直持续到 15—16 岁。虽然头盖骨、腿骨、手部骨骼的宽度在人的一生中会略有增长,但一般而言,骨骼生长到 18 岁时将宣告生长结束(Tanner, 1990)。

3. 肌肉发育

新生儿出生时已具备了所有肌肉纤维(Tanner, 1990)。在出生时,35% 的肌肉组织由水构成,肌肉组织在婴儿体重中的占比不超过 18%~24%(Marshall, 1977)。但是随着蛋白质和盐分加入肌肉组织的细胞液,肌肉纤维将很快开始生长。

肌肉的发育也遵循头尾发展原则和近远发展原则,头部和颈部肌肉的成熟先于躯干和四肢的肌肉。像生理发育的其他方面一样,在童年期,肌肉组织的成熟较为缓慢,到青少年早期肌肉组织开始加速生长。尽管在肌肉数量和力量增加速度方面,男性比女性更为迅速,但无论是男性还是女性都明显变得更强壮了(Malina, 1990)。在 24—25 岁时,对一个普通男性而言,骨骼肌肉组织占整个体重的 40%;对普通女性而言,骨骼肌肉组织占整个体重的 24%。[①]

4. 性发育与激素

除了身高和体重外,个体的身形也会发生明显变化。身体外形的改变在青春期最为明显,特别是随着青春期性的成熟和激素的分泌,男女两性的第二性征逐渐表现出来。第二性征是性发育的外部表现,青少年开始从中性状态进入两性分化状态。男性表现为长须、喉结突出、骨骼粗大、肌肉发达、肩膀变宽、声音低沉等;女性则表现为乳房隆起、骨盆变大、臀围增加、皮下脂肪丰富、体态丰满、嗓音尖细等。这些使得男女两性在外形上差异越来越大。

为什么人体会产生这些变化呢?现代生理学研究认为,促使人体全身产生变化的关键在于激素。激素是高度分化的内分泌细胞合成并直接分泌进入血液的化学信息物质。它通过调节各种组织细胞的代谢活动来影响人体的生理活动,对机体的代谢、生长、发育、繁殖、性别、性欲和性活动等起重要的调节作用。在青春期以前,男女两性分泌的

[①] 谢弗等:《发展心理学:儿童与青少年(第 9 版)》,邹泓等译,中国轻工业出版社 2016 年版,第 172~175 页。

性激素非常有限;而进入青春期后,个体下丘脑分泌的促性腺激素,作用于垂体前叶,促使其分泌促性腺激素,进而导致性激素水平提高,促进性腺发育。

青春期分泌系统包括下丘脑、脑垂体和生殖腺等。下丘脑主要监控饮食和性活动。脑垂体控制个体的生长,并调节其他腺体的活动。它一方面能够通过释放促性腺激素刺激睾丸和卵巢发育,另一方面通过与下丘脑的交互作用来促进个体生长及骨骼成熟,或者与甲状腺交互作用产生生长效应。此外,影响个体生长的激素还有肾上腺皮质分泌的皮质醇、发育中的睾丸酮和雌二醇。生殖腺即性腺,指的是男性的睾丸和女性的卵巢。男性和女性体内的两类性激素存在显著差异,男性以雄性激素为主,女性以雌性激素为主。①

5. 身体发展的基本规律

(1) 身体发展遵循"头尾原则"和"近远原则"

头尾原则是指从上到下的发展顺序,身体的发展严格遵循着头—颈—躯干—下肢的次序进行。1岁时儿童的头长占整个体长的20%。从1岁到青春期生长加速这段时间内,腿的生长最为迅速,其增长的长度占身高增长部分的60%多。在青春期,躯干成为发展最多的身体部位,虽然腿的生长在此时仍然很快。当我们长到最终的成人身高时,腿长将占到整个身高的50%,头仅占整个身高的12.5%左右。②

身体在向上生长的同时,也遵循"远近原则"(从中心到四周)向外生长。近远原则是指从中轴向外围发展,发展顺序是从躯干开始向四肢,最后达到手指和脚趾的小肌肉运动。早在孕期发展中,胎儿的胸腔和内部器官最先形成,然后才是胳膊和腿,最后是手和脚。在整个婴儿期和儿童期,胳膊和腿的生长速度快于手和脚的生长速度。但是在接近青春期时,从中心到四周的生长模式发生了逆转,手和脚开始快速生长,成为最先达到成年比例的身体部位,然后是腿和胳膊,最后才是躯干。十几岁的青少年经常看起来笨手笨脚,其原因之一就在于他们的手和脚可能突然看上去比身体的其他部位大得多。成人经常对儿童的生长发育速度之快感到惊讶,在头两年时间内,婴儿生长非常迅速;2岁时,儿童已经达到了其最终身高的一半,体重是出生时的4倍,为12~13.5千克。若儿童继续以此速度生长,到18岁时,他们的身高将超过3.5米,体重则可有数吨。但事实上,在两次生长发育高峰期之间的阶段时,儿童的生长发育是缓慢的。

(2) 各生理系统发育的不平衡规律

不同的生理系统的发育各有不同的模式,遵循着不同的规律。

---

① 陈英和:《发展心理学》,北京师范大学出版社2015年版,第73~74页。
② 周宁:《小学儿童心理发展与教育》,安徽教育出版社2014年版,第44页。

神经系统在出生后的头几年发育较快,到幼儿末期时接近成人水平,此后发展速度趋于平缓。

淋巴系统在儿童10岁以前发展非常迅速,发展量为成人时期的200%,10岁以后的发展迅速下降到成熟期的水平。

生殖系统中的生殖器官在儿童10岁以前基本上没有发育,10、11岁以后迅速发育成熟。

一般的生理系统,如肌肉、骨骼、呼吸、消化系统的发育过程有两个快速期和一个缓慢期。4岁以前是第一个快速期,发展迅速;5~10岁处于相对缓慢发展期;从10~11岁开始到成熟阶段又进入发展非常迅速的快速期。①

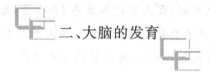

二、大脑的发育

脑和神经系统是心理发展的物质基础。大脑的发育始于受精卵形成之后的几周内,持续到青春期。大脑基本结构的发育在胎儿生命的最初6个月内基本完成,神经联系和功能上的变化在胎儿期最后3个月和出生后第1年完成。更复杂的神经突触发生和髓鞘化过程则完成较晚,直至青春期末,都呈现出明显而非线性的变化。成人的大脑发育完全后,大脑依然在发展变化。大脑的发展主要表现在结构和机能的变化上。

1. 大脑结构的发展

(1)出生时大脑结构的初步发展

胎儿出生时脑的基本结构已经初步具备,但发育不完善。出生时脑神经细胞的数目与成人相同,但其细胞较小;大脑皮层已经出现6层结构,但是沟回不明显;树突短小,大部分神经纤维未髓鞘化。出生后,大脑结构迅速发展。

(2)脑重量增加

出生时新生儿的脑重约为390克,已达成人脑重的25%,第1年增长速度最快,以每天约为1克的速度递增,6个月时达到700~800克,为成人脑重的50%;12个月时可达到800~900克;2岁时脑重可达1050~1150克,相当于成人脑重的75%;此后,大脑发展速度减缓,6~7岁时儿童的脑重接近于成人,约为1280克,达成人脑重的90%,9

---

① 谢弗等:《发展心理学:儿童与青少年(第9版)》,邹泓等译,中国轻工业出版社2016年版,第173页。

岁时约为1350克,12岁时达到1400克,15岁时才达到成人水平,到20岁左右停止增长。从总体上来看,儿童的脑重随年龄增长的速度是先快后慢的,到青春发育前期(12岁左右),脑的平均重量已经达到成人水平。这些发展变化在一定程度上反映了各阶段大脑内部结构发育和成熟状况。

进入成年期后,个体从20岁到90岁,脑重会减少5%~10%,老人的脑体积比年轻成人减少15%左右。至于脑衰退,科学家们推测可能是出于脑内突触的减少、轴突外髓鞘的损坏及脑细胞死亡等原因。在大脑衰退过程中,各脑区的情况各不相同,前额叶最为严重,而前额叶与人的工作记忆有关,故而老年期记忆能力会下降。大脑衰老的过程也伴随着神经递质,譬如乙酰胆碱、多巴胺等数量的变化。

人类的脑是最大的吗?

成人的脑有1400克左右,而大象的脑重约5900克,鲸鱼的脑重约8600克。如果我们来计算脑的重量与身体重量的比率,即可发现人脑的优势。大象的脑只有体重的1/1000,鲸鱼的脑重是体重的1/10000,而人脑则是体重的1/60。

(3)脑的结构复杂化

脑结构发展的主要表现是皮质结构的复杂化。

①神经细胞结构的复杂化:神经细胞体积增大;神经细胞突触的数量和长度增加。

②神经纤维增长:神经纤维深入各个皮层;逐渐完成神经纤维髓鞘化。

③皮层结构复杂化:大脑皮层的沟回加深;皮层传导通路髓鞘化,传导通路髓鞘化的顺序依次为感觉通路、运动通路、与智力活动有关的额顶叶髓鞘化。

(4)脑电图的特征

大脑活动自发地伴有不同频率的脑电波变化,大脑自发的脑电波节律变化及其记录图称为脑电图。脑电波变化是脑发育过程最重要的参考。

脑电波有多种形式,以每秒活动的基本节律不同而分为α波、β波、θ波和δ波四种形式。儿童脑的发育水平不同,脑电波的变化也不同。有关儿童脑电波的研究表明儿童大脑发育具有以下特征。

①儿童大脑发育的程序性。儿童大脑各区域的成熟顺序依次为枕叶、颞叶、顶叶和额叶。说明儿童大脑发展是逐渐的、连续的,具有严格的程序性。

②儿童大脑发展的两个快速期。儿童大脑发展具有程序性和连续性,但并不说明其等速发展。儿童大脑发展有两个快速期;第一个快速期在5—6岁,第二个快速期在13岁左右。[①]

---

① 陈英和:《发展心理学》,北京师范大学出版社2015年版,第69~71页。

2. 大脑机能的发展

大脑结构在发展,大脑的机能也随之发展。

(1)皮层抑制机能的发展

脑机能的发展不仅表现在兴奋过程中,还表现在抑制过程中。年幼儿童神经的兴奋过程比抑制过程占优势。新生儿大部分时间都处于保护性抑制的睡眠状态。在生命的前半年分化抑制、消退抑制和延缓抑制等内抑制相继出现。

到幼儿期,皮质的抑制过程还在进一步发展。大脑皮层抑制机能的发展是大脑机能发展的重要标志之一。在出生后的第一年中,由于各分析器的协同活动成为可能,不同的条件反射也能够相互联系,形成一定的系统。

到婴儿期末,第一信号系统活动便已初步形成,儿童具有了初步的分析综合能力。从出生后的七、八个月起,以词语为信号的第二信号系统开始活动;1岁以后词语条件联系日益增强,到幼儿期,词语才能作为独立刺激物参与儿童的高级神经活动,使儿童的心理活动具有新的抽象概括性。

(2)大脑偏侧化

大脑是最高级的脑神经中枢,它由两半球组成,两半球通过一束被称为胼胝体的纤维连接在一起。大脑的每个半球都覆盖着大脑皮层,大脑皮层是一种由灰质构成的外层结构,其作用是控制感觉、动作过程,知觉和智力。虽然表面上没有什么差别,但大脑左半球和右半球的功能却不同,分别控制着身体的不同区域。大脑左半球控制着身体的右侧,包括言语中枢、听觉中枢、动作记忆中枢、决策中枢、言语加工中枢和积极情感表达中枢。与之相对,大脑右半球控制着身体的左侧,它包括空间视觉中枢、非言语声音(如音乐)中枢、触觉中枢和消极情感表达中枢(Fal,1995)。可见,大脑是功能偏侧化的器官。大脑偏侧化还包括偏爱使用某一侧的手或身体部位,而不使用另一侧的手或身体部位的倾向。大约90%的成人使用右手(大脑左半球控制)书写、吃东西和执行其他一些动作;而对左利手的个体来说,同样的活动处于大脑右半球的支配之下。但是大脑的偏侧化并不意味着每个半球相互独立,连接两半球的胼胝体在整合两半球的功能方面发挥着重要的作用。

大脑两半球是什么时候开始分化并偏侧化的呢?大脑偏侧化可能起源于孕期,出生时便已经运行良好了(Kinsbourne,1989)。例如,子宫内的胎儿大约有2/3右耳向外,这被认为他们可能具有右耳优势,并表明其左半球具有言语加工的功能(Previc,1991)。从出生的第一天起,言语声音在左半球所激活的脑电活动就比右半球的多(Molfese,1977)。而且大多数新生儿背朝下躺着时向右翻,而不是向左翻,这些婴儿以后也倾向于用右手拿物体(Kinsbourne,1989)。大脑两半球似乎先天就具有特定的程序来决定两半球的不同功能,而且在婴儿出生时左右脑就已经开始"分工"了(Kinsbourne,1989;Witelson,1987)。

但是,在出生时大脑并未完全分化。在整个童年期,我们会变得越来越依靠某一特定脑半球去执行某些特定的功能。例如,左利手和右利手倾向早已明显表现出来,并且在儿童2岁时就已经很好地建立起来了。随着儿童年龄的增长,偏侧化倾向也将越来越强。在一个实验中,要求学前儿童和青少年执行以下操作:捡一支蜡笔、踢球、观察一个不透明的小瓶子、把耳朵贴在盒子上听声音。青少年中有超过半数的人表现出稳定的偏侧倾向,依赖身体的某一侧来完成这四项操作,但只有32%的学前儿童表现出了这种倾向(Coren,Porac&Duncan,1981)。

由于未成熟的大脑并未形成完全的功能分化,幼小的儿童通常可以从脑创伤中恢复过来,那些在某些情况下可能失去功能的神经回路承担起已经死去的神经回路的功能。虽然遭受脑损伤的青少年和成人也可以恢复相当一部分因脑损伤而失去的功能(特别是在良好的治疗条件下),但是他们恢复的速度和程度很少能比得上幼小的儿童(Kolb&Fante,1989)。在大脑偏侧化尚未完成的生命早期,大脑具有惊人的修复能力(即可塑性)。①

三、动作的发展

儿童动作技能的发展是在大脑、神经系统和肌肉的控制下进行的,动作技能的发展和体格的发展、大脑及神经系统的发展是密切联系的。

1. 动作技能的发展顺序

儿童动作技能的发展与身体的发育一样,也遵循一定的发展顺序:从上到下(儿童最早发展的动作是头部动作,其次是躯干动作,最后是脚的动作);由近及远(从身体中部开始,越接近躯干的部位,其动作发展越早,远离身体中心的肢端动作发展较迟);由粗到细(儿童先学会大肌肉、大幅度的粗大动作,之后才逐渐学会小肌肉的精细动作)。②

---

① 谢弗等:《发展心理学:儿童与青少年(第9版)》,邹泓等译,中国轻工业出版社2016年版,第179页。
② 周宁:《小学儿童心理发展与教育》,安徽教育出版社2014年版,第49页。

2. 童年和青少年期的动作技能发展

学步儿一词恰当地描述了大多数1—2岁婴儿的特征,当他们跌跌撞撞地奔向某处时,经常会摔倒或者被地上的物体绊倒。但是随着儿童的成熟,他们的动作技能提高得非常迅速。到3岁时,虽然每一次跳动只能跃过很小的物体(20~25厘米高),在跑动时也不能很自如地转弯或停下来,但他们已经可以沿直线走或跑,能够双脚离地跳了。4岁的儿童可以做跳跃、单腿跳、用双手接球等动作,与一年前相比跑得更远更快(Corbin,1973)。5岁时,儿童的动作变得相当熟练。在跑动时,他们可以像成人一样摆动胳膊,其平衡能力已经提高到相当的水平,一些儿童甚至可以学习骑自行车了。尽管进步得很快,但是儿童往往高估了自己的运动能力,一些胆大或性格外向的儿童可能容易受到意外事件的伤害,造成撞伤、烧伤、被刀割伤、擦伤和其他一些身体伤害(Schwebel & Plumer,1999)。

随着年龄的增长,学龄儿童可能跑得更快,跳得更高,球也扔得更远。这些大肌肉活动技能的提高,在一定程度上是因为儿童长得更高大、更强壮了,动作更准确了。年幼的儿童扔东西时只用到了胳膊的力量,而青少年扔东西时通常可以协调肩膀、手臂、躯干和腿部的力量,所以年龄大一点的儿童和青少年与年幼的儿童相比能把球扔得更远,这不仅是由于他们更高大强壮,更是因为他们可以运用更精确、更有效的运动技巧(Gallahue,1989)。

同时,儿童的手眼协调水平和对小肌肉的控制能力也在迅速提高,他们可以用手做更为复杂的动作。3岁的儿童系纽扣、系鞋带和临摹简单的图案还有些困难。到5岁时,儿童能完成所有的这些任务,甚至可以用剪刀剪出一条直线,或用蜡笔书写字母和数字。到8—9岁时,他们可以使用螺丝刀这样的工具,并且能熟练地玩一些需要手眼协调的游戏,如抓子游戏。另外,年龄大一点的儿童比年幼儿童表现出更短的反应时,这就解释了为什么年龄大一点的孩子在玩躲避球游戏及打乒乓球时,一般比年幼的玩伴更厉害。

在青春期之前,男孩和女孩在生理能力方面几乎没什么差别。青春期时男孩大肌肉活动的能力继续增强,而女孩此方面的能力水平则与以前持平或有所下降(Thomas & French,1985)。这些差异是由生理因素导致的,青春期的男孩比青春期的女孩拥有更多的肌肉、更少的脂肪,这可能导致男孩在一些力量型测试中超过女孩(Tanner,1990)。但是生理差异并不能解释男孩和女孩在大肌肉活动方面所有的差异(Smoll & Schutz,1990),也不能完全解释为什么许多女孩的操作水平会下降,毕竟在12—17岁时,她们的身高和体重也在继续增长、增加。有研究认为,青春期女孩的这种明显的生理力量下降是性别角色化的产物。随着臀部的不断增宽和乳房的不断发育,女孩经常被告知要端庄矜持,应该对传统的女性活动(低运动性活动)更感兴趣。显然,这种观点缺乏一定的合理性,因为随着年龄的增长,女性运动员在大肌肉活动中的成绩并没有明显下降。而且由于在过去几十年里,性别角色已经发生了一定的变化,女性运动员一直在不断地提高她们的运动成绩,男性和女性在体力活动方面的差距缩小得很快(Dyer,1977;Whipp&Ward,1992)。所以如果青春期女孩继续坚持锻炼身体,她们在肌肉活动中的成绩肯定也会继续提高。在十几岁时,如果继续坚持锻炼身体,女孩们在心理发展方面也会有一些重要的收获。①

第二节 认知的发展

如果你是老师,在你的面前有两只相同的玻璃杯,你将同样多的水分别倒进两个杯子里,要求学生判断哪个杯子中的水更多。如果你的学生是3—4岁的儿童,他们会怎么认为?如果你的学生是5—6岁的儿童,他们会怎么认为?如果你的学生是7—8岁的儿童,他们又会怎么认为?现在让我们当着孩子们的面,将其中一个杯子里的水倒入一个又高又细的杯子中,要求他们再次进行判断。这时候,你猜他们会认为哪个杯子中的水更多?大多数3—4岁的幼儿会认为又细又高的杯子中的水"多一些"。5—6岁儿童比较犹豫,似乎注意到了杯子的粗细,但是仍有部分儿童的看法与3—4岁儿童的一致。8岁以上的儿童都能比较顺利地说出正确答案,认为两个不同杯子中的水是一样多的。

或许我们已经忘却了曾经年幼的自己对这些问题的思考,但是这些年幼儿童的困惑也是我们曾经的困惑,这是本节我们将要谈论的话题——认知发展。认知发展关注的是儿童如何认识世界和如何获取知识。关于儿童认知发展的理论观点主要有皮亚杰认知发展阶段理论、维果斯基认知发展理论和信息加工理论。这三种理论虽然对儿童认知发展持有不同的观点,但是他们并非是完全矛盾的,而是相互补充的。所有这些理论都为我们理解儿童思维能力的发展提供了有价值的看法,对促进儿童的认知发展提供了重要的启示。

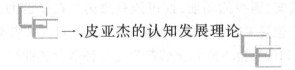

一、皮亚杰的认知发展理论

皮亚杰是迄今为止在儿童心理发展史上最具影响力的理论家之一,皮亚杰的研究

---

① 谢弗等:《发展心理学:儿童与青少年(第9版)》,邹泓等译,中国轻工业出版社2016年版,187~188页。

始于对自己的三个孩子的婴儿期的仔细观察。他观察孩子们如何探索新玩具,如何解决他提出的简单问题,以及如何逐渐认识自己和外部世界。后来,皮亚杰运用临床法对更多的样本儿童进行研究,揭示不同年龄的儿童如何应对每天产生的各种各样的问题和想法。从对儿童的游戏规则到物理法则等活动主题的自然观察中,皮亚杰建构了重要的智力发展理论。

1. 认知的发展

下面,我们来了解一下皮亚杰理论中的几个重要概念,以便进一步理解我们的认知是如何发展的。

（1）图式

皮亚杰认为,认知是通过心理结构或者图式的改进和转换得以发展的。图式是无法观察到的心理系统,是智力的基础。一个图式就是一种思维或者活动的模式,它常常被看作儿童用于理解周围世界的一些基础知识。实际上,图式是对现实的表征。儿童通过图式了解自己周围的世界,并把图式作为他们理解和组织经验的手段。皮亚杰认为,认知发展就是图式或者结构的发展。儿童带着一些先天反射来到这个世界,他们通过这些反射来理解周围的世界,而这些反射的基础就是图式。

（2）组织和适应

皮亚杰认为,所有的图式都是通过两种天生的智力加工过程得到的:组织和适应。组织是一种加工过程,儿童通过它把已有图式组合成新的、更为复杂的智力图式。例如,具有"注视""伸手"及"抓握"反射的婴儿,很快能把这些最初毫无关联的图式组织成一种更为复杂的结构——视觉定向取物。这能帮助他拿到周围环境中许多有趣的东西,并了解其特征。尽管认知图式在不同的发展阶段可能会以截然不同的形式呈现出来,但其组织加工过程是不变的。皮亚杰相信,儿童总在不断地将自己已有的各种图式组织转化为更复杂的、更具适应性的结构。组织的目的是促进有机体的适应,即通过调整以适应环境需求的过程。

（3）同化和顺应

皮亚杰认为,适应是通过两个互补的活动实现的,即同化与顺应。同化是儿童利用已有的图式——关于这个世界的模式,试图解释新经验的过程。例如,第一次看见马的幼童可能会将其纳入已有的"四条腿动物"的图式中,于是他可能认为这是一条小狗。也就是说,儿童通过把马理解为熟悉的事物,来适应这个新鲜刺激。

然而真正新奇的物体、事件和体验很难用已有的图式去解释。例如,那个小孩也许很快就会发现,被他称作小狗的这个动物长着非常有趣的脚,还有很特殊的叫声。于是他会倾向于为所观察到的事物寻求更恰当的理解。顺应作为同化的补充,是通过改变已有图式来理解新经验的过程。这个孩子会认识到,那个动物不是狗,他可能会赋予它一个新名字,或者问"这是什么?"并会采纳同伴的说法。这样,她就在已有的"四条腿动物"的图式中,加入了"马"这个新的类型,从而修正了原有的图式,或者说进行了顺应。

皮亚杰认为,同化与顺应共同作用,促进了认知的发展。在前面的例子中,同化和顺应并不总是同时发生的。同化那些与已有图式不一致的经验,最终会导致认知冲突产生,从而促使有机体顺应这些经验,其最终结果是适应,即认知结构和环境之间达到一种平衡状态。

通过表7.1我们可以看出,认知发展是一个主动的过程。在这一过程中,儿童常常寻求着新经验,并同化着新经验;调整原有的图式,去顺应新经验,然后将已有的图式建构成新的、更复杂的图式。同化和顺应这两种与生俱来的活动,为儿童建构对这个世界日益复杂的理解提供了可能。

表7.1 皮亚杰认知发展观的主要概念及例证①

	概念	定义	举例
开始	平衡	个人图式和经验之间的和谐状态	只见过鸟的学步儿会认为所有会飞的东西都是鸟
	同化	根据已有图式解释新的经验,从而适应新经验	儿童把天空中的飞机也叫作小鸟
	顺应	改变已有图式来更好地理解新经验	当学步儿意识到这种新的鸟既没有羽毛也不能拍打翅膀时,内心就会体验到冲突或产生不平衡。于是他得出结论,这不是鸟,并给它起一个新名字(或询问:"这是什么?")。至少在当时,他能够成功地通过顺应实现认知结构与环境之间的平衡
结束	组织	重组已有图式,形成新的、更复杂的结构	形成一个层级图式,包括一个上位概念(飞行物体)和两个下位概念(鸟和飞机)

2. 皮亚杰的认知发展阶段

皮亚杰把认知发展划分为四个阶段:感知运动阶段(0—2岁)、前运算阶段(2—7岁)、具体运算阶段(7—11岁)、形式运算阶段(11岁以后)。这些智力发展阶段代表了存在质的不同的认知功能和形式的水平,皮亚杰称之为恒常发展顺序。也就是说,所有儿童都严格按照同样的顺序发展。皮亚杰进一步指出,每一阶段都建立在前一阶段发展

---

① 谢弗等:《发展心理学:儿童与青少年(第9版)》,邹泓等译,中国轻工业出版社2016年版,第208页。

完成的基础之上,所以这些阶段绝不可能逾越。

尽管皮亚杰认为智力发展阶段的顺序是不变的,但他也承认,儿童进入特定阶段的年龄存在很大的个体差异。实际上他认为,文化及其他环境因素的影响,可以促进或延缓儿童智力的发展速度,达到各阶段的标准年龄只是一种粗略的估计。

(1)感知运动阶段(0—2岁)

在感知运动阶段,婴儿能协调感觉输入与运动能力,形成行为图式,从而理解并影响周围的环境。婴儿对通过外部动作所获得的知识,能够理解多少呢?事实上,情况远远超出你的想象。婴儿在出生后的头两年里,从一个所知极其有限的反射性有机体,发展成了一个有计划的问题解决者,已经对其自身、亲近的看护者及日常生活中的物体和事件有了很多的了解。婴儿的认知发展非常迅速,皮亚杰据此又将感知运动阶段划分为六个亚阶段,详细阐述了婴儿由反射性有机体到思考性(reflective)有机体的逐渐转化过程。

下面,我们主要针对感知运动发展的三个重要方面进行阐述,即问题解决技能(或称手段—目的活动)、模仿和客体概念的发展。

表7.2 皮亚杰的感知运动阶段概述

亚阶段	解决问题或者重复有趣结果的方法	模仿	客体概念
1.反射活动(0—1个月)	练习和顺应先天反射	对于动作反应的反射性模仿	追寻移动的物体,但当物体消失后则不再追寻
2.初极循环反应(1—4个月)	反复做以自身为中心的有趣行为	重复自己被他人模仿过的行为	有意识地看物体消失的地方
3.二级循环反应(4—8个月)	重复指向外部客体的有趣行为	与第二亚阶段相同	寻找部分被隐藏起来的物体
4.二级循环反应间的协调(8—12个月)	解决简单问题的联合行为(最初出现意向性行为)	最初逐步模仿新反应;在简短的停顿后能对简单动作进行延迟模仿	已经具有形成客体概念的明显迹象,能够去寻找并能发现显然没有被转移的物体
5.三级循环反应(12—18个月)	尝试寻找解决问题的新方法,或者重复那些有趣的结果	或对新异反应的系统模仿;在间隔后能够对简单动作进行延迟模仿	寻找并能找到明显被转移的物体
6.通过心理整合创造新的手段(18—24个月)	儿童在内部的符号水平上解决问题的第一个证据	对于复杂的行为序列进行延迟模仿	客体概念已经形成;即使没有看到物体被转移,也能够去寻找并找到物体

注:1.简单动作(如伸舌头、摇头、张嘴、闭嘴、手掌开合)的模仿显然是先天的反射性能力,它与出生后第一年期出现的自主模仿没太大关联。

2.目前许多研究者认为,客体永久性可能出现得相当早,皮亚杰的研究低估了婴儿的发展水平。①

皮亚杰认识到了模仿的适应意义,并对模仿的发展很感兴趣。通过观察他发现,婴儿直到8—12个月大时,才能去模仿榜样的新异动作(在相同的年龄,婴儿的行为表现出了一些意向性),然而他的模仿图式是相当不准确的。如果你能作出弯曲和伸直手指的动作,婴儿模仿的结果可能是伸开或攥拢整个手掌(Piaget,1951)。实际上,即使是让婴儿准确地模仿最简单的动作,他们也可能需要进行几天或者数周的练习(Kays&Marcus,1981)。对于8—12个月大的婴儿来说,要使他们理解并从诸如"藏猫儿"或"拍手"这样的感知运动游戏中获得乐趣,可能需要进行数百次的示范。

12—18个月大的婴儿的有意模仿则变得更为精确。

杰奎琳在她1岁零16天大的时候,意识到了自己的额头。当她把手放在自己的额头中间时,她首先摸了一下自己的眼睛,然后手往上移动,摸到了她的头发,随后她又把手往下挪,最后将手指放在自己的额头上。

根据皮亚杰的观点,延迟模仿(榜样不在时,仍能再现其行为的能力)最早在婴儿18—24个月大时出现(Haynes&Boniface Barr,2000)。幼儿期的杰奎琳去看望一个13个月大的小男孩,整个下午这个小男孩都在大发脾气,尖叫着试图从围栏里出来,一边跺脚一边向后推围栏。杰奎琳惊讶地站在一旁看着,她以前从没有看过这样的场面。第二天,杰奎琳也在围栏里尖叫试图移动围栏,连着做了好几次。

皮亚杰认为,年龄稍大一点的幼儿能够进行延迟模仿,因为他们能够根据榜样的行为建构心理符号或者表象。这些符号和表象被储存在记忆中,日后再被提取出来以指导儿童再现榜样的行为。

婴儿在感知运动阶段的最显著进步就是客体永久性的发展,即当物体不在眼前或通过其他感官不能察觉时,婴儿仍然知道物体是存在的。例如,当用杯子盖住手表后,婴儿仍然知道手表是存在的。但由于年幼婴儿在"理解"事物时,过于依赖感觉和运动技能,所以只有在可以直接感知或作用于物体时,他们才认为物体是存在的。

皮亚杰及其他一些研究者已经发现,当把一个有吸引力的物体放在视线之外时,1—4个月大的婴儿便不再去寻找这个物体。假如他对手表非常感兴趣,但你用杯子把手表盖住后,他会很快对手表失去兴趣,好像认为手表不再存在或变成了杯子;4—8个月大的婴儿能找回被部分隐藏的玩具或压在半透明盖子下的物体,但他们仍然不会去找被完全藏起来的东西。对此皮亚杰解释说,从婴儿角度来看,消失的物体就意味着不再存在。更清晰的客体概念是在婴儿8—12个月大时出现的,但客体永久性还远远没有形

---

① 谢弗等:《发展心理学:儿童与青少年(第9版)》,邹泓等译,中国轻工业出版社2016年版,第210页。

成。在 12—18 个月大时,儿童的客体概念逐渐形成,但发展还不完善,因为儿童还不能对看不见的物体的位移进行必要的心理再推论。如果你把玩具藏在手中,把手放到屏障后面,再把玩具放到屏障后面,把手从屏障后移开后再让儿童去找玩具。12—18 个月大的儿童会到他最后看到玩具的位置去找玩具,即到手中而不是到屏障后面去找玩具。在 18—24 个月大时,儿童能对看不到的位移进行心理表征,并用这些心理推理指导自己去寻找消失的物体。至此,他们已能充分理解客体永久性,并为自己能在复杂的捉迷藏游戏中找到物体而感到非常自豪。①

(2)前运算阶段(2—7 岁)

前运算阶段的儿童产生了一个重大的进步:儿童已经可以对不在自己面前的事物进行思考。这是因为他们开始具有利用表象进行思维的能力。但是它们的思维仍然是直觉性的、缺乏逻辑的,而且表现出明显的自我中心特征。具体来说,这一阶段的儿童思维活动具有以下特点。

①相对的具体性。他们能借助表象开展思维活动,但是还不具有抽象思维。

②不可逆性。在儿童的认知世界里,关系是单向的,是不可逆的。例如,问一个 3 岁的女孩:"你有姐妹吗?"回答:"有。"问:"她叫什么名字?"答:"琪恩。"再问:"琪恩有姐妹吗?"回答:"没有!"另外,他们还没形成守恒的观念。

③以自我为中心。儿童总是站在自己的角度看问题,说话以自我为中心,认识不到自己的思维过程,不能从对方的立场或观点来考虑问题。例如,让一个幼儿从某一个方向看一个沙盘,沙盘上堆起三座山,然后让他根据自己看到的情景选择一张正确的图片。这对幼儿来说,是没有问题的。但是如果让他选择从另一个方向看到的情景对应的那张图片,他就难以完成选择了。

④刻板性。儿童思考问题时,注意力不能转移、不善于分配;概括事物性质时,缺乏等级概念。例如,在液体守恒实验中,当着儿童的面,向两个大小完全相同的杯中注入相同高度的水,并问儿童两个杯子中的水是否一样多;在得到肯定的答复后,由实验者或儿童将其中一个杯子里的水倒入另一个高且细的杯子中,然后问儿童这两个杯子中的水是否一样多。此阶段的儿童或者只注意到杯子的高度,或者只注意到杯子的宽度,因而回答两个杯子的水不一样多。可见他们不能同时注意事物的多个方面。

(3)具体运算阶段(7—11 岁)

小学儿童正处于皮亚杰所说的具体运算阶段。这个时期儿童思维的主要特征是:对于具体的事物或情境能够按照逻辑法则进行推理。具体来说,其具有以下几个特点。

---

① 谢弗等:《发展心理学:儿童与青少年(第 9 版)》,邹泓等译,中国轻工业出版社 2016 年版,第 213 页。

①思维具有可逆性,能够完成守恒任务。思维的可逆性在这一阶段出现就是说,这个阶段的儿童在思考问题时,可以从正面去想,也可以从反面去想;可以根据原因推测结果,也可以根据结果去分析原因。这为他们命题思维的发展打下了基础。

守恒指的是对物体某一特征(例如重量、体积等)的认知不因其他与数量无关特征的改变而受到影响。例如,一块橡皮泥被拉长,并不影响其体积和重量。掌握了守恒概念的儿童不会觉得橡皮泥形状的变化会影响到其体积和重量,而在这之前的儿童不能正确地解决这方面的问题。在前文所说的液体守恒实验中,处于前运算阶段的儿童不能正确回答问题,而当儿童进入具体运算阶段后,就能够掌握液体的守恒规律。

②掌握了类包含的概念。此阶段的儿童掌握了一类物体与其子类的关系。如给学前儿童呈现一束有4朵红花和2朵白花的花束,问儿童红花多还是白花多,儿童一般都能正确回答红花多。但是当问红花多还是花多时,学前儿童就不能正确回答。而处于具体运算阶段的儿童,由于具备了类包含的能力,大多能正确回答此类问题。

③能够完成序列化的问题。序列化指能以物体的某种属性为标准对其进行排序,从而进行比较。例如,小学儿童可以按高矮、大小、长短等标准对物体进行排序。与序列化有关的另一个概念是传递性,是指对一个序列中各元素的关系进行推理的能力。例如,对于"小红比小明高,小明比小兰高,三人中谁最高"这样的问题,小学儿童已可以解答。但值得注意的是,这种传递推理能力仅限于具体的事物,他们还无法应对抽象的问题。如"A比B高,A比C矮,三人中谁最高"这样的问题,小学儿童往往不能正确解答。

④思维的去自我中心性。在"三山实验"中,处于前运算阶段的儿童不能很好地回答问题,因为他们的自我中心倾向使得他们不能将自己的观点与他人的观点区分开来。例如,两个男孩要给妈妈选生日礼物,3岁半的小男孩选了一辆玩具车送给妈妈,这并不表明他自私,只是说明他还不明白妈妈的喜好可能与他的不一样。而7岁的男孩会给妈妈选一件首饰,说明进入具体运算阶段的儿童已经能站在他人的角度考虑问题了。

⑤掌握群集的概念。小学儿童已经能够明白两个子集可以组成一个新的集合,如男学生人数+女学生人数=学生总数。他们也可以进行逆推,如男学生人数=学生总数-女学生人数。

这个阶段的儿童虽然初步掌握了运算思维,但是他们的思维活动还是不能摆脱具体事物的支持。如果让他们完全用口头叙述的方式解答题目,他们就会觉得有困难。他们学习抽象知识的时候也常常需要形象的教学方式,否则学习也会产生困难。可见,这个阶段的儿童处于从以具体形象思维为主向以抽象逻辑思维为主的转型期。

(4) 形式运算阶段(11—15岁)

形式运算就是命题运算思维。这时儿童的思维能力已经超出了感知具体事物,能够进行抽象的形式逻辑推理,能够设定和检验假设,能监控自己的思维活动。皮亚杰认为,进入形式运算阶段的儿童,其智力基本上可以算是成熟了。虽然抽象逻辑思维占有越来越重要的地位,但是思维中的具体形象成分仍然起着重要的作用。抽象逻辑思维的发展是存在关键期和成熟期的:初中二年级是中学阶段抽象逻辑思维发展的关键期,到高中二年级,抽象思维趋向成熟。

3. 对皮亚杰理论的简评

与同时代的其他发展心理学理论相比,皮亚杰理论完整而系统地描述了个体从出生到成熟时认知的发展历程,直到今天仍具有重要的指导意义。皮亚杰对儿童心理学的贡献主要体现在以下两个方面。

第一,皮亚杰创立了认知发展领域,明确了认知发展领域最重要的一些概念,确定了认知发展领域绝大部分的研究方向,并且进行了大量的研究工作,留下了在相关领域中非常具有价值的研究结论。

第二,皮亚杰的理论影响广泛,激发了大量关于儿童认知发展的研究和理论概括,推动了这一领域研究工作的进步。

但是,皮亚杰理论的缺陷也是显而易见的。

第一,理论表述问题。皮亚杰的理论表述常常比较武断,有时甚至无法对其进行检验。即使是那些能够检验的部分,证据也不是很充分。例如,关于守恒观念的形成时间问题,皮亚杰认为守恒观念是在具体运算阶段出现的,但是实际上,数量守恒观念早在儿童6岁时就已经出现,而重量守恒观念则要到大约10岁时才会出现。

第二,研究方法问题。皮亚杰的理论往往建立在比较可疑的经验证据的基础上。之所以可疑,是因为皮亚杰采用的研究方法主要是观察法,重视儿的言语报告,缺乏严格的实验控制。于是便造成了这样的情况:皮亚杰喜欢确定某个阶段的儿童不能干什么,但是后来的研究却说明这个阶段的儿童经过引导可以完成这些任务。许多实验显示,年幼的儿童比皮亚杰说的要聪明些,只是由于种种原因,儿童不能说清楚心里想的内容。在不改变问题实质内容的情况下,只要降低问题的难度,使儿童容易记忆,或者增添简化指导语,儿童往往就能够正确地解答问题。例如,皮亚杰认为演绎推理和类比推理要到形式运算阶段才会出现,但是许多实验研究显示,儿童的这些能力发展要比皮亚杰认为得早。

4. 皮亚杰认知发展理论对教育的启示

(1)教育不应该只关注儿童思维的结果,还应关注儿童思维的过程

皮亚杰认为知识的获得是儿童主动探索和操纵环境的结果,学习是儿童进行发明与发现的过程。他认为教育的真正目的并非增加儿童的知识,而是设置充满智慧刺激

的环境,让儿童自行探索,主动学习知识。这意味着我们在教育中要注意发挥学生的主体性,不要把知识强行灌输给儿童,要设法向儿童呈现些能够引起他们兴趣的、具有挑战性的材料,并允许儿童依靠自己的力量解决问题。

(2)不强调对儿童进行成人化的思维训练

皮亚杰认为认知发展是呈阶段性的,处于不同认知发展阶段的儿童其认识和解释事物的方式有别于成人,因此要了解儿童并根据儿童的认知方式设计教学。如果忽视儿童的成长状态,一味按照成人的想法设计教学,只会给儿童带来压力和挫折,让他们感觉学习是一件痛苦而不是有趣的事,扼杀了儿童学习的欲望与好奇心。

(3)承认发展进程的个体差异性

皮亚杰对认知发展阶段的划分是以个体认知方式而非以年龄为标准的。个体认知发展的速度是不同的,有快有慢,并不是年龄相同的儿童其认知水平就是相同的。因此在教学中要注意个别差异,做到因材施教。

(4)认识到儿童的自主性与积极参与在学习活动中的重要作用

皮亚杰很重视社会交往对儿童认知发展的作用。他认为与同伴一起学习,相互讨论,使儿童有机会了解别人的想法,特别是与自己不同的想法,激发儿童进行思考。因为同伴间地位平等,儿童不会简单地接受对方的想法,而会试图通过比较、权衡,自己得出结论。这对儿童的去自我中心性的发展具有重要意义。教师常扮演权威的角色,儿童会养成被动接受"正确"答案的习惯,丧失了自主探索的机会。因此,在教学中教师应注意引导学生去发现知识而不是直接给予答案;同时应多采取小组讨论、合作学习等学习形式。①

二、维果斯基的认知发展观

维果斯基认为,由于工具的使用,引起人的新的适应方式,即物质生产的间接方式产生,而不像动物那样是以身体的直接适应为方式来适应自然。在人的工具生产过程中凝结着人类的间接经验,即社会文化知识经验。这就使得人类的心理发展规律不再受生物进化规律的制约,而受社会历史发展的规律所制约。

维果斯基提出了活动理论,他认为人的心理是在好的活动中发展起来的,人的活动对心理的发展有着至关重要的作用。同时他强调活动与意识的统一,把意识作为活动

---

① 陈威等:《小学儿童心理学》,中国人民大学出版社2009年版,第93～95页。

理论最基本的问题之一;他提出意识不是与世隔绝、脱离活动的内部封闭系统,而以活动作为它的客观表现,可以通过活动对意识进行客观研究。

1. 文化—历史发展观

维果斯基探讨了发展的实质,提出其文化—历史发展观。维果斯基认为发展是指心理的发展。所谓心理的发展就是指一个人的心理(从出生到成年),是在环境和教育的影响下,在低级心理机能的基础上,逐渐向高级的心理机能转化的过程。其中低级心理机能是生物进化的结果,是人和动物所共有的,包括知觉、不随意注意、形象记忆、情绪、冲动性意志、直观的动作思维等。所谓高级心理机能是以"语言"为中介,是人类历史发展的结果,是人类所特有的。高级心理机能包括观察、随意注意、抽象思维、高级情感、意志等。

心理机能由低级向高级发展的标志是:心理活动的随意性增强;心理活动的抽象—概括机能,也就是说各种机能由于思维(主要是指抽象逻辑思维)的参与而高级化;各种心理机能之间的关系不断地变化、组合,形成间接的以符号或词为中介的心理结构;心理活动的个性化。

心理机能由低级向高级发展的原因有三点:起源于社会文化—历史的发展,是受社会规律所制约的;从个体发展来看,儿童在与成人交往过程中通过掌握高级的心理机能的工具——语言、符号这一中介,使其在低级的心理机能的基础上形成了各种高级心理机能;高级的心理机能是不断内化的结果。

由此可见,维果斯基的心理发展观是与他的文化—历史发展观密切联系在一起的。他强调,心理发展的高级机能是人类物质生产过程中发生的人与人之间的关系和社会文化—历史发展的产物;强调心理过程是一个质变的过程,并为这个变化过程确定了一系列的指标。

2. 教学与发展的关系

维果斯基提出了教学与发展,特别是教学与智力发展的关系的思想。在教学与发展的关系上,他提出了三个重要的观点。

(1)"最近发展区"的思想

维果斯基认为,确定学生的发展至少要确定两种发展的水平。第一种水平是现有发展水平,指由于借助一定的已经完成的发展系统的结果而形成的心理机能的发展水平。第二种指在有指导的情况下,借助别人的帮助所达到的解决问题的水平,是通过教学获得的潜力。这样在智力活动中,所要解决的问题和原有独立活动之间可能有差异,这就是"最近发展区"。教学创造着最近发展区,第一个发展水平与第二个发展水平之间的动力状态是由教学决定的。

(2)教学应当走在发展的前面

根据上述思想,维果斯基提出"教学应当走在发展的前面"的观点。这是他有关教学与发展关系最主要的理论,也就是说,教学"可以定义为人为的发展"。教学决定着智力的发展,这种决定作用既表现在智力发展的内容、水平和智力活动的特点上,又表现在智力发展的速度上。

(3)关于学习的最佳期限问题

怎样发挥教学的最大作用,维果斯基强调了"学习的最佳期限"。如果脱离了学习某一技能的最佳年龄,从发展的观点来看是不利的,它会导致儿童智力发展障碍的产生。因此开始某一种教学,必须以成熟与发育为前提,更重要的是教学必须首先建立在正在形成的心理机能的基础上,走在心理机能形成的前面。

3. "内化"学说

维果斯基分析了智力形成的过程,提出了"内化"学说。他指出,教学最重要的特征便是教学创造着最近发展区这一事实,即教学激起与推动学生一系列内部的发展过程,从而使学生通过教学将人类的经验内化为自身的内部财富。维果斯基的内化学说的基础是他的工具理论。他认为,人类的精神生产工具或"心理工具"就是各种符号,运用符号就能使心理活动得到根本改造。这种改造转化不仅存在于人类的发展中,而且也在个体的发展中进行着。学生早年还不能使用语言这个工具来组织自己的心理活动,心理活动的形式是"直接的和不随意的、低级的、自然的"。只有掌握语言这个工具,心理活动才能转化为"间接的和随意的、高级的、社会历史的"心理技能。新的、高级的、社会历史的心理活动形成,首先是作为外部形式的活动而形成的,之后才"内化"为内部活动"默默地""在头脑中进行"。

4. 维果茨基心理发展理论对教育的启示

维果茨基所提出的"最近发展区""教学应走在发展的前面""学习的关键期"等观点对于小学教育有着重要的指导作用。我们应该注意教学内容的选择既不要超越了学生的最近发展区,把过深过难的内容强"加"在学生身上,又要注意给学生提供略高于其发展水平的教学内容,给予学生一些挑战。同时,在教学中要充分重视语言符号的作用,与学生充分交流;要重视教师在学生学习中所扮演的重要角色,适时给予学生必要的帮助。

维果茨基所提出的这些观点,对于小学语言的学习有着重要的指导作用。1967年,伦内伯格(E. H. Lenneberg)首次提出了语言习得关键期的概念。他认为,在语言习得的过程中存在一个时间段。在此时间段内,由于生理因素的作用,语言的习得最为容易,而一旦过了这个时间段,语言的习得能力就受到一定程度的限制。这个观点引起了人们极大的兴趣,很多研究都证明了确实存在着这种语言发展的关键期。然而对于这个关键期的具体时间,却一直没有准确一致的结论。但是综合这些研究,我们可以发现,从出生到青春期前的这段时间里,语言的发展比较迅速,这其中 1－5 岁这个年龄段较为关键。

这种关键期对于第二语言的发展同样有着重要的作用。在我们的日常经验中,普遍认为孩子越小,学习外语的速度越快、质量越高。这是有一定道理的。很多带孩子出国的父母发现,自己学了十几年甚至几十年的外语,而自己的孩子只是在国外的幼儿园或小学上了半年学,孩子的外语就远比自己讲得准确地道。这种现象的出现,在很大程度上是因为孩子还处在语言学习的关键期。他们在这个关键的时期内得到了第二语言的刺激,如同掌握母语一般掌握了第二种语言。而成人已经错过了这个关键期,他们在学习第二语言时,不可能像学习母语一样容易。成人要付出更大的努力,使用不同的方法进行学习,而学习的结果却很难令人满意。

目前,我国的小学普遍从小学一年级就开始了英语教学,这是符合儿童语言发展规律的。小学一年级的孩子只有六七岁,学习第二语言的能力很强。这时候的英语课将对他们一生的英语学习产生重要的影响。我们在教学中,也应该充分重视语言学习关键期的作用,力图找到最适合孩子年龄特点的方法开展教学,比如将听、说的教学放在读、写教学前面,将语言的流畅性放在准确性前面等,而不应该使用成人学习语言的方法和标准来要求孩子。

三、信息加工理论

信息加工理论认为,人类的大脑是一个意义的建构者。从你看到、听到、尝到或触摸到事物的那一瞬间开始,你就在进行着一系列的加工:它是什么,它如何与已知的信息相联系,它是否重要,应该被保留还是被摒弃。整个过程可能是有意识的,也可能是无意识的,或者兼而有之。下面我们将从信息的输入和存储两个方面来介绍信息加工理论关于认知发展的观点。

1. 感知与注意——信息的输入

感知系统是我们认识世界的窗口,是外部信息整合及传入大脑的通道。感觉是感觉器官的神经元觉察刺激,对其进行编码并将其传送到大脑的过程。知觉则是对感觉器官输入的信息的解释:认出你所看到的东西,理解别人说的话,或者分辨出鼻子闻到的气味。我们做任何事情都取决于对感官感觉到的信息(及我们体验到的事物)的解释和反应。感知觉是人类认知的基础,是人类认识世界的第一步,是维持正常心理活动的必要条件。当我们的大脑从外界获取信息时,注意是非常重要的,它是知觉的大门,没有注意就没有知觉。注意是指心理活动对一定对象的指向和集中,注意的基本功能是对信息进行选择。周围环境给我们提供了大量的刺激,这些刺激有些对人而言很重要,有些则不然,对信息的选择便是注意功能的体现。注意是个体进行信息加工和完成各种认知活动的重要条件。

教师应该如何利用感知注意规律开展教学活动?教师怎样才能让学生的注意力集中在课堂上,尤其是集中于所讲内容的重要方面呢?教师通常会使用一些适当的术语来引起学生的注意,比如说"请注意""请认真听"。注意是一种有限的心理资源,当教师要求学生对所教的内容给予注意时,学生必须主动放弃对其他无关刺激的注意,将其有限的注意资源用于重要内容上,其他无关刺激将被过滤掉。

可以引起学生注意的方法基本上都是从引发学生的兴趣着手的,应用某些刺激线索来表达注意内容"是重要的"。一些教师通过提高或降低嗓音来提示学生注意下面将要讲授的重要内容;还有些教师借用手势、重复或体态等来引起学生的注意。

引起注意的另一种方法就是增强学习材料的情绪色彩。一些文章经常选用情绪色彩非常强的词汇,以引起读者的注意。与众不同、貌似矛盾的或令人惊奇的刺激也能吸引注意力,例如,科学课教师经常运用演示性实验或小魔术来唤起学生的好奇心。

明确告知学生哪些内容是重要的,这种做法也能引起学生的注意。例如,教师告诉学生"明天的测验将会考到这些内容",以引起学生注意,然后教授学生去识别哪些信息是重要的,进而使学生对重要内容给予更多的关注。

2. 记忆——信息的存储

通过感知觉,我们的大脑获得了丰富的信息;通过记忆,大脑将这些信息留存下来,为更高级的心理过程积累素材。记忆是信息加工的核心成分,记忆如同储存库,我们或多或少地会自动将我们的经验放入储存库中。我们不断地将这些经验从储存库中取出,即使这些经验可能因为储存时间过久而有所损坏,甚至完全消失。儿童的记忆也是依据与成人相同的方式进行的,唯一的差异是他们的储存库比成人的要小些。

当外界刺激信息输入人脑后,第一步工作就是感觉记忆,这是系统的登记单元。感觉记忆把感觉到的原始信息当作一种后像或回声暂时存储起来可以存储大量的信息,但只能保存极短的时间。如果没有进一步加工,这些内容很快就会消失。如果你注意到感觉记忆中的某些信息,那么这些信息就会进入到短时记忆中。短时记忆虽然只能存储有限的信息,但是存储的时间可以达到几秒钟。所有有意识的智力活动都始于这里。短时记忆有两个功能:暂时存储一定数量的信息;运用这些信息帮助人们做一些特定的事情。在短时记忆中加工的新信息会进入到长时记忆中。长时记忆可以存储大量的信息,存储的时间也相对更持久。长时记忆内容包括个体掌握的知识、个体对过去经历事件的印象及个体在加工信息和解决问题时所运用的策略。

(1)短时记忆

短时记忆的容量是有限的。心理学的研究发现,短时记忆的容量是5~9个信息单元,也就是说,我们每次只能记住5~9个独立的事件。心理学的研究还发现,儿童的短时记忆容量相对于成人来说要小。一项研究表明,儿童的数字记忆广度随年龄的增长而有规律地扩大,从2周岁左右的2个数字,逐渐增加至12周岁左右的6~7个数字。

短时记忆容量的有限性对教学的启示:短时记忆可以被看作一个瓶颈,外部的信息通过它进入长时记忆。短时记忆的容量是有限的,信息只有转化为长时记忆才能得到较长时间的保持。

(2)长时记忆

长时记忆的容量非常大,信息保持的时间非常长。事实上,很多理论家认为,长时记忆中的信息永远不会被遗忘,只是我们丧失了搜寻信息的能力。我们可以将长时记忆中的内容分为三个部分,即情景记忆、语义记忆和程序记忆。

①情景记忆是关于个体经历的记忆,是对我们看到或听到的事情的再现。情景记忆中的信息以表象的方式加以存储,这些表象按照事件发生的时间、地点等被组织起来。

②语义记忆主要包括已知的事实和概括性的信息,包括概念、原理和如何应用概念、原理的一些规则,以及问题解决技能和学习策略等的记忆。语义记忆中的信息以概念网络的方式被组织起来。语义记忆知识的取得与时间无关,例如我们知道安徽的省会在哪里,但我们并不记得我们什么时候知道这个事实的。

③程序记忆是指"知道怎样做",而不是指"知道是什么"。程序记忆中的信息是以系列复杂的刺激反应配对的方式存储的。程序记忆是回忆怎样做事情的能力,这在身体活动任务中表现得更为明显。[1]

(3)遗忘

不管是长时记忆中的信息还是短时记忆中的信息都会发生遗忘,学生学习的过程便是与遗忘斗争的过程,遗忘给我们的知识学习带来无尽的烦恼。

遗忘规律在学校教学中同样有所表现,如在学校中学到的各种知识。一般而言,在教学的最初几个星期里,保持的量快速减少,之后达到稳定水平。但是,教学后如果学生能够将学习内容的记忆保持12~24周,那么这些信息将有可能被永远地保存下来。

我们为什么会产生遗忘呢?为什么我们能记住某些事情而忘记其他的事情?为什

---

[1] 周宁:《小学儿童心理发展与教育》,安徽教育出版社2014年版,第68页。

么我们有时候能记住几年前发生的一件小事,却忘记了昨天刚刚发生过的一些重要的事情?心理学研究发现,导致遗忘产生的原因有很多,干扰和衰退是导致遗忘产生两个主要的原因,而由于信息的干扰而导致遗忘产生则更为常见。当要记忆的信息与其他信息相混淆,或受到其他信息的排挤时,就会出现干扰现象;当人们无法对刚学过的信息进行复述时,也会产生干扰现象。在一个经典的试验中,彼得森等人让被试完成一项简单的任务:记忆一系列由三个字母组成的无意义音节(如 SGD),然后立即完成另一项活动,即从一个三位数中连续减 3(例如 562,186.7 等),后一项活动持续约 18 秒。整个任务结束后,要求被试回忆识记过的音节。那些没有进行连减活动、只是等待了 18 秒的被试,其记忆效果比较好;而进行连减活动的被试则遗忘得比较多。其原因是,进行连减活动的被试没有机会对字母进行心理复述,导致记忆效果较差。因此,教师在教学中要考虑到工作记忆容量的有限性,在进行新的教学前,要留给学生一些时间去消化、复述刚学过的信息。

前摄抑制与倒摄抑制便是由于信息的干扰而产生的。先前习得的知识与一些新的、相似的知识相混淆,致使先前习得的知识被遗忘,这就是倒摄抑制。当一系列知识的学习干扰了后来知识的学习时,就出现了前摄抑制。

(4)记忆策略的运用

根据信息加工理论,儿童能够越来越熟练地处理信息。学前儿童能够清晰地完成一些记忆任务,但在大多数情况下,其记忆并不是基于对记忆策略的有意使用,而是基于无意识记忆。相反,随着大脑这台计算机处理信息的"程序"越来越高级,小学儿童常常有意识地使用记忆策略。

学生在学校中所学的许多内容都是需要记忆的各种事实、知识。这些知识为许多复杂概念的形成提供了框架,学生必须尽可能高效率、高质量地掌握这些知识,进而节省更多的时间和心理资源以开展更有意义的学习活动。如果学生能够更有效地记忆常规信息,那么他们就有可能将更多的精力投入思维任务中。学生可以利用的记忆策略有以下几种。

①复述。随着儿童长大,他们会逐渐使用一些策略,在各个阶段帮助他们对信息进行编码存储和提取。他们会刻意使用一些技巧,通常这些技巧是儿童自己发现的,可以用来增强他们的能力,这其中复述是最常使用的。当儿童知道他们需要回忆一连串的文字或数目时,在要求他们回答之前,我们常会听到他们在背诵给自己听或者看到他们在默读。从某种意义上来说,简单复述是一种十分有效的策略,但是它却是刻板的、缺乏想象力的。

②组织。对知识的良好组织能改善学习和记忆的效果,特别是当信息非常复杂或丰富时,这种效果更为明显。把一个孤立的概念放在一个结构中,将有利于学习和记忆。

当你需要使用该概念时,这个结构将成为一种线索,帮助你回忆这个概念。

③精加工。精加工是通过与已有知识建立联系,从而赋予新信息以意义的过程。在这个过程中,我们常常对已有的知识进行改变。精加工是种精细复述,它能够使工作记忆中的信息被激活并保持足够长的时间,从而有机会把新信息与长时记忆中的已有知识联系起来。精加工与已有的知识建立额外的联系,这样该信息与其他信息的通达路径就增加,从而为信息的提取提供更多的线索。用自己的话转译信息、举例向同伴解释、理清关系、对关系作出反应或应用知识来解决问题等方式能帮助学生进行精加工。

第三节　社会性发展

社会性发展(Social Development)是一个专门术语。在西方心理学文献中,把 social 和 development 连用表示儿童在社会性方面的发展是在 20 世纪 80 年代才出现的。其主要内涵指在个体毕生发展过程中、个体在与他人关系中表现出来的观念、情感、态度和行为等随着年龄而发生的变化。

心理学的社会性发展指的是人的社会性心理特征的发展。与社会性内涵不同,它并不能全面概括反映社会性发展的实质内涵。其实除了生理和认知以外的心理特征,许多被称为社会性的东西并不是心理层面的因素和特征,社会性发展更不能脱离一定的社会场域和情景。离开个体谈社会关系和实践,任何社会性都是子虚乌有的,社会性发展也成为一张空头支票。

一、社会性发展

社会性是个体在社会化过程中发展起来的,与社会存在相适应的一切特征和典型的行为方式总和。儿童入学以后,开始了一种新的社会生活,新的活动场所、新的活动任务和相应形成的新的人际关系都使他们的社会性发展呈现出新的特征。儿童社会性发展是指儿童在与周围的环境相互作用过程中形成的社会适应能力的发展。儿童的社会性发展主要包括以下两个方面内容。①

---

① 周宁:《小学儿童心理发展与教育》,安徽教育出版社 2014 年版,第 95 页。

1. 社会认知的发展

社会认知是指个体对自己和他人的观点、情绪、思想、动机的认知,以及对社会关系和集体组织关系的认知,一般与个体的认知能力发展相适应。下面主要介绍儿童对他人及对社会关系的认知。

(1) 对他人的认知

随着儿童自我认知能力的不断发展,儿童对他人的认识也开始从了解他人的具体特征向了解他人的一般心理特征发展。7岁以下的儿童一般用姓名、身体特征及外在的行为等来描述某个人,他们对人的评价仅仅用"好""坏"等词语来形容。儿童从8岁开始,描述一个人时往往会涉及这个人的行为特征、心理品质、信念、态度甚至价值观等,而且他们会越来越多地提取不同时间和场合下个体行为的规律,推测他人的行为动机。可见,小学时期的儿童开始根据他人的行动来了解其特点,并对此作出判断。

(2) 对权威关系的认知

儿童的权威关系主要指师生关系和亲子关系,儿童对权威关系的认识反映了儿童对成人与儿童关系认识的特点。权威往往意味着完全的优势、较强的社会威力和身体力量,因此5-6岁儿童把权威看成"必须服从的内在权力"。

大约从8岁开始,儿童不再单方面、无条件地服从权威,而是开始出现一种比较成熟的看法,认为权威是一种相互关系,之所以要服从是因为成人的权威对儿童自身有帮助;到9岁时,儿童服从权威基本上是自愿和合作的;到11-12岁时,儿童认为权威关系是完全合作性的,是在一致或同意的基础上建立起来的,并且与特殊的情境有关。这时候的儿童在接受某人的权威时,除了需考虑这个人要拥有特殊的知识和技能外,还要考虑情境等因素。

(3) 对友谊的认知

儿童对友谊的认识反映了儿童对同伴关系认识的特点。儿童对友谊的认识是逐渐发展的,6-7岁的儿童认为朋友就是一起玩耍的伙伴;9-11岁儿童强调相互同情和相互帮助,这时候忠诚是朋友的重要特征,朋友关系也比较稳定。小学儿童判断朋友的依据从简单的能一起玩耍、做游戏变成有共同的兴趣爱好、志趣相投及具备积极的人格特点(如勇敢、善良、忠诚)等。

2. 社会行为的发展

社会行为是人们在交往活动中对他人或某件事表现出的态度、言语和行为反应。儿童社会行为的发展主要表现在以下三个方面。

（1）亲社会行为

亲社会行为指对他人有益或对社会有积极影响的行为，包括分享、合作、助人、安慰、谦让等。儿童的亲社会行为发生较早，在儿童出生后的第一年即表现出同情、帮助、分享和谦让等利他行为。随着年龄的增长，在社会强化和教育的影响下，小学儿童的亲社会行为逐渐增加。在儿童的亲社会行为中，合作行为最为常见，其次是分享行为和助人行为，公德行为相对少见。

（2）攻击性行为

攻击性行为又称侵犯行为，是指他人不愿接受的、出于故意或工具性目的的伤害行为。这种伤害包括直接的身体伤害（打人）、语言伤害（骂人、嘲笑他人）和间接的心理上的伤害（如在背后说坏话、造谣污蔑等）。不同年龄阶段的儿童，其攻击性行为的表现不一样：小学低年级儿童的攻击性行为主要表现为身体攻击，高年级儿童更多地表现为言语攻击；攻击性行为表现出较大的性别差异，男生比女生更容易表现出攻击性行为；随着年龄的增长，小学儿童出现攻击性行为的比率逐渐下降。

（3）社会退缩行为

社会退缩行为又称儿童社交敏感性障碍，指儿童对新环境或陌生人产生的恐惧、焦虑情绪和回避行为达到异常程度，其主要特征有孤僻、冷漠、害羞、自私和任性等。儿童出现社会退缩行为可能有两种原因：一是儿童本身就具有害羞、抑制等气质特点或社会焦虑等内隐性困难，二是儿童不被同伴接纳或被同伴拒绝。

3. 社会性发展的年龄阶段划分

奥地利精神病学家和心理学家弗洛伊德提出了精神分析理论，该理论对于个体心理发展的研究开创了儿童心理学关于人格和社会性研究的先河。埃里克森是新精神分析学派的代表人物，他通过自己的临床观察与实践，对弗洛伊德的理论做了重大的修正，强调自我在心理发展过程中的重要作用，提出了人格发展阶段理论，也称心理社会发展阶段理论。他认为，儿童的人格发展是一个逐渐形成的过程，经历一系列顺序不变的阶段。每一阶段都有一个由生物学的成熟与社会文化环境、社会期望之间的冲突和矛盾所决定的发展危机，每一个危机都涉及一个积极的选择与一个潜在的消极选择之间的冲突。如果个体能够成功而又合理地解决每个阶段的危机或冲突，就会形成积极的人格特征，有助于健全人格的发展；危机得不到解决或解决得不合理，个体就会形成消极的人格特征，导致人格向不健全方向发展。埃里克森将个体的心理社会发展分为八个阶段，其中前五个阶段属于儿童成长和接受教育的时期，我们现在主要介绍前五个阶段。

(1) 基本的信任感对基本的不信任感(0—1岁)

本阶段的发展任务是发展对周围世界,尤其是对社会环境的基本态度,培养信任感。如果父母或照料者给予婴儿适当的、稳定的与不间断的关爱、照顾、哺育和抚摸,婴儿就会对父母或照料者产生一种信任感,认为这个世界是安全而可信赖的。这种对人、对环境的基本信任感是形成健康个性品质的基础,是以后各个时期发展的基础,尤其是青年时期发展起来的同一性的基础。

(2) 自主感对羞耻感(1—3岁)

本阶段的发展任务是培养自主性。儿童初步尝试独立处理事情,如果父母允许幼儿去做他们力所能及的事,鼓励幼儿进行独立探索,幼儿就会逐渐认识自己的能力,养成主动、自主的性格;父母过分溺爱和保护或过分批评指责幼儿,就可能使儿童怀疑自己对自我和环境的控制能力,产生羞耻感。

(3) 主动感对内疚感(4—5岁)

本阶段的发展任务是培养主动性。由于身体活动能力和语言的发展,儿童有可能把活动范围扩展到家庭之外。儿童喜欢尝试探索环境,学习、掌握并承担新的任务。此时,如果父母或教师对儿童的建议给予适当鼓励或妥善处理,则不仅有助于发展儿童的主动性,还能培养其明辨是非的道德感;如果父母对儿童的问题感到不耐烦或嘲笑儿童的活动,儿童就会产生内疚感。

(4) 勤奋感对自卑感(6—11岁)

本阶段的发展任务是培养勤奋感。在这个时期,多数儿童已进入学校,第一次接受社会给予他,并期望他完成的任务。他们追求任务完成时获得的成就感及由此带来的长辈的认可和赞许。如果儿童在学习、游戏等活动中不断取得成就并受到成人的奖励,儿童将以获得成功和嘉奖为荣,培养乐观、进取和勤奋的人格。如果由于学习方法不当或努力不够而多次遭受挫折或其成就受到漠视,儿童容易形成自卑感。本阶段影响儿童活动的主要因素已由父母转为同伴、学校和其他社会机构,教师在培养儿童勤奋感方面具有特殊作用。敏感、耐心、富于指导经验的教师有可能使具有自卑感的学生重新获得勤奋感。

(5) 自我同一性对角色混乱(12—18岁)

本阶段的发展任务是培养自我同一性。自我同一性是指个体组织自己的动机、能力、信仰及活动经验而形成的有关自我的一致性形象。自我同一性的形成要求青少年进行谨慎选择和决策,这一要求尤其会体现在职业定向、性别角色分化等方面。如果青少年不能整合这些方面和各种选择,或者根本无法在其中进行选择,就会导致角色混乱。

其他三个阶段分别为:亲密感对孤独感(成年早期)、繁殖感对停滞感(成年中期)、自我整合对绝望感(成年晚期)。受篇幅所限,故不再对这三个阶段进行进一步阐述。

二、人际关系的发展

1. 儿童人际关系的类型

儿童个性的发展和社会化的过程离不开人与人之间的相互作用。儿童最初的几年主要在家庭里度过,这一时期儿童与父母及主要照看者形成亲子关系,紧接着儿童进入学校。随着生活范围的扩大,他们的人际关系扩展为三个方面:亲子关系、师生关系和同伴关系。

(1)亲子关系

儿童入学后,与父母的关系产生了很大的变化,主要表现为儿童与父母的交往时间、交往内容和交往方式上都产生了较大的改变。在交往时间上,与学前期相比,小学儿童与父母在一起的时间相对减少,儿童对父母的依恋和依赖程度有所减弱;在交往内容上,小学儿童的父母更多关注孩子的学业和品德,如辅导孩子学习、检查作业、与孩子讨论学校发生的事情等;在交往方式上,父母对儿童的控制程度开始减弱。随着儿童年龄的增长,儿童越来越独立,有更多的机会自己做决定。这时父母的主要职责在于,在一定的范围内引导儿童作出自我监督和负责任的行为,并指导儿童如何寻求帮助。

(2)师生关系

师生关系是小学儿童面对的另外一种重要的人际关系,主要发生在小学儿童与学校教师之间。小学儿童特有的认知特点决定了他们与教师的交往方式。

刚入学的儿童总是对教师充满崇拜和敬畏,教师就是他们心目中的权威。调查显示,绝大部分的小学儿童特别是低年级的小学儿童认为一定要听老师的话。这种对教师权威的绝对服从有助于小学儿童在教师指导下学习知识,也有助于儿童基本行为习惯的养成。但是随着年龄的增长,儿童的独立性和评价能力也随之提高,儿童不再盲目地、无条件地服从教师权威,他们开始对老师作出自己的评价,会得出"老师说的话不一定都对"的结论。他们对不同的教师也会表现出不同的喜好,对喜欢的老师往往会更加尊敬,在其课堂上注意力会更加集中,课后更加积极地完成作业,且此门功课的学习成绩相对较好。相反,对自己不喜欢的老师会报以消极的行动,比如课上捣乱或注意力不集中、课后不努力等。

(3)同伴关系

当儿童生活的范围从家庭扩展到学校、社会后,会慢慢被同伴所吸引,他们正发展着一种崭新的人际关系——同伴关系。

同伴关系是指年龄相同或相近的儿童之间或心理发展水平相当的个体之间在交往过程中建立和发展起来的一种人际关系,是个体同伴经历的重要内容。同伴关系作为小学儿童最重要的一种人际关系,对儿童的心理发展有着重要的意义。

首先,同伴关系能帮助儿童发展自我。在同伴互动的过程中,儿童确定了自己与同龄伙伴相对的角色和地位,并在平等的环境中认识到领导者与追随者的角色。这可以帮助儿童去除以自我为中心的倾向,从而有利于自我概念和人格的发展。其次,同伴关系能帮助儿童发展其社会能力。在与同伴交往的过程中,由于儿童处于平等的地位,他们逐渐学会与同伴合作、协商,逐渐地能从他人角度考虑问题,观点采择能力、角色扮演能力、移情能力等社会能力逐渐发展。再次,同伴关系还能使儿童获得社会支持和安全感。小学儿童在同伴集体中被同伴接纳并建立友谊,受到同伴的赞许和尊重,从而产生一种心理上的满足。从亲密的友谊关系中,儿童可以获得爱、亲密感和信任;而从同伴群体中,儿童可以获得归属感和安全感。最后,良好的同伴关系还能为儿童提供一定的情感支持,使其在遇到挫折时得到同情和安慰,宣泄不良情绪。

2. 儿童同伴关系

儿童的同伴关系是通过相互作用的过程表现出来的。与成人的交往不同,儿童同伴交往更加平等、互惠和自由。这种人际关系为儿童的社会性发展提供了全新的体验和探索,从而更有利于其社会交际能力和社会判断力的发展。

(1)儿童同伴团体的发展

同伴团体是指一些在年龄、身体、社会地位等方面极为接近的儿童组成的群体。同伴团体的形成基础是同伴之间平等的地位和共同的兴趣、爱好等。儿童同伴团体的形式是多样的,可能是结构松散的,也可能是有组织、结构严谨的。儿童同伴团体一般可分为两大类,即有组织的团体和自发的团体。

在小学阶段,有组织的团体即班集体。刚入学的儿童,还没有真正意义上的班集体观念和意识。到一年级下学期,儿童初步形成了集体观念和集体意识。二年级时已能明确地意识到自己是班集体中的一员,能逐步把集体的需要转化为自己的需要,把班集体的荣誉当作自己的荣誉,服从集体的要求。与此同时,班集体内部成员的适应能力也逐渐分化,一部分各方面表现较好的儿童开始崭露头角,成为班集体的骨干和积极分子,另一部分儿童则成为班集体的一般成员。到了中、高年级时,班集体的组织形式日益巩固和加强,儿童的集体意识日益提高,初步懂得了集体利益与个人利益的关系,并能自觉服从集体的要求,维护集体的利益。

自发的团体组织结构通常是松散的,性质也比较复杂,可能是班集体的补充,也可能是班集体的对立组织。小学生的自发团体可分为三类:一是亲社会团体,即被学校或社会肯定的团体,如学雷锋小组、志愿者团队;二是非社会团体,是建立在共同爱好、娱乐活动基础上的团体,如书法兴趣小组;三是反社会团体,即不被社会所接纳或对社会有危害作用的团体,如盗窃团伙。

(2) 儿童的同伴接纳性

同伴的接纳性包括两方面的含义:一是儿童受欢迎的程度;二是儿童在同伴中的地位。根据儿童受欢迎的程度和在同伴中的地位这两项指标,可把儿童分为五类:受欢迎的儿童,被多数同伴喜欢且有较高地位的儿童;被排斥的儿童,不被多数同伴喜欢的儿童;矛盾的儿童,被某些同伴喜爱,同时又被其他一些同伴看作具有破坏性而不被喜欢的儿童;被忽视的儿童,不被人喜欢也不被人讨厌的儿童,可能还有机会逐渐被同伴接纳;一般的儿童,被同伴接纳但地位一般的儿童。研究表明,影响同伴接纳的因素主要有以下几种。

①行为特征。儿童之所以受欢迎,是因为他们具有外向的、友好的人格特征,擅长双向交往和群体交往,在活动中没有明显的攻击行为。受欢迎的儿童往往更乐观积极、举止得体、愿意分享和合作。

②认知和社会技能。在整个小学阶段,学习成绩好的儿童是受同伴欢迎的。低年级儿童较为欣赏学习好、兴趣广泛的同伴;随着年级的升高,儿童更喜欢独立活动能力强、交往能力强、会出主意的同伴。

③家庭教养方式。民主型家庭培养的儿童具有稳定的社会依恋情感,他们与成人和同伴都能建立良好的人际关系;而专制型或放任型的家庭培养的儿童往往喜怒无常、具有攻击性行为,从而导致与同伴之间的人际关系紧张。

④身体特征。身体特征主要指一个人的相貌。长相漂亮、有吸引力的儿童更易受同伴的喜欢。

⑤教师的影响。一名儿童在教师心目中的地位如何,会间接地影响到同伴对这个儿童的评价。被教师喜欢和认可的儿童会更多地受到同伴的欢迎。

3. 儿童友谊的发展

儿童同伴交往的一个重要特点是开始建立友谊。友谊是指与亲近的同伴建立起来的一种特殊的亲密的人际关系,表现为两个人常在一起,彼此在心理上存在依恋。友谊对儿童的发展有重要影响。它给儿童提供了交往、合作、体验情绪和进行认知活动的机会,并可为儿童提供情感支持,消除儿童的孤独感,为儿童以后的人际关系发展奠定基础。

儿童对友谊的认识是逐渐发展的。6—7岁的儿童认为朋友就是一起玩耍的伙伴；9—11岁的儿童强调相互同情和相互帮助，认为忠诚是朋友的重要特征，这时候的友谊关系比较稳定。

儿童往往把具有积极的人格特点（如勇敢、善良或忠诚）及志趣相投作为选择朋友的理由。儿童亲密的友谊关系具有以下四个特点：朋友间在一起活动的时间更多，且一般从事的是社会性活动；朋友间有更多的双向交流，且交流的内容具有亲密性；友谊双方有时也存在冲突，但比非友谊关系的冲突更容易解决；友谊双方表现出较高的学习效率。

美国儿童心理学家塞尔曼指出儿童友谊的发展要经历如下五个阶段。

第一阶段（3—7岁），尚不稳定的友谊关系。儿童还没有形成友谊的概念，儿童间的关系只是短暂的游戏同伴关系。对于这个阶段的儿童来说，朋友就是能与自己一起玩的人或是自己的邻居。

第二阶段（4—9岁），单向帮助阶段。这个阶段的儿童要求朋友能够服从自己的愿望和要求。如果顺从自己就是朋友，否则就不是朋友。

第三阶段（6—12岁），双向帮助阶段。这个阶段的儿童能互相帮助，但还不能共患难。儿童对友谊的交互性有了一定的了解，但这一阶段儿童的友谊仍具有明显的功利性特点。

第四阶段（9—15岁），亲密的共享阶段。儿童认为友谊的基础是与朋友有共同的兴趣，认为朋友就是要相互分享，要相互保持信任和忠诚，同甘共苦。这时的友谊关系具有一定的稳定性。朋友之间可以倾诉秘密，互相帮助，共同讨论和制订计划。

第五阶段（12岁以后），自主的共存阶段，是友谊发展的最高阶段。它以双方互相提供心理支持和精神力量、互相获得自我的身份为特征。由于择友更加严格，所以建立起来的朋友关系持续时间都比较长。①

三、性别角色的发展

1. 性别的概念

性别是根据生物学特征对人类群体的基本界定，也即男女两性在社会上的区别。

---

① 周宁：《小学儿童心理发展与教育》，安徽教育出版社2014年版，第103页。

性别有自然性别和社会性别之分。自然性别是指社会成员具有的一组生物学意义上的综合特征。根据这一分类尺度,可将人群分为两种相异的性别群体,即男性群体与女性群体。社会性别是指一种学习得来的、与性别有关的行为和态度的心理学现象,是生理、心理和社会文化整合的结果。例如,在现实生活中我们常常会要求男性要有阳刚之美、有力量、有能力且勇敢、有担当,而要求女性有阴柔之美、温柔、体贴、善于照顾他人等。

2. 儿童的性别认同和性别角色社会化

(1)性别认同

儿童的性别概念主要包括三个成分:性别认同、性别稳定性和性别恒常性。性别认同是儿童对自己和他人性别的正确标定,即理解性别。它包括正确使用性别标签,理解性别的稳定性、坚定性和生物发生学基础,知道男女生理上的差别。儿童性别认同的发展影响着其性别行为。研究发现,1.5—2.5岁的儿童还不知道自己的性别,大多数2.5—3岁的儿童已能正确说出自己是男孩或是女孩,但不能认识到性别不变的属性。如给一个男孩穿上裙子,这个男孩会被儿童认成女孩。

(2)性别角色认同

性别角色是指对一个人具有男子气或女子气的知觉和信念,即社会按照人的性别而赋予人的社会行为模式。随着年龄的增长,儿童逐渐地获得了自己所处的社会文化认为适合于男性或女性的价值、动机、性格特征、情绪反应、言谈举止和态度等。

父母对儿童早期的性别角色认同起着至关重要的作用。每位父母都有一套性别角色标准。他们从儿童出生后,就以各种方式将这套性别角色标准传递给子女。他们鼓励那些符合性别角色标准的行为,制止那些不适当的行为。儿童在学会正确使用性别标签后不久,就获得了一些性别刻板印象,如男孩应该玩汽车,女孩应该玩布娃娃等。同时,社会公认的适合男性或女性的动机、价值、行为方式和性格特征等,反映了文化或亚文化对不同性别的成员的行为适当的期望,如大多数社会认为女性应当承担养育后代的角色,男性则要为家庭提供支持和保护。

(3)性别角色社会化

性别角色社会化又称性别角色化,是指在特定文化中,儿童获得适合于某一性别的价值观、动机和行为的过程。性别角色化是儿童社会化过程中的一项重要内容,是内化性别观念、学习性别态度、了解性别关系、形成性别行为的过程。儿童在社会化过程中一旦将性别角色规范内化,就会自动按照适合自己性别的方式来进行认识、思考和行动,从而导致性别角色的心理差异的产生。这种差异对于儿童今后的发展方向和水平将产生深远的影响。

3. 儿童性别角色的发展与教育

性别角色发展是指人从出生时混沌不清、男女不分的状态,在遗传、家庭教养、社会文化和自我认知等因素影响下,逐步学会扮演其所在社会所期待的性别角色的成长过程。

小学儿童性别角色的发展是儿童社会性发展的一个重要领域。由于性别不同,受社会性影响的不同,而导致不同的性别角色产生。

(1)性别角色发展的内容

儿童性别角色的发展主要表现在以下几个方面。

第一,性别概念的发展。性别概念是关于社会对男性和女性期望的理解。儿童性别概念的发展经历了三个阶段:首先是性别认同(2—3岁),即儿童能正确确定自己和他人的性别;然后是性别稳定性的获得(4—5岁),即知道人的性别不会随年龄变化而变化;最后是性别恒常性的获得(5—7岁),即懂得人的性别不会随服饰、形象或活动的改变而改变。

第二,性别角色知识的发展。性别角色知识是儿童对于男女各自适宜的行为方式和活动的认识。3岁甚至更早期的儿童就懂得不同性别角色对应的活动和兴趣,如知道男孩该玩汽车、刀枪,女孩该玩娃娃、烹饪游戏,此时这种认识还比较刻板。5岁的儿童已经认识一些与性别有关的心理成分,如男孩应勇敢、坚强和大胆,女孩应温柔、文静和细心。小学阶段,儿童有关性别角色的知识更加丰富,性别角色成见反而少于年龄较小的儿童。青少年由于性意识的觉醒,会产生强烈的与性别相联系的期望,因而会恢复到早期所曾有的性别角色的刻板状态。

第三,性别偏爱的变化。性别偏爱是个体对男性角色或女性角色的偏爱倾向。一般而言,儿童常常偏爱与自己性别相同的成员的角色或活动,如男孩更喜欢参与具有男子气的活动(打球、游泳等),并对这类活动感兴趣;而女孩却往往会有阶段性地偏爱具有男子气的活动,接受男子个性特征的倾向。研究显示,女孩对异性玩具、游戏和活动的兴趣保持时间比男孩更久,在小学阶段尤其如此。这可能与儿童性别化过程中父母的教养方式有关,父母往往更注意培养男孩不要有"娘娘腔",而很少在意女孩的"假小子气"。

第四,性别角色行为的采纳和选择。儿童在很早的时候就显示出行为的性别特征。随着儿童性别概念和性别角色知识的发展,会更有意识地采纳和选择符合自身性别的角色行为,如男生更喜欢参与激烈的、竞技性的活动,而女生更喜欢表演、跳绳等非竞技类的活动。这些性别角色行为的选择使男女角色行为的分化更加鲜明突出。

(2)性别角色发展的阶段

关于儿童性别角色的发展,厄利安根据个体发展过程中体现出的不同发展取向,把儿童的性别角色发展划分为三个阶段。①

①生物取向阶段(6—8岁)：此时儿童所持有的关于男性和女性的各种认识，是以男女之间机体上存在的生理差异和外貌特征为依据的。

②社会取向阶段(10—12岁)：个体对男性和女性所持的各种性别角色概念以社会文化的要求和社会角色的期待为依据，儿童对男性和女性的认识是通过对社会公认和赞许的关于男女行为的各种准则和规范的学习而获得的。

③心理取向阶段(14—18岁)：此时个体所持有的性别角色概念不再是以社会准则和规范为唯一根据，而是以男女各自具有的内在心理品质为主要依据。在此阶段，性别角色不再以生理性状和社会角色为主要内容，而以个体在心理上所表现出的性别特征为核心。

小学儿童对性别角色的认知处于前两个阶段，低年级儿童对性别角色的认知主要还是停留在男女机体方面的生理差异上，如男孩更高、更强壮，女孩更纤细、更瘦弱。高年级儿童对性别角色的认知多数还处于社会取向阶段，他们对性别角色的认知是在对社会文化的不断学习和社会各种教化的宣传因素的影响下获得的。其中，社会大众传媒对儿童性别角色的获得起着重要作用。例如，动画片中赋予不同的动物不同的性别特征，往往会成为小学儿童获取性别角色的重要渠道。

(3)儿童性别角色发展对教育的启示

第一，转变传统的性别观念，给儿童提供双性化人格教育。随着社会的发展，传统的男女性别差异的标准已成为阻碍男女儿童潜能发展的障碍。为避免儿童从小建立起关于自身性别的刻板图式，弱化两性之间社会行为的人为差异，家长和教师在日常教育中应注意对儿童进行双性化教育，消除性别角色刻板观念的束缚，从改造儿童的心理特质入手，尽可能地使儿童成为具备双性化人格的人。在这个过程中，我们需要淡化男女两性固有的性别框架，使每一个儿童都有更广泛的选择和发展空间，尤其要注意培养女孩的自主性、独立性和冒险精神，培养男孩的细致、耐心和敏感等特质。

第二，开展多样化的课余活动，打破儿童男女界限。通过开展丰富的、多样化的课余活动，使学生自主地参与到各种活动中，特别是传统上只属于异性的活动中去，鼓励他们不受限制地去体验各种生活。比如，鼓励女生同男生一起参加体育类竞技活动或需要动手的主题探索类活动，组织男生参与艺术、手工和表演等社交性活动。此外，教师应尽可能在活动中同等对待男女生，实施性别平等教育。在尊重、平等的前提下将个体的潜能和优势发挥出来，不歧视、不排斥儿童，采用多元化的教育手段，推动所有儿童在相互取长补短的过程中得到充分、全面的发展。

---

① 周宁：《小学儿童心理发展与教育》，安徽教育出版社2014年版，第108页。

第三,避免性别刻板印象。长期以来,人们对男性和女性应该具有的人格体征和行为模式形成了固定不变的性别观念。这种性别刻板印象限制了儿童最大化、最优化的发展,因此在儿童的性别角色教育中一定要消除性别刻板印象和认知,树立正确的社会性别认知。可以通过更改教材内容,增加职业女性、成功女性案例和展现男性细腻、有亲和力特质的案例,从而展示两性平等。另外,尽量平衡小学教育中男女教师的性别比例,给予男女生同等合理的成就期望;帮助学生逐渐认识到无论是男孩还是女孩,都应了解自己的长处和缺点,向他人学习,向异性学习,最大限度地发挥自己的潜能和优势,逐渐形成良好的个性心理品质和社会适应能力。

第四节 品德的发展

培养儿童良好的品德和道德行为习惯是家庭教育、社会教育和学校教育共同承担的任务,特别是影响儿童全面发展主渠道——学校教育的重要任务;同时,培养儿童具有良好的品德也是全面实施素质教育的重要任务之一。教育实践告诉我们:智育不好出"次品",体育不好出"废品",德育不好出"危险品"。可见,良好品德的培养对造就具有高尚思想品质和良好道德修养的合格建设者与接班人有着十分重要的意义。

一、品德的定义及其心理结构

1. 品德的定义

人类社会自诞生以来,为了维持社会的稳定,保护人类共同的利益和协调人际关系,逐渐产生了一系列约束人类行为的规范,道德是其中最重要的行为规范之一。社会生活中的人按道德规范去评价他人的行为,也按道德规范支配自己的行动。道德在个体身上的表现被我们称为品德。品德亦称道德品质,是指一个人依据社会的道德规范和行为准则在行动时所表现出来的一些经常的、稳固的特征。它是个体个性社会化方面的核心,是社会道德在个体身上的反映。勤奋学习、遵守纪律、热爱劳动、助人为乐和艰苦奋斗等都是良好品德的表现。

2. 品德的心理结构

品德的心理结构极为复杂。一般来说,品德主要是由道德认识、道德情感、道德意志和道德行为四种心理成分构成的。道德认识和道德情感可以唤起人的道德动机,从而推动人们产生道德行为。

(1)道德认识

道德认识也可称为道德观念,即一种对道德行为的是非、善恶、美丑及其执行意义的认识,其中包括道德概念与道德信念的形成以及运用这些观念去分析道德行为,对人或对事作出符合自己认识水平的道德评价。

道德认识是道德行为产生的基础。儿童道德认识的发展集中体现在道德概念、道德判断和道德信念的发展上。

道德概念是对道德准则和意义的本质认识,反映社会道德现象的本质特征。道德概念来源于对社会生活中各种道德现象的抽象。年纪小的儿童,他们的思维还处于具体形象的水平,只能根据成人的奖惩对一些行为,主要是常见的行为(如"助人和损人""为公和损公""诚实和不诚实"等)进行初步概括。他们所理解的道德只是表面的、具体的,还远达不到道德的本质层面。有研究发现,小学的学生相较于初中的学生而言,他们对于什么是道德行为和什么是不道德的行为描述得更笼统、范围更窄。由于不良环境的影响或者教育工作上的失误,有些学生还会形成错误的道德概念,如把违纪行为当成英雄行为,把给同学抄袭作业看成帮助同学的行为,把包庇同伴的缺点称为友谊行为等。随着年龄的增长,一般在小学四年级左右,儿童的思维开始由具体形象思维过渡到抽象思维。自此以后,他们对道德概念的理解逐渐加深,部分儿童开始能够正确地理解道德的概念。林崇德先生关于中学生道德是非观念的研究发现,在正确的教育指导下,这种观念要到初三时才趋于稳定。

道德判断是应用道德知识对他人道德行为是非、好坏的断定。儿童的道德判断水平同他所掌握的道德概念有关。在整个小学阶段,儿童的道德判断表现出从他律到自律、从效果到动机、由片面到全面的特点。小学低年级的儿童在进行道德判断时,他们所持的道德评判标准主要由成人提供,道德评价的内容主要是具体的行动结果,道德评价具有片面性。到了小学高年级时,随着道德评价标准的内化,儿童逐渐能根据自己观念中的价值标准来对个体的行为进行道德判断。因为认知水平的提高,儿童已经能够觉察到行为背后的动机,儿童逐渐不再依照行动具体的结果来进行判断,取而代之的是依照行动的性质、内容和动机进行判断,道德判断也就随之变得越来越全面。

道德信念是存在于个人头脑中坚信某些道德行为准则的正确性,具有情绪色彩与力求实现道德行为的一种观念形式,是正确的道德认识、强烈的道德情感和坚定的道德

意志三者的结晶。小学一、二年级的儿童,道德思维能力差,具体形象的感性认知占主导,一般只有简单的、直观的道德概念和自发的道德情感以及带有盲目性、单纯的道德行为,即只有道德信念的某些成分而没有真正的道德信念。到了小学三、四年级,部分儿童有了初步的道德信念,但还不够明确和稳定。从小学五年级开始,儿童可确立比较明确而稳定的道德信念,但他们的道德信念的形成存在个体差异,有的形成了,有的没有形成,形成的速度有快有慢。

(2)道德情感

道德情感是伴随着道德认识所产生的一种内心体验。它不仅是人们对客观事物的一种反映,还是人们对客观事物的一种态度。一般而言,在现实生活中的各种事件或他人个人的行为,凡是符合自己的认识或自己所维护的道德观念时,人们就会产生积极的情绪体验,否则就会产生消极的情绪体验。由此可见,道德情感就是人们的道德需要是否得到满足而引发的内心体验。

个体的道德情感包括直觉的道德情感体验、与道德形象相联系的道德情感体验和与道德伦理相联系的道德情感体验三种形式。随着年龄的增长,儿童的道德情感也不断在丰富和发展。小学生的道德情感以直觉的道德情感体验及与道德形象相联系的道德情感体验为主,易受情境的影响,比较肤浅、脆弱、不稳定,自觉性较低。随着年龄的增长,到小学高年级时已约有一半儿童产生具有较高概括性和自觉性的伦理型道德情感。到初中三年级以后,在良好的班集体中,与道德伦理相联系的道德情感体验基本占优势地位。

(3)道德意志

道德意志是在一定道德观念的指导下,个体自觉地克服困难去完成预定的道德目标,实现一定道德动机的过程。道德意志包括道德意志的坚持性、自制性、自觉性和果断性四种成分。

道德意志的坚持性是指为了实现道德目的,不屈不挠地克服困难,始终贯彻于道德行动的品质。在整个小学阶段,儿童道德意志的坚持性随着年级的升高而提高,但总体水平不高,且不太稳定。儿童很难长时间地坚持某种道德行为。

道德意志的自制性是指克服内外干扰,主动支配自己道德行为的品质。小学低年级儿童的道德意志自制性的发展是比较缓慢的。在四年级和六年级时发展速度开始加快,但从总体上讲其自制性还是初步的,往往容易兴奋并带有一定的冲动性。在实际的道德情境中,他们缺乏抵抗诱惑的能力,有时甚至会明知故犯。

道德意志的自觉性是指对道德行动有明确的认识,并主动地调节和控制自己的道德行动的品质。它与道德认知水平紧密相关。低年级的儿童的道德行为基本上是被动的,是在老师的指导或监督下进行的。随着对道德概念理解的加深和对道德行为标准的内化,到小学高年级时,主动的道德行为逐渐产生,并开始以较快的速度发展。

道德意志的果断性是指善于觉察道德情境并迅速合理地作出决定,积极采取道德行动的品质。道德意志的果断性与道德意志的自觉性、个体的认知能力以及道德的行为能力有关。总的来讲,整个小学阶段,儿童道德意志的果断性都比较差,表现为其采取优柔寡断或冲动、冒失的道德行为。

(4)道德行为

道德行为是指一个人遵照道德规范所采取的言论和行动。它是实现道德动机的手段,是道德认识和道德情感的具体表现和外部标志。道德行为的培养主要通过道德行为方式的训练和道德行为习惯的养成等途径来实现。只有学生具有良好道德行为,才能使学校的品德教育具有社会价值。

小学阶段的儿童,其道德行为的发展主要有三个特点:其一是道德行为的发展与认识水平提高相适应。低年级儿童的道德行为一般由一些具体的、浅近的动机所引发,到高年级时,道德行为开始以社会需要作为动机的基础;其二是道德行为由外部控制过渡到内部控制;其三是道德行为习惯逐步养成。当前儿童在尊重师长、父母和他人等方面做得比较好,而劳动习惯,尤其是家务劳动习惯比较差。道德行为习惯的发展还表现出另一个特点,那就是其发展的曲线呈倒 U 形。这实质上表明儿童的道德行为正在由外部控制发展过渡到内部控制。

在品德形成的过程中,其四种心理成分是互相联系、互相制约、互相促进的。在人的实践活动中这四种心理成分一旦失去平衡,某一方面有所偏离,就会相互影响、彼此削弱。只有这四种心理成分协调平衡地发展,才有利于人将社会道德规范转化为个人的品德。可见品德的形成是一个极其复杂的动态变化、系统的过程,所以培养学生品德的工作是一项需要家庭、社会和学校综合教育、综合管理的艰苦细致的工作。

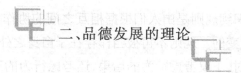

二、品德发展的理论

品德的发展是心理学研究的重要问题之一,关于儿童品德发展的理论很多,我们选讲其中最具代表性的两种理论:皮亚杰的品德发展阶段理论和科尔伯格的道德发展阶段理论。

1. 皮亚杰的品德发展阶段理论

皮亚杰是第一个系统地追踪研究儿童道德认知的心理学家。他在研究儿童品德发展时,采用对偶故事法,即向儿童提出各种成对的故事,每对故事中都有因某种故意的或无意的行为造成的不良结果,然后问儿童引起这两种不良结果的哪一种行为是"更坏的"。皮亚杰据此概括出儿童道德认识发展的三个阶段。

第一阶段:前道德阶段(4—5岁以前)。皮亚杰认为这一年龄时期的儿童正处于前运算思维时期,他们对问题的思考都还是以自我为中心的。他们不顾规则,按照自己的想象去对待规则。他们易冲动,感情泛化,行为直接受行动的结果所支配,道德认知不守恒。他们并不真正理解规则的含义,分不清公正、义务和服从。他们的行为既不是道德的,也不是非道德的。

第二阶段:他律道德阶段或道德实在论阶段(4、5岁—8、9岁)。这是比较低级的道德思维阶段,具有以下几个特点。

第一,单方面地尊重权威,有一种遵守成人标准和服从成人规则的义务感。其基本特征是:一是绝对遵从父母、权威者或年龄较大的人,认为服从权威就是"好的",不听话就是"坏的";二是对规则本身的尊重和顺从,即把人们规定的规则,看成是固定的、不可变更的。

第二,从行为的物质后果来判断一种行为的好坏,而不是根据主观动机来判断行为的好坏。例如,认为打碎杯子数量多的行为比打碎杯子数量少的行为更坏,而不考虑有意还是无意打碎杯子。

第三,看待行为有绝对化的倾向。道德实在论阶段的儿童在评定行为是非时,总是抱极端的态度,或者认为行为完全正确,或者认为行为完全错误,还认为别人也这样看待事情,不能把自己置于别人的立场看问题。

第四,认为受惩罚的行为本身就是坏的,把道德法则与自然规律相混淆,认为不端的行为会受到自然力量的惩罚。

第三阶段:自律或合作道德阶段(9—10岁以后)。这个阶段的道德具有以下几个特点。

第一,儿童已认识到规则是由人们根据相互之间的协作而创造的,因而它是可以依照人们的愿望加以改变的。规则不再被当作存在于自身之外强加的东西。

第二,判断行为时,不仅考虑行为的后果,还考虑行为的动机。研究表明,12岁的儿童认为,那些由积极动机支配但造成较大损失的儿童,比起怀有不良动机而只造成小损失的儿童要好些。由于这一阶段的儿童能考虑到行为的动机,因而在惩罚时能注意照顾弱者或年幼者。

第三,儿童与权威和同伴处于相互尊重的关系中,能较高地评价自己的观点和能力,并能较现实地判断他人。

第四,能把自己置于别人的立场判断事情,判断不再绝对化,可以看到可能存在的几种观点。

第五，提出的惩罚较温和，惩罚更为直接地针对所犯的错误，带有补偿性，而且可以把错误看作对过失者的一种教训。

达到自律性道德阶段的儿童，在游戏时不再受年长者的约束，能与同年龄儿童平等地参加游戏，明白自己的立场与对方的立场，共同制定规则，能遵守规则，独立举办游戏比赛。

皮亚杰认为儿童道德发展的这些阶段的顺序是固定不变的，儿童的道德认识是从他律道德向自律道德转化的过程。

皮亚杰的对偶故事示例

故事1：对过失行为的道德判断

A. 一个叫约翰的小男孩，听到有人叫他去吃饭，就去开房间的门。他不知道门外有一张椅子，椅子上放着一只盘子，盘内有15只茶杯，结果撞倒了盘子，打碎了15只杯子。

B. 有个男孩名叫亨利。一天，他妈妈外出后，他想拿碗柜里的果酱吃，不小心将一只杯子掉在地上摔碎了。

故事讲完后，要求儿童判断这两个小朋友哪个犯了较大的过失。皮亚杰发现不同年龄儿童进行判断的标准不同。年龄小的儿童往往根据结果来判断行为的好与坏，很少考虑到行为的动机和目的，因而他们大多认为打碎了15只杯子的约翰的过失较大；而年龄大的儿童则一般根据行为的动机和目的来判断，他们大多认为亨利的过失较重，因为他的行为是有意发生的。

故事2：对说谎行为的道德判断

A. 甲儿童在回家的路上碰到了一条狗，非常害怕。他跑回家里告诉妈妈，他碰到了一只像牛一样大的狗。

B. 乙儿童放学回家，告诉妈妈说，老师给了他一个好分数。事实上老师既没有给他高分数，也没有给他低分数。可是他这么一说，妈妈很高兴，表扬了他。

对于这个问题的回答与过失问题一样，年龄小的儿童认为甲更坏些，因为像牛一样大的狗是不存在的。他们根据儿童所说的话和客观真实性相关的程度来评定谎言的严重性，而不是根据有意欺骗的程度。年龄大一点的儿童则认为乙更坏些，因为乙故意在说谎。也就是说，随着年龄的增长，儿童的道德判断依据从效果转变为动机。

2. 科尔伯格的道德发展阶段理论

科尔伯格继皮亚杰之后对儿童品德发展问题进行了大量的、卓有成效的研究，提出了系统的道德发展阶段理论。

科尔伯格对皮亚杰的研究方法进行了改进，应用道德两难论的方法研究道德的发展问题，这种方法也称两难故事法。故事包含一个在道德价值上具有矛盾冲突的情境，让被试听完故事后对故事中人物的行为进行评论，从而了解被试进行道德判断所依据的原则及其道德发展水平。代表性的道德两难故事是"海因茨偷药"。

"海因茨偷药"

欧洲有一位妇女患了重病,生命危在旦夕。医生告诉她的丈夫海因茨,只有本城一个药剂师最近发明的一种药可以救他的妻子,但该药价格十分昂贵。海因茨四处求人,尽全力也只借到了购药所需的一半的钱。万般无奈之下,海因茨只得请求药剂师以较低的价格把药卖给他,或允许他赊账买药。但药剂师坚决不答应他的请求,并说他发明这种药就是为了赚钱。海因茨在走投无路的情况下,为了挽救妻子的生命,在夜间闯入药店偷了药,治好了妻子的病,但海因茨因此被警察抓了起来。

科尔伯格围绕这个故事提出了一系列问题,让被试参与讨论,如:海因茨应该不应该偷药?为什么应该?为什么不应该?海因茨犯了法,从道义上看,这种行为好不好?为什么?根据大量的研究,科尔伯格提出了三水平六阶段理论[①]:三水平是指前习俗水平、习俗水平、后习俗水平;六阶段是指每个水平又可划分为两个不同的阶段,共六个阶段。

①前习俗水平(0—9岁)。处在这一水平的儿童,其道德观念的特点是纯外在的。他们为了免受惩罚或获得奖励而顺从权威人物规定的行为准则,根据行为的直接后果和自身的利害关系判断是非。这一水平包括两个阶段。

第一阶段:惩罚与服从定向阶段。在这一阶段,儿童根据行为的后果来判断行为的好坏及好坏的程度,他们服从权威或规则只是为了避免惩罚,认为受赞扬的行为就是好的,受惩罚的行为就是坏的。他们还没有真正的道德概念。处于这一阶段的儿童对海因茨偷药的故事可能会作出这样两种不同的反应:赞成者认为,他可以偷药,因为他先提出请求,又不偷大的东西,不该受罚;反对者则会说,偷窃会受到惩罚。

第二阶段:相对功利取向阶段。处于这一阶段的儿童的道德价值来自对自己需要的满足。他们不再把规则看成是绝对的、固定不变的,评定行为的好坏主要看行为是否符合自己的利益。如他们对海因茨偷药的故事可能会有这样的说法:赞成者会说,他的妻子需要这种药,他不能失去妻子;反对者则会说,他的妻子在他出狱前可能会死,偷药对她来说最终没有好处。

科尔伯格认为,大多数9岁以下的儿童和许多犯罪的青少年在道德认识上都处于前习俗水平。

②习俗水平(9—15岁)。处在这一水平的儿童,能够着眼于社会的希望与要求,并从社会成员的角度思考道德问题,已经开始意识到个体的行为必须符合社会的准则,能够了解社会规范,遵守和执行社会规范。这时规则已被内化,按规则行动被认为是正确的。习俗水平包括两个阶段。

---

① 彭小虎等:《儿童发展与教育心理学》,华东师范大学出版社2014年版,第122~124页。

第三阶段:寻求认可定向阶段,也称"好孩子"定向阶段。处于该阶段的儿童,个体的道德价值以人际关系的和谐为导向,顺从传统的要求,符合大家的意见,谋求大家的赞赏和认可;总是考虑到他人和社会对"好孩子"的要求,并总是尽量按这种要求去思考。他们认为好的行为是使人喜欢或被人赞赏的行为。这一阶段的儿童听了海因茨偷药的故事,赞成者会说,他做的是好丈夫应做的事;反对者则说,他这样做会给家庭带来苦恼和使自己失去名誉。

第四阶段:遵守法规和秩序定向阶段。处于该阶段的儿童的道德价值以服从权威为导向,他们服从社会规范,遵守公共秩序,尊重法律的权威,根据法制观念判断是非,知法懂法;认为准则和法律的作用是维护社会秩序,因此应当遵从权威和遵循有关规范。该阶段的儿童听了海因茨偷药的故事,赞成者会说不这么做,他要为妻子的死负责;反对者会说,他救妻子的命是应该的,但偷东西犯法。

科尔伯格认为大多数青少年和成人的道德认识处于习俗水平。

③后习俗水平(15岁以后)。后习俗水平又称原则水平,达到这一道德水平的人,其道德判断标准已超出世俗的法律与权威的标准,而是有了更普遍的认识,想到的是人类的正义和个人的尊严,并已将此内化为自己内部的道德命令。后习俗水平包括两个阶段。

第五阶段:社会契约定向阶段。处于这一阶段的人认为法律和规范是大家商定的,是一种社会契约。他们看重法律的效力,认为法律可以帮助维持公正,但同时认为契约和法律的规定并不是绝对的,可以应大多数人的要求而改变。在强调按契约和法律的规定享受权利的同时,认识到个人尽义务和承担责任的重要性。对于海因茨偷药的故事,赞成者认为,法律没有考虑到这种情况;反对者认为,无论情况多么危险,都不能采用偷的手段。

第六阶段:原则或良心定向阶段。这是进行道德判断的最高阶段,表现为能以公正、平等、尊严这些最一般的原则为标准进行思考。在根据自己选择的原则进行某些活动时,认为只要动机是好的,行为就是正确的。在这个阶段内,他们认为人类普遍的道义高于一切。对于海因茨偷药的故事,赞成者认为,尊重生命、保护生命的原则高于一切;反对者认为,别人说不定也像他妻子一样急需这种药,要考虑所有人生命的价值。

科尔伯格根据自己的大量研究认为,道德认识的发展是按照三个水平、六个阶段依次发展的。这种发展顺序既不会被超越,也不会逆转。学生的道德判断是通过道德推理训练得以发展的,道德两难事故法是道德推理训练的有效方法。一个人的智慧发展与其道德认识发展是密切相关的,但却不是同步的,所以他主张:必须使学生认知上的成熟程度达到能在原则上进行推理的水平。

皮亚杰和科尔伯格从认知发展的角度为发展心理学开辟了儿童道德发展研究的新领域,展示了儿童道德认知或道德决断发展的基本历程。他们的观点对我们科学地安排品德教育的内容、有效地进行品德教育、认识品德发展规律是极有教育意义的。

三、儿童品德的培养

儿童品德的培养指让儿童形成正确的道德观念、高尚的道德情操、顽强的道德意志和良好的道德行为习惯。儿童的品德不是先天生成的,而是靠后天的教育养成的。在儿童品德的培养中,我们应做到"晓之以理、动之以情、导之以行、持之以恒",坚持多管齐下,综合利用各种有利的条件来促使儿童良好品德的形成。在实际的品德培养工作中,我们主要应从以下几个方面着手。

1. 应帮助儿童掌握正确的道德规则

儿童在实际的生活中出现"有错不知错"的现象,其原因主要是他们没能掌握正确的道德规则。对于年龄较小的儿童,我们应该先给他们提供行动的正确规则,告诉他们行动的要求,并督促其践行。然后逐步利用各种机会通过摆事实、讲道理、讲故事等方式向他们说明遵守这些规则的重要性、必要性,以提高儿童道德认知的能力。

2. 给儿童提供正面的榜样

俗话说"身教重于言教",榜样的力量是无穷的。心理学的实验研究发现,儿童在观察到帮助别人的行为后,其自身也会有更多的助人行为。身边的父母、老师的言行尤其会给儿童留下深刻印象,直接引导其行为。在提供正面榜样时,应注意榜样的真实性、权威性和可感染性。一般来说,真实的榜样会让儿童觉得亲近和有做到的可能性;权威的榜样让儿童觉得榜样可信;与儿童需求一致的榜样更容易使儿童产生情感共鸣,激发其产生相应的行为。

3. 恰当地使用奖励和惩罚

儿童的道德认知能力比较低,有时候他并不能完全领会父母、老师讲的道理。这会导致在指导儿童执行道德行为时,讲道理的作用减弱,甚至无效。因此要结合儿童道德心理发展的特点,对其道德的行为及时给予表扬、对不道德的行为给予批评。这一方面会提高儿童对规则的认识,另一方面会增强儿童正确的道德体验。

4. 积极引导儿童开展道德实践

时下,德育工作的实效性比较差。我们通常会发现,有时候一些儿童讲起道德规范来头头是道,一旦遇到别人需要帮助、需要其挺身而出时,他却退缩了。这与我们在实施品德教育时,重道德认知的发展、轻道德行为习惯的养成有关。我们应该在儿童的学习和生活当中,严格按照社会的道德要求,规范儿童的行为,要求他们从一点一滴做起,持之以恒,养成良好的道德品质。

巩固练习

一、选择题

1. 通过"道德两难故事法"提出道德认知发展阶段理论的学者是( )。

　　A. 马斯洛　　　　　B. 皮亚杰　　　　　C. 科尔伯格　　　　D. 罗森塔尔

2. 依据埃里克森的人格发现阶段理论,6－12岁儿童人格发展的主要任务是获得( )。

　　A. 勤奋感　　　　　B. 主动感　　　　　C. 自主感　　　　　D. 自我统一感

3. 在幼儿园时,小军将自己最喜欢的玩具汽车送给妈妈作生日礼物;三年级时,他送给妈妈的生日礼物是妈妈最喜欢的漂亮发夹。这一转变说明他的思维已进入( )。

　　A. 感知运动阶段　　B. 前运算阶段　　　C. 具体运算阶段　　D. 形式运算阶段

4. 小林又一次因偷拿水果被老师叫到了办公室。老师批评他:"为什么总是拿别人的东西?"小林低着头回应说:"我也知道这不对,但有时就是忍不住。"这说明小林最缺乏( )。

　　A. 道德认识教育　　B. 道德情感教育　　C. 道德意志教育　　D. 道德行为教育

5. 将强化分为直接强化、替代强化和自我强化的心理学家是( )。

　　A. 罗杰斯　　　　　B. 斯纳金　　　　　C. 班杜拉　　　　　D. 桑代克

6. 下列关于儿童"最近发展区"的观点不正确的是( )。

　　A. 发展要先于教学,以便更好地进行教学

　　B. 教学内容难易程度应略高于儿童现有的发展程度

　　C. 教学要走在发展的前面,以便更好地促进发展

　　D. 教学应同时考虑儿童现有发展水平和所能达到的水平

7. 小李认为服从、听话的孩子就是好孩子,对权威应绝对地尊重和顺从。依据科尔伯格的道德发展理论,小李的道德发展处于( )。

　　A. 惩罚与服从定向阶段　　　　　　　B. 相对功利取向阶段

　　C. 寻求认可定向阶段　　　　　　　　D. 遵守法规和秩序定向阶段

二、简答题

1. 个体的身体发展有什么特点?

2.简述皮亚杰认知发展理论。

3.举例说明最近发展区的具体含义。

4.用信息加工的观点简述个体记忆的发展。

5.儿童同伴团体的发展特点及影响因素是什么?

6.儿童友谊的发展具有哪些特点?

7.性别角色的发展阶段是什么?

8.试述皮亚杰的品德发展阶段理论。

9.简评科尔伯格的道德发展阶段理论。

10.如何对儿童的品德进行培养?

◀ 推荐书目 ▶

[1]谢弗等著,邹泓等译.发展心理学:儿童与青少年(第9版).北京:中国轻工业出版社 2016 年版。

[2]彭小虎等,儿童发展与教育心理学.华东师范大学出版社 2014 年版。

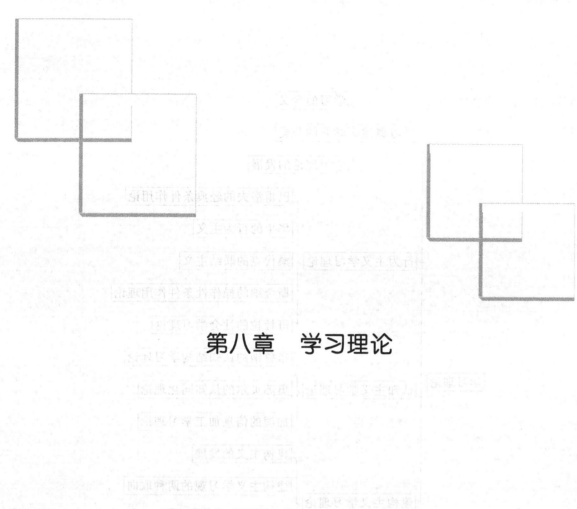

第八章　学习理论

- 学习理论
  - 学习概述
    - 学习的含义
    - 学习的分类
    - 学习理论的发展
  - 行为主义学习理论
    - 巴甫洛夫的经典条件作用论
    - 华生的行为主义
    - 桑代克的联结主义
    - 斯金纳的操作性条件作用理论
    - 班杜拉的社会学习理论
  - 认知主义学习理论
    - 布鲁纳的认知结构学习理论
    - 奥苏贝尔的认知同化理论
    - 加涅的信息加工学习理论
  - 建构主义学习理论
    - 建构主义的发展
    - 建构主义学习观的两种取向
    - 建构主义的主要观点
    - 建构主义学习的特征
  - 人本主义学习理论
    - 人本主义学习理论基本观点
    - 人本主义学习观
    - 人本主义教学观
    - 对人本主义学习理论的评价

第一节 学习概述

早在几千年前,中外思想家、教育家就开始对人类学习活动进行探讨。大约两千五百年前,我国著名思想家孔子就把"学"与"习"联系在一起。他有一句家喻户晓的话:"学而时习之,不亦说乎"。显然,孔子是把"学"与"习"分开来使用的。目前所能见到的最早将"学"与"习"二字连在一起使用的,是《礼记·月令》篇中"鹰乃学习"一语。

学习是伴随人类生活始终的一项活动。个体从牙牙学语到掌握各门深奥的科学知识,从蹒跚学步到掌握各种复杂的运动技能,都离不开学习。正是因为有了学习,人类才在物种的进化中,获得了得天独厚的优势,实现对自身生命的不断超越。学习不仅是个体生存和发展的需要,也是社会文明和社会发展的重要标志。古往今来,许多思想家、教育家高度重视学习。他们不仅身体力行、躬身实践,而且致力于学习问题的研究,积累了相当丰富的研究成果。这些成果对于学生的学习具有重要的启迪和指导作用。对于学生而言不仅需要努力学习,更重要的是要学会学习、学会高效率地学习。①

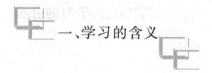

一、学习的含义

学习一直是心理学研究中比较核心的课题之一。心理学中对学习的含义有不同的界定,但最被广泛接受的定义是:"学习是个体在特定情境下由于练习或反复经验而产生的行为或行为潜能比较持久的变化"。由于学习心理学中的认知革命,所以目前学习更被广泛接受的定义是:"学习是由经验所引起的行为或思维比较持久的变化"。②

首先,学习的发生是由经验所引起的。此种经验不仅包括外部环境刺激,包括个体的练习,还包括个体与环境之间复杂的交互作用。

其次,由学习必然引发的变化有时直接见诸于行为,有时未必立即见诸于行为,它要经过很长时间才能见诸于行为,因此有的心理学家把学习引发的变化视为行为潜能的变化。然而认知学习理论家则认为,由于学习的发生引起内部心理结构产生变化,故

---

① 燕良轼:《教育心理学》,华东师范大学出版社 2018 年版,第 21 页。
② 陈琦、刘儒德:《当代教育心理学》,北京师范大学出版社 1997 年版,第 47 页。

其可被直接视为思维的变化。当然,无论是思维还是行为的变化,其都是比较持久的。

再次,不能简单地认为凡是行为的变化都意味着学习的存在。学习是由练习或反复经验而产生的,学习产生之后将要引起行为的变化。当然这种变化并不一定马上发生,有时学习之后要经过很长时间才能出现行为的变化;也不能简单地认为,凡是行为的变化都意味着学习的存在。有机体的行为变化不仅可以由学习引起,也可以由本能、疲劳、适应和成熟等引发,这些行为变化就不能称为学习的行为变化。学习的行为变化是比较持久的,而由疲劳、创伤、药物、适应所引发的行为变化都是比较短暂的,并使行为水平降低。成熟虽然也能带来行为的长期变化,但成熟与学习相比,它所带来的行为变化要慢得多,而且成熟往往与学习相互作用而引发行为的变化。

学习总是要通过操作表现出来,学习所带来的行为变化也往往要通过操作表现出来。但学习与操作表现不能等同,学习的表现有时可多于学习,有时可少于学习,这要视每个学习个体的具体情况而定。如学习后的记忆不同,学习对动机的激发不同,学习的操作表现也就不同。

最后,学习是一个广义的概念,它不仅是人类所普遍具有的,而且动物中也存在学习。学习不仅指有组织的知识、技能、策略等的学习,还包括态度、行为准则等的学习;既有学校中的学习,也包括从出生以来就表现出并一直持续终生的日常生活中的学习。

二、学习的分类

由于学习现象十分复杂,涉及不同的学习对象、内容、形式和水平等因素,因此心理学家根据不同目的和标准对学习进行了分类。

1. 国内的学习分类

(1)中国科学院心理学研究所潘菽的分类

我国教育心理学家潘菽依据学习的内容及结果,把学习划分为以下四种类型。

①知识的学习:包括学习知识时的感知和理解等。

②技能和熟练的学习:主要是指运动的、动作的技能和熟练。

③心智的、以思维为主的能力学习:主要是指智慧技能的学习。

④道德品质和行为习惯的学习:主要是指社会行为规范的学习。

这种分类的优点是比较符合教育工作的实际情况,教师可以针对不同类型学习的特点,根据不同的规律进行教学和指导学生的学习;它的缺点是把学生的学习过程简单地区分为知识的、技能的和道德品质的学习。而在学习的过程中,知识、技能和道德品质的学习是密切联系着的,不能截然分开和孤立地进行。

(2)北京师范大学冯忠良的分类

冯忠良依据教育系统中所传递的经验内容的不同,将学习分为三类。

①知识的学习:知识的掌握指通过一系列的心智活动来接受和占有知识,在头脑中构建起相应的认知结构。具体来说,知识的学习是通过领会、巩固与应用三个环节完成的,每一环节又有其特殊的心智活动。知识学习要解决的是认识问题,即知与不知、知之深浅的问题。

②技能的学习:技能的学习或练习是建立合乎法则的活动方式的过程,有心智技能学习和操作技能学习两种。技能学习比知识学习更为复杂,不仅包括对活动的认识,还包括活动或动作的实际执行。它不仅要求知道做什么、怎么做,同时还要求能够实际作出动作。技能学习最终要解决的是会不会做的问题。

③社会规范的学习:又称行为规范的学习或接受,是把外在于主体的行为要求转化为主体内在的行为需要的内化过程。社会规范的学习既包含对规范的认识,又包含执行及情感体验,因此比知识、技能的学习更为复杂。

2. 国外的学习分类

(1)加涅的学习水平分类

美国心理学家加涅在 1970 年出版的《学习的条件和教学论》一书中,根据学习的繁简程度把学习由低级到高级分为八类。

①信号学习:学习对某种信号作出反应,经典性条件反射即是此类学习的典型例证,如狗学会听到铃声(信号)而分泌唾液即是一种信号学习,这是一种最简单的学习。

②刺激反应学习:主要是指操作性条件作用或工具性条件作用的学习,其中强化在该类学习中起到非常关键的作用。

③连锁学习:是一系列刺激反应动作的联合。

④言语联想学习:与连锁学习一样,是一系列刺激反应的联合。只不过它是语言单位的连接,如将单词组成为合乎语法的句子。

⑤多重辨别学习:区分多种刺激的不同之处。

⑥概念学习:在对刺激进行分类时,对事物抽象特征的反应。

⑦原理学习:了解概念之间的关系,学习概念间的联合。

⑧解决问题的学习:在各种条件下,应用原理达到最终目的。

加涅认为,学习的主要内容是概念、规则和问题解决。他在 1971 年把上述分类中的前四类合并为一类,把第六类分为两类,即连锁学习、辨别学习、具体概念学习、定义概念学习、规则学习、解决问题的学习。

后来加涅又提出了著名的学习结果分类理论,把学习分为五类。

①言语信息学习,即学生掌握的以言语信息形式传递的内容或者学生的学习结果是通过言语信息的形式表达出来。它主要帮助学生解决"是什么"的问题。

②智慧技能学习,即解决"怎么做"的问题,以处理外界的符号和信息,又称过程知识。学习者掌握了以符号形式出现的智慧技能后,就能熟练地解决社会生活中碰到的各类问题。阅读、写作及运用数字是低年级儿童习得的基本的智慧技能。加涅具体地把智慧技能分成了五个层级,即辨别、具体概念、定义性概念、规则、高级规则。

③认知策略学习,即个体通过学习掌握支配自己的注意、学习、记忆和思维的技能。加涅认为学习者在学习活动中习得的主要学习策略包括普通认知策略、特殊认知策略和反省认知策略,如运用逆推法解决几何问题,用不同的视角去研读同一篇文章等。只有当个体掌握了这种能力,对学习过程的执行控制才能成为可能。

④动作技能学习,即学习者学习促使身体灵活运动的能力,如体操技能、书写技能、作图技能、操作技能等,它也是能力的组成部分。

⑤态度学习,即学习者学习行为趋向的内部状态,它使学习者的行为具有某种特定的倾向性。

这五种学习又可分为三个领域,前三种学习属于认知领域;第四种学习属于动作技能领域;第五种学习属于情感领域。把人类的学习归为认知、情感和动作技能三个领域几乎成了一切学习和教育心理学家的共识。

(2)奥苏贝尔的学习分类

奥苏贝尔从学习的方式和学习材料与学习者原有知识之间的关系两个维度出发,仔细区分了接受学习和发现学习、意义学习和机械学习之间的关系。

①接受学习和发现学习。奥苏贝尔依据学习材料是由学习者自己发现的还是由他人提供的,将学习分为接受学习和发现学习。在接受学习中,学习者所学习的材料主要是以定性结论的形式由教师传授给学习者的,教师只要求学习者把其所教的内容内化到自己的认知结构中去,以便随时提取。而发现学习强调学习的首要任务不是内化,而是发现,在学习过程中要求学习者必须通过自己的探索去发现知识。

②意义学习和机械学习。奥苏贝尔根据学习者对学习材料的理解程度,将学习分为意义学习和机械学习。按照奥苏贝尔的理解,意义学习是指学习者通过学习所掌握的新知识能够与自己认知结构中已有的知识建立一种实质性联系。比如进入高中阶段的学生在初中物理的基础上再学习高中物理知识就是一种典型的意义学习。而机械学习是指学习者不能理解所学的知识之间的相互关系,只能逐字逐句地去背诵要求掌握的有关知识,比如艾宾浩斯无意义音节的学习就是纯粹的机械学习。

(3) 学习的意识水平分类

按学习的意识水平分类,学习可分为内隐学习和外显学习。内隐学习是指有机体在与环境接触的过程中不知不觉获得了一些经验,并因之改变其事后某些学习行为的学习,例如,人们能够辨别哪些语句符合语法,却不一定能说出这些语法规则是什么。外显学习则是指受意识支配、需要付出心理努力并需要按照规则作出反应的学习,如数学中的代数和几何规则的学习。①

(4) 正式学习与非正式学习

学习可以分为正式学习与非正式学习两种基本形式。正式学习指在学校的学历教育和工作后继续教育中发生的学习,是通过课程、教学、实习及研讨等形式进行的。非正式学习指由学习者自主的、在非正式的学习时间和场合、通过非教学性质的社会交往而进行的学习。② 正式学习与非正式学习的区别不在于学习发生的物理位置。即使在学校,学生也可能进行非正式学习,例如,与同伴进行交流互动、做游戏及接触各种信息媒体等。非正式学习在生活中更是随时都能发生,如家庭中父母说教、旅游观光、网络通讯和聊天、观看电视与电影等。非正式学习可随处进行,不需要有专门的教室,不存在鲜明的组织性和制度性。

三、学习理论的发展

学习理论是心理学中最古老、最核心,也最发达的领域之一。早在心理学尚未分化出来成为一门独立的学科时,就有不少哲学家论及学习。例如,古希腊哲学家柏拉图、亚里士多德和中国伟大教育家孔子的思想中就有不少论述学习与记忆的内容。心理学自19世纪初期从哲学和生理学中分化出来成为一门独立的学科开始,人们对学习的性质、学习的过程、学习的规律、学习的动机、迁移以及学习的方法策略等,都有大量的研究,从而增强了人们对学习及其本质的理解,形成了系统的学习理论研究。学习理论的研究试图解释学习是如何发生的,它有哪些规律,它是一个什么样的过程,如何才能进行有效的学习。

一百多年来,心理学家们在探讨学习规律的过程中,由于其哲学基础、学科背景的不同,研究手段不同,自然地形成了有关学习的各种不同观点。这些不同的观点构成了

---

① 陈琦、刘儒德:《教育心理学(第2版)》,高等教育出版社2011年版,第99页。
② 陈琦、刘儒德:《教育心理学(第2版)》,高等教育出版社2011年版,第102页。

不同的学习理论流派,彼此存在着争论和歧见。下面简单介绍学习理论的发展过程。

1. 现代学习理论的发展渊源

心理学作为一门独立的学科是从19世纪晚期冯特建立第一个心理实验室开始的。冯特对研究人类意识经验有兴趣,他试图把意识分为许多最小的构成要素,像物理学研究原子、化学研究元素一样,在心理学中对这些最小的要素进行研究,使之成为一门"真正"的科学。由冯特领导的第一个心理学派,被称为构造主义学派。构造主义者用的主要工具是内省(自己反省)或自我分析,先训练被试在感知一个物体时详细报告其即时的经验——原始经验,而不是报告对该物体的解释和所学到有关该物体的东西。

冯特的构造主义很快遭到了来自心理学各学派的批评。机能主义学派的创立者威廉·詹姆斯在其极有影响的《心理学原理》一书中批评道,意识是不能还原为元素的,相反,意识作为一个整体起作用,其目的在于使有机体适应环境。杜威也是机能主义学派有影响力的代表人物,他指出心理学的目标应该是去研究行为对于适应环境的意义。机能主义心理学对学习理论的主要贡献在于他们不是去研究一种孤立的现象,而是研究意识与环境的关系。

以韦特海默为首的格式塔学派形成于1910年德国的法兰克福大学。他们强调经验的整体性,批评冯特的元素主义使他看不到人类经验的真实性,犹如音乐家把每个音符分开就永远使人听不到主旋律一样。"整体不是其各部分的总和",如果只研究部分或各要素,只会把研究引入歧途。因为当各要素从其背景中被分割出来时,它们的表现往往已与原来在其背景中的表现有所不同。

以华生为首的行为主义学派批评冯特采用内省法作为科学研究工具的做法。行为主义学派同意研究元素,但不赞同冯特的研究途径。华生认为唯一可观察到并可采用科学方法研究的是被试的外显行为,如果意识不与外显行为有关系的话,就应把它从心理学中"撵"出去。

来自各方的批评使构造主义学派成为短命的学派。然而对它的批评,反而促使行为主义者和格式塔学派从不同角度对构造主义进行批评,使心理学获得进一步发展。

2. 行为主义学习理论的发展

机能主义是最初反对构造主义心理学派的。随后,一些心理学家认为,根本不必去研究意识,为了使心理学研究完全客观化,心理学必须以行为作为其唯一的研究对象。华生积极地接受了这种观念,打出了行为主义学派的旗号。他认为,为了使心理学真正成为一门科学,它必须使其对象——外显行为能得到可信的测量,而且对行为的解释是不允许牵涉心理过程的,因为这些过程是不能被观察到也无法被测量的。

华生在提倡研究行为、反对内省、反对研究意识的主张时,发现俄国生理学家伊凡·巴甫洛夫关于条件反射的研究正是他所需要的。他发现所有的学习可用条件反射作解释，也就是学习即一系列刺激与反应联系的积累，条件作用已足以解释学习的各个方面。在华生看来，心理学是一门纯粹的自然科学的实验性分支，其理论目标在于对行为的预测和控制，甚至人格也只不过是许多条件反射的集合。华生是极端的环境决定论者。他认为，人类生来具有的仅是极少的一些反射和一些基本的情绪——恐惧、怒和爱；经由经典性的条件作用，这些反射与各种各样的刺激结合，才产生了学习；否认任何心理能力和先天素质的存在。在华生和他的追随者格思里、赫尔、桑代克和斯金纳等人的影响下，美国心理学界以行为主义观点为主导研究学习理论持续了半个世纪之久。

3. 认知主义学习理论的发展

认知学习理论的先驱是德国的格式塔学派。格式塔是一个德语词，意即完形。该学派主张思维是整体的、有意的知觉，而不是联结起来的表象的聚集。以韦特海默为首，加上后来的苛勒、考夫卡，他们认为结构主义把思维还原为他们所谓的基本要素（元素），而行为主义则把行为还原为习惯、条件作用或刺激——反应联系，两者都属于还原主义。行为主义反对任何一种还原主义，主张学习在于构成一种完形，改变一个完形成为另一个完形，学习是顿悟。顿悟的发生前提是，有机体面临问题，即认知产生不平衡。这种不平衡具有动机性质，使有机体试图去解决这个不平衡，以求得心理的平衡。这种问题的解决是通过顿悟而实现的。该学派重视创造性，重视理解，这些构成了最初的认知学习论的观点。

格式塔学派作为早期认知理论学派，显现出其对学习的许多合理解释，如强调人类的学习与动物的学习不同。格式塔学派主张的认知结构、创造性等都为现代认知心理学奠定了基础，然而在遗传环境的作用问题上，他们强调遗传的作用，主张内省法，未能与传统的唯心主义哲学划清界限。这些使格式塔学派在当时缺乏行为主义学派所具有的说服力。

认知学习理论家致力于人类学习的研究。认知派理论朝两个方向发展：一个方向是认知主义，即信息加工论，将人脑比拟为电脑，探讨人对信息的加工过程，安德森、西蒙和加涅等是这一理论方向的杰出代表；另一个方向是新结构主义，即建构主义，这种理论认为，人类的学习是经验的重组、认知结构的获得和建构的过程。这种思想又可以从个人建构和社会建构两个角度进行分析。个人建构的理论基础是皮亚杰的认知发展理论，皮亚杰的认知结构思想吸取了格式塔学派关于学习的认知和组织的观点，但是他更强调有机体与环境的交互作用，通过同化与顺应的过程取得与环境的平衡。皮亚杰的理论在20世纪60年代被介绍到美国以后，得到了广泛的响应。社会建构主义的思想基础是维果斯基道德社会文化历史观。20世纪70年代末以来，西方教育心理学受到苏联心理学家维果斯基的影响，强调知识的发展是通过社会建构而激起的，这种社会性的建

构是在两个或两个以上持续对话的社会环境中进行的。于是合作学习和交互作用教学等学习(教学)方法应运而生。在与其他人讨论的过程中帮助学习者学到新东西,扩大其认知结构,更清楚地表达他们自己已有的概念并检验那些与别人相左的观念,对其进行重新建构。通过此类社会性的建构,使学习者的认知结构得以更健康地发展。

4. 人本主义学习理论的发展

20世纪60年代,西方社会特别是美国,由于社会和政治原因,社会动荡不安,人们开始从当时的教育制度和学校、学习理论中去寻找其失误。批评家们认为,行为主义的程序教学和行为矫治使用过度,以致在许多情况下人们不切实际地忽视生活中的人类特征,人本主义心理学应运而生。他们一方面反对行为主义不重视人类本身的特征;另一方面也指出,认知心理学虽然重视人类认知结构,但也忽视了人类情感、价值、态度等对学习的影响。人本主义心理学的主要代表人物是康布斯、马斯洛和罗杰斯。康布斯认为要理解人类行为,必须理解行为者所知觉的世界,从行为者的角度看待事物。人本主义者关注学习者的情感、个人的知觉,因此学习情景应该是学生中心和学生定向的。个人应该决定他们自己的行为;学习应该包括新信息的获得和信息的个人化。马斯洛则强调个人的动机倾向是指向自我实现或自我完成的。他提出需要层级学说,认为低级需要的满足是发展高级需要的条件。罗杰斯则特别强调人类具有天生的学习愿望;当他们理解到学习与他们自身需要的关系时,当学习是自我启动时,他们特别愿意去学习;在无威胁的环境下能更好地学习。他还指出教师如果真正体恤学生,表现出对学生的信任和信心,在交流中具有同情心和理解力,那么教师作为学习促进者的角色和地位就可以有所改善和提高。

几十年来各派学习理论的争论无法得出谁是谁非的结论,因为各派都从某个角度说明了学习的一部分规则,揭示了部分真理。随着心理科学的发展,尤其是近几十年来计算机科学、认知科学、认知神经科学以及学习科学的发展,人们日益认识到简单地评论孰是孰非是无意义的,重要的在于从各个方面去揭示学习的实质和规律,取各家之长,补己之短。这种趋势使学习理论的研究得到了进一步的发展。

第二节 行为主义学习理论

行为主义学习理论产生于19世纪末,它是在反对构造主义心理学的基础上发展起来的,是与教育心理学同时产生的一个有着广泛影响的学习理论派别,其前身是桑代克的联结主义教育心理学。由于二者的特殊关系,心理学界常常将行为主义称为联结主义,也常常将联结主义称作行为主义。

行为主义将学习看作个体外显行为改变的历程,它不关心学习过程中学习者内心世界究竟产生了哪些变化,而关注外显行为。那么什么是外显行为呢? 在行为主义心理学家看来,所谓外显行为就是学习者个体刺激与反应之间(S—R)的联结。该理论认为某刺激原本不能引起个体某种固定的反应,但经过条件作用之后,个体就会在该刺激出现时作出固定反应(如某人走到路口,看见红灯停,看见绿灯行)。①

桑代克的联结主义可以被看成行为主义的先驱,他创立的刺激(S)引起反应(R)的观点被行为主义心理学家广泛接受。桑代克之后的行为主义作为一个学派的发展大致经历了三个阶段。

第一阶段:以创始人华生为代表的早期行为主义,其特征为:主张客观主义;以刺激和反应的术语解释行为,将学习解释为刺激代替;强调联结学习;主张环境决定论。

第二阶段:以斯金纳为代表的新行为主义,其主要特征为:强调刺激与反应之间的中介变量;允许在经验事实的基础上,对行为的内部动因进行推测;以操作主义观点解释中介变量;将学习解释为反应强化。

第三阶段:以班杜拉为代表的社会学习论。其观点介于行为论与认知论之间,将学习看作个体模仿他人行为的过程。社会学习论的特征为:给予认知、思维等心理因素在行为调节中的作用以足够的重视;把认知、思维看成积极、主动的过程;强调研究方法的客观性;主张学习可由观察模仿而产生。②。行为主义在 20 世纪上半叶,在心理学领域一直居于统治地位。属于行为主义学习理论阵营的心理学家有很多,其中最有代表性的有桑代克、华生、斯金纳和班杜拉等。

一、巴甫洛夫的经典条件作用论

经典条件作用论由俄国著名的生理学家、心理学家、诺贝尔奖获得者巴甫洛夫提出,其理论在学习领域产生了深远的影响。

1. 学习的实质

巴甫洛夫的经典条件反射作用论源于一个意外事件,是巴甫洛夫在研究消化时的

---

① 张春兴:《教育心理学》,浙江教育出版社 1998 年版,第 172 页。
② 叶浩生:《西方心理学的历史与体系》,人民教育出版社 1998 年版,180 页。

意外收获。1902年,巴甫洛夫将狗置于经过严格控制的隔音实验室内,通过遥控装置将食物送到狗面前的食物盘中,他用仪器来测量并记录狗的唾液分泌量。实验开始后,首先向狗呈现铃声刺激,铃响半分钟后给狗提供食物,观察并记录狗的唾液分泌反应;在铃声和食物多次结合进行测试后,仅呈现铃声,而不给予食物,狗同样也出现了分泌唾液反应。

在实验开始时,食物诱发了狗分泌唾液的反应,而铃声不能引起该反应。这时,食物称为无条件刺激,铃声称为中性刺激,由食物引起的唾液分泌反应称为无条件反应。在铃声与食物多次结合以后,单独呈现铃声而不给予食物时,狗也会产生唾液分泌反应。这时,中性刺激铃声就具有了原来只有食物才具有的某种诱发反应的力量,从而变成了条件刺激,单独呈现条件刺激就能引起的反应称为条件反应。这就是经典条件反射形成的过程。

在实验中,条件反射的形成说明动物学会了对刺激信号作出反应。巴甫洛夫认为学习是条件刺激(铃声)与条件反应(唾液分泌)之间形成的联系,这里的联系是暂时神经联系。也就是说,学习是大脑皮层暂时神经联系的形成、巩固和恢复的过程。

2. 学习的规律

巴甫洛夫提出的条件反射原理中包含着许多重要的学习规律。

(1) 获得律和消退律

在条件反应获得的过程中,条件刺激和无条件刺激之间的间隔十分重要。一方面,条件刺激和无条件刺激必须同时或者近乎同时出现,间隔时间太久则难以建立联系;另一方面,条件刺激作为无条件刺激出现的信号,必须先于无条件刺激出现,否则也难以建立联系。这就是条件反射的获得律。

在条件反射建立以后,如果条件刺激重复出现多次,而没有无条件刺激相伴随,条件反应会变得越来越弱,并最终消失,这就是条件反应的消退现象。但这种消退现象只是暂时的。实验暂停一段时间后,当条件刺激再次单独出现,条件反应仍会以很微弱的形式重新出现。当然,随着进一步的消退训练,这种自发恢复的条件反应又会迅速变弱,然而完全消除一个已经形成的条件反射比获得这个反射难得多。条件反射越巩固,消退的速度越慢;条件反射越不巩固,消退的速度越快。

(2) 泛化律和分化律

刺激泛化是指人和动物一旦学会对某一特定的条件刺激作出条件反应以后,其他与该条件刺激相似的刺激也能诱发其条件反应。刺激分化是指通过选择性强化和消退,使有机体学会对条件刺激和与条件刺激相类似的刺激作出不同反应的一种条件作用的过程。在实际教育和教学过程中,也需要对刺激进行分化,来引导学生对相似的刺激作出不同的反应。比如教师可以通过分化,引导学生很好地区分"未"与"末"、"日"与"曰"等相似的字。刺激泛化和刺激分化是互补的过程。泛化是对事物相似性的反应,分化则是对事物差异性的反应。泛化能使我们的学习从一种情境迁移到另一种情境;而分化则能使我们对不同的情境作出不同的恰当的反应,从而避免盲目行动产生。

条件反射现象作为一种普遍的学习现象、一种简单的学习形式,可以解释许多动物和婴幼儿的学习行为。比如,驯兽员让动物对某一信号作出一定的反应,幼儿教师和家长让孩子学会对语言刺激和其他信号刺激作出反应。此外,经典条件反射对教学也具有积极的意义。比如,在经典条件反射作用下,个体可以获得对各种情境的情绪和态度。受此启发,教师要在教学中不断给予学生关心和鼓励,学生就会将其和学习实践联结起来,从而喜欢学习,热爱学校。当学生在学习过程中有不适当的行为时,不要采用惩罚、刁难、讽刺等刺激手段,以免使学生将学习活动与恐惧、紧张、惊慌联结起来,而导致学习障碍产生。同时,条件反射的泛化、分化和消退规律也可运用于教学。比如,人们在掌握性质相似的知识时,容易产生泛化现象。为了避免这一现象的出现,教师可采用对比教学法,让学生反复比较各种内容的不同之处,产生分化,以便掌握知识;可以利用条件反射消退原理消除学生不良的行为习惯等。当然,经典条件反射学习理论也有较大的局限性。由于其建立的前提是有机体先天存在无条件反射,所以其原理只能解释部分简单的、低级的学习;对于复杂的、高级的认识活动,用条件反射来解释,就会犯简单化、机械化的错误。

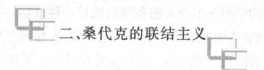

二、桑代克的联结主义

桑代克,美国著名教育心理学家,被誉为"教育心理学之父"。他从 1896 年开始对动物学习进行研究,进而从事对人类学习的研究。他于 1903 年写出了《教育心理学》一书,创立了他的教育心理学体系,其中学习心理学是其体系的重要组成部分。桑代克对学习的研究主要包括对学习实质的回答,对学习过程与获得学习方式的探讨。他的有关学习定律的研究具有极大的价值,此外他还提出了迁移的共同要素说。

1. 桑代克关于学习的经典实验

桑代克学习理论的一个特色就在于他首创了用实验的方法研究学习和教育心理问题,他所有的理论都建立在实验和测验的基础之上。他一生做了许多的实验,从动物的学习实验到以人为被试的学习实验,其中最典型的、最能说明他学习理论的还是对猫的实验。为了便于研究,桑代克做了一个迷箱,后人一般称之为"桑代克迷箱",开展学习理论相关研究。

实验时,桑代克将一只猫关进迷箱里,迷箱外放着猫爱吃的食物(一般是一条小鱼)和水。迷箱内设有一种能打开门的装置,装置的一头连着门闩,另一头装有一块踏板。猫只要按下这块踏板,门就会被打开,猫就能跑出来并吃到放在迷箱外的食物。猫被放入迷箱后,由于饥饿,会在迷箱中乱抓、乱咬、乱挤、乱碰,想逃出迷箱。偶然间,它抓到或撞到箱内的踏板,触发了机关,箱门被打开,猫得以逃出箱外并吃到鱼和喝到水。当猫饿了时候,再次将其关到迷箱中。桑代克及其研究人员发现随着猫进入迷箱次数的增多,它从迷箱中逃出去的次数也在增多、时间不断在缩短。经过多次尝试以后,猫一被放入迷箱后就会立即以一种确定的方式去触发机关,逃出迷箱,吃到食物。桑代克认为,这只猫已产生了学习行为。桑代克就是根据这样一类实验提出了一系列有关学习理论的观点的。

2. 学习的实质是形成联结

学习研究所面临的一个基本问题就是学习的实质问题,即什么是学习。桑代克以自己的亲身实验为依据,认为学习的实质就是形成一定的联结。他说:"学习即联结,心即是一个人的联结系统。这些系统,小到二十六个字母,大至科学或哲学,其本身都是由联结造成的。人之所以善于学习,即因他形成这样的许多的联结。"桑代克认为,个体所学到的就是一连串刺激—反应组成的联结。

桑代克对学习实质的认识虽然最初来自动物实验,但却在相当大的程度上解释了人类的学习。人类的学习在相当大的范围内就是一种联结,这种联结可分两种:一种是人为的联结,一种是非人为的联结。所谓人为的联结,是指在学习者头脑中并不具备与所要学的新观念一致的概念或经验,新观念的获得完全依靠人为地建立新旧观念之间的联系。人们每学习一类新知识、一门新学科,必然会遇到一些基本的概念或符号。一个从来没有接触过外语符号的人去学外语,对外语的基本字母或单词的最初掌握就只能靠人为联结。因为在学习者的头脑中找不到任何一点关于外语学习的准备性知识。况且人类常常要根据自身生存和发展的需要进行学习,而并非根据头脑中"已经知道了什么"进行学习。在这种情况下,人为的联结显得愈加重要。

另一种是非人为联结的学习。所谓非人为联结指一种非任意性质的联系,是指新旧知识之间以某种合理的逻辑为基础的内在联系。在意义学习中,新的学习材料所代表的观念与学习者认知结构中已有的观念之间会建立实质性的非人为联结。这种实质性联系指一种非词语层面上的联系,可以用不同形式的语言进行表达,所引起的心理内容或意识内容的实质不变。

同时,桑代克关于学习实质的看法还可以较好地解释教育实践和生活中一些基本的学习现象。若对"学习即形成联结"持这种理解,就能提高学习的效果,甚至可以把"创造"也视作一种联结。如枯藤、老树、昏鸦、小桥、流水、人家、古道、西风、瘦马、夕阳、断肠人等,本是人所皆知的平常事物,但是一旦将其巧妙地联结在一起,就变成了千古绝唱:"枯藤老树昏鸦,小桥流水人家,古道西风瘦马。夕阳西下,断肠人在天涯。"一个不善于做巧妙联结的人用这些名词可能只能写出流水账式的句子。从这个意义上说,一个善于学习的人和一个不善于学习的人之间的差别就在于:前者善于将所学的知识做各式各样的巧妙联结,后者只能将所学的知识做一种或几种惯常的联结。

3. 学习的过程是尝试错误的过程

学习的实质是形成联结。那么这种联结是怎样获得的呢?桑代克认为,获得联结的方式是尝试错误。在学习之初,学习者一定会经历一个被动、盲目的探索阶段,犹如猫初次进入迷箱一样。而后经过不断尝试错误后,正确的反应逐渐增多,错误的反应逐渐减少。这种心路历程就叫作尝试与错误学习,简称试误学习。

桑代克认为,动物的基本学习方式是试误学习。试误学习是从动物实验中得出的,桑代克因此受到许多批评:用从动物实验中所获得的理论类推人类的学习难免机械,混淆了人类的学习与动物学习之间的本质差异,因为人类的学习要比动物的学习复杂许多。这类批评在一定程度上是正确的,但是如果将试误学习视作人类的重要学习方式之一,而不是唯一的学习方式,那么可以说试误学习说在一定程度上揭示了人类学习的规律。

个体探索未知世界时尝试错误的过程是显而易见的。爱迪生为研究电灯而做实验的次数很多,他以自己的切身体验说道:"失败也是我所需要的,它和成功一样对我有价值,只有在我知道一切做不好的方法以后,我才知道做好一份工作的方法是什么"。[①] 一个人在面对陌生的学习情境时,尝试错误是唯一可供选择的途径。当然,人类学习中的尝试错误与动物尝试错误有本质的不同,动物尝试错误是为适应环境的需要,是被动的;而人类的尝试错误是一个主动的过程,人们可以发挥自己的主观能动性,将尝试错误的次数降到最少,在尝试错误的过程中,人也可以借助经验尽快地找到正确答案。

4. 桑代克关于学习的定律

桑代克在大量动物和人类学习实验的基础上,总结了学习的三条规律。

第一,准备律。通俗地说,就是当学习者在心理上有了准备时,即有某种学习的心向时,其进行学习就会产生满意感;当学习者没有某种心理上的准备时,强行进行学习,就会产生烦恼感。准备律对于人类学习的价值在于,让人注意到学习需要与学习动机问题。依据桑代克的准备律,学习者在进行学习之前,先要调节自己的学习需要和学习动

---

① 姜念海:《科学家的思维方法》,云南人民出版社1984年版,第29页。

机,只有在具备了学习需要与学习动机的情况下,才能收到良好的学习效果。中国古代学者也主张学习者在学习之前首先要立志,这与桑代克的观点不谋而合。所以在桑代克的实验中,猫在进入迷箱之前,必须处于饥饿状态,只有处于饥饿状态,它才有获取食物的需要;假如等猫吃饱了再将它放进迷箱,猫很可能只会睡觉,而不会表现出任何逃出迷箱的行为。

第二,练习律,也称用进废退律。桑代克认为,一个已形成的联结,如果对其加以应用,它的力量就会增强(使用律);反之,一个已形成的联结如果不对其加以应用,这个联结的力量就会减弱(失用律)。一般而言,练习确实有助于学习,即练习会增强原有的联结。但如果练习是盲目的,特别是心不在焉的,缺乏及时的反馈信息,则纵然练习的次数再多,也不会增强刺激与反应联结的力量。

桑代克提出练习律后,他自己也发现这一规律与实际的学习并不相符。许多实验表明,单是练习不会无条件地增强刺激与反应之间联结的力量。一般说来,只有当学习者发现重复练习能获得满意的效果时,练习才会有助于学习;没有强化的练习是无意义的。比如有些老师强迫学生机械地抄字上百遍,结果等学生将辛苦抄完的作业交给老师后,老师看也不看或只数一下抄写遍数,而不向学生指出好在哪里或坏在哪里。这样做,只能增加学生的学习负担,让学生产生厌学的情绪。

第三,效果律。在情境与反应间建立可以改变的联结,伴随着满意的态度,联结的力量就增强;伴随着烦恼的态度,联结的力量就会削弱。

桑代克认识到,为了保证猫的学习的产生,食物是必需的。试想,假如猫好不容易从迷箱中跑出来,迎接它的不是一盘鱼,而是一条面露凶相的大狼狗,下次再将猫放进迷箱后,猫还愿意想方设法跑出来吗?答案显然是否定的。可见,只有当反应的结果是令人愉快的,学习才会发生;假若反应的结果是令人不愉快的,那么这种行为反应就会减弱,而不是增强。这就是桑代克所讲的效果律。在桑代克的早期著作中,效果律包括正强化律与负强化律。后来,他通过实验发现,可能正强化律对控制行为更有帮助,于是在其后期著作中,桑代克舍弃了负强化律,而只论述正强化律。

三、华生的行为主义

华生是行为主义的奠基者和捍卫者。他相信,巴甫洛夫的条件作用模式适用于建立人类行为的科学,如果将这种模式加以扩展,可以解释各种类型的学习和个性特征。他认为,学习就是以一种刺激替代另一种刺激,建立作用条件的过程。

华生曾经用条件作用的原理做了一个恐惧形成的实验。在这个实验中,11个月大的阿尔伯特本不害怕小兔子,当他走近兔子时,背后传来一声巨响,他猛地吓了一跳。不断重复这一过程,一周以后,阿尔伯特对兔子产生了恐惧情绪反应,而且他对兔子的条件反应泛化到了其他任何有毛的东西,如老鼠、制成标本的动物,甚至有胡子的人。

根据这一实验,华生提出,有机体的学习实质上就是通过建立条件作用,形成刺激与反应之间联结的过程。条件刺激通过与无条件刺激在时空上进行结合,替代无条件刺激与无条件反应建立了联系。在实际教育中,许多学生的学习态度就是通过经典性条件作用而习得的。例如,学生之所以不喜欢外语,可能是因为老师在课堂上要求他们大声翻译句子,或者要求他们回答难题,引发了他们的焦虑。他们将外语与这种不愉快的体验联系起来,形成了对外语的恐惧反应,并可能将这种条件作用泛化为对其他课程乃至对学校的恐惧。

四、斯金纳的操作性条件作用理论

斯金纳是行为主义后期对学习心理学影响最大的心理学家,也是操作性条件反射的首创者。他深受巴甫洛夫经典条件反射理论和桑代克效果律的影响,创造了操作性条件反射学说。自从桑代克开创了用实验的方法研究学习问题之后,心理学家们对学习问题的研究步入科学的阵营。斯金纳的操作性条件反射理论,也是建立在实验基础之上的。

1. 关于学习的经典实验

斯金纳的学习研究实验始于20世纪30年代后期,持续到20世纪90年代,可以说斯金纳的一生都是在实验中度过的。斯金纳也自制了一个与桑代克迷箱相似的实验箱,叫作"斯金纳箱",他的许多实验都是在"斯金纳箱"中完成的。与桑代克的实验不同的是,斯金纳实验的对象主要是白鼠与鸽子等动物。"斯金纳箱"的一面内壁上装有操纵杆,操纵杆与提供食丸的装置相连。只要操纵杆一被压动,食丸便滚进食盘里。

实验者把饥饿的白鼠置于箱内,白鼠在箱子里爬来爬去,当它碰巧将爪子(如前爪)放在操纵杆上并压下操纵杆时,就会有一粒食丸掉下来并落入食盘,白鼠可以吃到食丸。箱子的另一面与外面的一些设备相连,这些设备会自动画出一条线,一分钟一分钟地显示出白鼠压下操纵杆的次数,从而记录下白鼠的行为。白鼠经过多次尝试,逐渐知道可以通过不断按压操纵杆的方式来获得食物。至此,就可以认为白鼠学会了按压操纵杆以获得食物,按压操纵杆变成了取得食物的手段。

通过更为复杂的设计,还可让动物学会分化行为。例如,灯亮时按压操纵杆得到食物,而灯灭时按压操纵杆得不到食物,最终动物学会了只在灯亮时按压操纵杆。斯金纳箱的一个特点是,动物可以反复作出斯金纳所谓的"自由操作的反应"。所谓"自由",指动物的行为是不受限制的;所谓"操作",指动物的反应是主动作用于环境的。[1] 这说明个体所有的行为改变(学习)都是其本身对环境适应的结果,是受外在因素控制的,是没有自由的,因此斯金纳的学习理论被称作环境决定论。[2]

2. 斯金纳关于学习的主要观点

(1)两类行为与两类条件反射

斯金纳通过将自己的实验与巴甫洛夫的进行比较,从而对行为有了更为分化性的认识。他将行为划分为两大类型:一类是应答性行为;一类是操作性行为。应答性行为是由已知的刺激引起的行为或反应,斯金纳认为巴甫洛夫的经典条件实验研究的就是这类行为或反应;操作性行为不是由已知的刺激引起的,而是由有机体自身发出的行为引起的,斯金纳认为自己的操作条件作用实验研究的就是这类行为。应答性行为包括所有的反射在内,如用针刺一下手,手就会立刻缩回;当遇到强光时,眼睛就会立刻眯住等;斯金纳认为,人们日常生活中的大部分行为都是操作性行为,例如读书写字、步行上学、回答问题等。影响行为巩固或再次出现的关键因素是行为产生后所得到的结果,即强化。

(2)逃避条件作用和回避条件作用

逃避条件作用是指当厌恶刺激出现时,有机体作出某种反应,从而逃避了厌恶刺激,则该反应在以后类似的情境中发生的概率便会提高。在日常生活中,看见路上的垃圾,你会绕道走开;面对前方向你飞来的蚊虫,你会躲开或将它拍死等,都体现了逃避条件作用。回避条件作用是指当预示厌恶刺激即将出现的刺激信号出现时,有机体可以自发地作出某种反应,从而避免厌恶刺激的出现,则该反应在以后类似的情境中发生的概率便会提高。这是在逃避条件作用的基础上建立的,体现出个体在经历了厌恶刺激以后,学会了对预示厌恶刺激出现的信号作出反应,从而免受痛苦。逃避条件作用和回避条件作用都是负强化的条件作用类型。

(3)惩罚

惩罚是指当有机体作出某种反应以后,向其呈现一个厌恶刺激,以消除或抑制此反应的过程。惩罚与负强化有所不同,负强化是通过厌恶刺激的排除来提高反应在将来发生的概率,而惩罚则是通过厌恶刺激的呈现来降低反应在将来发生的概率。

---

[1] 施良方:《学习论——学习心理学的理论与原理》,人民教育出版社1994年版,第118页。
[2] 张春兴:《教育心理学》,浙江教育出版社1998年版,第187页。

(4) 强化

强化是行为主义理论中的一个重要概念,桑代克、华生和巴甫洛夫都重视强化的作用。斯金纳对强化有着自己独特的理解。他认为,凡是能提高某个反应出现概率(可能性)的刺激均可称作强化,凡是能提高某个反应出现概率(可能性)的刺激物都叫作强化物。

按照强化的性质可将强化分为正强化和负强化。凡是因为在情境中增加了某种刺激而导致反应频率增加的现象都叫正强化现象,导致反应频率增加的刺激物叫作正强化物。例如,当饥饿的小白鼠按开关时得到食物,食物便是正强化物。正强化物所形成的强化作用叫作正强化,用正强化的方法可以塑造想建立的行为:当适当的行为出现时,立即给予一个好的刺激(如喜欢的食物),便可促使这种行为重复出现,并保持下来。凡是在情境中因减少或消除某种刺激而导致反应频率增加的现象就叫作负强化现象,导致反应频率增加的刺激物就叫频率负强化物。例如,处于电击状态下的白鼠按开关时,电击停止,电击停止就是负强化物,由负强化物所形成的强化作用叫作负强化。用负强化可以巩固一种适当的行为,当符合要求的行为出现时,立即取消原来给予的不愉快刺激,如批评、限制等,就能增加该行为重复出现的频率。总之,正强化和负强化都能够增加学习者的反应概率或频率。

按照强化的来源可以将强化分为一级强化和二级强化。一级强化一般只满足人与动物的基本生理需要,它包括所有在没有任何学习发生的情况下也起强化作用的刺激,如食物与水等。二级强化指任何一个中性刺激,假若和一级强化物反复结合,它自身就能获得强化的性质。如金钱对婴儿而言并不是强化物,不过儿童一旦知道钱能买零食或玩具,它就能对儿童的行为产生作用。斯金纳认为,对于人类来说,二级强化包括对大量行为起强化作用的许多刺激,诸如特权、社会地位、权力、财富和名声等,大多是由社会文化所决定的,它们构成了决定人类行为的极有力的二级强化物。①

强化程序,指采用强化原理进行条件作用学习实验时,在提供强化物的时间上做各种不同的安排,从而观察个体正确反应出现的概率与强化实施之间的关系。② 斯金纳认为,将强化作不同的安排,将会收到不同的效果。

五、班杜拉的社会学习理论

社会学习理论的倡导者是班杜拉,他认为人的行为主要是后天习得的。人的行为

---

① 施良方:《学习论—学习心理学的理论与原理》,人民教育出版社 1994 年版,第 124 页。
② 张春兴:《教育心理学》,浙江教育出版社 1998 年版,第 188 页。

习得的方式有两种:一种是通过直接经验而获得行为反应的模式,即行为主义所主张的刺激—反应式的学习;一种是通过观察示范者的行为而习得相应的行为。班杜拉把前者称为"通过反应的结果所进行的学习",将后者称为"通过示范所进行的学习"。班杜拉认为,那种通过行为反应结果所进行的学习,其效果是非常有限的,因而它不可能是人类学习的主要方式。也就是说,人类的大量行为都是通过对榜样行为的观察或模仿而习得的。这种学习就是观察学习、模仿学习或替代性学习,所谓观察学习是通过观察他人所表现的行为及其结果而发生的学习。

班杜拉的学习理论在很大程度上是建立在对斯金纳强化学习理论质疑的基础上的。在斯金纳看来,学习必须经过强化;而班杜拉则认为,如果每个行为都必需经强化才能获得,那么人的一生所能够学到的行为是十分有限的,人的学习将是低效的学习。他发现,人在许多情况下并不是依赖强化而学习,而是依赖模仿而学习,大量的行为是靠模仿习得的。同时他认为即使是模仿也不一定非要直接模仿他人的行为,许多行为和知识是通过间接模仿习得的。班杜拉将普通的观察与社会心理学结合起来,创立了自己的理论。

1. 班杜拉社会学习理论的经典实验

社会学习理论的实验主要集中在新行为形成、攻击性行为、抗拒诱惑和言行一致等几个方面。因篇幅有限,在此我们只介绍新行为形成实验和攻击性行为实验。

(1)新行为形成实验

班杜拉与麦克唐纳于1963年至1968年间,曾用12对判断故事,对5—11岁儿童进行初测,并在此基础上将儿童分为三组:第一组,在儿童进行道德判断与初测时进行比较,儿童稍有进步就给予赞扬、奖励或强化(强化组);第二组,在儿童做判断时附有一个成人做的道德判断的榜样,同时对判断结果给予奖励、强化(榜样强化组);第三组,在儿童做判断时附有一个成人做的道德判断的榜样,但不予赞扬或强化(榜样不强化组)。经过这样不同的训练后,儿童被带进另一个房间去评价另外12个成对的故事。结果发现,这三组三次的测验成绩是不同的:初测时三个组成绩差不多;复测时,第二、第三组的成绩远远超过第一组,而第二、第三组中不强化组成绩稍好于强化组;末测时,第一组成绩提高不大,甚至有下降趋势,而第二、第三组中,强化组成绩略好于不强化组。实验结果表明,第二、第三组儿童道德判断水平的迅速提高是由于成人判断的榜样对其产生了有力的影响,而强化的作用并不显著。也就是说,道德行为形成的关键因素是学习者对榜样行为的模仿而不是强化。因此班杜拉认为儿童的道德判断差异主要表现为个人差异而非皮亚杰所说的年龄差异。这种差异主要是由不同的社会学习和不同的榜样造成的。

(2)攻击性行为实验

攻击性行为实验是班杜拉和罗斯在1965年做的。他们选择了66名4岁的儿童作为被试,并随机地将他们分成三组,每组22人。不同组的儿童观看电影中的同一攻击行为,第一组是攻击—奖赏组:一个成年人采取攻击行为后,另一个成年人给予其奖赏,称赞他为勇敢的胜利者,并给他巧克力糖和汽水等食品;第二组是攻击—惩罚组:一个成年人采取攻击行为后,另一个成年人对他进行指责,骂他是暴徒,打他并迫使他低头逃跑;第三组是控制组:一个成年人采取攻击性行为后,既没有得到奖赏,也没有受到惩罚。然后,实验者把儿童带到与电影情境相同的实验情境中,让儿童玩10分钟,通过单向观察屏观察儿童的行为。结果发现,与其他两组相比,攻击—惩罚组几乎没有人模仿攻击性行为,惩罚减少了对攻击行为的模仿。但是,如果给以足够的诱因,如告诉儿童凡是能模仿观察到的行为,就可以得到果汁和一张优美的图片,三组的测试结果则几乎没有区别。这就说明学习在没有直接强化的情况下仍能够进行。

2.班杜拉社会学习理论的主要观点

班杜拉通过上述实验建构出自己的学习理论的基本观点。

(1)交互作用论

对人的行为如何发生有两种对立的观点:一种是外部环境决定论,如早期行为主义;另一种是内部动因决定论,如一些人本主义心理学。其实这两种观点都属于单向决定论,班杜拉则提出了与上述观点不同的交互作用论。他认为对人的行为产生影响的有三个因素:行为、人的内部因素和环境因素。人的心理与行为不能单独由三个因素中的任何单一因素决定,而是由三个因素共同决定的,是三个因素交互作用的结果。班杜拉认为,行为、人的内部因素、环境三者彼此相互联结、相互决定。这一过程涉及三个因素的交互作用,而不是两因素的结合或两因素之间的单向作用,行为和环境条件作为交互因素而起作用。人的内部因素(观念、信仰、自我知觉)和行为同样是彼此交互的因素,它们构成一种三角互动关系。

(2)观察学习

在班杜拉看来学习的产生并非依赖强化,而是来源于观察与模仿。个体的大多数行为(包括道德行为)既可以在社会交往中通过对榜样的观察而获得,又可以通过对榜样的观察而有所改变。观察学习是指学习者通过对榜样人物的行为及其结果的观察而进行的学习。这种学习不需要学习者亲身经历刺激—反应联结,是一种在别人的学习经验中学习的方式。班杜拉将学习者通过对刺激作出反应并给予直接强化而完成的学习叫作直接学习或亲历学习;将社会交往中的观察学习叫作间接学习。班杜拉不否认亲历学习,认为人可以通过直接经验进行学习。不过在班杜拉看来,间接学习更符合人类学习的实际,因为人有通过语言和非语言形式获得信息以及自我调节的能力,使得个体通过观察他人(榜样)所表现的行为及其结果,就能学到复杂的行为反应。也就是说,

在观察学习中,学习者不必直接作出反应,也无需亲身体验强化,只需通过观察他人在一定环境中的行为,并观察他人接受一定的强化,便可完成学习。

与斯金纳强调直接经验、直接学习、直接的试误、直接反应和由他人所给予的直接强化不同,班杜拉重视替代性经验、替代学习、替代性试误、替代反应、间接强化与自我强化。所谓替代性经验,指学习者通过观察被模仿者因其行为所获得的奖惩结果而产生的一种认知或情感性的体验。在班杜拉看来,亲身经历的经验固然重要,但替代性经验同样具有较多的功能。

所谓替代性试误,指学习者通过观察被模仿者的试误行为而产生一种行为的自我完善。在班杜拉看来,正确行为不一定非要通过亲自不断尝试错误而获得,实际上也可以通过模仿的方式获得。

所谓替代反应,指学习者受到榜样行为的暗示而表现出来的一种和榜样行为相似的反应。这种反应不是通过自己的直接行为训练而习得,而是通过观察榜样的行为过程得到的。

所谓间接强化,也叫替代强化,指观察者通过看到他人受强化而间接地受到相应的强化,不是自己直接受强化。

所谓自我强化,指自己给予自己强化。班杜拉相信,个体能通过观察他人的行为得到某种认知表象,并以之指导自己以后的行为,这样就使得他减少了不必要的尝试错误。通过这种方式而获得的行为改变不同于学习者对刺激作出反应的直接学习,是种间接的或替代的学习。

(3) 观察学习的对象

班杜拉认为凡是能够成为学习者观察学习对象的,就可以称之为榜样、示范者或范型。他将榜样或范型分为三类。一是活的榜样。活的榜样也叫真实的榜样,是指具体的活生生的人。这是儿童社会化不可缺少的榜样,活生生的榜样在观察者面前进行真实的行为操作。真实的榜样生动有趣,容易引起并保持观察者的注意。真实的榜样本身可以依靠时间变化,或使行为简化,或重复示范来体现重要部分。二是符号性榜样,即通过语言和影视图像等传播媒介而呈现的榜样。传播媒介有图片、幻灯片、录音、录像、电影、文字说明等。在班杜拉看来,个体道德行为的形成和不良行为的矫正都主要是通过观察榜样进行的。三是诫例性榜样,即以语言描绘或形象化方式呈现某个带有典型特点的榜样,以告诫儿童学习或借鉴某个榜样的行为方式,如我们平常所说的雷锋、王进喜等正面榜样,也包括一些反派人物(所谓反面榜样)。

(4) 观察学习的类型

班杜拉将观察学习分为四种类型。一是直接观察或模仿。直接观察或模仿是直接的观察学习,即学习者对示范行为进行简单的模仿。人类生活中的基本知识与技能都是人经由直接模仿而学习的。二是综合模仿。它是一种较复杂的模仿学习方式。学习者经模仿而学到的行为,未必直接得自某个楷模,而是综合多次所见形成自己的行为。三是象征模仿。它指学习者所学习的并不是楷模人物的具体行为,而是其性格或行为所代表的意义。如电影中所描述的英雄人物,他们行为的背后含有勇敢、智慧和正义等品质,能引起儿童的象征模仿。四是抽象模仿。学习者从示范者的行为中习得一定的行为规则或原理,而不是具体的行为。如解算术题时,学生从教师对例题的讲解中学到解题的方法,这就是一种抽象模仿。

(5)观察学习的过程

班杜拉对观察学习心理过程的研究受到了信息加工认知心理学的影响。他按信息加工的模式对观察学习的心路历程进行了分析,认为观察学习的心路历程由四个相关联的子阶段构成,每个子阶段又包括了一些影响它们的变量。

第一阶段是注意阶段。观察学习始于学习者对示范者行为的注意。在注意阶段中,学习者对被观察对象的特征进行有选择的观察,注意是观察学习发生的前提条件。为了能够凭借观察就能进行学习,学习者需要以某种方式注意榜样行为的重要特征,并加以正确地知觉,否则单是呈现榜样行为是不会产生观察学习的。人虽然经常置身于大量的示范的影响之下,但深入观察什么,能够学习到什么,则是由注意过程决定的。观察经验的类型和数量,是由制约注意过程的许多因素决定的,其中包括观察者自身的特征和被示范对象或事件本身的特性。例如,动画片突出了人物的特征,容易吸引幼儿与小学生的注意;文字描述的内容常常只能被有文化的学习者注意到。

第二阶段是保持阶段。在保持阶段中,人将观察到的信息转化为符号,并以符号的形式贮存在长时记忆中,即用言语和形象两种编码系统把所获得的信息储存在记忆中。这样在以后的某些场合中,即便客观事物不存在,事物的表象仍可以被唤起。注意阶段所注意到的东西,必须用符号对其进行编码和贮存,至少要保持到作出这种行为反应时为止,否则不会产生观察学习。因此在保持阶段,观察者一般需要将注意到的榜样的行为转换成表象或言语符号保持在自己的记忆中,形成榜样行为的内部形象,这样这些记忆编码在日后便能指导操作。同时,练习也能成为一种重要的记忆支撑,经过观察而学到的示范行为只有经过认知上的练习(复述)或实际上的演练操作后才能被长久记忆。

第三阶段是运动再现阶段。把记忆中的表象转换成行为,并根据反馈来调整行为以作出正确的反应。由于这一过程涉及运动再现的认知组织和信息反馈对行为的调整等一系列认知和行为的操作,班杜拉又将这个过程分解为:反应的认知组织、反应的启动、反应的监察和依靠信息反馈对反应进行改进及调整等环节。事实上,示范行为能否再现取决于学习者记忆中示范行为各部分是否完整以及学习者是否具备再现这些行为的技能,而学习者的监控和信息反馈能力则决定着示范行为的精确性。

第四阶段是动机阶段。再现示范行为之后，学习者是否能够经常表现出示范行为还受到行为结果因素的影响。班杜拉认为有三个方面的因素影响着学习者再现示范行为：他人对示范行为的评价；学习者本人对自己再现行为能力的评估；他人对示范者的评价。班杜拉把这三种对行为结果的评价分别称之为：外部强化、自我强化和替代性强化。这三种强化都是制约示范行为再现的重要驱动力量。因此，班杜拉把它们看成学习者再现示范行为的动机力量。

上述四个阶段的划分不是绝对的，例如，动机阶段可以贯穿观察学习的全过程。同时，这四个阶段犹如一个串联的电路，要想使电流顺利通过，四个开关要同时接通。同理，要想使观察者习得榜样行为，这四个阶段的活动都必须顺利进行。可见一个完整的观察学习有四个阶段，缺少其中任何一个或多个阶段，观察学习都不可能产生。

观察学习是通过观察榜样的示范行为进行的，因而榜样的条件会对学习产生影响。班杜拉认为理想的榜样应具备五个条件：榜样的示范要特点突出、生动鲜明，才能引起学习者的注意；榜样的示范要符合学习者的年龄特征；榜样的行为对于学习者来说要具有可行性，即学习者能够做得到，这是最基本的条件；榜样的行为要具有可信任性，即人们相信榜样作出某种行为是出于自身的需求，而不是具有另外的目的；榜样的行为要感人，使学习者产生心理上的共鸣，这样学习者才会表现出相似的行为。

(6) 观察学习的效应

班杜拉还分析了观察学习的五种效应。

第一，习得效应。习得效应指通过观察习得新的技能和行为模式。例如，儿童的语言就是一种通过模仿习得的技能。父母使用文明语言，其子女习得文明语言；父母使用不文明语言，其子女可能会使用不文明语言。观察学习的习得效应可以解释大部分与态度和品德有关的新行为方式的学习。

第二，抑制效应与去抑制效应。抑制效应指观察者看到他人的不良（或良好）行为受到社会谴责，观察者会暂时抑制受到谴责的不良（或良好）行为。去抑制指观察者看到他人的不良行为未受到应有的惩处，其原本受到抑制的不良行为重新发作。观察学习的抑制与去抑制效应可以解释不良态度与品德转变的部分心理机制。

第三，反应促进效应。反应促进效应指通过观察促进新的学习或加强原先习得的行为。反应促进也指原先习得行为的加强。

第四，刺激指向效应。刺激指向效应指通过观察榜样行为，观察者将自己的注意指向特定的刺激。在班杜拉的实验中，看到榜样用木槌击打布娃娃的儿童同未看到这种行为的儿童相比，前者不但模仿这种攻击行为，而且更多地将木槌运用到其他情境中。

第五，情绪唤醒效应。情绪唤醒效应指观察者看到榜样表达情感，容易唤起类似的情感，所以观察学习是情感教育的重要手段。

第三节 认知主义学习理论

与行为主义不同,认知学习理论重在研究学习者对环境刺激(信息)的内部加工过程和机制,而不局限于外显的刺激与反应;研究人是如何形成概念、理解事物以及进行思考和解决问题的,而非研究实验室中动物的学习行为。他们一般强调,学习是主动的心智活动,是内在认知表征(如知识系统)的形成、丰富或改组的过程,而不简单是行为习惯的加强或改变。认知学习理论发端于德国的格式塔学派。从20世纪五六十年代开始,随着复杂学习活动以及语言发展等相关问题研究的深入,同时也由于受计算机科学的影响,认知学习理论逐渐进入了发展与兴盛的时期。

在这一时期,认知学习理论主要包括以下两种密切相关的倾向:认知结构理论和信息加工学习理论。认知结构理论与早期的格式塔理论有着更为密切的联系,它把人的认知看成整体结构,而学习就是认知结构的形成和重组的过程。已有的认知结构作为内在的编码系统左右着个体对于新信息的选择、理解、组织和推理,认知结构理论的代表性人物有布鲁纳和奥苏贝尔等。信息加工的学习理论主要是受计算机科学的启发,用计算机来类比人的认知加工过程,从信息的接收、编码、存储和提取的流程来分析学习的认知过程,其代表性人物有加涅和安德森等。

一、布鲁纳的认知结构学习理论

布鲁纳的教育心理学理论主要集中体现在1960年出版的《教育过程》一书中。对于布鲁纳在教育心理学方面作出的卓越成就,美国一本杂志曾这样评价:他也许是自杜威以来,第一个能够与学者和教育家谈论智育的人。这足以看出布鲁纳在学术界的威望。

布鲁纳主要研究有机体在知觉与思维方面的认知学习。他把认知结构称为有机体感知和概括外部世界的一般方式。布鲁纳始终认为,学校教育与实验室研究猫、狗、小白鼠受刺激后作出的行为反应是截然不同的两回事。他强调学校教学的主要任务是要主动地把学习者旧的认知结构置换成新的,促使个体能够用新的认知方式来感知周围的世界。

布鲁纳认知理论的主要观点包括以下四个方面。

(1) 重视学科基本结构的掌握

布鲁纳强调:"无论我们选教什么学科,务必使学生理解该学科的基本结构"。所谓"基本",是指"具有既广泛而又强有力的适用性"。学科的基本结构包括基本概念、原理和规律,也就是说每个学科教学都要着重教给学生这"三基"。

布鲁纳的认知结构教学理论深受皮亚杰发生认识论的影响,他认为认知结构是通过同化和顺应及其相互间的平衡作用而形成的,但他也不完全同意皮亚杰的观点。皮亚杰认为认知结构是在其他外界因素作用下形成发展起来的。而布鲁纳则反复强调认知结构对外的张力,认为认知结构是个体拿来认识周围世界的工具,它可以在不断的使用中自发地完善起来;学校的教学工作主要是帮助学生掌握基础学科的知识,并以此为同化点来完成对知识结构的更新,促使他们运用新的认知结构来完成对周围世界的感知,这就是有机体智慧生长的过程。因此布鲁纳主张把学科的基本结构教给学生,让学生掌握概括性程度更高的概念或一般原理,以有利于其后继新知识的同化和顺应。

(2) 提倡有效学习方法的形成

在布鲁纳看来,人类具有对不同事物进行分类的能力,人的学习其实就是按照知识的不同类别,把刚学习的内容纳入以前学习所形成的心理框架(或现实的模式)中,有效地形成学习者知识体系的过程。布鲁纳认为,人类的知觉过程也就是对客观事物不断进行归类的过程,所以他提倡教师在帮助学习者学习的过程中,不仅要提供必要的信息,而且要教会学生掌握并综合运用对客观事物归类的方法。他认为,学习者的探究实际上并不是发现对世界上各种事件进行分类的方法,而是创建分类的方法,继而在具体的学习过程中,这些相关的类别就构成了编码系统。编码系统是人们对所学知识加以分类和组合的方式,它在人类不断的学习中进行着持续的改变和重组。

在布鲁纳看来,知识迁移实际上就是学习者运用已经掌握的编码系统处理其他新的信息,从而有效地掌握新信息的过程。因此教育工作者在教授新知识时,客观地了解学习者已有的编码系统是非常重要的。

(3) 强调基础学科的早期教学

布鲁纳有句名言:"任何学科的基础知识都可以用某种形式教给任何年龄的任何人",因此他主张将基础知识教学下放到较低的年级。他认为任何学科最基本的观念是既简单又强有力的,教师如果能够根据各门学科的基本概念,按照儿童能够接受的方式开展教学的话,就能够帮助学生缩小"初级"知识和"高级"知识之间的距离,有效地促进知识之间的迁移,引导开发学生早期的智慧。他认为,加强基础学科的早期教学,让学生理解基础学科的原理,向儿童提供具有挑战性但是适当的机会使其步步向前,有助于儿童在学习的早期就形成帮助其进一步学习更高级的知识的同化点。布鲁纳列举了物理学和数学学习中的例子来进一步说明,如果儿童能早一点懂得学科学习的基本原理的话,就能帮助他更容易地完成学科知识的学习。他把这种对学科基本原理的领会和掌握称为通向"训练迁移"的大道,其意义在于它不仅能够帮助儿童理解当前学习所指向的特定事物,而且"能促使他们理解可能遇见的其他类似的事物"。

(4)主张学生发现学习

所谓发现是指学习者独自遵循他自己特有的认识程序亲自获取知识的一切方式。布鲁纳反复强调教学要促进学生智慧或认知的生长,认为"教育工作者的任务是要把知识以一种适应正在发展着的学生的形式,以表征系统发展的顺序作为教学设计的模式"教授给学生。由此,他提倡教师在教学中要使用发现学习的方法。

使用发现法应遵循六个步骤:明确和提出学生感兴趣的问题;使学生体验到问题某种程度的不确定性;提供解决问题的多种可能的假设;协助学生收集可供下断语的资料;组织学生审查有关资料,得出应有的结论;引导学生用分析思维去证实结论。

布鲁纳之所以强调在教学中要重视学生的发现学习,原因在于他通过比较研究发现学习和接受学习,看到发现学习有以下几个比较明显的优点。

第一,发现学习不仅强调对学习结果的存储,而且它还重视学习者在学习中以有意义的方式组织知识,因而学习者对知识掌握的牢固程度要好。

第二,发现学习强调学习者内部学习动机的激发,要求学习者在教师所提供的教学信息面前,自己探索解决问题的模型。实践也表明,发现学习更加容易激发学习者的智慧潜能。

第三,发现学习强调培养学生的直觉思维能力,注重在学习的过程中,让学习者运用假设去推测关系,运用自己的能力去解决问题或发现新事物,因而发现学习在一定程度上可以有效提升学习者发现问题、解决问题的能力。

第四,在发现学习的过程中,教师与学生处于合作状态。此时的学生就不再是静坐着的听众或观众了,他们主动与教师合作,投入教与学的互动中,在不断的探究中获得新的信息,从而大大提高学生学习的主动性。

二、奥苏贝尔的认知同化理论

奥苏贝尔是美国的认知心理学家,他对教育心理学的杰出贡献集中体现在他的有意义学习理论中。他在批判行为主义简单地将动物心理等同于人类心理的基础上,创造性地吸收了皮亚杰、布鲁纳等同时代心理学家的认知同化理论思想,提出了著名的有意义学习、先行组织者等概念,并将学习论与教学论两者有机地统一起来。

1. 有意义学习

奥苏贝尔学习理论的核心是有意义学习。他指出:"有意义学习过程的实质就是符号所代表的新知识与学习者认知结构中已有的适当观念建立非人为的和实质性的联系。"在他看来,学习者的学习如果要有价值的话,应该尽可能的有意义。奥苏贝尔将学习分为接受学习和发现学习、机械学习和意义学习,并明确了每一种学习的含义及其相互之间的关系。

(1)有意义学习的标准

为了有效地区分这四种学习,奥苏贝尔提出了有意义学习的两条标准。

第一条,学习者新学习的符号或观念能与其原有知识结构中的表象、有意义的符号、概念或命题等建立联系。如学习者在了解哺乳动物的基本特征后,在对照特征后,知道鲸也是哺乳动物家族中的一员。

第二条,新知识与原有认知结构之间的联结是建立在非人为的、合乎逻辑的基础上的,如四边形的概念与儿童原有知识体系中正方形概念的关系并不是人为建立的,它符合一般与特殊的关系。

(2)有意义学习的条件

奥苏贝尔在提出有意义学习标准的基础上进一步提出了有意义学习的两大条件。

一是内部条件。学习者要表现出有意义学习的态度倾向,即学习者表现出积极地寻求把新学习的知识与本人认知结构中原有知识联系起来的行为倾向性。

二是外部条件。所要学习的材料本身要符合逻辑规律,能与学习者本人的认知结构、认知特点相吻合,在学习者的认知范围之内。

(3)有意义学习的类型

奥苏贝尔还提出了人类存在三种主要的有意义学习类型。

一是表征学习,主要指词汇学习,即学习单个符号或一组符号代表的是什么。比如"cat"这个单词,对于刚刚接触英语的孩子来说是无意义的,但老师多次指着猫对孩子说这是"cat",最后孩子自己看见猫的时候也会说这就是"cat"。这时候我们就能说孩子已经掌握了"cat"这个符号的意义了。

二是概念学习,主要指学习者掌握同类事物共同的关键的特征。比如学习者学习了"鸟"的概念后,知道鸟具有的共同的关键的特征是体温恒定、全身有羽毛后,能指出鸡也应该属于鸟类。这个时候我们就能说学习者已经掌握"鸟"这个概念了。

三是命题学习,命题学习必须建立在概念学习的基础上,是学习若干概念之间的关系或把握两个(或两个以上)特殊事物之间关系的活动。这是最高级别的学习类型。学习若干概念之间的关系称为概括性命题学习,比如学习长方形的面积等于长乘以宽,这里的面积、长和宽可以代表任意长方形的面积、长和宽,而这里的乘积表示的是任意长与宽之间的联系。把握两个(或两个以上)特殊事物之间关系的学习称为非概括性命题学习,这种学习只是一种陈述学习。比如学习"无锡是中国最具经济活力的城市之一"这一观点,这里"无锡"表示的是一个城市,"中国最具经济活力的城市"表示的也是一个特殊的对象,两者结合在一起就陈述了一个具体的事实。

2. 知识的同化

奥苏贝尔学习理论的基础是同化。他认为,学习者学习新知识的过程实际上是新旧材料之间相互作用的过程,学习者必须积极寻找存在于自身原有知识结构中的能够同化新知识的"停靠点"。这里同化主要指的就是学习者把新知识纳入已有的图式中,从而引起图式量的变化的活动。奥苏贝尔指出,学习者在学习中能否获得新知识,主要取决于学生个体的认知结构中是否已有了相关的概念(即是否具备了同化点)。教师必须在教授有关新知识以前,了解学生已经知道了什么,并据此开展教学活动。

奥苏贝尔按照新旧知识的概括水平及其相互间的关系,提出了三种同化方式:下位学习、上位学习和并列结合学习。

下位学习(又称类属学习)主要是指学习者将概括程度处在较低水平的概念或命题纳入自身认知结构中原有概括程度水平较高的概念或命题之中,从而掌握与新学习有关的概念或命题。按照新知识对原有知识产生影响的大小,下位学习又可以分为两种。一种是派生类属学习,即新学习的知识仅仅是学习者已有概念或命题的一个例证或是一种派生物。这种学习不仅使新知识获得了意义,而且使原有知识获得了证实或扩充。另一种是当学习者获得一定的类属于原有概念或命题的新知识以后,使自身原有的概念或命题进一步精确化,从而使其受到限制、修饰或扩展,这种学习称为相关类属学习。

上位学习(又称总括学习)是指学习者在已经掌握几个概念或命题的基础上,进一步学习一个概括水平或包容水平更高的概念或命题。如学习者在熟悉了"感知""记忆""思维"这些下属概念之后,再学习"心理过程"这个概括程度更高的新概念,这个概括水平更高的新概念主要通过归纳原有下位概念的属性而获得意义。

当新学习的概念和命题既不能与原有知识结构中的概念或命题产生下位关系,又不与其产生上位关系,而是并列关系时,这时的学习便只能采用并列结合学习。如学生在学习了心理过程的基本知识以后,再学习个性心理的有关知识,这时的学习就是并列结合学习。

3. 学习的原则与策略

奥苏贝尔还在有意义学习和同化理论的基础上,提出了学习的原则与策略。

一是逐渐分化原则。这条原则主要适用于下位学习。奥苏贝尔认为学习者在学习

新知识时,用演绎法从已知的较为一般的整体中分化出细节要比用归纳法从已知的具体细节中概括整体容易一些,因而教师在传授新知识时应该先传授最一般的、概括性最强的、包摄性最广的概念或原理,然后再根据具体细节逐渐加以分化。

二是综合贯通原则。这条原则主要适用于上位学习和并列结合学习。奥苏贝尔主张教师在用演绎法渐进分化出新知识的同时,还要注意知识之间的横向贯通,要及时为学习者指出新旧知识间的区别和联系,防止由于表面说法不同而造成知识间人为割裂的产生,促进新旧知识之间的协调和整合。

三是序列巩固原则。这条原则主要针对并列结合学习。该原则指出对于非上位、非下位关系的新旧知识可以使其序列化或程序化,使学习内容由浅入深、由易到难。同时奥苏贝尔也指出,对于这类知识的学习,教师还应该要求学习者及时采取纠正、反馈等方法复习回忆,保证促进认知结构中原有观念的稳定性以及对新知识掌握的牢固性。

为了有效地贯彻这三条原则,奥苏贝尔提出了具体的先行组织者策略。先行组织者是指在呈现新的学习任务之前,由教师先告诉学生一些与新知识有一定关系的、概括性和综合性较强、较清晰的引导材料,来帮助学生建立学习新知识的同化点,以有效促进学习者的下位学习。根据所要学习的新知识的性质,奥苏贝尔列出了两种不同类型的先行组织者。对于完全陌生的新知识,他主张采用说明性组织者(或陈述性组织者),利用更抽象和更具概括性的观念为下一步的学习提供一个可利用的固定观念;对于不完全陌生的新知识,他主张采用比较性组织者,帮助学生分清新旧知识间的共同点和不同点,为学生获得精确的知识奠定基础。

4. 学习中的动机因素

奥苏贝尔主要关注的是成就动机对学习的影响,成就动机主要由三方面的驱力构成:认知内驱力、自我提高内驱力和附属内驱力。

(1)认知内驱力

认知内驱力是指学生渴望认知、理解和掌握知识,以及陈述和解决问题的倾向。简言之,即一种求知的需要。在奥苏贝尔的理论中,认知内驱力是成就动机三个组成部分中最重要、最稳定的部分,是意义学习中最重要的一种动机。它发端于学生的好奇心,以及探究、操作、理解和应付环境的心理倾向。

(2)自我提高内驱力

自我提高内驱力是指学生要求凭借自己的才能和成就获得相应社会地位的愿望。学生内驱力既指向眼前的学业成绩和名次等,又指向未来的学术和职业生涯。自我提高内驱力中一个很重要的成分就是焦虑,即学生担心因学业失败而失去社会地位和自尊。

(3)附属内驱力

附属内驱力体现为学生为得到家长和老师的赞扬而学习。学生学习既不是为了完成学习任务,也又不是为了增强自我。这种驱力不是指向能帮助自己获得社会地位的学业成绩,而是指向能赢得老师、家长或他人的褒奖,这是一种外在动机。

总之,奥苏贝尔通过系统深入的研究,对意义学习与机械学习、接受学习与发现学习的关系进行了明确的区分。他特别强调意义学习在学校学习中的作用,系统论证了意义学习的条件、类型和层次,揭示了意义学习的心理机制,建构出意义学习的同化模式。奥苏贝尔用自己的研究颠覆了许多传统观念,为各种学习类型"正名"。但是奥苏贝尔的学习理论将全部学习都归结为认知,没有考虑到学习的需要、情感以及人格等因素。具体地说,他的理论缺陷有:重循序渐进,轻渗透跳跃;重逻辑思维,轻直觉思维;重概念、原理与理智因素,轻感性知识与情感因素。总之,他没有将学习看成一种全身心投入的活动。

三、加涅的信息加工学习理论

信息加工心理学是在认知心理学的基础上分化出来的一种新的心理学范式。它是在借鉴计算机科学技术和人工智能科学,以及反思行为主义心理学在研究人类复杂认知过程中的失误的基础上发展起来的。它充分吸收了现代信息论、系统论和控制论的研究成果,其基本假设是把人的认知系统看成一个信息加工系统。由于受信息加工理论的影响,越来越多的人接受了计算机模拟的思想,把学习过程类比为计算机的信息加工过程,即信息加工学习理论。比如,学习者在一个学习情景中,他的眼、耳、鼻、舌、身等各种感官接受刺激作用好比是输入,通过感官转换成一定的神经传递信息;这些信息又经过神经系统的转换,使之能被储存和回忆起来;这种能被回想起来的信息又再次被转换成另一类的神经传递信息,它可以控制肌肉的活动,这种转换的结果就是产生语言或其他类型的运动,也就是输出。这些形形色色的转换过程就是学习过程,是在学习者头脑中进行的过程。这些过程及其特点和作用的方式,组成了现代学习理论的实质部分。

1.学习串行处理的认知模型

根据多年的研究,人工智能科学家提出学习认知模型或机器学习的基本类型主要有以下两类。

(1)样例学习

通过实例或样例学习概念和规则是人类学习的一种基本类型,也是计算机模拟的一种基本的学习类型,这就是样例学习。学生在学校中,学习和掌握大量的概念和规则,通常都是在教师的指导下进行的。教师为学生呈现一些具有典型意义的样例,采用一种有利于学生理解的教学程序,引导学生的思路步步深入,循序渐进地进行学习。最后学生在教师的启发和引导下学习概念和规则。

(2)类比学习

所谓类比学习就是在两个类似或相似的事物间对其形式、关系、结构和功能等方面进行比较。从逻辑上讲,类比推理是学习新知识的一种方法。它依据两个对象之间存在的某种类似或相似的结构关系,用一个领域的知识推测另一个相似领域的知识。类比推理总是以已知的一般规律或一般结构的知识为依据进行的,因而带有某种猜测的成分。

2. 学习并行处理的认知模型

学习的串行处理思想是把人的认知过程看成按照时间顺序紧密相连的一连串的信息加工过程,其认知模型是根据人类学习的外部宏观特征和对学习的宏观认知特点的分析得出的。然而脑科学和神经科学的研究发现,信息加工过程并不都是串行的。鲁梅哈特和麦克莱伦等人的研究指出,如果我们从若干分钟或几小时的时间跨度来看人类的思维和解题活动,可以看出其串行处理的特点,但这种串行处理的每一步都是大量的相互影响的简单计算要素(或认知加工单元)同时活动的结果。

他们认为,并行处理的信息加工模型一般有八个方面的要素:一组加工单元;一种激活状态;每一单元有一个输出函数;单元之间的联结有一种模式;在联结网络中被激活的传播模式有一定的传播规则;使单元的当前状态与输出相结合,使该单元新激活水平下的一个激活规则产生;联结的模式由经验来修正,从而产生一个学习规则;系统在一定环境中运行。可见,并行处理模型从认知加工单元的联结模式出发来解释认知现象中最重要的现象,即记忆、知识和学习。

信息加工心理学学习研究的成果主要体现为,人工智能专家已经编制出一些具有一定智慧功能和学习能力的计算机程序,并开发出具有应用价值的计算机辅助教学系统。这些东西的出现在一定程度上说明,信息加工心理学对人的认知加工过程的假设是有其合理性的。但人的学习过程是否真的与计算机的信息处理过程相一致,则是一个有待进行更深入研究的问题。

3. 加涅的信息加工理论

学习的信息加工的观点体现了计算机模拟的思想,把人的学习过程比喻为计算机的加工过程。加涅无疑是这种学习观的主角,他所提出的学习的信息加工理论已成为被广泛引用的经典理论。1974年,加涅利用计算机模拟的思想,坚持利用当代认知心理学信息加工的观点来解释学习过程,展示了学习过程中的信息流程。

加涅认为,任何一个教学传播系统都是由"信源"发布"消息",经编码处理后通过"信道"进行传递,再经过译码处理,还原为"消息",被"信宿"接收。该模型呈现了人类学习的内部结构及每一结构所完成的加工过程,是对影响学习效果的教学资源重新合理配置、调整的一种序列化结构。在这个信息流程中,加涅主要强调了以下几点。

学习是学习者摄取信息的一种程式。学习者从环境中接受刺激从而激活感受器,这是学习的第一步。斯珀林等通过实验研究证明,来自个体各种感觉器官的感觉信息表征成分必须成为注意的对象才能持续地对人的神经系统产生影响。经过注意,外界信息被转化成刺激信号,被人选择性地感知,在人的感觉登记器里保持0.25~2秒;被转换的信息紧接着以声音或形状的方式进入短时记忆。从学习者的角度看,信息最为关键的变化发生在进入短时记忆后的编码过程中。经过编码,原先以声音或形状储存的信息马上可能转化为能被人理解的、有语义特征的言语单元或更具综合性的句子、段落的图式。但信息在短时记忆中保留的时间也是非常短暂的,一般在2.5~20秒,如果学习者对其加以复述,最长也不会超过一分钟。这些有意义组织的信息经过学习者的不断复述而进入人的长时记忆系统,被永久保存下来。以后在人为地提供一定的外在线索后,这些被长久保存起来的信息经过反应发生器和效应器而被提取出来反作用于外在环境。

学习者自发的控制和积极的预期是制约课堂教学有效性的决定因素。执行、控制和预期虽然没有呈现在信息的流变程式中,但它们与信息流动同步,直接参与了完整信息加工的每一步,事实上这两个学习者内部加工的机制能影响信息流所有的阶段。因此,为了能高效率地学习,学习者必须对一些刺激作出反应。这意味着在学习初期,学习者的感觉器官就应该朝向刺激源,做好接受刺激的心理准备。另外,选择性知觉会直接影响到感觉登记器中的内容进入短时记忆的特征及编码方式的选择,它作为一种特殊因素在学习一开始就决定了学习者概括和解决问题的能力及学习者思维质量的高低。还有,作为一种定向性的执行过程,预期的内容能使学习者产生一种连续的学习定势,使他们的心向在指向于目标完成的过程中,选择每一加工阶段的信息输出,完成对学习者"头脑中已有"目标的应答。

反馈是检验教学效果的手段。教学是一个封闭的环形流程,有起点,也有终点,其起点和终点都指向于与学习者紧密相关的课堂情境(环境)。在这样一种情境中,学习需要对教学结果作出一定的评价,以过程效果检测的评定性标准作为提升教学质量的中介,使教学过程在一种动态的流程中不断地创新和被超越。而反馈就是通过对学习者行为的效果提供结果性评定,来检测、描述学习的性能和意义。在课堂教学中,学生可观察的活动模式是陈述一堂课质量好坏的直接依据,学生在课堂上的参与度、反应度、行为表现等都是反映课堂教学效果的原始性指标。

加涅在进一步分析学习活动的基础上,又把与上述学习过程有关的教学划分为以下八个阶段。

动机阶段(期望)。加涅认为要使有效学习行为发生,学习者必须要有学习心向,所以学习的准备工作就是由教师使用引起学生兴趣的方法去激发学生的学习动机。

了解阶段(注意,选择性知觉)。在这个阶段,教学的措施要引起学生的注意,为学生提供选择性的知觉。其主要的目的在于,促使学习者将学习的注意力指向与他的学习目标有关的各种刺激。

获得阶段(编码,储存入口)。教学在此阶段的任务是支持学生把了解到的信息转入短时记忆系统,也就是对信息进行必要的编码和储存。教师可向学生展示编码过程,帮助学习者采用较好的编码策略来学习知识,以有利于信息的获得。

保持阶段(记忆储存)。这个阶段的主要任务是让学习者把获得阶段所得到的信息有效地放到长时记忆的记忆存储器中去。存储信息的内部过程到底在多大程度上受教学方式的影响,现在还没有完全研究清楚。但是加涅认为应适当地提供有效的学习条件,如同时呈现不同的刺激来代替相似刺激来减少相互间的干扰,从而间接地影响信息的保持。

回忆阶段(检索)。也就是信息的检索阶段。在此阶段,要使所学的知识能以一种作业的形式表现出来,线索是必不可少的。因而加涅主张教学可以采取提供线索以引起记忆恢复的形式,或者采取控制记忆恢复过程的形式,来保证学生可以找到并运用适当的恢复策略。另外,他认为教学还可以采用包括"有间隔的复习"等方式,使信息恢复有发生的机会。

概括阶段(迁移)。在此阶段,教师提供情境,使学生学到的知识和技能以新颖的方式迁移,并向学生提供线索,以帮助学生应对以前不曾遇到的情境。

作业阶段(反应)。在此阶段,教学的主要任务是提供应用知识的机会,使学生展现学习的效果,并为下阶段的反馈做好准备。

反馈阶段(强化)。在此阶段,学生关心的是他的学习效果达到或接近他的预期目标的程度。如果学生能够得到符合预期的反馈信息,将对其强化学习过程有很大的影响。

在以上八个阶段中,前三个阶段相当于学习的准备活动,学习者需要用几分钟的时间做好对某个学习任务的准备,形成学习的动机和期望。之后的四个阶段是学习过程的核心,是实际完成学习任务的阶段。根据学习内容的复杂程度,这个阶段可能会重复进行若干次。最后一个阶段是对所完成的学习进行迁移和概括的阶段。

加涅的学习模式是在吸取行为派和认知派学习过程优点的基础上提出来的,它注意到了人类学习的特点,是当前比较有代表性的学习模式。

第四节 建构主义学习理论

建构主义是认知学习理论的新发展,对当前的教学改革产生了非常深远的影响。这种学习理论进一步揭示了学习者学习过程中的主动性,突出了意义建构和社会文化互动在学习中的作用。建构主义不是一个学习理论,而是众多理论观点的统称。很多研究者都认为自己的理论是建构主义的理论,但他们之间却有很多分歧和不同。在本章中,我们先概要介绍建构主义的基本观点,而后重点分析学习过程中的意义建构和社会文化互动。

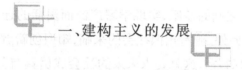

一、建构主义的发展

在一个池塘中生活着两个小动物:一条鱼和一只青蛙,它们是很要好的朋友。一天,青蛙告别了鱼,到陆地上去旅行。在游历一番之后,青蛙回到了池塘。鱼一见到青蛙,便迫不及待地迎上去,问道:"青蛙大哥,你都看到什么了?"青蛙说:"外面的世界真精彩!我看见了很多新奇的东西。比如我看到了一种动物,它有两条腿,一对翅膀,身上、翅膀上和尾巴上都长着漂亮的羽毛,可在高空中飞翔。"鱼饶有趣味地听着青蛙的讲述,它的头脑中形成了鱼心目中的"鸟"的形象。

青蛙作为"教师"准确地讲出了"鸟"这种动物的特征。鱼作为"学生",学习兴趣浓厚,而且很认真地在听讲。然而实际上,鱼心目中的鸟却是一种"鱼化"的鸟。青蛙还对外面世界的牛、人都做了描述,而鱼心目中出现的都是"鱼化"了的牛和人。

因为鱼是以自己原有的经验为基础来理解新知识的。虽然这是一则夸张的寓言,但通过这则寓言冷静反思一下现实的教学,我们不难发现这则寓言背后含有的深意。

自20世纪80年代中期以来,建构主义作为一种新的认识论和学习理论在教育研究领域产生了非常深刻的影响。行为主义学习理论是以客观主义的哲学传统为基础的,即把知识和意义看成存在于个体之外的东西,是完全由客观事物本身决定的,而学习就是要把外在的、客观的内容转移到学习者身上。认知派的信息加工论改变了行为主义不谈内部过程的做法,把研究的中心放在认知活动的信息流程上,关注到了人对信息的主动选择、编码和存储等方面的内容。但是信息加工论假定信息或知识是事先以某种先在的形式存在的,个体必须首先接受它们才能对其进行认知加工,那些更复杂的认知活动才得以进行。即便信息加工论看到了已有的知识在新知识获得中的作用,也基本不把新知识的获取过程看成新旧经验间反复的、双向的相互作用的过程。所以与行为主义相一致,信息加工的学习理论基本也是与客观主义传统相一致的。

建构主义则是与客观主义相对立的。它强调,意义不是独立于我们而存在的,个体的知识是由人建构起来的,对事物的理解不是简单由事物本身决定的,人以原有的知识经验为基础来建构自己对现实世界的解释和理解。不同的人由于原有经验的不同,对同一种事物会有不同的理解。学习是积极主动的意义建构和社会互动的过程。教学并不是把知识经验从外部"装"到学生的头脑中,而是要引导学生从原有的经验出发,建构起新的经验。而这一认知建构过程常常是通过参与共同体的社会互动而完成的。

从现实缘起来看,建构主义的许多观点是针对传统教学的诸多弊端而提出的。在传统教学中,学生习得的知识存在很多重大缺陷,比如不完整,过于空泛,过于脆弱;具有惰性,无法在需要的时候进行运用;不灵活,无法在新的相关情境中迁移应用。如何缩小学校学习与现实生活之间的差距,实现学习广泛而灵活的迁移,这是建构主义者所关注的一个核心问题。① 另外,随着知识社会的来临,知识创新融入了多数社会行业之中,成了社会发展的基础和动力。这就要求未来的社会成员具有创造性地探究知识和应用知识的能力。建构主义学习理论针对探究性学习和创造性学习的机制和策略提出了有价值的观点。

二、建构主义学习观的两种取向

建构主义没有一个清晰的理论体系,而是包含很多并不完全一致的理论。这些理论大致可以归纳为两种主要的取向:个体建构主义和社会建构主义。

(1) 个体建构主义

个体建构主义所关注的是学习者个体是如何建构某种认知方面的(如知识理解、思维技能)或者情感方面的(如信念态度、自我概念)素质的,其基本观点是:学习是一个意义建构的过程。这种取向的建构主义主要是以皮亚杰的思想为基础发展起来的,比原来的认知学习理论(如布鲁纳、奥苏贝尔的理论)有更大的连续性。根据皮亚杰的思想,学习是学习者通过新旧经验的相互作用,来形成和调整自己的认知结构的过程。新旧

---

① 陈琦、刘儒德:《教育心理学(第2版)》,高等教育出版社2011年版,第153页。

知识经验的双向相互作用表现为同化和顺应的统一:一方面,学习者需要将新知识与原有知识经验联系起来,从而获得新知识的意义,把它纳入已有的认知结构;另一方面,原有的知识经验会因为新知识的纳入而产生一定的调整或改组。

(2)社会建构主义

社会建构主义所关注的是学习和知识建构背后的社会文化机制,其基本观点是:学习是一个文化参与的过程,学习者通过借助一定的文化支持,参与某个共同体的实践活动来内化有关知识。知识是在个体与物理环境的相互作用中建构的,社会文化互动也在其中起重要作用。这种建构主义主要是在维果斯基思想的基础上发展起来的,同时也受到了当代科学哲学、社会学和人类学等的影响。

三、建构主义的主要观点

建构主义是认知学习理论的新发展,它在知识观、学生观和学习观上提出了一系列新的解释。它强调,学习是建构知识的过程,而不简单是获得、接受知识的过程。从认知过程来看,知识建构是通过新、旧知识经验之间的同化和顺应而实现的。同时建构主义还强调学习的社会互动性和情境性。

尽管时至今日建构主义还没有形成稳定、清晰的体系,但是它们还是在许多问题上达成了共识。

1. 知识观——知识相对论

在建构主义的视野中,没有永恒的绝对不变的知识。知识只是一种解释、一种假设,不是问题的最终答案,不是对现实的准确表述。另外,建构主义认为,知识不可能以实体形式存在于具体的个体之外,知识存在于具体学习情境的学习历程中。

2. 学习观——意义的生成与建构

建构主义在对学习的看法上也达成了一些共识,这些共识主要可以概括为:学习是学习者个人主动建构意义的过程,这一过程不能由他人代劳;意义的获得取决于学习者新旧经验的相互作用;学习活动是一个创造性的理解过程;学习者是学习的主体;学习是一种高度社会化的行为;学习的结果是围绕着关键概念建构起来的网络结构化的知识;影响学习的因素——先前经验、真实情境、合作与对话等;学习的分类——初级学习与高级学习;学习与迁移——知识在新条件下的重新建构。

3. 教学观——知识的处理与转换

建构主义认为,教学要把学生的经验作为新知识的生长点,引导学生从原有的知识经验中"生长"出新知识;教学不是知识的传递,而是知识的处理与转换。

(1)对教学过程的新认识

建构主义对教学过程的新认识主要体现在四个方面。

第一,主张教学过程并不是向学生传递客观知识的过程,而是教育者根据明确的知识目标,指导和促使学生按自己的情况对新知识进行建构,最后用多种方式建构起关于知识意义的过程。

第二,主张以学生为中心进行教学。主张在教学时要充分考虑学生,把已有知识、态度与信念带入教学情境,主张将学生自己努力求得理解放在教学的中心位置。

第三,注重在复杂情境和真实情境中进行教学。建构主义者认为不能只教给学生基本技能与过分简单的解题技巧,而强调围绕复杂问题或现实问题开展学习活动,尽量创设能够表征复杂知识的结构,创设与学生学习有关的社会化的、真实的情境,使复杂问题中包含能够让学生运用所学的知识完成现实世界的真实任务,以确保每一位学生都能经历解决复杂问题的过程,并促使学生主动积极地建构自己的知识。因为在学校之外的世界中,不会有太多只需要基本的技能与按部就班的操作就能解决问题的情况。

第四,强调协商与合作式学习。许多建构主义者认可维果斯基的观点,相信高级心理过程的发展需要经历协商与相互作用。

(2)对教学方法的新认识

建构主义学习理论影响人们对教学方法的看法。建构主义提出了"情境、协作、会话、意义建构"四大要素,强调学习的主动性、情境性和社会性。国内有学者将这四大要素组合概括为建构主义的教学模式:"以学生为中心,在整个教学过程中教师起组织者、指导者、帮助者和促进者的作用,利用情境、协作、会话等学习环境要素充分发挥学生的主动性、积极性和首创精神,最终达到使学生有效地实现对当前所学知识的意义建构的目的。"①

(3)对学生与教师角色地位的新认识

依据建构主义学习理论,教学应以学生为中心。学生不是外部刺激的被动反应者,更不是知识的容器,而是知识的主动建构者,任何人都不能代替他完成对知识的意义建构。教师不应被看成"知识的传授者",而应成为学生学习活动的促进者。教师只是学生

---

① 何克抗:《建构主义的教学模式、教学方法与教学设计》,载《北京师范大学学报(社会科学版)》1997年第5期。

主动建构知识的支持者和帮助者,教师要彻底摒弃以教师为中心、强调知识传授、把学生当作知识灌输对象的传统教学模式,重新审视教学过程中三要素的功能、结构,相互间的作用和关系。依据建构主义学习理论,在肯定学生的主体地位的前提下,教师应在教学活动中充分发挥如下几个方面的作用以促进学生的学习:第一,教师应努力调动学生学习的积极性,激发学生学习的内外动机;第二,教师要发挥教学活动组织者的作用,根据教学的具体情况运用"小组学习""个人学习"和"全班讨论"等多种形式适当地组织教学,以培养出一个好的"学习共同体",创造一个良好的学习环境等;第三,教师应当发挥"启发者""质疑者"和"示范者"的作用,善于引发学生观念产生不平衡;第四,教师应努力帮助学生获得必要的直接经验和准备知识;第五,教师应充分注意各个学生在认识上存在的特殊性和差异性,以便因材施教。

(4) 对促进教学的条件的新认识

学生主体、实际情境、协作学习和充分的资源是促进教学的重要条件。学习要以学生为中心,要注重发挥学生的主体作用;教师的作用只在于协助学生建构意义。

四、建构主义学习的特征[①]

(一)建构主义学习的核心特征

(1) 积极的学习

建构主义学习应当是积极的学习。这种积极性不是来自外在力量的外在要求,不是来自教师、家长或成人的耳提面命,而是来自学习者的内心世界,来自学习者本身所具有的好奇心和求知欲。

(2) 生成式学习

建构主义认为,学习不是知识由外向内的转移和传递,而是学习者主动地建构自己的知识经验的过程,即通过新经验与原有知识经验之间反复的、双向的作用,来充实、丰富和改造自己的知识经验。

(3) 累积而不是叠加式学习

所谓累积是指新的知识不是凭空获得的,而是充分建立在以前学习的基础上或充

---

① 文萍:《心理学理论与教育》,广西师范大学出版社1999年版,第18~30页。

分利用以前的学习获得的。

(4) 目标指引式学习

建构主义的学习目标是定向的。因为只有学习者清晰地意识到自己的目标,并获得与所期盼的成果相应的预期效果,学习才可能是成功的。

(5) 诊断性与反思性学习

诊断与反思意味着学习者在学习中要实施自我监控、自我测验和自我检查等活动,以此来判断在学习中所追求的是否是自己所设定的目标,以便随时作出调整和校正。

2. 建构主义学习的二级特征

(1) 探究定向学习

探究定向学习是建构主义学习的一个具体特征。这个特征存在于学习活动的全过程。在建构主义的学习中,学生自始至终都是积极的探索者。教师的作用就是为学生创造独立探究的学习情境,鼓励学生自己独立思考问题、参与知识获得的过程。

(2) 情境化学习

建构主义所倡导的是真实情境中的学习,因此其知识表征具有多元化特征,也就是说知识表征有语义的、情节的和动作的等方面丰富的特征。因为知识表征既是多元化的,又与多样化的情境相关联,因此它能够在真实情境中自由迁移与运用。

(3) 问题定向学习

问题定向学习也是建构主义学习的一个特征。建构主义学习强调问题意识,强调在解决真实问题的过程中进行学习。所以建构主义学习离不开问题定向、问题导向。甚至可以说,建构主义学习就是由一系列问题串组成的学习。建构主义学习本身就是由问题激发和引起的。学生被某一问题刺激产生新问题,通过解决一个个的问题或者在解决问题的过程中获得和建构知识的意义。

(4) 基于案例的学习

基于案例的学习是以真实情境中具体的典型事例为学习内容的学习,这种学习可以追溯到 20 世纪 60 年代德国的"范例教学"。案例学习的一个典型特征就是能够将语义表征与情节表征结合起来,使学习变得丰富、生动、真实,从而避免单纯的概念、命题学习所带来的抽象单调性。案例学习的又一特征就是其能够将学习者的感性与理性密切联系在一起,使理性认识建立在充足的感性材料的基础上。案例学习的第三个特征是,学习具有情境性、生动性,有利于激发学习者的内在动机,克服厌学情绪。案例学习还是一种开放式学习,是一种对真实生活片段的学习。

(5) 社会性学习

建构主义强调的是学习中意义的获得与生成，这种意义的获得与生成不仅要依靠个人新旧经验的双向作用，而且要依赖他人经验的参与，包括教师、同伴的经验。社会性交往与活动或者交流与对话成为学习意义构建的组成部分。

(6) 内在驱动学习

建构主义强调内在驱动学习有两方面的意义。一是建构主义学习需要内在驱动才能获得意义。在建构主义学习中，每个人学习所生成的意义是不同的，是有个体差异的。个体需要有独特的爱好、好奇心和兴趣，去关注、探究、理解学习内容并进行操作，这样才能获得属于自己的意义。二是在建构主义学习中，学习者容易获得内在驱动的力量。建构主义学习强调真实生动的情境，强调来自生活实际的问题的解决，强调利用典型的具体案例进行学习等。所有这些都有利于学习者获得内在驱动力量，其包含的内在驱动学习力量是其他许多类型的学习所不具备的。

第五节 人本主义学习理论

人本主义是20世纪50年代末60年代初在美国出现的一种重要的教育思潮，其主要代表人物是康布斯、马斯洛和罗杰斯等。这些心理学家反对把有关白鼠、鸽子、猫和猴子等的研究成果应用于人类，主张采用个案研究方法。人本主义心理学的主要观点包括：心理学研究的对象是"健康的人"；生长与发展是人的本能；人具有主动地、创造性地作出选择的权利；人的本性中，情感体验是非常重要的内容。

人本主义心理学对于教育领域中学习研究的看法是与众不同的。与传统的注重研究学习的性质、动机迁移和保持等内容的学习理论不同，人本主义学习理论的根本看法是：应从学习者本身的立场和意义出发，而不是以任何观察者的立场来描述学习。也就是说，只有对有个人意义的学习材料进行学习，学习才是真正的学习；而一切与学习者个人意义无关的学习，只相当于艾宾浩斯实验中对无意义音节的背诵。人本主义学习理论有一个基本假设：每一个正常的人犹如一粒种子，只要能给予适当的条件，这粒种子就会生根发芽、长大并开花结果。每个人的内部都有一种自我实现的潜能，而学习就是这种天生的自我实现欲的表现，即人本主义心理学所说的生成。所以人本主义学习理论的重点就是，研究如何为学习者创造一个良好的环境，让学习者从他自己的角度来感知世界；研究如何发展个人对世界的意义，使个人达到自我实现的最高境界。

人本主义学习理论认为,真正的学习关系到整个人,而不仅仅是给学习者提供学习材料。真正的学习经验能够使学习者发现他自己具有独特的品质,发现他自己作为一个人的而具有特征。与众不同的人本主义学习理论,与同时代特有的环境和教育领域中独特的困境相结合,对整个教育理论产生了巨大的影响,使研究的视角产生了颠覆性的变化。

一、人本主义学习理论基本观点

人本主义学习理论强调学生自主学习、自主建构知识的意义,强调协作学习。与建构主义不同,它更强调以人的发展为本,即强调学生的自我发展,强调发掘人的创造潜能,强调情感教育。人本主义学习理论主要可以分为五大观点:潜能观、自我实现观、创造观、情感因素观与师生观。

1. 潜能观

人本主义理论认为,在学习与工作上,人人都有潜在能力,可惜的是这种潜能没有被充分释放出来;教育本身就是要努力去发掘学生的潜在能力。所以人本主义理论研究的重点在于,怎样通过教育来发掘每个学生的潜能。从这个观点出发,人本主义一方面强调学习要以学生为主体,另一方面也重视教师在这个过程中发挥主导作用,以充分发掘学生的潜能。

2. 自我实现观

自我实现观,也叫自我发展观。人本主义理论高度重视学生的个性差异和个人价值观,强调学生实现自我(发展),把学生的自我实现作为教学的目标。但由于人的知识水平、接受能力、兴趣爱好、学习方法和学习习惯不同,所以学生学习存在个性差异。教师在教学中,应该根据学生的个性差异因材施教,为不同学生创设不同的学习条件,使每个学生都能获得自由发挥的机会,从而满足不同的个性需求,让学生认识到自身价值,促进他们自身的发展。

3. 创造观

人本主义与建构主义一样崇尚学生能力的培养,并把培养创造力作为教学的核心。罗杰斯指出,人人有创造力,至少有创造力的潜能。人应该主动地发掘这些潜能,而不应该把创造力看成某些专家的特权。而布鲁姆也认为应该研究大多数人的潜能和创造力。

4. 情感因素观

学习中的情感因素,与发掘学生潜能、发展学生创造力有密切关系。人本主义理论特别重视这一点,认为学习是学生个人主动发起的(不是被动地等待刺激)。个人对学习的整体投入,不但涉及认知能力,而且涉及情感、行为等。学生学习兴趣浓厚、目标明确是十分重要的情感因素。教师必须充分地为学生创设良好的学习环境,把学生吸引到学习的情境中来,并能让学生长时间地坚持学习。就这种情感因素的创造而言,教师要积极引导学生创造这种情感因素。

5. 师生观

人本主义更重视师生观,认为师生之间的关系也是以情感为纽带的,以形成一种宽松、和谐、民主和平等的学习氛围,建立起一种良好的人际关系。教师应该平等地对待每一个学生,相信学生、尊重学生,在教学过程中构建民主、平等与和谐的师生关系,使学生不会在学习中感到压抑或有负担,让学生真正做到主动积极地学习。教师由主宰者、权威变成学生的指导者和朋友,由教转为导,这样才能让学生的学习变成真正自主的参与行为。

二、人本主义学习观

1. 以学习者为中心

人本主义从人性本善的基本立场出发,认为在教育中应当充分相信学生有能力、有责任自己教育自己、自己管理自己。学生与生俱来具有向善、向上的品质。人本主义相信,学习者具有自己选择学习方向、自己发现学习资源以及自我评价学习效果的能力,所以学习主要是一个自我选择、自我指导的过程。教师的责任就是帮助学习者充分发挥自主性与创造性,为学习者充分发挥自主性创造条件和提供帮助。罗杰斯认为,在合适的条件下,每个人所具有的学习、发现、丰富知识经验的潜能和愿望是能够被释放出来的,这种心理倾向是可以信任的。人本主义对教育的探讨,是建立在学生这种渴望学习的天性之上的。①

---

① 施良方:《学习论——学习心理学的理论与原理》,人民教育出版社1994年版,第406页。

2. 有意义的自由学习观

罗杰斯将学习分为两种,即无意义的学习和意义学习。

无意学习是指无个人意义的学习,也就是认知型学习。这类学习内容只涉及人的认知或心智,不涉及学生的需要、情感和个人意义,与完整的人无关。在罗杰斯看来,这种学习类似于无意义音节的学习,学习起来枯燥乏味,学习到的内容很容易被遗忘。在罗杰斯看来,学生在课堂里学习的许多内容对于学生来说,都具有这种无意义性质。罗杰斯说:"现代教育的悲剧之一就是,认为唯有认知学习才是最重要的。"

意义学习是指能够使个体的行为、态度、个性以及未来选择都产生重大变化的学习。它不仅是知识的累积和增加,还是一种与每个人的个体经验融合在一起的学习。例如,当一个刚学步的儿童的手碰到取暖器时,他学会了"烫"这个词的意义,同时也学会了以后要当心所有类似取暖器的东西,他会以一种不会马上被遗忘的、有意义的和投入的方式保留所学的内容;又如,如果一个五岁小孩迁居到另一个国家,他每天与小伙伴们一起自由地玩耍,完全不接受任何语言教学,在几个月内他就会掌握一种新的语言,而且还会习得当地口音。之所以这个小孩学习新语言的速度很快,是因为用一种对自己有意义的方式进行学习的。倘若请一个老师去教他,在教学中使用只对教师有意义的材料,那么这个小孩学习新语言速度可能就会极其缓慢,甚至停滞不前。

罗杰斯的意义学习与奥苏贝尔的意义学习的不同之处在于,前者关注学习内容与学习者之间的关系,而后者强调新旧经验之间的联系。新旧经验之间的联系只涉及理智,不涉及个人意义;只与学习者的认知有关,而与完整的人无关,因此学习者不会全身心地投入学习,学习效果当然也就不能有所保证。在罗杰斯看来,一个人只会有意义地学习他认为与保持或增强自我有关的事情。他认为,当学习者具有某种目的,并认为学习有助于达到这一目的时,学习速度就会加快。据罗杰斯估计,当学生认为学习内容与自己的目的有关时,学习耗资的时间会大大减少。由于人本主义强调教学的目标在于促进学习,因此学习并非教师以填鸭的方式严格强迫学生无助地、顺从地学习枯燥乏味、琐碎呆板、现学现忘的教材,而是使学习者在好奇心的驱使下去吸收任何他认为有趣和自己需要的知识。罗杰斯认为,学生学习主要有两种类型,即认知学习和经验学习,其学习方式也主要有两种,即无意义学习和有意义学习;并且认为认知学习和无意义学习、经验学习和有意义学习是完全一致的。因为认知学习中的很大一部分的内容对于学生者自己来说是没有个人意义的,它只是一种"在颈部以上发生的学习",因而与完整的人无关。经验学习则以学生的经验生长为中心,以学生的自发性和主动性为学习动力,把学习与学生的愿望、兴趣和需要有机地结合起来,因而经验学习必然是有意义的学习,必能有效地促进个体的发展。

罗杰斯认为有意义学习主要具有四个特征:全神贯注,整个人的认知和情感均投入到学习活动中;自动自发,学习者出于内在的愿望主动去探索、发现和了解事件的意义;全面发展,学习者的行为、态度和人格等获得全面发展;自我评估,学习者自己评估自己的学习需求是否得到满足、学习目标是否完成等。因此对于学习者而言,学习能产生意义,并能被纳入学习者的经验系统之中。总之,"有意义的学习集逻辑和直觉、理智和情感、概念和经验、观念和意义于一体。若我们以这种方式来学习,便会变成统整的人。"

三、人本主义教学观

1. 知情统一的教学目标观

罗杰斯认为,情感和认知是人类精神世界中两个不可分割的有机组成部分,彼此是融为一体的。因此罗杰斯的教育理想就是要培养"躯体、心智、情感、精神、心力为一体"的人,也就是既用情感的方式也用认知的方式行事的知情合一的人。这种知情融为一体的人被称为"完人"或"功能完善者"。当然,"完人"或"功能完善者"只是一种理想化的人的模式,要想最终实现这一教育理想,应该设置一个现实的教学目标。他说:"只有学会如何学习和学会如何适应变化的人,只有意识到没有任何可靠的知识、致力于寻求知识的过程的人才是可靠的人,才是真正有教养的人。在现代世界中,变化是唯一可以作为教育目标确立的依据的,这种变化取决于过程而不是静止的知识。"可见,人本主义重视的是教学的过程而不是教学的内容,重视的是教学的方法而不是教学的结果。

2. 以学生中心的教学观

人本主义的教学观是建立在其学习观的基础之上的。罗杰斯从人本主义的学习观出发,认为凡是可以教给别人的知识,相对来说都是无用的;能够影响个体行为的知识,只能是个体自己发现并加以同化的知识。因此教学的结果,如果不是毫无意义的,那就可能就是有害的。教师的任务不是教学生学习知识(这是行为主义者所强调的),也不是教学生如何学习(这是认知主义者所重视的),而是为学生提供各种学习的资源,提供一种促进学习的气氛,让学生自己决定如何进行学习。对此,罗杰斯对传统教育进行了猛烈的批判。他认为在传统教育中,"教师是知识的拥有者,而学生只是被动的接受者;教师可以通过讲演、考试甚至嘲弄等方式来支配学生的学习,而学生无从选择;教师是权力的拥有者,而学生只是服从者。"因此,罗杰斯主张废除教师这一角色,代之以"学习的促进者"。

罗杰斯认为,促进学生学习的关键不在于教师的教学技巧、专业知识、课程计划、视听辅导材料、演示和讲解等（虽然这中间的每一个因素有时候均可作为重要的教学资源），而在于特定的心理气氛因素。这些因素存在于"促进者"与"学习者"的人际关系之中。罗杰斯认为，促进学习的心理气氛因素包括真实或真诚，学习的促进者表现真我，没有任何矫饰、虚伪和防御，学习的促进者尊重学习者的情感和意见，关心学习者的方方面面，接纳作为个体的学习者的价值观念和情感表现；移情性理解，学习的促进者能了解学习者的内在反应，了解学习者的学习过程。在这样一种心理气氛下进行的学习，是以学生为中心的。"教师"只是学习的促进者、协作者或者说是伙伴、朋友，"学生"才是学习的关键；学习的过程就是学习目的之所在。

此外，人本主义学习理论还非常重视个性的培养。个性意味着差异，意味着对创造的尊重，这从人本主义关注人格的研究就可略见一斑。人本主义强调要尊重每一个人，尊重和接受每一个学习者的学习目标、学习风格和学习方式。

总之，罗杰斯等人本主义心理学家从他们的自然人性论、自我实现论及"患者中心"论出发，在教育实际中倡导以学生经验为中心，实施"有意义的自由学习"，对传统的教育理论带来了冲击，推动了教育改革运动的发展。这种冲击和促进主要表现在：突出情感在教学活动中的地位和作用，形成了一种以知情协调活动为主线、以情感作为教学活动的基本动力的新的教学模式；以学生的"自我"完善为核心，强调人际关系在教学过程中的重要性，认为课程内容、教学方法和教学手段等都维系于课堂人际关系的形成和发展；把教学活动的重心从教师变为学生，把学生的思想、情感、体验和行为看作教学的主体，从而促进了个别化教学运动的发展。不过，罗杰斯对教师作用的否定其实是不正确的，是言过其实的。

四、对人本主义学习理论的评价

人本主义的学习理论的内涵体现在教学理论上，即是以学生为中心，鼓励学生积极主动地学习。

首先，人本主义学习理论的教育目标是培养学生学会学习，从而实现自我。其次，人本主义学习理论主张学生在教育中的主体地位，强调在教学过程中，让学生产生和保持好奇心，以自己的兴趣为导向去探究任何未知领域，意识到一切事物都是变化的、发展的。最后，人本主义学习理论认为教师仅仅是学生学习的促进者。作为促进者的教师的首要任务不是"教"而是"促"，要允许学生自由地学习和满足自己的好奇心。

随着经济的快速发展、国际间信息的融合，社会对人才的要求已从单一化逐渐走向多元化，即在注重人的知识技能掌握的同时，更加关注人的创造才能和创新才能的发挥。在这样的形势下,重新认识人本主义学习理论基本的思想价值,对我国人才培养具有一定的指导、借鉴作用。它对于当前人才培养的启示主要有以下几点。

(1) 尊重人格需要,发展自身潜能,最终实现自我

罗杰斯认为每一个人都有一种内在的推动力量——自我实现的需要。罗杰斯主张:在教学中必须尊重学习者,必须相信任何学习者都有实现自我这一基本需要,必须坚信学习者能够发展自己的潜能,因而在人才目标培养上必须培养能够适应变化和知道如何学习的个性充分发展的人。也就是说,培养的基本目的在于激发学习者的学习动机、发掘学习者的潜能和发展积极向上的自我,从而使学习者能自己教育自己,最终实现自我。

(2) 重视意义学习,提倡自由探索

罗杰斯把学习分为两类:无意义学习和意义学习。就目前我国的人才培养过程来看,学习大多是停留在无意义学习这个水平上。学生在校期间,主要从书本上获取知识,然而这些知识有些已经是陈旧过时的知识,不利于培养社会所需要的人才。教师一味地灌输知识,很少给学生提供实践交流的机会,这势必会导致用人单位没有办法了解学生的真实水平。同时,传统的培养模式强制学生适应学校,重视智育,不重视和尊重个体的个性差异和情感的培养,使一些学生心理产生扭曲,进而引发了悲剧。因而在人才培养过程中,要重视意义学习,最大限度地调动学生学习的主动性,培养适应时代变化的心理健康的人。

(3) 提倡以学习者为中心,构建和谐师生关系

在传统人才培养模式中,教师是知识的拥有者,而学生只是被动的接受者,学生没有权利选择自己喜欢的学习材料,即不管知识适不适合学生学习,学生只能被动地接受。这种师生关系可能会严重阻碍学生进行有意义学习和发展个性。

人本主义学习理论强调以学生为中心,突出学生学习的主体地位和作用,学习者是学习活动全过程的中心。教师应充分尊重学生,认可每个学生都是具有价值的独立个体;教师必须同学生建立起一种良好的人际关系,创设一种良好的学习气氛,经常组织师生、生生交流活动。以学习者为中心、构建和谐的师生关系是培养创新型人才的关键之一。

(4) 关注学生的自我评价

传统的人才评价模式以学业知识的考查、评分、筛选和评优为主。众所周知,学生是一个动态化的人,因而教师不能像对待无生命的物体那样以统一的标准对其进行评价。罗杰斯主张学习者进行自我评价,由学生自己承担起考核自己的责任,自己确定评分的标准,并根据实际执行规定,看自己是否实现了原定的目标,从而使学生更加主动、有效

地学习。

自我评价是一种自我竞赛,个体无需和别人做比较,这样就避免了因分数竞争而带来心理压力,更有利于个体进步。因而在人才培养模式方面,我们应当建立起一套较为完善的教学评价体系,其既包括外部的评价,又包括学习者自身的评价,使人才培养评价手段既体现多样化又注重个性化。教师不仅要和学生一起制订学习计划,还要经常与学生讨论和制定评价学习的标准,使学生掌握自我评价的方法。

人本主义学习理论重视情感因素在学习中的作用,这是正确的,但其将这一因素的作用扩大化,就显得有点片面。另外人本主义学习理论过分强调学生的自我选择,忽视教师的指导作用,不利于学生学习系统的知识,不利于培养学生的意志力和纪律性。

巩固练习

一、选择题

1. 小学生学习"三角形的内角和是180度",这在奥苏贝尔有意义学习分类中属于(   )。
   A. 概念学习　　　　B. 符号学习　　　　C. 表征学习　　　　D. 命题学习

2. 学生的学习是基于自己的经验,主动接受新的信息,并对其意义进行重构的过程。这一观点属于(   )。
   A. 有意义接受学习理论　　　　　　B. 建构主义学习理论
   C. 信息加工学习理论　　　　　　　D. 联结主义学习理论

3. 小强不按时完成作业,妈妈就禁止他看动画片;而一旦按时完成作业就取消这一禁令。随后小强按时完成作业的次数增加了,这属于(   )。
   A. 正强化　　　　　B. 负强化　　　　　C. 自我强化　　　　D. 替代强化

4. 小学生在学习了四边形之后再学习平行四边形,这种学习属于(   )。
   A. 上位学习　　　　B. 下位学习　　　　C. 归属学习　　　　D. 并列学习

5. 美国学者罗杰斯认为,人具有先天的优良潜能,教育的作用在于使之实现。由此,他提出了"以学生为中心""让学生自发学习"的教学模式。该模式称为(   )。
   A. 指导性教学　　　B. 情景教学　　　　C. 非指导性教学　　D. 程序教学

6. 在心理学实验中,为了使小狗能够区分圆形光圈和椭圆形光圈,研究者只在圆形光圈出现时才给予狗食物强化,而在呈现椭圆形光圈时不给予强化,那么小狗便可以学会只对圆形光圈作出反应而不理会椭圆形光圈。该过程称为(   )。
   A. 刺激分化　　　　B. 刺激泛化　　　　C. 刺激获得　　　　D. 刺激消退

7. 英语老师先教学生学习蔬菜、水果、肉等物品的英文单词,再教羊肉、牛肉、胡萝卜、辣椒、西红柿、芒果、木瓜和香蕉等物品的英文单词,并要求学生把后者纳入前者的类别中。这种知识的学习属于( )。

A. 下位学习　　　B. 上位学习　　　C. 组合学习　　　D. 并列学习

8.如果学生要学习的知识比较复杂,结构化程度很高,且要求学生必须在短时间内掌握这些知识,他们最宜采用的学习形式是( )。

A. 发现学习　　　B. 接受学习　　　C. 合作学习　　　D. 互动学习

二、简答题

1.经典条件作用与操作性条件作用的区别是什么?

2.行为主义学习理论与认知主义学习理论的根本区别有哪些?

3.如何理解尝试错误说与顿悟的关系?

4.请对布鲁纳和奥苏贝尔的学习理论进行比较。

5.班杜拉的观察学习在现实中有何意义?

6.简述加涅的信息加工学习理论。

7.建构主义从其他学习理论中吸收了哪些内容,对以往的学习理论有哪些超越,又有哪些不足?

8.建构主义学习理论的基本观点是什么?

9.在学习与教学中如何体现人本主义思想?

10. 人本主义与认知派的有意义学习存在哪些区别?

◀ 推荐书目 ▶

[1]罗伯特·斯莱文.教育心理学:理论与实践.北京:人民邮电出版社,2016年。

[2]安妮塔·伍尔福克.教育心理学.北京:机械工业出版社,2015年。

[3]伯克·约翰逊.教育研究:定量、定性和混合方法.重庆:重庆大学出版社,2015年。

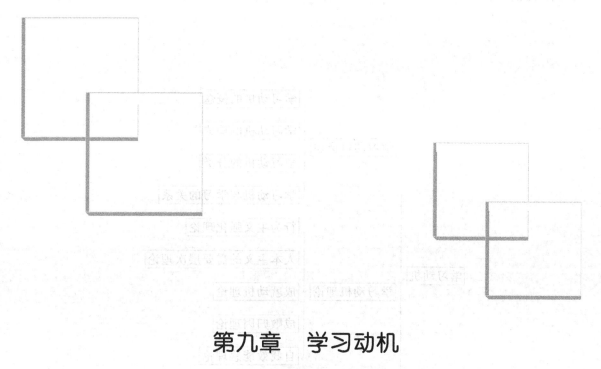

第九章　学习动机

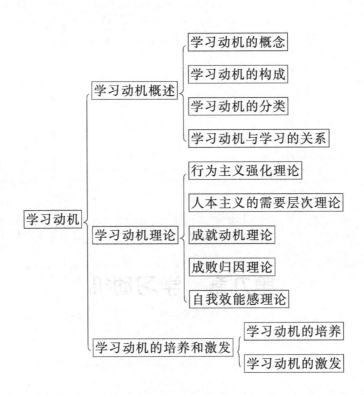

江南(化名)是一个有点腼腆的女孩,她在今年的高考中取得了优异的成绩:作为女生,她的数学、物理成绩远远超过了很多学习成绩优秀的男生;作为理科生,她的高考作文得分比同年级所有文科生的作文最高分还要高。平时,她是校园科技活动的积极参与者,也是一个博览群书的人。在回顾自己的成长经历时,江南特别感恩母亲。她这样写道:

我上小学一年级时,在上完第一节拼音课放学回家后,妈妈要我把当天学的拼音读给她听。我自信地向妈妈"表演"我的"拿手好戏",没想到却"卡"在一个拼音上,怎么都拼不对。这时我感到既紧张又羞愧,但妈妈并没有责怪我,而是平和地要我以后更认真地学习。这件事给我留下很深的印象,让我认识到,自以为学会了的知识也许还存在各种"漏洞"。此后,我学会了自我检查,学会了认真。

妈妈很注重我的青春期教育。在我上小学高年级的时候,她曾对我说,有些女孩长大后就开始只关注穿着打扮,上课不听讲,不爱学习,这样是不行的。妈妈的教导,让我决心做一个有知识、有文化的人。

上初中后,有一次妈妈给我讲一道平面几何题:小河的对岸有一棵树,要求在小河的这边,利用量角器和皮尺,算出小树的高度。这个问题非常实用,但是用我现有的知识又无法解答这个问题。于是妈妈用"直角三角形中,30°锐角所对的直角边等于斜边的一半""三角形一角的补角等于另外两个内角之和""等腰三角形两个底角相等"这三个定理轻松地解决了在我看来很难的问题,其逻辑环环相扣,就好像看一个破案高手一步步揭开谜底一样。这深深地吸引了我,让我体会到了平面几何的美妙和实用,从此对平面几何产生了浓厚的学习兴趣。妈妈也很重视拓宽我的知识面,给我订购了不少报刊,还给我办了图书馆的阅览证。我看过的人物传记、科幻小说以及杂文时论对我的世界观和人生观产生了很大的影响。我很感谢妈妈给我创造了良好的成长环境。

从江南同学的成长经历中,我们可以清楚地看到学习动机对她的激励作用,学习动机让她一直保持着源源不断的学习动力。那么什么是学习动机?怎么培养学生的学习动机?学习动机受到哪些因素的影响呢?

第一节　学习动机概述

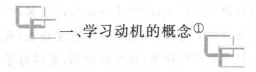

一、学习动机的概念[①]

人作出各种行为都有一定的原因,心理学家们一般用动机这一术语对其进行描述。所谓动机(motive),是指引发、导向并维持活动的倾向。它涉及三个问题:第一,引发行为的原因是什么?第二,使行为指向某一目的的原因是什么?第三,维持这一行为的原因是什么?而在教育心理学中,人们更关心的是学习方面的动机。

1. 学习动机的概念

那么是什么在推动和维持学生学习行为的呢?那就是学习动机。学习动机是指激发学习行为,使之导向一定学业目标,并维持这一行为的动力倾向。学习动机主要表现在,学生爱学、想学、主动学,有迫切的学习愿望。可见,强烈的学习动机是保证学习的前提。学习动机一旦形成,必然会贯穿于学习活动的始终。

2. 学习动机的作用

学习动机对学习行为有四个方面的作用。

(1)引发作用

当学生对于某些知识或技能产生迫切的学习需要时,就会引发学习内驱力,唤起内部的激动状态,产生焦急、渴求等心理体验,并最终激起一定的学习行为。

(2)定向作用

学习动机以学习需要和学习期待为出发点,使学生的学习行为在初始状态时就指向一定的学习目标,并推动学生为达到这一目标而努力学习。

(3)维持作用

学习动机的维持作用表现为学生在某项学习上坚持的时间、频次以及投入的状态。

[①]　陈琦、刘儒德:《当代教育心理学》,北京师范大学出版社2019年版,第120页。

学生的学习是认真、勤奋、坚持不懈的,还是马虎、偷懒、半途而废的,在很大程度上取决于学习动机的水平。

(4)调节作用

学习动机调节学习行为的强度、时间和方向。如果学习行为没有达到既定目标,动机会驱使学生转换行为的方向,以达到既定目标。

二、学习动机的构成

学习动机有两个基本成分,即学习需要和学习期待(或学习诱因),两者相互作用,形成学习的动机系统。

1. 学习需要

学习需要是指个体在学习活动中感到有某种欠缺而力求获得满足的心理状态。它的主观体验形式是学习者的学习愿望或学习意向,包括学习的兴趣、爱好和学习的信念等。内驱力是一种动态的需要,从需要的作用来看,学习需要即为学习的内驱力。

奥苏贝尔认为,学校情境中的成就动机主要由认知内驱力、自我提高内驱力和附属内驱力三个方面组成。其中,认知内驱力是一种要求理解事物、掌握知识,系统地阐述并解决问题的需要。它以求知为目标,从知识获得中得到满足,是一种稳定的内部动机,且大多是从好奇和探索的愿望、领会与应付环境的要求等有关心理倾向中产生出来的。自我提高的内驱力是指个体借自己的学业成就获得相应地位和威望的需要。它是一种间接的学习需要,是学习的外部动机,是学生在学习期间力图用学业成绩来换取名次的一种动力,也是他们在未来的学术生涯或职业生涯中谋求作出贡献和取得地位的一种推动力量。附属内驱力是指个体为了获得教师、家长等的赞许和同伴的接纳而表现出来的把工作、学习搞好的一种需要,也属于学习的外部动机。认知内驱力、自我提高内驱力和附属内驱力在动机结构中所占的比重不是一成不变的,通常会随着个体的年龄、性别、社会地位和人格结构等因素的变化而变化。一般来说,年龄比较小的学生的学习动机中常常是附属内驱力占主导地位。随着他们年龄的增长,这种动机逐渐以自我提高的内驱力为主。

2. 学习期待

学习期待是个体对学习活动所要达到的目标的主观估计。学习期待不等同于学习目标,而是学习目标在个体头脑中的反映。影响学习期待的因素是多方面的。首先,父母对子女的要求与子女的学习期待存在着正相关,即若家长对子女要求较高,子女对自己的学习期待也会较高。其次,学习期待与原来的成功经验正相关。一般来说,成功的经验会提高学生的学习期待;反之,则会降低学生的学习期待。再次,学生在班级中的成绩会影响他的学习期待。成绩优秀的学生学习期待一般较高,成绩中等的学生一般会安于现状,成绩较差的学生由于缺乏成功经验使得其学习期待日趋降低。最后,教师对学生的期望水平会影响到学生的学习期待。教育领域中一直存在皮格马利翁效应,或是期待效应,教师的期待对年龄越小的儿童影响越大。

诱因是指能够激起有机体的定向行为,并能满足某种需要的外部条件或刺激物。诱因可以是简单的物体,如食物和水等,也可以是复杂的事物,如名利、地位等。凡是能使个体产生积极的行为,趋向或接近某一目标的刺激物被称为积极诱因,如在激发学生学习积极性的教育过程中,教师对学生的表扬、给予学生的奖品等;反之,使个体产生负面行为,离开或回避某一目标的刺激物被称为消极诱因,如嘲讽等。学习期待是静态的,诱因是动态的,它将静态的期待转化成目标,所以学习期待就其作用来说就是学习的诱因。学习期待指向的目标,可以是成绩,也可以是教师给予的赞扬、奖品、名誉和地位等。

学习需要和学习期待是学习动机心理结构中的两个基本成分,两者密切相关。学习需要是个体从事学习活动最根本的动力,没有它学习活动就不可能发生。它是学习动机的内因,在学习动机结构中占主导地位。学习期待指向学习需要的满足,促使个体达到学习目标。它是学习动机的外因,也是学习动机结构中必不可少的成分。因此教师在教学中的一个重要任务就是培养和激发学生的学习动机。

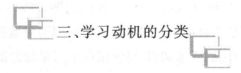

三、学习动机的分类

1. 内部学习动机与外部学习动机

根据动机的动力来源,学习动机可以分为内部学习动机和外部学习动机。内部学习动机是指由于个体内在的需要引发的动机,即学生对活动本身感兴趣而产生的动机。它不需要外在条件的参与,完全是自主性的,如"读书是为自己,我自己要读书","学习本身就很有意思,即为获取有趣的知识而读书"等。外部学习动机是指个体由外部诱因引发的动机,即为学习活动以外,由外部诱因激发的学习动机。

一位老人在一个小乡村里休养,但附近却住着一些十分顽皮的孩子。他们天天互相追逐打闹,喧哗的吵闹声使老人无法好好休息。在屡禁不止的情况下,老人想出了一个办法——他把孩子们都叫到一起,告诉他们谁叫的声音越大,谁得到的奖励就越多。他每次都根据孩子们吵闹的情况给予不同的奖励,等到孩子们已经习惯于获取奖励的时候,老人开始逐渐减少所给的奖励。最后无论孩子们怎么吵,老人一点奖励也不给。结果,孩子们认为受到的待遇越来越不公正,认为"不给钱了谁还给吵",就再也不到老人住的房子附近大声吵闹了。

这个老人解决问题的方法很简单,就是将孩子们的内部动机(快乐地玩)变成了外部动机(为获得钱财而玩)。他操纵着外部因素,操纵了孩子们的行为。当有一天孩子的愿望得不到满足了,这些顽皮的孩子自然也就不吵闹了。

2. 高尚的学习动机与低级的学习动机

根据学习动机内容的社会意义,可以把学习动机分为高尚的学习动机与低级的学习动机。高尚的学习动机的核心是利他主义,学生把当前的学习同国家和社会的利益联系在一起,如有的学生勤奋学习,是意识到自己的学习与国家的强盛密切相关或想为国争光等。低级的学习动机的核心是利己的、以自我为中心的,学习动机只来源于眼前的利益,如有的学生好好学习,只是为了将来找一份好的工作或报答父母的养育之恩等。

3. 近景性动机与远景性动机

根据学习动机的作用与学习活动的关系,学习动机可以分为近景性动机和远景性动机。近景性动机是与学习活动直接相关的,来源于对学习内容或学习结果的兴趣,如学生的求知欲、对某门学科浓厚的兴趣,教师教学内容的新颖性、教学方法的吸引力等直接影响到学生的学习动机。远景性动机是与学习的社会意义和个人前途相关联的,如为不辜负父母的期望、为集体争取荣誉、完成自己的历史使命等都属于远景性的动机。

4. 直接学习动机和间接学习动机

根据学习动机与学习活动的关系,可以把学习动机分为直接的学习动机和间接的学习动机。直接的学习动机与学习活动直接相关联,是由学习的直接兴趣和对学习活动的直接追求引起的,如喜欢学习、愿意学习。间接的学习动机与学习活动的社会意义相联系,是社会要求在学习上的反映,如好好学习是为了自己将来在社会上有一席之地、社会需要全面发展的人才等。

5. 认知内驱力、自我提高内驱力和附属内驱力

根据学校情境中的成就动机,学习动机主要由认知内驱力、自我提高内驱力和附属内驱力组成。详见前文"学习动机的构成"相关内容。

四、学习动机与学习的关系

那么,学习动机与学习之间到底关系如何?奥苏贝尔明确指出,学习动机和学习之间的关系是典型的相辅相成的关系,即学习动机可以提高学习效果,而学生学到了更多的知识反过来又可以增强学习动机。所以提高学习动机最好的办法是,在课堂中吸引学生的注意,激发他们的兴趣,从而促使学生进行学习。

1. 学习动机对学习的影响

学习动机对学习过程的影响可以概括为以下四个方面。

(1) 对学习行为具有启动作用,可以加强注意

学习动机对学习过程的启动作用在桑代克的饿猫逃脱箱子的实验中得到了证实。这个结论同样可以运用到学生的学习上来。当学生有了学习需要,获得了学习动机后,就会做好学习准备。他在某些学习上集中精力,从而就比较容易启动他的学习行为。在这里,动机所起的作用就是"催化剂"的作用,它对最初的学习产生了间接的增强与促进作用。这种促进作用在心理学家看来,主要是以注意的加强为中介的。

学习动机可以加强注意。学习动机会影响到学习活动的选择性(指向性)和集中性。学生选择什么样的学习内容,学习过程中注意的集中情况如何,在很大程度上受到学习动机的影响。艾森克(M. W. Eysenck)在1982年研究了奖励对有目的学习的作用,他发现奖励可以提高有目的学习的效果。奖励在学习过程中起着内在的导向作用,被试会把注意指向并集中在那些与奖励有关的刺激上,并抑制其他刺激。艾森克又研究了高奖励和低奖励对学习的影响,发现高奖励项目的学习效果更好。教学经验也表明,学习动机强的学生一般不易受分心刺激的影响,更能集中注意去思考尚未弄清楚的问题。

(2) 可以提高识记效果和反应速度

学习动机可以降低学习过程中的知觉阈限(指引起知觉的最小刺激量),动员个体立即对学习做准备,提高识记效果和反应速度。在教学中,教师说到这个知识点很重要,也有点难以理解,大家要注意听;这个公式的推导有点复杂,但运用得很广泛;这个错觉在现实生活中普遍存在,我们要知道它的原理等,都会降低学生的知觉阈限。相较于课堂其他的学习内容,学生对这些内容听得更认真,记得更清晰,反应速度也更快。

(3) 适中的学习动机的再现效果最好

学习动机可通过影响回忆和再认的可利用性阈限来影响再现。可利用性阈限是指从认知结构中提取习得意义的可能性的大小。学习动机过强或过弱都可会使可利用性阈限提高,而动机适中则会使可利用性阈限降低。在进行回忆时,过分紧张、焦虑,或是无所谓、精神涣散,不想做努力,都会使回忆或再认的可利用性阈限提高,致使有效提取的可能性降低。平时在教学中,教师提醒学生考试时,遇到不会做的题先放一放,等做完其他题目再回过头来做之前遇到的难题,可能就会解决这难题了。这些都说明,动机过强或过弱都不利于回忆和再认,只有适中的动机,再现效果才最好。

（4）提高学习的坚持性,增进学习效果

我国心理学家沈德立等在1990年的实验研究中就发现,学习动机水平高的小学一年级新生的课堂注意情况要好于学习动机水平低的学生。其他的一些实验用成就动机水平不同的被试做实验,结果也发现,成就动机强的被试比成就动机弱的被试更能坚持学习,学习更有效果。

2.学习动机对学习效果的影响

学习动机与学习效果的关系并不是直接的,它们之间往往以学习行为为中介。

（1）学习动机与学习效果是一致的

通常,学习动机的作用与学习效果是统一的。它们之间的关系表现为:学习动机可以提高学习效果,学习效果可以增强学习动机的作用。如优秀的学生具有一定的学习动机水平和强度,他们有学习的愿望和要实现的目标,有浓厚的学习兴趣和坚定的学习信心,有克服困难的坚强毅力等。这些动力会促使他们积极努力地学习,并取得良好的成绩。反之,学习差的学生在学习中则缺乏动力,克服困难的毅力不足,在学习中也难以保持良好的注意力和主动学习的精神,因此学习效果也不好。

（2）学习动机与学习效果不总是一致的

影响学习行为的不仅仅只是学习动机,它还会受到一系列主客观因素,如学习方法、学习习惯、学习基础、智力水平、个性特点、教师指导和健康状况等因素的制约。因此,只有把学习动机、学习行为、学习效果三者放在一起进行考察,才能看清学习动机与学习效果之间的关系。

表 9-1 学习动机与学习效果的关系

	正向一致	负向一致	正向不一致	负向不一致
学习动机	＋	－	－	＋
学习行为	＋	－	＋	－
学习效果	＋	－	＋	－

注:"＋"表示好或积极;"－"表示坏或消极。

从表 9-1 可以看出,学习动机与学习效果并不是总一致的。一致的有两种情况,即学习动机强,学习积极性高,学习行为好,则必会取得良好的学习效果(正向一致);反之亦然(负向一致)。学习动机与学习效果不一致的也有两种情况,即学习动机弱,但学习行为好,其学习效果也可能好(正向不一致);学习动机强,但学习行为不好,则学习效果也可能不好(负向不一致)。因此我们可以得出一个结论:学习动机是影响学习行为、提高学习效果的一个重要因素,但不是决定学习效果的唯一条件。在教育过程中,教育者不仅要增强学生的学习动机,还应该注意教给学生一定的学习方法,培养他们形成良好的学习习惯等。只有抓住了这个关键,才能保证学习动机与学习效果正向一致或不一致。

（3）动机水平与学习效果呈倒 U 形关系

学习动机与学习效果之间的关系并不简单,只有当学习动机强度处于最佳水平时,才会产生最佳的学习效果。"耶克斯—多德森定律"(Yerkes-Dodson Law)表明:各种任务都存在一个最佳的动机水平问题,动机的最佳水平随任务性质的不同而不同,它们之间的关系呈倒 U 形。具体表现为:

①在比较容易或简单的任务中,工作效率随动机的提高而上升。
②随着任务难度的增加,动机的最佳水平有随之下降的趋势。
③一般来说,最佳水平为中等强度的动机。
④动机水平与行为效果呈倒 U 形关系。

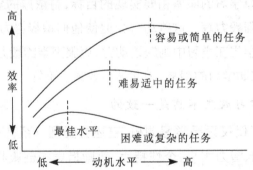

图 9-1　耶克斯—多德森定律(Yerkes-Dodson Law)

第二节　学习动机理论

动机是学习的关键因素之一,也是最难测量的因素之一。心理学家们通过长期严谨的研究并结合自己所在的心理学流派观点提出了不同的动机理论,为我们了解学习动机提供了多种视角。动机理论主要探讨的是动机的产生与本质问题,目前主要的动机理论观点有强化论、需要层次论、成就动机论、归因论和自我效能感论。

一、行为主义强化理论

学习动机的强化理论是行为主义学习理论家提出来的,代表人物有巴普洛夫(Pavlov)和斯金纳(Burrhus Frederic Skinner)。

1. 强化

强化理论认为凡是能增加反应概率的刺激或刺激情境均可以称为强化。强化有外部强化和内部强化两种。外部强化是由外部或他人给予行为者的强化,如奖赏、赞扬、评分、等级和竞赛等,是激发动机不可缺少的手段。内部强化是自我强化,是行为者在活动中获得某种体验(如因成功体验到了成功感与建立的自信心),从而增强了行为动机,如有的学生带着愉快的心情进入数学课堂,另一些学生进入数学课堂却感觉像被判入监狱。这种差异迥然的体验,就是由学生是否喜欢数学的一系列积极或消极的经验(内部强化)造成的。

外部强化和内部强化都有着正强化与负强化之分,它们都对学习动机起作用,与惩罚有着千丝万缕的联系。凡施加某种影响,有助于提高机体获得愉快体验的反应频率、速度和强度的过程就叫正强化;凡施加某种影响,有助于降低机体不愉快体验的反应频率、速度和强度的过程就叫负强化。如对取得优异成绩的学生给予适当的表扬与奖励属于正强化,而取消令人讨厌的频繁的考试便是负强化。而惩罚(如训斥、剥夺权利和给予低分数等)一般起着削弱动机的作用,但有时也会使人在失败中重新振作起来。

2. 强化理论

行为主义强化理论认为强化能够加强学习动机。行为主义认为:人的某种行为倾向之所以能发生,完全取决于先前的这种行为与刺激因强化而建立起来的稳固联系。凡过去受到强化的行为,比过去没受到强化的行为或受过惩罚的行为更有可能发生。动机的概念与此观点密切相关。在行为主义者眼中,动机仅仅是学习的产物,如果学生因学习而得到强化(如获得好成绩、教师或家长的赞扬等),他们就会有学习的动机;如果学生的学习没有得到强化(如没得到好分数或赞扬),就没有学习的动机;如果学生因学习受到惩罚(如同学或教师的嘲笑),则会产生避免学习的动机。

3. 强化理论对教育的启发

行为主义的学习动机理论对学校教育的实际活动有着广泛的影响,其主要表现为采用强化的方法,通过奖励与惩罚的措施来维持学生的学习动机。虽然强化动机理论能在一定程度上解释动机,但其过分强调了引发行为的外部力量,忽视甚至否定了人的学习行为的自觉性与主动性,因而这一理论有很大的局限性。

在学习活动中,学校经常采用奖励与惩罚的办法督促学生学习,其目的就是利用外在诱因来维持学生的学习动机。但是我们也要注意教育领域中的"德西效应",外部奖励可能会削弱动机。教育最重要的就是促使学生对学习活动本身感兴趣。

二、人本主义的需要层次理论

动机是在需要的基础上产生的,需要是一切行为动力的源泉。人本主义心理学家马斯洛(A. H. Maslow)于20世纪40年代提出了需要层次理论。

1. 需要层次理论

马斯洛认为,任何人的行为动机都是在需要的基础上被激发起来的,人类所有的行为都是由一定的需要驱使的,动机和需要实际上是一回事。他认为人类的学习也是由需要引起的,它是自发的。他认为,学生本身就有一种自发的成长潜力,教师的任务就是为学生创设良好的学习环境,让学生自行学习。所以马斯洛坚决反对人类的所有动机都可以用本能、驱力、强化等来解释的观点。

马斯洛认为,人的需要是分层次的,由低到高依次排列,低一级的需要满足后才会产生高一级的需要,如"仓廪实而知礼节,衣食足而知荣辱"。在同一时期,一个人可能有多种需要,但每一时期总有一种需要占支配地位,对行为起着决定作用。因此马斯洛把人类的需要从低到高分为:生理需要、安全需要、归属和爱的需要、尊重的需要、认知和理解的需要、审美的需要及自我实现的需要。马斯洛认为不同的需要驱动不同的行为,人的各层次需要都与学习有一定的关系。

生理需要指维持机体生存及延续种族的需要,如需要水、食物、空气、休息和性等。它驱使人产生觅食、睡眠和求偶等行为。这种需要是最基本、最原始的,也是最强有力的,是其他一切需要的基础。

安全需要指个体对人身安全、生活稳定以及免遭痛苦、威胁或疾病等的需求。它驱动人的寻求帮助、避免生病等行为。教师要培养和激发学生的学习动力,首先就要满足学生的安全需要,让学生有安全感,创设轻松、愉快和宽容的学习环境,学生才能以轻松的心态、较强的学习动机,努力地学习来表现自己、证明自己。

归属和爱的需要,指每个人都有被他人或群体接纳、爱护、关注、鼓励及支持的需要。人是社会性的动物,都希望能从他人、团体中得到温暖,获得帮助和爱,消除或减少孤独感和寂寞感。在教学中,教师应该与学生保持民主、平等、和谐的师生关系,关注每一位学生,特别是成绩差又调皮的学生。

尊重的需要,指在生理、安全、归属和爱的需要得到基本满足后产生的对自己生活价值追求的需要,包括自尊和他尊的需要。自尊是指个人渴求力量、成就、自强、自信和自主等,驱动自信、自立、自强等行为;他尊指个人希望别人尊重自己,希望自己的工作和才能得到别人的承认、赏识、重视和高度评价,驱动注意、接受等行为。在学校中,学生希望获得同伴的尊重,更希望获得教师的尊重。

自我实现的需要,是指个体希望最大限度地实现自我的需要。马斯洛把自我实现的需要定义为"成为某人能够成为的人的一种需要",其特征是接受自己和他人,自然,开放,与他人建立深厚而民主的关系,具有创造性,幽默,独立。从本质上讲,就是指心理健康。自我实现作为一种最高级的需要,包括认知、审美和创造的需要。后来马斯洛又提出需要层次理论包括认知需要和审美需要等七个层次。认知需要驱动人类对自身和周围世界的探索、理解、解决疑难等行为;审美需要驱动人追求对称、秩序、完整结构及自身完美行为等行为;自我实现的需要,驱动人通过创造和追求理想自我充分发挥潜能和表现自己的行为。

后来,马斯洛又把人的需要分为两种类型:缺失性需要和成长性需要。缺失性需要包括生理需要、安全需要、归属和爱的需要、尊重的需要,人的这些需要的满足,完全依赖于外界。成长性需要包括认知和理解的需要、审美的需要、自我实现的需要,是指不回避挑战,甚至刻意追求挑战;不回避紧张状态,甚至刻意保持适度的紧张状态的需要。

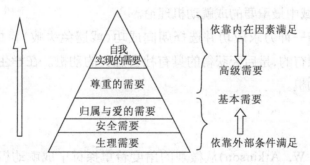

马斯洛的需要层次理论是迄今为止心理学界最为推崇的一种比较系统的研究需要的理论。马斯洛提出需要具有多样性,并提出尊重、审美等人类特有的高级需要,把人的需要与动物的需要进行了区分,指出了把人等同于动物的本能论的错误,也纠正了把人还原为机器的强化论的缺陷。但马斯洛认为只有低一级的需要得到满足后,才能出现高级的需要,这一看法忽视了人的自觉性、主观能动性对自身行为的调节作用。

2. 人本主义需要层次理论对教育的启发

人本主义需要层次理论把学习的内部动机和外部动机结合起来,对教育有实际指导意义。在学校中,学生缺乏学习动机在某种程度上与缺失需要,特别是爱和自尊的需要没有得到满足有很大的关系。

归属与爱的需要是学生交往的动力。学校中的师生交往、同伴交往既是学生学习的条件,也是他们学习的内容。因此教师和家长要尽可能地给学生创造一个良好的学习环境,建立良好的师生关系,让学生在集体中被接纳和受到欢迎。

尊重的需要是推动学生学习的重要动力,教师要使每一个学生都有体验成功和获得赞许的机会,同时重视他们的每一点进步和成绩。

求知的需要、审美的需要都是学习动机,它推动人去求真、求善、求美。

自我实现的需要推动人发挥自己的潜能,是学校教育应该重点加以培养的内容。

三、成就动机理论

1. 成就动机

成就动机的研究最早始于莫瑞(H. Murry),他在1938年研究人的需要时发现了人有一种非常重要的成就需要,并编制了主题统觉测验来测量这种需要。1950年以后,阿特金森(J. W. Atkinson)和麦克米兰(D. Mc Clelland)等对成就动机进行了系统的研究,提出了动机领域中最重要的成就动机理论。

成就动机是指一种力求成功并选择朝向成功(或避免失败)目标的活动的一般倾向。它是人类所独有的,是后天获得的具有社会意义的动机。在学生学习活动中,成就动机是一种主要动机。

2. 成就动机理论

阿特金森(J. W. Atkinson)从微观的角度着重探讨了成就动机的实质、发生和发展,成就行为的认知和归因等问题。

阿特金森区分了成就动机中的两种不同倾向:追求成功的需要和避免失败的需要。趋向成功的倾向指力求克服障碍、施展才能、又快又好地解决某一难题的心理倾向。避免失败的倾向是指为了避免因失败而使自己的形象在他人心中受损时带来的不良情绪的倾向,如避免因失败而体验到羞愧感。

成就行为体现了趋向成功或避免失败两种倾向之间的冲突。趋向目标的行为最终由两种动机的综合作用决定。当一个人面临任务时,这两种倾向通常是同时起作用的。当这两种力量势均力敌时,个体就会感受到心理冲突带来的痛苦。如果力求成功的倾向占上风,就会促使人奋发向上;反之,则会导致迟疑、退缩等行为产生。

阿特金森据此将人分为追求成功者与避免失败者两种类型。追求成功者旨在获得成就,并趋向选择能做出成绩的任务,中等难度的任务给他们提供了最大的现实挑战。对于完全不可能成功或胜券在握的任务,追求成功者的动机水平反而会下降。避免失败者避免失败的愿望强于力求成功的愿望,在预计自己成功机会少时,会采取回避态度。他们往往会选择更易获得成功的任务以使自己免遭失败;或者选择极其困难的任务,这样即便失败了,也容易找到借口。因此,力求成功者成就动机高,他们一般会选择中等难度的任务;避免失败者成就动机低,倾向于选择很困难或者很容易完成的任务。

阿特金森的成就动机理论综合了需要、期望和诱因价值,把人类动机的情感方面与认知方面统一起来,是动机理论一种突破性的进展,对更完整的动机理论的建立和发展有着深远的意义。

3. 成就动机理论对教育的启发

在教育实践中,对力求成功的学生,应给予新颖且有一定难度的学习任务,运用具有竞争性的情境、严格评定分数等方法来激起他们的学习动机。对于避免失败的同学,则要给他们安排竞争少或竞争性不强的情境,如果取得成功则要及时给予表扬,评定分数时要稍微放宽些,尽量避免在公共场合下对其进行指责。

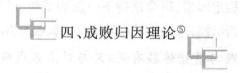

四、成败归因理论⑤

1. 归因

归因是人们对自己或他人活动及其结果的原因所作的解释和评价。在学习和工作中,人们会体验到成功和失败,并会去分析成功和失败的原因,这就是对行为的归因。理解学生关于成功或失败的归因,是鉴别、控制学生行为动机的一种方法。

2. 成败归因理论

最早提出归因理论的是海德。美国当代著名的教育心理学家韦纳(B. Weiner)在海德研究的基础上,对行为结果的归因进行了系统的探讨,并把归因分为三个维度六个因

素,即内外在性(控制源)、稳定性与可控性三个维度,能力高低、努力程度、任务难易、运气好坏、身心状态和外界环境六个因素。最后,韦纳把三维度六因素结合起来,组成了动机的归因模式。

表 9-2　动机的归因模式

	内外在性		稳定性		可控性	
	稳定	不稳定	内在	外在	可控	不可控
能力高低	+		+			+
努力程度		+	+		+	
任务难易	+			+		+
运气好坏		+		+		+
身心状态		+	+			+
外界环境		+		+		+

韦纳通过一系列的研究得出归因最基本的结论。

(1)内外在性维度与个体成败的情绪体验有关

个人将成功归因于能力、努力、身心状态这些内在因素时,他会感到骄傲、满意,信心十足,从而动机水平提高;将成功归因于任务容易、运气好坏等外在因素时,则会产生侥幸心理,满意感较少。反之,若一个人将失败归因于内在因素时,则会产生羞愧和内疚;将失败归因于外在因素时,则会生气,产生的羞愧感较少。而归因于努力与归因于能力相比,无论成功或失败都会产生更强烈的情绪体验。

(2)稳定性维度与个体对未来成败的期望有关

若将成败归因于稳定因素,则会期待下一次的成败;若归因于不稳定的因素,则个体会根据这一因素是否可控,来决定是否渴望改变成败的格局。

(3)可控性维度既与情绪体验有关,又与对未来成败的预期有关

若将成功归因于可控因素,则个体感到满意,并期待通过自己的控制获得下一次的成功;若归因于不可控因素,个体则感到庆幸,但无法预期下一次能否成功,因而不能产生学习的动力。若将失败归因于可控因素,个体则产生内疚感,下一次是否成功取决于自己下一个阶段的行动;若归因于不可控因素,个体则感到绝望,自甘于下一次的失败。

一个人如果总是把失败归因于内部的、稳定的和不可控的因素,就会形成一种习得性的无助的自我感觉。科学家做过这样一个有趣的实验:把跳蚤放在桌子上,一拍桌子,跳蚤立即跳起,跳起的高度是其身高的一百多倍。接着,在跳蚤头上罩一个玻璃罩后再让它跳,跳蚤跳起碰到玻璃罩被弹了回来。如此连续多次以后,跳蚤每次跳跃都保持在罩顶以下的高度。然后再逐渐降低玻璃罩的高度,跳蚤总是在碰壁后跳得再低一点。最后,当玻璃罩高度接近桌面时,跳蚤已无法再跳起来。科学家移开玻璃罩,再拍桌子,跳蚤竟不跳了。这

时的跳蚤已从当初的"跳高冠军"变成了一只跳不起来的"爬蚤"。跳蚤变"爬蚤",日常生活中的"破罐子破摔""我没有希望了"的感触等,都是习得性无助的表现。

习得性无助(learned helplessness)是指通过学习形成的一种对现实的无望和无可奈何的行为和心理状态,主要表现为认知(消极期待)、情绪(冷漠抑郁)和行为(消极被动)三个方面的缺失。不当归因是导致习得性无助产生的重要原因之一。

3. 归因理论对教育的启发

归因理论从结果来阐述行为动机,它的理论价值与实际作用表现为三个方面:有助于了解心理活动产生的因果关系;有助于根据学习行为及其结果来推断个体的心理特征;有助于从特定的学习行为及其结果来预测个体在某种情况下可能产生的学习行为。

根据归因理论,将成败归因于努力比归因于能力会让学生产生更强烈的情绪体验。努力而成功,体验到愉快;不努力而失败,体验到羞愧;努力而失败,应受到鼓励。因此,教师在给予奖励时,不仅要考虑学生的学习结果,而且要联系其学习进步与努力的程度,强调内部的、稳定的、可控制的因素。在学生付出同样的努力时,对能力弱的学生应给予更多的奖励,对能力弱而努力的学生给以高评价,对能力强而不努力的学生则给以低评价,以此引导学生进行正确归因。

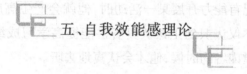

五、自我效能感理论

1. 自我效能感

自我效能感的概念最先是由社会学习理论的创始人班杜拉(A. Bandura)在1977年提出来的。自我效能感是指人们对自己能否成功地进行某一行为的主观推测与判断。班杜拉希望运用自我效能感来解释人类行为的启动和改变。

2. 自我效能感理论

1982年班杜拉提出了他的自我效能感理论。

(1)结果因素与先行因素

他指出,人的行为不仅受行为结果的影响,还受到个体认知因素制约的期望结果的先行因素的影响。

①行为的结果因素——强化

行为的结果因素就是通常所说的强化。班杜拉认为强化有三种：直接强化、替代性强化和自我强化。直接强化，指通过外部因素对学习行为予以强化，如通过奖状来奖励品学兼优的学生，获得奖状的学生因此受到激励。替代性强化，指通过一定的榜样来强化相应的学习行为或学习行为倾向，这是班杜拉社会学习理论中一个非常重要的概念。当教师在课堂上表扬遵守纪律的同学时，其他同学也会受到影响，从而约束自己的行为。自我强化，指学习者根据一定的评价标准进行自我评价和自我监督来强化相应的学习行为。如学生在英语测试中给自己设立的目标是考取90分，是否达到这个分数，就成了他自我奖励或自我批评的标准。

班杜拉认为，在学习中即便没有强化也能获得有关信息，形成新的行为。强化的作用在于激发和维持学生的学习行为，因此他认为行为的出现不是缘于强化，而是缘于认识到行为与强化之间的依赖关系后形成的对下一个强化的期待。

②行为的先行因素——期待

行为的先行因素就是期待。班杜拉认为期待有两种：结果期待和效能期待。结果期待，指个体对自己的某种行为会导致某一结果的推测。如果个体预测到某一特定行为会导致某一特定结果，那么这种行为就可能被激活、被选择。如学生意识到上课认真听讲就会使成绩提高，那么他就可能认真听讲。效能期待，指个体对自己能否实施某种成就行为的能力的判断。这意味着个体是否确信自己能够成功地进行带来某一结果的行为。当个体确信自己有能力开展某一活动时，他就会产生高度的自我效能感，并去开展这一活动。如学生不仅认识到上课认真听讲能提高学习成绩，而且只有当他认识到认真听讲就能听懂课堂内容的时候，他才会认真地去听。

班杜拉认为，个体在掌握了相应的知识和技能，也知道了行为将会带来的结果之后，并不一定会去开展该活动或作出该行为，因为这还受到自我效能感调节的制约。只有当他真正认识到因自己的行为而得到的奖励或行为结果优于他人的，才会产生自我效能感。可见在人们获得了相应的知识和技能、确立了合理的学习目标之后，自我效能感才能成为学习行为的决定因素。

(2) 自我效能感的形成来源

班杜拉通过大量的研究指出，个体自我效能感的形成有四个来源。

①个体自身行为的成败经验

个体自身行为的成败经验是个人的直接经验，对自我效能感的形成影响最大。一般来说，成功的经验会提高自我效能感，反复的失败则会降低效能期望。但事实更加复杂，成败经验对自我效能的影响还受到个体归因方式的左右。个体在归因时，如果把成功归于外部的、不可控的因素就不会增强自我效能感；把失败归于外部的、不可控的因素也不一定就减弱自我效能感。

②替代性经验

人类的许多效能期望来自观察他人所获得的替代经验。当一个人看到和自己能力水平差不多的榜样在活动中取得了成功,就会增强他的自我效能感;反之,则会减弱他的自我效能感。能否成功获得这种经验,一个关键的因素就是观察者与榜样是否一致。

③言语劝说

在影响自我效能感的各种因素中,言语劝说因其简便有效而得到广泛的应用。但由于其缺乏经验基础,所以通过言语劝说形成的自我效能感并不是十分的稳定和牢固。

④情绪唤醒

班杜拉在"去敏感性"实验中发现情绪唤醒也是影响自我效能感形成的一个重要因素。过高水平的唤醒使成绩降低而影响到自我效能感;只有当人们不为厌恶的刺激所困扰时,才可能期望成功。

在这四个因素中,影响自我效能感形成的最主要的因素是个体自身行为的成败经验。

(3) 自我效能感的作用

决定了人们对活动的选择和对活动的坚持性。自我效能感水平高者倾向于选择富有挑战性的任务,在遇到困难的时候能坚持自己的行为,而自我效能感低者则不能。

影响人们在困难面前的态度。自我效能感水平高者敢于面对困难,抱有信心,相信通过坚持不懈的努力可以克服困难;自我效能感水平低者在困难面前则会缺乏自信,不敢轻易尝试。

自我效能感不仅影响新行为的习得,还影响已习得行为的表现。

自我效能感还会影响活动时的情绪。自我效能感高者活动时情绪饱满,充满信心;而自我效能感低者则充满焦虑和恐惧。

第三节 学习动机的培养和激发

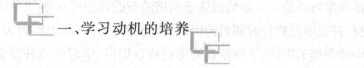

一、学习动机的培养

1. 学习动机的培养是学校思想品德教育的有机组成部分

进行爱国主义教育和学习目的教育,是培养学生学习动机的重要基础。青少年儿童好好学习文化知识,掌握一定的技能,为以后走上社会、促进个人和社会的发展奠定基础。教师应该有意识地通过学习目的教育,激发学生的成就动机,以激发学生的求知需要,培养学生争取成功、避免失败的倾向。

2. 设置具体目标及教授实现目标的方法

教师不能只给学生一些抽象的建议,如"努力学习""书山有路勤为径"等,而应该给学生提供明确又具体的目标以及实现目标的方法。教师要让学生明确地知道学习的目的和意义,让他们知道能从学习中学到什么、如何去学,并针对学生的目标提出具体的建议。例如,交给学生复习的方法,告知学生复习要及时,要求学生使用集中复习与分散复习相结合的方法进行复习等。

3. 设置榜样

榜样对青少年学生克服学习过程中遇到的困难、获得学习成功体验起着示范和激励的作用,是培养学习动机必不可少的举措。青少年儿童以社会上具有明确学习目标、克服种种困难进行学习的模范人物和身边优秀的同学为榜样,学习他们不怕失败、敢于尝试等品质,了解成就动机高的同学的想法和行为方式,增强自己的学习动机。

4. 培养学生的学习兴趣

兴趣是最好的老师,兴趣指从事学习活动或探求知识的过程中伴随愉快的情绪体验,从而产生进一步学习的需要,是一种指向学习活动本身的内部动机。若要培养学生的学习兴趣,首先要以生动活泼的方法使学生了解某一学科知识在实际生活中的意义,以引发他们进一步探讨学习的认知需要;其次,让学生参与力所能及的学习活动,在活动中让他们扮演一些不可或缺的角色,体会到被尊重的满足感;最后,重视各种课外活动小组、兴趣小组在培养学习兴趣、增强学习动机中的重要作用。

5. 利用原有动机的迁移,使学生产生学习的需要

有经验的教师常常在学生缺乏学习动力时,想办法将该生对其他活动的积极性迁移到学习活动上。如给沉迷于网络游戏的青少年讲游戏创建者在创建游戏前的求知背景,开发游戏软件时遇到的困难、作出的努力,并能组织有关的课外活动,让他们在游戏中练习英语单词,了解游戏的历史背景知识,学习游戏开发者的良好意志品质。这是培养学生学习动机的重要经验,可以大大地促进学生学习的需要和认知兴趣的形成。

6. 注意学生的归因倾向

归因倾向是后天形成的,教师要根据学生的情况对其加以培养,引导学生进行正确

归因。根据归因理论,将成功归因于内部因素,如努力、能力等,将失败归因于外部因素,如任务难度、运气等的学生,能够控制自己的行为,尝试新事物并期待成功。而将失败归因于缺乏努力和方法不当,会让学生从失败中总结经验,从而设置更合理的目标,尝试新的策略,发展自己对挫折的承受力。所以教师应该帮助学生了解到自己的优点和缺点,制定出具体的策略以帮助他们实现目标;并在他们实现目标的过程中,对他们的每一个学习行为给予及时的反馈。

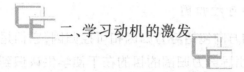

二、学习动机的激发

1. 创设问题情境,实施启发式教学

兴趣和好奇心是内部动机最为核心的成分,它们是培养和激发学生内部学习动机的基础。创设问题情境是指提供能使学生产生疑问、渴望开展活动、探究问题的情境。创设问题情境是激发学生求知欲和好奇心的一种十分有效的方法。创设问题情境的方式多种多样,教师可以用设问的方式,也可用作业的方式创设问题情境;它既可以是从新旧教材的联系方面引入问题情境,也可以学生的日常经验方面引入问题情境。问题情境创设好之后,教师要启发学生,让学生自己去解决问题、发现答案。

2. 根据作业难度,恰当控制动机水平

教师在教学时,要根据学习任务的不同难度,恰当地控制学生学习动机的激起程度。根据耶克斯—多德森定律,动机的最佳水平跟任务难度的关系曲线呈倒 U 形。这就启发我们,在学习比较简单的材料时,应该尽量让学生集中注意力,提高其重视程度;在学习比较复杂的材料时,尽量创造轻松自由的学习氛围,减少学生的紧张感和焦虑感。

3. 正确指导积极归因,促使学生继续努力

归因既会影响对目前学习结果的解释,又会对未来的学习行为产生影响。根据归因理论可知,积极的归因方式能激发学生的学习动机和自信心的培养,而消极的归因方式则会挫伤学生的学习积极性和上进心。所以我们可以通过改变学习者的归因方式来改变学习者的学习行为。

(1)正归因法和误归因法

归因引导指教育者引导学生对消极事件进行更适当的归因分析,包括正归因法和

误归因法。正归因法是通过帮助学生寻找导致学习结果的真正原因,从而引导学生建立积极的归因。但需要注意的是,这种方法只适合于积极的真正的归因。当学习结果产生的真正的原因是消极的时候,则适合用误归因法,即当学习结果产生的真正的原因是消极的时候,需要故意隐瞒真正的原因,突出需要强化的积极归因。如某个学生学习成绩差,真实的原因是他智力普通、能力弱,但若教师据实相告,则会使学生内心受挫,自暴自弃,放弃努力。但若教师告诉学生,成绩差是因为他基础薄弱、努力不够,学生就会保持自信而努力补缺补差,力图获得改善。

(2) 努力归因和可控归因

积极归因引导的方向包括努力归因和可控归因,它们是归因引导最一般的方向和原则,适用范围广。引导努力归因的目的在于使学生认识到自己的努力程度是影响学业状况的重要因素,努力可以弥补运气和能力方面的不足,从而增强学生对于学习活动的控制感,让学生体会到自身主观能动性的作用,增加学生的学习责任感。教师引导学生进行可控归因具有很重要的意义。对于成功的学生,教师引导学生把成功的原因归结为努力、仔细的复习,良好的学习策略等可控的因素,而不是归因为运气、题目简单等不可控因素,可以帮助学生建立自信心和自尊心,有助于帮助他们形成积极驾驭和掌控学习的能力。

(3) 分化的归因模式

分化的归因模式,即成功时引导学生进行内在的、稳定的归因,失败时引导学生进行外部的、可变的归因。这样的归因方式可以让学生在获得成功时能肯定自己,建立信心;在失败时能维护他们的自尊,维持他们的学习兴趣,对将来保持希望。对于教师来说,引导学生努力、建立可控归因和内在归因是引导学生形成正确归因最基本的要求。

4. 充分利用反馈信息,妥善进行奖惩

心理学家通过大量的实验发现,清楚、及时、经常性的反馈和妥善的奖惩能够极大地激发学生的学习动机,促进学生学习。

(1) 提供清楚、及时、经常性的反馈

反馈是指给学生提供关于其成绩的信息,使学生能及时地了解自己的学习结果,包括运用所学知识解决问题的成效、作业的对错、考试成绩的优劣等。这种对于学习目标达到与否的反馈,有助于激发学生的动机。大量的研究显示,反馈作为一种诱因,在很多情况下可以对个体的行为进行适当的强化,有无反馈对学习者动机的激发水平存在很大影响。如在布克(W. F. Book)和若维尔(L. Norvell)的一项研究中,让学生快、准地练习剪发,每次练习30秒,一共练习75次。在前50次练习中,告诉甲组每次的练习结果,对其所犯错误进行分析,而乙组学生没有给予反馈。结果显示,甲组学生的成绩比乙组

学生的成绩好。在后25组练习中,只给予乙组学生充分的反馈,结果显示乙组学生的成绩优于甲组学生的。

运用反馈激发学生的学习动机时,要注意:反馈要清楚、具体,这一点对年幼的学生尤为重要;反馈要及时,反馈必须要紧随个体的学习结果之后;反馈要是经常性的,促使学生能付出最大的努力;正面反馈比负面反馈更有效,强调进步的反馈比强调差距的反馈更有效。

除此之外,教师还应该帮助学生提高自我反馈水平,让他们学会自我调节。特别要强调的是,教师对学生的评定也是一种必要的反馈。评定的过程与结果,会引起学生心理产生变化,从而影响他们的学习动机。

(2)妥善地进行奖惩

奖励和惩罚是对学生的学习过程、学习表现、成绩和态度的肯定和否定的一种强化方式,是教育者控制学生行为的教育方法,其理论基础是斯金纳的强化理论。俗话说"好孩子是夸出来的",学生在学习中重要的心理特征就是希望老师能发现自己的优点并得到激励和肯定。所以一般来说,奖励比惩罚更能有效地激发学生的学习动机。那么如何正确地运用奖励来激发学生的学习动机呢?

①奖励的时机和频率要适当。如当学生反映他们在学习活动中体验不到兴趣和快乐时,使用外部奖励是恰当的;当个体在某种情境下做出被期望的行为或某些受欢迎的行为时,应适当地给予一定的奖励。但并不是每次期望行为发生时都要给予强化,教师在要适当考虑给予奖励的频率,避免导致"饱厌"现象产生,让学生不把奖励当回事。

②奖励的指向要正确且具体。奖励的指向要正确是指奖励不仅要指向成功的结果,还要指向学习过程中体现的动机、意志、策略、态度等,而且更要以学习过程为重。同时,奖励的指向应该是具体的、可以起到积极反馈作用的。

③奖励的方式和内容要恰当。奖励包括物质奖励和精神奖励两种,在具体实施时要以微笑、赞扬、肯定等精神奖励为主,以奖品、礼物等物质奖励为辅。

④奖励程度要与贡献程度相当。奖励要与学生的实际付出和努力一致,使他们接受这种奖赏时能无愧于心,这是奖励的一个重要的心理学原则。

⑤奖励要充分考虑学生的个别差异。根据美国心理学家马斯洛的需要层次理论,不同的人或同一个人在不同时期的需要层次是不同的,因此对不同的个体就要使用不同的奖励内容和形式才会收到较好的效果。如齐格勒(E. Ziger)和坎策尔(P. Kanzer)以小学低年级与中年级学生为被试的实验表明,年幼的儿童乐于接受表面的奖励,而年龄稍大的儿童已能深入地了解教师的表扬是否是故意的或符合实际情况的。

心理学家爱德华·德西曾进行过一次著名的实验,他随机抽调了一些学生去单独解答一些有趣的智力难题。在实验的第一阶段,抽调的全部学生在解题时都没有给予奖励;在第二阶段中,所有实验组的学生每完成一个难题后,就会得到1美元的奖励,而无奖励组的学生仍像原来那样解题;在第三阶段中,在每个学生想做什么就做什么的自由休息时间里,研究人员观察学生是否仍在做题,以此作为判断学生是否对解题感兴趣的指标。结果发现,无奖励组的学生比奖励组的学生花更多的休息时间去解题。这说明:奖励组解题的兴趣衰减得快,而无奖励组在进入第三阶段后,仍对解题保持了较大的兴趣。

实验结果表明:当一个人进行一项愉快的活动时,给他提供奖励,结果反而会减少这项活动对他内在的吸引力。这就是所谓"德西效应"。"德西效应"给教师以极大的启发:当学生尚没有形成自发内在的学习动机时,教师从外界给予其激励刺激,以推动学生的学习活动,这种奖励是必要和有效的。但是如果学生对学习活动本身已经很感兴趣,此时再给予学生奖励不仅多此一举,还有可能适得其反。一味给予奖励会使学生把奖励看成学习的目的,导致学习目标的转移,而只专注于名次和奖励。因此作为教师,要特别注意正确使用奖励的方法,而不滥用奖励,避免"德西效应"产生。

5. 营造良好的学习氛围,妥善处理竞争与合作关系

学生的学习活动主要是在学校进行的,营造良好的学习氛围、妥善处理竞争与合作关系都是非常重要的。

(1)创设良好的学习氛围

良好的学习氛围可以给学生创造和谐、轻松、愉快的学习氛围,让学生能够放松身心,积极地投入学习活动。学生自发的学习动机在安全、充满信任和支持的环境下才能被激发出来。创设的良好学习氛围,应该做到:建立良好的师生关系;教师能够时常肯定学生的发展潜能;能够为学生提供符合学生独特学习需要的支持;给学生提供挑战的机会。

(2)妥善处理竞争与合作关系

组织良好的、适度的学习竞赛,可以激发学生的学习兴趣,活跃课堂气氛,激发学习动机。美国心理学家林格伦说:"一个学校越是过分强调竞赛、等级记分和学习胜任能力的表现,试图以此提高学习动机,学生越可能出现各种问题行为,包括欺骗。"所以要想竞赛真正有效地激发学生的学习动机,教师应注意做到以下几点。

①竞赛内容应该丰富。竞赛内容不要单一化,只局限于语文、数学方面,而应该涉及写字、唱歌、朗读和集邮等各个方面,以培养学生广泛的兴趣,丰富他们的生活。

②竞赛形式多样。竞赛在形式上,不应只局限于个人间的竞赛,还应多开展团体间的,特别是自我竞赛。自己和自己比赛,能减轻学生的心理负担,防止他们产生自卑心理、骄傲情绪和个人英雄主义。

③做好竞赛的宣传教育工作和评选工作。竞赛不仅可以作为激发学生个人自尊心和荣誉感的措施,还可以作为激发学生集体荣誉感与责任感的手段。同时,竞赛的评选要客观公正,避免弄虚作假。

适量与适度的竞争与合作,会有效激发学生的学习动机。如何使用竞争与合作,可借鉴课堂中的目标结构理论(goal structure)。多伊奇(M. Deutsch)提出三种目标结构,即竞争性的目标结构、合作性的目标结构和个人化的目标结构。

①竞争性的目标结构。在竞争性的目标结构激发的是以表现目标为中心的动机系统。该情境最大的特点是能力归因,学生认为获胜的机会与个人的能力直接相关,因而这种情境只能激发那些最有能力、最自信的学生的动机;能力较弱的学生明显感觉自己将会在竞争中失败,他们通常会选择极为简单或极为困难的学习任务,回避中等难度的学习任务。在这种情境中,个体重视成功有时更甚于重视公平、诚实,同伴之间的关系是对抗的、消极的,因此这一目标结构理论遭到很多学者的反对。

②合作性的目标结构。合作性的目标结构激发的是以社会目标为中心的动机系统。在这个系统中,只有所有成员达到目标,某一个体才可能达到目标,取得成功。如果团体中任何一人达不到目标,其他人也达不到。所以在这种情境中,个体会以一种利己利他的方式活动,同伴之间的关系是相关促进的、积极的,常常出现帮助行为。研究发现,取得成功的合作小组成员都认为同伴的帮助是取得成功的关键因素。合作情境的另一个明显特点是学生之间存在着积极的相互依赖的关系。他们共同努力,共享成功的奖励。

③个体化的目标结构。个体化的目标结构激发的是以掌握目标为中心的动机系统,强调自我发展和自身进步。个体化目标结构强调的是完成学习活动本身,不重视他人是否完成任务。它强调只要自己努力就可以完成任务,获得自我的进步和水平的提高。在这种情况下,个体往往将成功归因于自己的努力,产生很强的自豪感;失败则会产生内疚感,但也不会认为自己无能,而是通过更加努力或寻找更好的学习方法的方式来争取下一次的成功。

以上三种课堂目标结构理论都能在不同方面激发学生的学习动机,但只有合作性的目标结构能最大限度地调动学生学习的积极性,更有利于激发学生的学习动机,改善同伴关系。

总之,激发学生学习动机的方式和手段多种多样,教师要能根据学生的特点有效地利用上述策略来调动学生学习的积极性,激发学生的学习动机,使他们在学习上积极主动,从而学有成效。

巩固练习

一、选择题

1. 以下（　　）学习动机属于内部动机。
   A. "万般皆下品，唯有读书高"　　　　　　B. 读书是一种乐趣
   C. "书中自有颜如玉，书中自有黄金屋"　　D. "为中华之崛起而读书"

2. 动机水平与学习效果的关系的相关研究表明，假如考试难度较小，要想取得好成绩，学生的学习动机的最佳水平一般应该是（　　）。
   A. 极高　　　　B. 偏高　　　　C. 中等　　　　D. 偏低

3. 认知内驱力、自我提高内驱力和附属内驱力在动机结构中所占的比重并非一成不变，在（　　）附属内驱力在动机结构中所占的比重最为突出。
   A. 儿童早期　　B. 少年期　　　C. 青年初期　　D. 青年晚期

4. 根据阿特金森的成就动机理论，避免失败倾向高的人在下列成功期望概率的任务中，倾向于选择（　　）成功期望概率的任务。
   A. 30%　　　　B. 50%　　　　C. 70%　　　　D. 90%

5. 如果一个家长想用看电视作为强化物奖励儿童认真按时完成作业的行为，最合适的安排应该是（　　）。
   A. 让儿童看完电视以后立即督促他完成作业
   B. 规定每周看电视的适当时间
   C. 惩罚孩子过分看电视的行为
   D. 只有按时完成家庭作业后才能看电视

二、简答题

1. 如何利用学习结果来强化学生的学习动机？

2. 简述奥苏贝尔的学习动机内驱力。

3. 谈谈学习动机与学习需要和诱因之间的关系。

三、案例分析题

1. 小张非常聪明，但学习不用功，每次考不好就把原因归结于自己的运气不好。请

用韦纳的归因理论来分析:

(1)他的这种归因正确吗?这种归因对他以后的学习会产生怎样的影响?

(2)如果不正确,正确的归因应是怎样的?

(3)对于教师来说,正确掌握韦纳归因理论有何意义?

推荐书目

[1]阴国恩.发展与教育心理学.北京:高等教育出版社,2015年。

[2]彭小虎、王国锋等.儿童发展与教育心理学.上海:华东师范大学出版社,2014年。

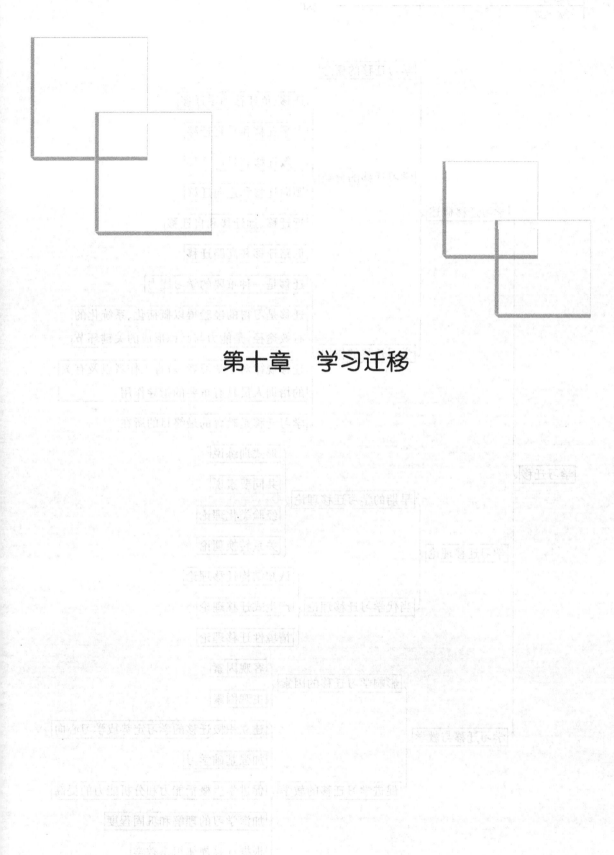

第十章　学习迁移

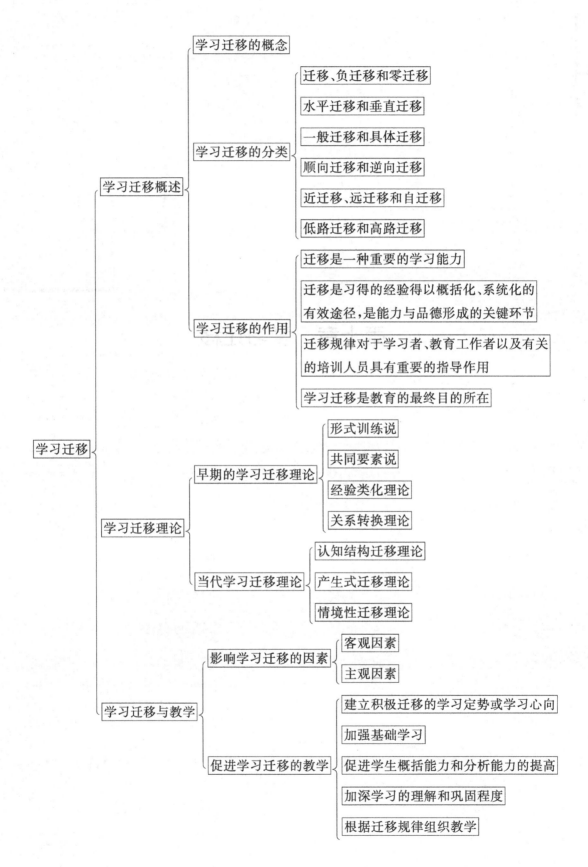

毛毛在幼儿园学习了简单的加减法,现在去超市已经能帮妈妈算价钱了。

小裴是某艺术学院钢琴系的学生,他在第一次拉手风琴时就得到了别人的赞赏。

自从有了模拟飞行训练系统,准飞行员们的驾驶技术学习得比以往更快了。

一个手球运动员参加了一场足球友谊赛,回来后他说:"那真是一场噩梦。"

以上这些现象都存在一个共同点,一个事物对另一个事物产生了积极的或消极的影响。这些相互间的影响,就是迁移。那么在学习中,都发生了哪些学习迁移现象?这些迁移是怎么产生的?学习迁移的产生受到哪些因素的影响?教师在教学中,应该怎样促进学生产生积极的学习迁移呢?

第一节 学习迁移概述

一、学习迁移的概念

迁移的思想,最早可以追溯到孔子,他在《论语·述而》中说:"不愤不启,不悱不发。举一隅不以三隅反,则不复也。"强调的就是迁移的作用。在西方,迁移的思想在柏拉图、亚里士多德时代就已经产生,如柏拉图学院重视几何的学习,用几何学训练学生的思考能力。近代最早使用"迁移"概念的是英国学者洛克(John Locke),他认为要使一个人有良好的推理能力,一定要让他尽早地熟悉推理的方法,以此训练他的心智。早期的学者论及的迁移一般指先前学习对后继学习的一种积极影响。但我们知道,后继的学习也可能会对先前的学习产生积极的或消极的影响。学习迁移是"一种情境中的技能、知识和理解的获得或态度的形成,对另一种情境中的技能、知识和理解的获得或态度的形成的影响"(索里等,1982)。因此当代流行的观点认为,迁移是指一种学习对另一种学习的影响。

迁移是学习的一种普遍现象,广泛存在于各种知识、技能、行为规范和态度等的学习中。因为在学习中,学生学习的不仅是知识,还有技能、情感、态度、道德和价值观等内容;学生学习的也不只是一种内容,往往同时或继时学习多种内容。在多种内容的学习中,一种学习对另一种学习的影响随处可见。人们平时说的"爱屋及乌""厌恶和尚,恨极袈裟"属于情感的迁移;因为喜欢某位老师而喜欢他教的学科属于兴趣的迁移……那么,到底什么是学习迁移呢?学习迁移也称训练迁移,指一种学习对另一种学习的影响,或习得的经验对完成其他活动的影响。平时我们常说的"闻一知十""举一反三""触类旁通"等就是学习迁移的典型表现。

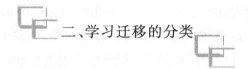

二、学习迁移的分类

1. 正迁移、负迁移和零迁移

根据迁移的性质和结果不同,学习迁移分为正迁移、负迁移和零迁移。

（1）正迁移（positive transfer）

正迁移指在一种学习中学得的经验对另一种学习起促进作用（或产生积极影响）。正迁移通常表现为一种学习使学习者对另一种学习具有了良好的心理准备状态,使学习者学习所需的时间或练习次数减少;或使另一种学习的深度增加、单位时间内的学习量增加;或者已经具有的知识经验使学习者顺利地解决了问题等情况。如骑自行车有助于更快地学会骑摩托车,英语语法的学习有助于语文古汉语句式的分析,课外阅读量的增加有助于作文写作水平的提高等。

（2）负迁移（negative transfer）

负迁移也称干扰,指在一种学习中学得的经验对另一种学习起阻碍作用（或产生消极影响）。负迁移表现为一种学习使另一种学习所需的学习时间或所需的练习次数增加,或阻碍另一种学习的顺利进行以及知识的正确掌握。如学习汉语拼音对学习英语的干扰;语文学习不能区分一字多音或一字多义;学生学习了 $m(a+b)=ma+mb$ 后,认为 $lg^{ab}=lg^a+lg^b$;学会打羽毛球（压腕）会影响到打网球（不压腕）等。

（3）零迁移（zero transfer）

零迁移是指在一种学习中学得的经验对另一种学习不起作用（或没有影响）。零迁移表现为一种学习对另一种学习所需的学习时间、练习次数等没有任何影响。如舞蹈才艺学习对人格没有产生任何影响,体育锻炼对数学教学也没有影响等。

2. 水平迁移和垂直迁移

根据迁移内容抽象和概括水平的不同,学习迁移分为水平迁移和垂直迁移。

（1）水平迁移（横向迁移）

水平迁移指处于同一概括水平的经验之间的相互影响。学习内容之间的逻辑关系是并列的,如婴儿学会称呼邻居家比自己大的女孩为"姐姐"后,他可能称呼遇到的任何陌生女孩为"姐姐";小学生学习了乘法交换律 A×B＝B×A 后,会应用于 4×5＝5×4 的情景中;看课外书中获得的有关熊猫的知识能够写进作文《我最喜欢的朋友》中去等。

(2)垂直迁移(纵向迁移)

垂直迁移指处于不同概括水平的经验之间的相互影响,即具有较高概括水平的上位经验与具有较低概括水平的下位经验之间的相互影响。垂直迁移包括自上而下和自下而上两种迁移。如在概念学习中,学习了上位概念"水果"后,有助于下位概念"猕猴桃""香蕉""苹果"等的学习;学习了"老虎""狐狸""狮子"等下位概念,有助于对上位概念"野兽"特征的理解和概括等。

3.一般迁移和具体迁移

根据迁移内容的不同,学习迁移分为一般迁移和具体迁移。

(1)一般迁移

一般迁移又叫普遍迁移、非特殊迁移,是指一种学习中习得的一般原理、原则和态度对另一种具体内容学习的影响,即将原理、原则和态度具体化,运用到具体的事例中去。布鲁纳认为,一般的技巧、策略和方法有广泛迁移的可能性,他十分重视非特殊迁移,认为这一类迁移是教育的核心。如对普通心理学基本概念的理解和学习方法的掌握将有助于对其他心理学分支的理解和学习;学习中形成的认真负责的态度及高要求的做法将影响到做其他事情的态度。

(2)具体迁移

具体迁移又叫特殊迁移,是指把从一种学习中习得的具体的、特殊的经验直接迁移到另一种学习中去。这是特定事实与技能的迁移,如英语语法的学习可以直接迁移到英语写作和口语表达中来;理解了什么叫"电子邮件"后,再理解"电子信箱""电子阅览室"等概念时就会发生特殊迁移。在英语学习中,学完单词 coat 后,再学习 raincoat 就是特殊迁移。

4.顺向迁移和逆向迁移

根据迁移方式和方向的不同,学习迁移分为顺向迁移和逆向迁移。

(1)顺向迁移(forward transfer)

顺向迁移指先前的学习对后来学习的影响,如先学习了汉语拼音对后学英语音标的影响。

(2)逆向迁移(backward transfer)

逆向迁移指后来的学习对先前学习的迁移,如后学习的"发展与教育心理学"对先学习的"普通心理学"的影响。关于顺向迁移和逆向迁移之间的关系如图10-1所示。

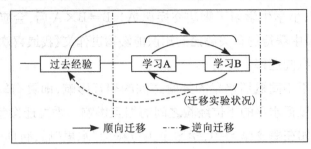

5. 近迁移、远迁移和自迁移

根据迁移范围的不同,学习迁移分为近迁移、远迁移和自迁移。

(1)近迁移

近迁移指已习得的知识在与原先学习情境相似的情境中的应用,如学会了课程"普通教育学"的学习方法后,可以迁移到"发展心理学"的学习中去。

(2)远迁移

远迁移指已习得的知识在新的不相似的情境中的运用,如将校内学习到的专业知识迁移到校外的专业实践中去。

(3)自迁移

自迁移指个体习得的经验影响着相同情境中任务的操作。自迁移经常表现为原有经验在相同情境中的重复,如学会了作文《我的妈妈》的写作技巧后,可以迁移到《我的爸爸》的写作中。

简言之,个体经验如果能迁移到结构特征与表面特征都基本相同的其他情境中,属于自迁移;如果能迁移到结构特征与表面特征都基本相似的其他学习情境中,属于近迁移;如果能迁移到表面特征不相似,但结构特征相似的其他学习情境中,则属于远迁移。

6. 低路迁移和高路迁移

根据迁移路径的不同,学习迁移分为低路迁移和高路迁移。

1989年,所罗门(G. Salomon)和帕金斯(D. Perkins)依据迁移的自动化程度(或意识的参与程度)将迁移划分为低路迁移和高路迁移。

(1)低路迁移

低路迁移指经过充分练习的技能可自动迁移。如能熟练地骑自己的电瓶车的人,也能轻松地骑朋友的电瓶车。这种迁移的关键在于原先的技能已经过充分的练习,而且练习是在变化的情境中进行的。

(2) 高路迁移

高路迁移指有意识地将某种情境中学到的抽象知识应用于另一种情境中的迁移。如师范生在学习教育学、心理学的相关知识时,能想到这些知识在今后教学实践中的应用。高路迁移的关键在于有意识地进行抽象概括,或精心地鉴别出不限于特殊情境,能普遍应用的原理、主要观点、策略或步骤。

三、学习迁移的作用

1. 迁移是一种重要的学习能力

迁移的产生和效果直接影响着学习的进程与效率。人的生命是有限的,不可能事事穷尽,这种有限性促使学习者学会在不同情境中运用和实现学习迁移。同时,迁移使新旧学习内容之间融通,从而加快学习进程,提高了学习的效率。学习的最终目的是把学习到的方法和知识迁移到对新知识的理解和应用上来,把从学校里学到的知识运用到各种不同的实际情境中,解决现实中的各种问题,从而获得解决问题的能力。能否准确、有效地提取有关经验来理解新知识、解决新问题,这实际上就是迁移问题。从这个意义上来说,迁移是一种重要的学习能力。

2. 迁移是习得的经验得以概括化、系统化的有效途径,是能力与品德形成的关键环节

学习的最终目的是把从学习中积累的经验迁移到对新知识的理解和应用上来,把学到的知识、技能、品德、态度等运用到各种不同的实际情境中,解决现实中的各种问题,从而获得解决问题的能力。能力和品德都是通过对所掌握的经验加以概括,然后进行广泛的迁移,并进一步系统化和概括化形成的。广泛的迁移使原有经验得以改造,是概括化、系统化的重要环节,是习得的知识、技能和社会规范向能力与品质转化的关键环节。

3. 迁移规律对于学习者、教育工作者以及有关的培训人员具有重要的指导作用

学会迁移是学习者快速学习新知识的一个必要条件。应用有效的迁移原则,学习者可以在有限的时间内学得更快、更好,并在适当的情境中主动、准确地应用原有的经验,防止原有经验的惰性化。对于教师来说,掌握迁移规律可以提高教育教学工作的效率。在教学中,教师不仅要教给学生各种知识和技能,更重要的是"授之以渔",教给学生

各种学科的学习方法,提高他们的学习能力,促进学生将学到的知识、技能迁移到广泛的学习中去。同时,教师自身也要自觉利用迁移规律进行教学设计、改革教学方法、合理组织与安排教学活动,以促进学习的迁移,提高教学工作的效率。

4. 学习迁移是教育的最终目的所在

陶行知说:"教是为了不教。""授之以鱼不如授之以渔"。学校教育的本质和最终目的是为了使学习者具备自学能力,面对新的问题和情境,学习者可以做到无师自通或举一反三,创造性地解决新问题。而要做到这样,首先要培养的就是学习者的学习迁移能力,即学习者在学习新的知识和技能后能恰当地运用和迁移这些知识和技能,能够更快地适应新的环境,更好地发展自己。

第二节 学习迁移理论

对于学习迁移过程的解释是学习迁移理论的核心,心理学家们在探讨学习迁移实质的过程中不断地努力,取得了一系列的成果,形成了众多的学习迁移理论。

一、早期的学习迁移理论

1. 形式训练说

形式训练说是最早的关于迁移的学说,它是以官能心理学为基础的,其代表人物是18世纪德国心理学家沃尔夫(Christian Wolff)。沃尔夫最先使用官能心理学这一名词,他被认为是官能心理学的创始人。他把官能分为两部分:一是认知官能,如感觉、注意、记忆、想象和悟性;二是欲求官能,如情感和意志。形式训练说认为迁移要经过一个"形式训练"的过程才能产生,其主要观点主要包括以下几点。

第一,个体心理的组成部分是各种官能,如注意力、记忆力和推理等。这些官能可以像肌肉一样通过训练而得到发展和加强。如感觉越用越敏锐,记忆力因记忆而增强,想象力、推理力等因想象、推理而长进。这些能力如果得不到训练,便会变弱。

第二,心理官能经训练后,可无条件迁移到各种情境中。形式训练说认为,心理官能只有通过训练才得以发展,迁移就是心理官能得到训练而发展的结果。同时,迁移是无条件的、自动发生的。

第三,训练的形式比训练的内容更重要。因为内容是容易被忘掉的,其作用是暂时的,而只有通过多种形式的训练,官能才能获得永久性的发展,才能迁移到其他知识的学习上,从而使人们受益终身。例如,读史使人明智,读诗使人聪慧,数学使人精密,哲学使人深刻,道德让人庄重,逻辑使人善变。

形式训练说在欧美盛行了约200年,至今仍有一定的影响力。形式训练说似乎能够解释生活中的一些迁移现象,但其理论是建立在纯思辨的基础上的,缺乏有效的科学实验依据。到19世纪末20世纪初,该理论因缺乏充分的科学依据引发了许多研究者的质疑和实证研究的挑战。

2. 共同要素说

1901年桑代克通过面积估计实验否定了形式训练说的可靠性。桑代克的"形状知觉"实验,通过训练来培养大学生被试对各种形状和各种大小的图形面积的判断能力。

实验过程设计:

①预实验:估计矩形、三角形和不规则图形的面积,目的是了解被试判断各种形状的面积的能力。

②用90个面积不等的平行四边形进行面积判断训练。

③测验1,判断13个与训练图形相似的长方形的面积。

④测验2,判断27个三角形、圆形和不规则图形的面积。

实验结果:训练提高了被试对长方形面积的判断能力,而没有提高判断三角形、圆形和不规则图形面积的能力。

据此他提出并建立了自己有关迁移的学说,即共同要素说。共同要素说的主要观点包括以下几个方面。

第一,只有当两个训练机能之间有相同的元素时,一个机能的变化才能改变另外一个机能的习得。

第二,只有当两种情境相似且其反应也相似时,迁移才会发生;而且一个情境与另一个情境相同的元素越多,迁移就越大;相同元素或共同成分越多,形成的共同的刺激与反应的联结就越多,迁移就越大。

共同要素说在某些方面对形式训练说进行了否定,也使迁移的研究有所深入。但桑代克、伍德沃斯的迁移理论,只注重学习情境客观方面的特点对迁移的影响,忽视了学习者作为迁移主体对迁移的作用,否认了迁移中复杂的主体认知因素的作用,使迁移的范围大为缩小。这种理论明显表现出具有机械性和片面性。

桑代克的相同要素说在当时的教育界曾起过积极的作用,使学校脱离了那种在形式训练说影响下不考虑实际生活、只注重形式训练的教学状况,在课程方面开始注意重视应用学科,教学内容的安排也尽量与将来的实际应用相结合。他认为要提高教学效果,重要的是使学生很好地掌握知识、技能和学习方法,而不是一味追求学生观察能力、记忆力、思维能力的提高。

3. 经验类化理论

学习迁移的经验类化理论(又叫概括化理论)是美国心理学家贾德(C. H. Judd)基于他的水下击靶实验结果提出的。他于1908年选择五六年级的小学生做被试进行了著名的"水下击靶"实验,如图10-2所示。

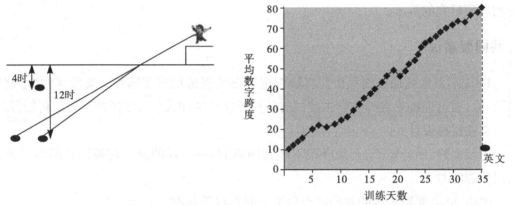

实验的程序是选择能力相同的甲乙两组去射击水中的靶子。甲组打靶前学习光学折射原理;乙组不学。结果显示:射击水下30厘米处的靶子时,甲乙两组成绩相同;而射击水下10厘米处的靶子时,甲组成绩好于乙组的。由此他得出结论:甲组学生在第一次打靶时把原理概括化,并运用到实践中去,因此甲组成绩在后继的打靶中得到提升,即由于经过训练的儿童能对不同的目标作出更适当的调整,将折射原理概括化,并运用到特殊情境中去,从而获得了良好的结果。

由此可知,这种理论的主要观点包括以下两点。

第一,强调概括化的经验或原理在迁移中的作用。它认为先前的学习之所以能迁移到后来的学习中,是因为学习者在先前的学习中习得了一般原理,这种一般原理可以部分或全部应用于前后两种学习中。在经验中学到的原理和原则是迁移得以发生的主要原因,即两个学习活动之间存在的共同成分只是产生迁移的必要前提。而产生迁移的关键是学习者能概括出它们之间共同的原理,即主体所获得的经验的类化。

第二,对原理了解和概括得越好,在新情境中学习的迁移越好。产生迁移的关键则是学习者所概括出来的,并且是两种活动所具有的共同的原理或概括化的经验。学习者的概括水平越高,迁移的可能性越大。

经验类化理论强调概括化的经验在迁移中的作用,强调对原理的理解,这一点比相同要素说有所进步。但概括化的经验仅是影响迁移成功与否的因素之一,并不是迁移的全部。

4. 关系转换理论

关系转换说是格式塔心理学家从理解事物关系的角度对经验类化迁移理论进行的重新的解释,其代表人物是苛勒。苛勒于1919年做了"小鸡(幼儿)觅食"实验,目的是训练小鸡和幼儿在灰度深浅不同的纸上找食物吃。

实验过程设计

①准备两张纸,一张浅灰纸 A,一张深灰纸 B,食物总是放在深灰色的纸上,通过训练让被试对深灰色的纸建立条件反射。

②用一张比原先两张纸灰度更深的纸 C 代替那张浅灰色纸 A,看被试的反应。

实验结果

①小鸡对新的、灰度更深的纸的反应是 70%,对原来深灰的纸的反应是 30%;

②所有小鸡均对灰度更深的那张纸产生反应。

根据实验结果,科勒提出他的关系转换说的主要观点。

第一,迁移产生的实质是个体对事物间关系的理解。迁移的关键不在于有多少共同的因素,也不在于掌握原理,而在于所有要素组成的整体之间的关系,在于能否了解到手段与目的之间的关系。

第二,迁移的发生主要是对两次学习情景中原理原则关系的"顿悟"。苛勒强调顿悟是学习迁移的一个决定因素。

第三,促进迁移的不是两个情景共同的成分,而是两个情景中共同的关系。习得的经验能否迁移,取决于个体能否理解各个要素之间形成的整体关系,能否理解原理与实际事物之间的关系。个体越能发现事物间的关系,则越能对其加以概括、推广,迁移则越普遍。

以上四种迁移理论从各自不同的角度对迁移进行了探讨,而它们研究争论的焦点是一般迁移与特殊迁移。除了形式训练说之外,这些早期迁移理论都关注学习情境的相似性,即共同要素。其中,经验类化理论和关系转换理论都强调一般原理、原则的迁移,为后来的认知研究取向奠定了基础。

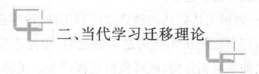

二、当代学习迁移理论

随着学习迁移研究的迅速发展,当代认知心理学家们对迁移进行了更为深入的研究,其中比较有代表性的是奥苏贝尔。

1. 认知结构迁移理论

布鲁纳和奥苏贝尔是在学习者的整个认知结构的背景下研究迁移的,他们在认知结构的基础上提出了关于迁移的理论和见解。奥苏贝尔在接受布鲁纳迁移思想的基础上,更系统地研究了学生的认知结构对学习和迁移的影响。认知结构迁移理论的主要观点包括以下几个方面。

第一,所有的有意义学习都包含迁移。他认为,一切有意义的学习都是在已有学习的基础上进行的,不受学习者原有认知结构影响的新学习是不存在的,有意义的学习中一定含有迁移。

第二,迁移是学生头脑中已有的认知结构对新学习的知识的影响。他认为,学生已有的认知结构对新知识的学习产生影响,这就是迁移。

第三,学生头脑中已有的认知结构是实现迁移的关键因素。所谓认知结构是指学生头脑里的知识结构,是学生头脑中全部观念的内容和组织,是影响学习和迁移的重要因素。奥苏贝尔认为任何有意义的学习都是在原有学习的基础之上进行的,原有认知结构的清晰性、稳定性、概括性、包容性、连贯性和可辨别性等特性都始终影响着新知识的获得与保持。

个人认知结构在内容和组织方面的特征称为认知结构变量,它主要包括可利用性、可辨别性和稳定性。奥苏贝尔认为这三个因素是影响迁移的主要因素。

可利用性。认知结构的可利用性是指面对新知识的学习时,学习者原有认知结构中是否具有用来同化新知识的适当观念。在学生面对新的学习任务时,他头脑中是否有与新的学习相关的概念或原理及其概括程度。原有相关概念或原理的概括程度越高,包容范围越大,迁移就越容易发生,迁移的能力就越强。

可辨别性。认知结构的可辨别性是指面对新知识的学习时,学习者能否清晰地分辨新旧知识间的异同。它涉及的是新学习的知识与同化它的相关知识的可分辨度。两者之间的差异越明显,分辨程度越高,则越有助于迁移,并能避免因混淆而带来的干扰。

稳定性。认知结构的稳定性是指面对新知识的学习时,用来同化新知识的原有知识是否被牢固掌握。它涉及的是同化新知识的原有知识掌握的巩固程度。原有知识掌握的巩固程度越高,越有助于迁移。

如果学生在某一领域的认知结构越具有可利用性、可辨别性和稳定性,那么就越容易导致正迁移产生;如果他的认知结构是不稳定的、含糊不清的、无组织的或组织混乱的,就会抑制新材料的学习和保持,或导致负迁移产生。奥苏贝尔的认知结构迁移理论代表了认知心理学流派关于迁移的主流观点。

"为迁移而教"实际上是有关塑造学生良好认知结构的问题。在教学中,可以通过改革教材内容和教材呈现方式来改变学生的原有认知结构变量以达到迁移的目的。

2. 产生式迁移理论

信息加工心理学家安德森(J. R. Anderson)提出了迁移的产生式迁移理论,这种理论是他的"思维适应性控制理论"(ACT)的发展。所谓产生式就是指有关条件和行动的规则,简称 C—A 规则。

产生式迁移理论的基本思想主要有两点。

第一,前后两项技能学习间发生迁移的原因是两项技能产生式的交叉和重叠。

第二,两项技能学习之间的交叉和重叠越多,迁移量越大。该理论认为两种任务之间的迁移是随着其共有的产生式交叉和重叠的多少而变化的。当两项任务之间有共同的产生式或产生式有重叠时,迁移就会发生,即是说产生式的相似是迁移产生的条件。

安德森的产生式迁移理论可以说是桑代克的共同要素说的翻版,两者的区别就在于安德森研究的是人类高级的认知学习的迁移,其理论能较好地解释认知技能的获得,即程序性知识的迁移情况。

3. 情境性迁移理论

以格林诺等人(Greeno,Moore &Smith)为代表提出了迁移的情境性理论(situated theory)。

迁移的情境性理论的基本思想包含以下两个方面内容。

第一,迁移问题主要说明了在一种情境中学习去参与某种活动,将如何影响在不同情境中参与另一种活动的能力。

第二,学习是个体与环境中事件相互的作用,是对情境所具有的特征的一种适应,通过相互作用而形成了动作图式。该图式是活动的组织原则,迁移就在于如何以不变的活动结构或动作图式来适应不同的情境。这种活动结构的建立既取决于最初的学习情境,又取决于后来的迁移情境。

从以上的迁移理论的介绍中,我们可以发现,传统的迁移研究是比较宏观的、粗线条的;而当代的迁移研究则是比较微观、细致的,较重视对迁移的认知特性的探讨,对迁移过程的认知成分、迁移得以发生的内在机制进行了较深入的分析,这促进了迁移研究的深化。但无论是早期的迁移理论还是当代的迁移理论,其迁移研究的系统性和完整性都不够,研究的范围主要局限于知识的学习方面,忽略了对态度、品德和动作技能等领域的学习进行迁移研究。在探讨影响迁移的因素时,心理学家主要是从学习情境和学习主题两个方面入手,但研究得均不够深入。这两个因素之间的相互关系对迁移的影响等问题还需要我们进行进一步探讨,以使我们能更好地了解迁移发生的条件和规律。

第三节 学习迁移与教学

一、影响学习迁移的因素

学习迁移是一种复杂的心理现象,也是学习过程中的一种普遍现象。学习迁移不是无条件发生的,它受到很多因素的影响。探讨影响学习迁移的因素对促进正迁移、防止学习材料的相互干扰以及提高教和学的效果,都具有十分重要的积极作用。

1. 客观因素

(1) *学习材料之间的共同要素或相似性*

学习材料是学生学习的对象和知识的主要来源,对学习迁移有着重要的影响。不同的学习材料的迁移过程甚至迁移结果都是不一样的。在学习中,学习材料之间的共同因素或相似性是迁移的基本条件之一。这些共同因素或相似性可表现在学习内容、学习方法、学习态度等方面。

①先前学习与新学习有共同的本质联系。

②先前学习与新学习有共同的基本原理,基本原理由再生能力极强的基本法则、基本理论组成,这是实现普遍迁移的基础。

③先前学习与新学习有共同的构成部分。凡是先前的学习同后来的学习之间有相同或相似的地方,就能产生互相迁移作用。而且这种共同因素或相似性越多,迁移也就越容易发生,迁移的效果就越好。

(2) *教材的组织结构*

教材是学生学习的基本材料,其科学的基本结构有助于学习的迁移。美国教育心理学家布鲁纳(J. S. Bruner)认为领会和理解了学科的基本原理和观念后,学习迁移更容易发生。他强调组织好的教材结构应注意做到两点:教材呈现的顺序要注意从一般到个别的不断分化,这样的教材既便于教师教,又便于学生学;教材呈现的知识结构要从已知到未知,逐步系统化。

(3) 学习的指导

学习的指导是从指导的主体角度来看的,它既包括教师的指导,又包括学生的自我指导。这两种类型的指导都对迁移产生影响。

①教师的指导。教师在教学时有意地引导学生发现不同知识之间的共同点,启发学生去对其进行概括和总结,注意引导他们改善学习策略和学习方法,指导学生监控和调整自身的学习,教会他们学习知识一些有效的方法;并在学生的学习过程中,对他们进行启发式、引导式教学。这些都会促进学生产生积极的学习迁移。

②学生的自我指导。学生的自我指导是在教师的指导过程中发展起来的,并随着年龄的增长和学习经历的不断丰富发展起来。它建立在自我反思的基础之上,是相较于教师的指导更为积极的自身的主观能动性的体现,也更能激发积极迁移的发生。而教师的指导最终使学生的自我指导更加完善。

学习的指导从指导的内容角度来看,包括对学生的学习目的、学习态度、学习内容和学习方法的指导。这些方面的指导也都对迁移产生影响,其中尤以学习态度和学习方法方面的指导对迁移产生的影响最大。学生需要将教师的指导和个人实践相结合才能掌握良好的学习方法。

(4) 学习情境的相似性

任何知识经验的获得和应用都和一定的情境有着密切的关系。从学习迁移的角度来看,知识经验获得的情境与知识应用的情境在许多方面都密切相关。在两次学习活动之间,如果学习时的场所、环境布置、教学或测验的人员等越相似,学生就越能利用有关的线索促使学习效果提升或问题解决的迁移的出现。学习情境越相似,学习迁移就越容易发生。

2. 主观因素

主观因素主要是指学生自身具有的一些能影响迁移的特质或状态。

(1) 智力

个体智力的高低对学习迁移的质量有一定的影响,智力较高的人能比较容易,包括智力、年龄、认知结构学习的心理准备状态和学习策略的水平发现学习情境之间的相同要素和关联,能更好地概括总结出一般的原理、原则,能比较好地将学习的策略方法应用于新情境中。其中,智力包含的人的能力是迁移的重要基石。学习迁移是需要条件的,需要学习者具备一定的能力,这种能力主要指分析和概括的能力。迁移就是一个分析、综合、抽象、概括的思维过程。苏联心理学家鲁宾斯基认为,迁移的基础在于概括,而分析能力亦是影响迁移的重要因素。如在学习的迁移过程中,主要是要求学习者依据已有的经验去辨别当前的新问题,把当前的课题纳入已有经验系统中,实现知识、技能和经验的同化和顺应,从而实现迁移。学生对于事物之间关系的觉察越敏锐,越容易产生迁移。

(2) 年龄

不同年龄阶段学生的思维发展水平不同,学习迁移产生的条件与机制也就不同,所以年龄也是影响学习迁移的一个因素。处于具体运算阶段的学生学习迁移的产生有赖于具体事物的支持和协助,学习的迁移更多地表现为先后学习的内容间较为具体的相同要素之间的相互影响。而处于形式运算阶段的学生,由于已经具备抽象思维能力,能够不依赖两种学习情境间的具体相同要素的支持就能概括出共同的原理、原则,产生更高级的学习迁移。

(3) 认知结构

学习者是否拥有相应的背景知识,这是迁移产生的基本前提条件。已有的背景知识掌握得越丰富、越清晰、越牢固,就越容易理解、越容易辨析、越容易掌握和保持所学原则,也就越有利于新的学习,迁移也就越容易产生。

原有的认知结构的概括水平对迁移起到至关重要的作用。原有认知结构的概括水平越高、对事物本质的把握越深刻,可迁移的范围就越广,迁移的效果就越好;反之,迁移的范围就越窄,迁移的效果就越差。

(4) 学习的心理准备状态——定势或心向

美国心理学家哈洛在1949年最先提出"定势"的概念。定势是指在连续活动中产生的、前面的活动经验对后面的活动形成的一种准备状态。心向是指由先前影响所形成的一种倾向性的往往不被意识到的心理准备状态,它将支配人以同样的方式去对待同类的后继活动。学习定势也即学习心向,是指学习者进行学习活动时的心理准备状态。学习者在以往的学习中形成的愿望、态度、知识经验和思维方式等都能构成其学习的心理准备状态,使后继的学习活动具有一定的倾向性,朝着一定的方向进行。陆钦斯的量杯实验是定势影响迁移的一个典型例证。大量的实验表明,定势或心向对迁移有双重作用。当后面的课题与前面课题属于同类课题时,定势能使人对后来作业的反应更加容易实现,并且抑制与其竞争的反应倾向,对后来课题的学习起促进作用。当要学习的与先前的课题不是同类或者是需要灵活变通的相似课题时,定势就可能干扰后来课题的学习。

(5) 学习策略的水平

学习策略和方法对学习迁移效果的影响范围非常广泛。不同时期学习策略的不同发展水平不可避免地会影响到知识学习、问题解决和迁移。学习策略对迁移的影响主要表现在发展水平、学习策略的丰富程度以及依据情况变化灵活应用等方面。如有时学习对象有共同因素或已有知识经验的概括程度较高,可是学习者对新的学习内容却仍然不能实现迁移,原因就在于学习者虽然掌握了有关的知识,但没有掌握解决迁移中问题的策略。

二、促进学习迁移的教学

迁移贯穿于人一生各种形式的学习中,在学校教育教学中无处不在,尤其与培养学生解决问题的能力和创造力密切相关。鉴于迁移在学习中的普遍性和重要性,教育界提出"为迁移而教"的口号。"为迁移而教"并不是一种显性的单一课程,而是教师在充分理解迁移的发生规律和影响因素的基础上,在每一项教学活动中,在与学生的每一次正规与非正规的接触中,都注意创设和利用有利于积极迁移产生的条件与教育契机,促进学生积极主动地迁移。

1. 建立积极迁移的学习定势或学习心向

从前面的学习中,我们知道学习定势是由先前影响所形成的不被意识到的心理准备状态,它将支配人以同样的方式去对待同类事物的后继活动。这种定势可能会加快后继活动的进行,也可能会干扰后继活动的开展。定势对迁移影响的双重性要求教师应在实际教学中为学生建立积极迁移的心向而努力。

(1)教师要预见定势的消极影响,注重培养学生思维的灵活性和变通性

教师在教授新的内容时,既要考虑学生新的学习和原有经验的同一性,帮助学生掌握同一类型问题的解决方法,又要使新学习的内容具体化,并以不同的形态呈现,启发学生灵活地运用所学到的知识,培养学生思维活动的灵活性、流畅性和创造性,防止定势的负迁移影响。

(2)教师要鼓励学生为建立积极迁移的心向而努力

教师应该鼓励学生敏锐地发现不同的学习方法,不断探索、运用不同的方法和原理解决实际问题。

2. 加强基础学习

共同要素说告诉我们,先前学习与新学习之间发生迁移的条件之一,就是要在知识、技能等方面具有相同的或相似的成分。这种共同因素越多,越有利于产生学习迁移。这就是说,学生所掌握的基础知识和基本技能等方面越多,就越容易掌握新知识、新技

能和新经验。学习迁移是以先前的学习为前提的,所以学生在学习过程中能做到举一反三、触类旁通,多半是因为基础学习掌握得比较好。所以对于中小学生来说,基础训练十分重要。

3.促进学生概括能力和分析能力的提高

从贾德的经验类化理论可知,两个情境之间存在共同要素并不能自动导致迁移,经验的概括才是迁移产生最重要的因素。贾德认为,两个学习活动之间存在的共同成分只是产生迁移的必要前提,而产生迁移的关键是学习者在两种活动中概括出它们之间的共同原理。这就要求在学习中,学生要对学到的知识经验进行概括,能掌握同类事物之间的共同特点和规律性的联系。对具体事物之间的联系认识越广泛、越深刻,越能揭示同类新事物、新问题的本质,越容易将其纳入已有的知识经验系统,实现从一种情境向另一种情境的迁移。

同样,学生分析问题的能力也是影响迁移的重要因素。学生如果在面临新的问题时,不能独立地进行分析,那么他原有的经验就不能顺利地迁移,从而不能完成对现有问题的解答。知识的学习同概括能力和分析能力之间是相互制约的,知识的迁移有赖于概括能力和分析能力;概括能力和分析能力又是在知识的学习或不断迁移的过程中形成和发展起来的。

4.加深学习的理解和巩固程度

学生学习基本的概念和原理,如果只做一般意义上的了解,学习迁移不一定就会发生。迁移的积极发生必须是建立在学生对所学知识的理解和巩固的基础上,因此学习的理解与巩固程度是迁移发生的基本条件之一。根据奥苏贝尔的认知结构迁移理论可知,如果进行两种学习,当某一种学习还没有被全面深刻地理解和掌握的时候,学生大脑中难以形成可利用、可辨别和稳定的认知结构,就难以同化或顺应新的知识,这时进行另一种学习就容易产生负迁移。而正迁移是跟先前学习内容的理解与掌握程度成正相关的,因此只有深刻地理解和掌握基本概念和原理的时候,两种学习之间才能避免负迁移的发生。而且只有对原有的学习越理解、掌握得越牢固,新学习的正迁移产生的可能性才会越大,迁移的效果才会越好。

5.根据迁移规律组织教学

(1)确定明确而具体的教学目标

明确而具体的教学目标可以使学习者对与学习目标有关的已有知识形成联想,即可发挥先行组织者的作用,有利于促进迁移的发生。教师在实际教学中,要在教授每个新的教学内容之前确定具体的教学目标,使学生清晰地认识到学习最终需要达到的目标,这是促进学生学习迁移的重要前提。与此同时,教师还应该让学生明确未来学习迁移的方向。在教学中,不仅让学生知道当前学习的原理及解决问题的步骤,还要让学生知道未来有哪些问题与此相关,从而为以后可能遇到类似问题做好准备。

(2)合理安排教学内容,突出知识的组织特点

教学在编排上,一般有结构化、一体化和网络化几种模式。结构化是指教学内容的各构成要素具有科学的、合理的逻辑联系,能体现各种事物之间内在的关系。一体化是指教学的各构成要素能整合为具有内在联系的有机整体。网络化是一体化的引申,指教材各要素之间的上下左右、纵横交叉联系。教材的编排要突出各种基本经验的连结点、连结线,这既有助于了解原有学习中存在的断裂带及断裂点,又有助于预测以后学习的发展带、发展点,为迁移的产生提供直接的支撑。

同时,教学中还应该注重教材内容改革,促进迁移的发生。根据同化理论,原有的认知结构中是否有适当的起固定作用的观念,是决定新的学习与保持的重要因素。为了促进迁移,教材中必须有那种具有较高概括性、包容性和强有力的解释效应的基本概念和原理。

(3)改进教材呈现方式,运用恰当的教学媒体,创设相似的学习情境

教材的呈现,可以从一般到个别,渐近分化。依据学生认识事物的过程,教材的呈现或课堂教学内容的安排应符合从一般到个别、从整体到细节的顺序,即渐近分化原则。还可以综合贯通,促进知识的横向联系。依据知识的系统性和科学性,概念之间及原理之间、知识的前后连贯与单元纵横之间应体现出内在的联系。依据学生学习的特点,教材组织应由浅入深,由易到难,由已知到未知。这些教材呈现方式都有利于促进学生产生积极的学习迁移。

研究表明,学习情境与日后运用知识内容的情境越相似,越有助于学习的迁移。这种类似的情境,是指学习者在相似认知情境中产生的心理上的类似性,而这种类似性有助于学以致用的迁移。在现今信息技术环境下,运用现代教学媒体或多媒体组合,创设与实际应用情境相类似的学习情境,为学习者提供间接经验,有利于促进学生在未来真实环境中产生有效迁移。

(4)培养学生主动学习的态度,教授学习策略和方法,提高其迁移意识性

教学和教育的最终意图是使学生有独立学习的能力和主动的学习态度,让学习者学会学习,并让这种态度和能力迁移到以后的学习和工作中,保持对新事物的探究和提高自身素质的主动性。学习者对当前学习活动的态度,对学习迁移的引发有着非常重要的作用。当学习者对学习活动持积极态度时,就会激发有利于学习迁移的心境,进而能将原有的知识和技能主动地运用到新的学习中去,这时正向积极的学习迁移便产生

了;反之,则很难引起正向积极的迁移的产生。所以,教师在教学过程中应该重视学习者主动学习态度的培养。

有了正确的学习态度,若缺乏正确的学习方法和能力,学习迁移仍然难以产生。开展学法指导、传授学科的学习方法、培养学生实际运用能力,只有这样学习迁移的效果才会更好。教师在教学中要重视引导学生对各种问题进行深入的分析、综合、比较、抽象和概括,帮助学生认识问题之间的关系,帮助学生寻找新旧知识或课题的共同特点,归纳知识经验的原理、法则、定理、规律的一般方法,发展学生分析问题和概括问题的能力。教学中必须重视对学习方法的学习,以促使更有效的迁移的产生。

◀巩固练习▶

一、选择题

1. 学会写"木、石、口",有助于写"森、磊、品",这是一种(　　)。
   A. 正迁移　　　　　B. 负迁移　　　　　C. 顺向迁移　　　　D. 具体迁移
2. "举一反三""闻一知十"体现的是(　　)。
   A. 创造性　　　　　B. 学会学习　　　　C. 学习迁移　　　　D. 学习动机
3. 相同的刺激与反应的联结,刺激相似且反应也相似时,两情境的迁移才能发生;相同联结越多,迁移越大,这种迁移理论是(　　)。
   A. 形式训练说　　　B. 共同要素说　　　C. 经验类化理论　　D. 关系转换理论
4. 格式塔派认为迁移的决定因素是(　　)。
   A. 相同要素　　　　B. 心灵的官能　　　C. 认知结构　　　　D. 顿悟
5. 下列属于影响迁移的个人因素是(　　)。
   A. 认知结构和态度　B. 智力与学习环境　C. 年龄与学习材料　D. 学习目标和态度

二、简答题

1. 简述学生原有的认知结构对迁移的影响。

2. 简述如何促进学习的迁移。

3. 谈谈如何为促进迁移而教学。

三、案例分析题

1.贾德1908年所做的"水下打靶"实验,是学习迁移研究的经典实验之一。贾德将被试分成两组,要求他们练习用标枪投中水下的靶子。在实验前,贾德对一组被试讲授了光学原理,另一组则不予授课,只能从尝试中获取一些经验。在开始练习投掷时,靶子置于水下30厘米处。结果,学习过和未学习过折射原理的被试,其打靶成绩相同。这是由于在开始的测验中,所有被试都必须学会运用标枪,理论的学习不能代替练习。当把水下30厘米处的靶子移到水下10厘米处时,两组的差异就明显地表现出来:未学习过折射原理一组的被试不能运用水下30厘米处的投掷经验,以改进靶子位于水下10厘米处的投掷练习,错误持续发生;而学过折射原理的被试,则能迅速适应水下10厘米处的投掷练习,学得快,投得准。

(1)贾德在该实验的基础上,提出何种学习迁移理论?

(2)该理论的基本观点是什么?

(3)依据该理论,产生学习迁移的关键是什么?

(4)该理论对教学的主要启示是什么?

推荐书目

[1]李峰、白雅娟.教育心理学.北京:北京师范大学出版社,2017年。
[2]燕良轼.教育心理学.武汉:武汉大学出版社,2010年。

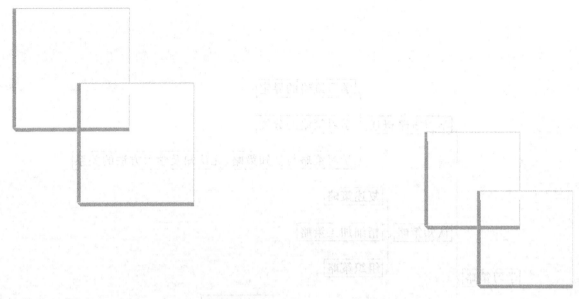

第十一章 学习策略

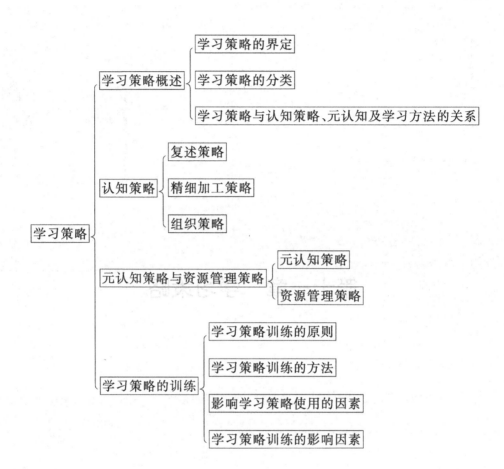

东东,男,初一,智力发育正常,小学时学习成绩在班中名列前茅。他还是班里的卫生委员,团结同学,热爱劳动。然而小升初之后,尽管东东学习很认真,但成绩却不理想。任课老师反映他上课认真听讲,但很少举手回答问题,家庭作业正确率不高。父母反映他在家学习时也很用功,甚至在期末考试前还会"开夜车",但考试成绩却下滑很快。

东东的情况在初一学生中具有一定代表性:学生小学升初中后,平时学习看起来也挺努力的,但成绩就是提不高。这到底是什么原因呢?

第一节 学习策略概述

"授人以鱼,不如授人以渔"。在学校教育中,教学生掌握知识是教师的首要任务,但更重要的是教师要教会学生学习的方法与策略。同时,学生除了需学习知识之外,还需积极学习和掌握在学习过程与知识运用中遇到的经验。认知心理学的研究成果充分证明,学习策略是学生"学会知识"的重要指标,是影响学习效率与质量的重要因素。"未来的文盲不再是不识字的人,而是没有学会怎样学习的人",因此掌握学习策略成为现代教学中的重要目标。

一、学习策略的界定

学习策略(learning strategies),通常指学习者为了提高学习的效果和效率,有目的、有意识地制定有关学习过程的复杂方案。① "学习策略"作为一个完整的概念,虽然从提出到现在已经有三十多年的时间了,但目前人们对学习策略的概念还没有一个统一的界定。

关于学习策略概念的界定,目前有多种说法。

杜菲(Duffy)认为:"学习策略是内隐的学习规则系统。"

奈斯比特和舒克史密斯(Nisbet and Shucksmith)认为:"学习策略是选择、整合、应用学习技巧的一套操作过程。"

---

① 华东师范大学心理学编写组:《基于教师资格考试的心理学》,华东师范大学出版社2018年版,第121页。

丹瑟洛(Dansereau)认为:"学习策略是能够促进知识的获得和贮存以及信息利用的一系列过程或步骤。"他指出,学习策略应该包括两类相互联系的策略:主策略(primary strategies)和辅策略(support strategies)。主策略为具体直接的操作信息,即学习方法。它包括:理解——保持策略;检索——应用策略。辅策略则作用于个体,用来帮助学习者维持一种合适的内部心理定向,以保证主策略的有效使用。它包括下列技能:目标定向和时间筹划;注意力分配,包括激活和维持积极的学习情绪的策略;自我监控和诊断,其作用是使学习者定期检查自己的学习情况,必要时对自己的理解、注意和情绪作出调整,另外也包括控制和修正正在操作中的各种主策略。

凯尔和比森(Kail and Bisan)认为:"学习策略是一系列学习活动的过程,而不是简单的学习事件。"

梅耶(Mayer)认为:学习策略是人"在学习过程中用以提高学习效率的任何活动"。因此,他把记忆术、建立新旧知识之间的联系、建立新知识内部联系、做笔记、在书上做评注、画线等促进学习的一切活动都称作学习策略。

琼斯、艾米伦和凯蒂姆斯(Jones, Amiran and Katims)认为:"学习策略是被用于编码、分析和提取信息的智力活动或思维步骤。"

里格尼(Rigney)认为:"学习策略是学生用于获得、保持与提取知识和作业的各种操作与程序。"

国内学者的观点也有很多,如:学习策略是学习者对学习任务的认识、对学习方法的调用、对学习过程的调控(蒯超英,1999);学习策略是学习者用以提高学习效率的一般性整体谋划(张大均,1999);学习策略指的是个体在特定的学习情境里用以促进其获得知识或技能的内部方法的总和(黄旭,1992);学习策略是学习者在学习活动中有效学习的规则、方法、技巧及其调控(刘电芝,1997);学习策略就是学习者为了提高学习的效果和效率,有目的、有意识地制定的有关学习过程的复杂方案(陈琦等,1997)。

第一,学习策略有四个必不可少的关键特征:学习策略是学习者为了达到学习目标而积极主动使用的。被家长或老师强迫使用的,并不能称之是学习策略。

第二,学习策略是有效学习所必需的条件。有学生会在玩电脑时,将复习资料放在桌上,时不时看上两眼,美其名曰"多复习一点",但这样做几乎不能促进有效学习。

第三,学习策略需与学习过程有关,而诸如"先做会的题,晚点想不会的题"等策略虽然可以提升学业成绩,但是与学习过程无关,因而并不能算作学习策略。

第四,学习策略是学习者制订的学习计划,由规则和技能构成。规则指的是学习者在根据某种策略进行学习时需要具备的条件,例如组织化策略要求学生要把材料通过分类等方法进行改造;技能则是指达到这种条件的能力,组织化策略要求学生具有把材料根据某些特征进行分类的能力。不具备以上四个特征的"学习策略"都不能算作学习策略。

随着近代心理学认知主义的兴起,人们对机体的认知功能的研究不断深入,科学家开始致力于学习过程和思维过程的研究,并形成了系统的学习策略理论。美国心理学家布鲁纳在对人工概念形成的研究中,发现概念形成的过程富有策略性,表现出了人的主观能动性,人的学习效果可以通过运用一定的学习策略得到极大的改善。1956年,布鲁纳首次提出"认知策略"的概念;1976年,美国心理学家弗拉维尔提出了"元认知"的概念,极大丰富了学习策略研究的理论基础,使学习策略的研究得到了迅速发展。

二、学习策略的分类

1. 温斯坦的分类

温斯坦(Weinstein,1985)认为学习策略包括:认知信息加工策略,如精加工策略;积极学习策略,如应试策略;辅助性策略,如处理焦虑;元认知策略,如监控新信息的获得。温斯坦与其同事们编制了学习策略量表(1990):高中版学习策略量表(Learning And Study Strategies Inventory—High School Version,LASSI—HS)。整个量表由76个自我报告项目组成,正向表述的项目和负向表述的项目各占一半。反应方式采用李克特式,共分5个等级,共包括10个分量表,它们分别是态度、动机、时间管理、焦虑、专心、信息处理、选择要点、学习辅助手段、自我测试和应试策略等量表。

LASSI—HS制定了9—12年级的常模。适用于9—12年级成绩差的、学习有困难的、缺乏学习动机的、想改进学习技能的、想发挥最大学习潜力的和准备考大学的学生;能进行个体和团体施测;有两种记分形式,一种是由教师、咨询者或学生自己记分,一种是由H&H出版公司服务机构用计算机进行记分。施测人员不需具备特定的资格,也不需要经过培训,但在解释量表记分时需要具备一些专业知识。

LASSI—HS具有很多用途:可用作诊断手段,帮助学生鉴定在哪些方面能从教育干预中获益最多;可用作学业矫正和强化(enrichment)程序等方面的咨询工具;可以此作基础,设计个别化矫正和强化"处方";可用来测量学生参加策略和技能学习前后的成绩;可评价干预的有效性。

①态度(attitude):这一量表测量学生对追求学业成功、完成与此相关的任务总的态度和动机。

②动机(motivation):这一量表测量学生对完成具体学业任务负责任的程度。

③时间管理(time management):这一量表测量学生建立和使用时间表的水平。

④焦虑(anxiety):这一量表测量学生对学业和自己的学习成绩担心的程度。

⑤专心(Concentration)：这一量表测量学生把注意引向并集中在学习任务上的能力。

⑥信息处理(information processing)：这一量表测量学生使用心理表象、言语精细加工、领会监控和推理等策略促进理解和回忆的程度。

⑦选择要点(selecting main ideas)：这一量表测量学生在课堂听讲或自学中选择用以进一步学习的重要信息的水平。

⑧学习辅助手段(studying aid)：这一量表测量学生是如何创造和使用辅助性技术及材料来帮助学习和保持的水平。

⑨自我测查(self-testing)：这一量表测量学生对自我测查重要性的意识程度以及运用自我测查方法的水平。

⑩考试策略(test strategies)：这一量表测量学生运用备考和应试策略的水平。

2. 丹瑟洛的分类

丹瑟洛(1985)认为，"学习策略是促进知识的获得和储存以及信息利用的一系列过程和步骤"，丹瑟洛及其同事还提出了 MURDER 学习策略。其中，M 代表情绪的调整(Mood-setting)和维持(Maintenance)；U 代表理解(Understand)；R 代表回忆(Recall)；D 代表消化(Digest)和细述(Detail)；E 代表扩展(Expand)；R 代表复习和检查(Review)。这些策略又可以分属两大系统，其一为主策略系统，其二为辅策略系统。主策略系统直接应用于学生的认知活动，包括学生学习过程中赖以应运的主导性策略。辅策略系统则帮助学生在学习过程中形成适宜的认知气氛，维持一种合适的内部心理定向，使已有的学习活动得以顺利进行，以保证主策略起作用。①

3. 迈克卡的分类

根据学习策略涵盖的成分，迈克卡等人将学习策略概括为三种。认知策略：指加工信息的一些方法和技术，有助于有效地从记忆中提取信息。元认知策略：指学生有关自己认知过程的策略，包括对自己认知过程的了解和控制策略，有助于学生有效地安排和调节学习过程。资源管理策略：辅助学生管理可利用的环境和资源的策略，有助于学生适应环境并改善环境以适合自己的需要，对激发学生的动机具有重要作用。

---

① 蒋晓虹：《教育心理学》，山东人民出版社 2014 年版，第 157 页。

三、学习策略与认知策略、元认知及学习方法的关系

认知策略、元认知及学习方法是与学习策略既有联系,又有区别的一些概念。理清学习策略与认知策略、元认知及学习方法的关系,有助于我们对学习策略的概念有进一步的认识。

1. 学习策略与认知策略的关系

认知策略是个体对认知过程进行调节和控制的能力。认知策略包括个体开发自己注意、学习、记忆和创造性思维的能力,是学生学会学习的核心因素。对认知策略研究较为系统的是美国教育心理学家加涅。

学习策略与认知策略既有联系,又有区别。加涅在论述认知策略的同时,也提到它与学习策略的关系。他说:"学生在学习过程中,应学会如何学习、如何记忆、如何使更多的反省性和分析性思维产生。显然个体学会成为能进行自我教学的人,或者甚至成为独立的学习者,其原因是他们逐渐获得了调节自己内部过程的有效策略。"从加涅的上述论述来看,认知策略与学习策略具有因果关系,认知策略的改进是学习策略改进的原因。

由于学习方法(如梅耶所讲的记忆术、建立新旧知识之间的联系、建立新知识内部联系、做笔记、在书上写评注、画线等)及其他的一些非认知策略的内容也是学习策略的重要组成部分,所以学习策略比认知策略所包容的范围更广,但认知策略是学习策略的一个组成成分。

2. 学习策略与元认知的关系

元认知(metacognition)又译反审认知、反省认知或超认知,我国台湾省的学者将其译为"后设认知"。它是弗拉维尔于20世纪70年代提出的一个新的概念。弗拉维尔认为,元认知的定义"通常很宽泛也很松散,它将任何一种知识或认知活动,或任何认知活动的任何方面作为其认知对象并对其加以调节"。元认知的核心意义在于"关于认知的认知"[①],并认为元认知技能在多种认知活动,如口头交际、劝说、理解、写作、语言获得、知觉、注意、记忆、社会认知及各种各样的自我指导和自我控制中都起着重要的作用,具有广泛的适用性。

---

① 刘冬梅:《教育心理学》,河北大学出版社2014年版,第154页。

关于元认知与认知策略的区别,弗拉维尔认为,认知策略的主要功能是在学生从事的认知活动中,帮助他们实现认知目标;而元认知的主要功能是向学生提供有关认知活动或活动进展的信息。使用认知策略是为了取得进步,使用元认知是为了监控这种进步。因此元认知的发展水平直接制约或促进其他方面的发展,包括认知策略的发展。从这个意义上来说,元认知与认知策略一样,是学习策略能否有效运用的基础或前提。

当然,元认知与认知策略和学习策略一样,是一个新近提出并且仍在发展中的概念。考虑到元认知与学习策略也具有因果关系(元认知能力的提高是学习策略改进的原因),我们将元认知视为学习策略的又一个核心组成部分。

3. 学习策略与学习方法的关系

学习策略的本质是对学习进行自我调节和控制。在实际的学习过程中,学生主要用学习方法对学习进行自我调节和控制。

学习方法是指学习者用在编码、储存、提取、运用等认知过程中的认知方法或技能。例如,记忆术、建立新旧知识之间的联系、建立新知识内部的联系、做笔记、在书上写评注、画线等都是一些具体的学习方法。它们是学习策略的知识和技能基础,是学习策略的一个基本组成部分。

我们在前面讲过,"学习方法的掌握和应用"基本上是与"学习策略"同义的,但这并不等于说"学习方法"或"学习方法的掌握"与"学习策略"基本上是同义的。这是因为,学生即使掌握了一定的学习方法,但如果在实际的学习过程中,面对特定的学习内容,不会使用或不知道如何使用这些学习方法,那么他们就无法或难以对学习进行自我调节和控制。

第二节 认知策略

认知策略是加工信息的一些方法和技术,有助于有效地从记忆中提取信息。一般而言,认知策略因所学知识类型的不同而有所不同,下面我们介绍一下复述、精细加工和组织策略。

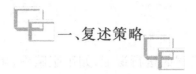

一、复述策略

复述策略是在工作记忆中为了保持信息,运用内部语言在大脑中重现学习材料或刺激,以便将注意力维持在学习材料上的方法。在学习中,复述是一种主要的记忆手段,许多新信息,如人名、地名或外语单词等,只有经过多次复述后,才能在短时间内被记住。除我们在第六章介绍的复述策略外,常用的复述策略还有以下一些方法。

1. 随意识记和有意识记

随意识记是指没有预定目的、不需经过努力的识记。这种识记也是有条件的:凡是对人有重大意义的、与人的需要和兴趣密切相关的、使人产生强烈情绪反应的或形象、生动、鲜明的人或事,就容易进行随意识记。在学习中,要能够尽量地运用这些条件,如培养学生对某门学科感兴趣来加强随意识记。有意识记是指有目的、有意识的识记。要想记住某一信息,就需要有意识地、用心地去记它,再尝试着自己复述一遍,看看自己能否将想要记住的信息复述出来。

2. 排除相互干扰

人之所以没记住某一信息,一个重要的原因就是这一信息受到了干扰,或者把它与其他信息搞混了,或是被其他信息"挤"到一边去了。在进行其他活动之前,一定要花时间在头脑中复述刚刚获得的新信息。一般来说,前后所学的信息之间存在相互干扰。先前所学的信息对后面所学信息的干扰叫作前摄抑制;后面所学的信息对前面所学信息的干扰叫作倒摄抑制。在安排复习时,要尽量避免两种抑制产生影响,要尽量错开学习两种容易产生混淆的内容,如分开学习英语和拼音,避免相互干扰。心理学家还发现,当学完一系列词汇后,马上进行测验,开始和结尾学习的几个词一般要比中间的词记得牢,这就是所谓的首位效应和近位效应。因此要把最重要的新概念放在复习的开头,在最后对它们进行总结。不要把首尾的时间花在处理课堂纪律、整理材料、削铅笔之类的小事上。

3. 整体识记和分段识记

对于篇幅短小或者内在联系紧密的材料,适合采用整体识记方法,即对整篇记忆,直到记牢为止。对于篇幅较长、较难或者内在联系不强的材料,适合采用分段识记,即将整篇材料分成若干段,先一段一段地记牢,然后合成整篇进行识记。至于段的长短的分割,要根据自己对材料的熟悉程度而定。

4. 多种感官参与

要学会运用多种感官同时进行识记,如用眼睛看、用耳朵听、用嘴巴说以及用手写等。有心理学家证明,人的学习的83%通过视觉,11%通过听觉,3.5%通过嗅觉,1.5%通过触觉,1%通过味觉完成。而且人一般可记住自己阅读量的10%的内容,自己听到的20%,自己看到的30%的内容,自己看到和听到的50%的内容,交谈时自己所说的70%的内容。这一结果说明,多种感官的参与能有效地增强记忆。

5. 复习形式多样化

在实践中,应用所学知识是复习知识最好的方法。采用多种形式进行复习,如用实验证明、写成报告、作出总结、与人讨论以及向别人讲解等方式复习所学过的知识,这比单调重复学过的知识更有利于理解和记忆。专家之所以能记得住许多专业知识,是因为他们在反复地应用这些知识。因此要善于在不同的情境下反复应用所学的知识,以便加深对知识的理解和记忆保持。

6. 画线

画线是阅读时常用的一种复述策略。在教学生画线时,首先要解释在一个段落中什么是重要的,如主题句等;其次,教学生谨慎地画线,也许只画一到两个句子;最后,教学生复习和用自己的话解释这些画线部分。此外,还可教学生一些圈点批注的方法,将其与画线策略结合使用。具体方法有:圈出不知道的词;标明定义和例子;列出观点原因或事件序号;在重要的段落前面加上星号;在混乱的章节前画上问号;给自己作注释,如检查上文中的定义;标出可能的测验项目;画箭头表明关系;注上评论,记下不同点和相似点;标出总结性的陈述。

学生在做笔记时经常使用这种方法,可加强课堂学习的效果。

二、精细加工策略

精细加工策略是一种将新学的材料与头脑中已有的知识联系起来从而给新信息增加意义的深层加工的策略。如果一个新信息与其他信息联系得越多,能回忆出该信息原貌的途径就越多,回忆就越容易。因此它是一种理解性的记忆策略,和复述策略结合使用,可以显著提高记忆效果。下面是一些常用的精细加工策略。①

1. 记忆术

(1)位置记忆法

位置记忆法是一种传统的记忆术。这种技术在古代不用讲稿的讲演中曾被广泛使用,而且沿用至今。位置记忆法,指学习者在头脑中创建一幅熟悉的场景,在这个场景中确定一条明确的路线,在这条路线上确定一些特定的点;然后将所要记的项目全都视觉化,并按顺序将其与这条路线上的各个点联系起来;回忆时,按这条路线上的各个点提取所记的项目。

(2)缩简和编歌诀

缩简就是将识记材料的每条内容简化成一个关键字,然后变成自己所熟悉的事物,从而将材料与过去经验联系起来。例如《二十四节气歌》:春雨惊春清谷天,夏满芒夏暑相连,秋处露秋寒霜降,冬雪雪冬小大寒。在缩简材料编成歌诀时,最好自己动脑筋创造东西,从而加深印象。歌诀力求精练准确,富有韵律。当然,也可以利用现成的歌诀进行识记,但也要仔细分析歌诀,弄清歌诀的真实含义,把它变成自己的东西。

(3)谐音联想法

学习一种新材料时运用联想、假借意义,对记忆也很有帮助,这种方法被称为谐音联想法。在记忆历史年代和常数时,这种方法行之有效。例如,有人记忆马克思的生日"1818年5月5日"时,将马克思的生日联想为"马克思一巴掌一巴掌打得资产阶级呜呜地哭"。

(4)关键词法

关键词法就是将新词或概念与相似的声音线索词,通过视觉表象联系起来。例如,英文单词"Tiger"可以联想成"泰山上一只虎"。这种方法在学习外语词汇时非常有效。有研究表明这种记忆术同样也适用于其他信息的学习,如地理信息学习等。

关键词法适合在联对学习中使用,所谓联对学习就是对配对项目的学习。这种学习要求学生将配对的两个项目联在一起记忆,看到第一个项目就能回忆出第二项目。联对学习在学校中很常见,比如学习城市及其物产、名人及其成就、省及省会、单词及其含义等。

首先将关键词法引入外语教学的是阿特金森(Atkinson,1975),他将该方法用在西班牙语同英语的配对学习中。关键词法的使用包含下列两个步骤:声音联结,就是将外

---

① 刘冬梅:《教育心理学》,河北大学出版社2014年版,第151~154页。

语的词转变为本族语的"关键词",这个关键词的发音听起来又很像外词的发音;心像联结,用形成互动关系的心像把关键词同外文词的本族语含义结合起来学习。

目前,在我国的英语教学中,也引入了关键词法。关键词法对记记容易找到关键词并能形成心像联结的英语单词效果很好,但是在使用时要注意提醒学生,关键词只能起到一个检索的作用,不可依据关键词来发音,只能依据国际音标来发音。如嘴上念菠萝"[ˈpainæpl]",心里想"皮难剖",否则就会影响英语单词读音的准确性。

(5)视觉联想

视觉联想就是要通过心理想象来帮助人们进行记忆。如前述位置记忆法实际上就是一种视觉联想法,利用了心理表象。联想时,想象越奇特合理,记忆就越牢。比如,可以使用夸张、动态、奇异的手段进行联想,可以将"飞机箱子"想象为"飞机穿过箱子"等。想象越奇特,加工就越深入越细致。创造一个故事,将所有要记的信息编在一起进行记忆就是一种利用想象来增强记忆的古老方法。

(6)语义联想

通过联想,将新材料与头脑中的旧知识联系在一起,赋予新材料以更多的意义。实际上,就是要在理解的基础上,把过去旧知识当作"衣钩"来"挂住"所要记住的新材料,因此要设法找出新旧材料之间的内在逻辑联系。例如,在记一个公式或原理时,要想一想,新公式或原理是如何从以前的公式或原理中推导出来的。

2. 做笔记

做笔记策略是使用较为普遍的精加工策略。俗话说,好记性不如烂笔头。对于复杂的知识,教师可以指导学生做笔记。做笔记不仅可以有效地控制自己的认知加工过程,还有助于概括新的知识和建立新旧知识之间的联系。做笔记有利于保持学习者的注意和兴趣,以及有效地组织材料。做笔记是阅读和听讲时常用的一种精细加工策略。教师能帮助和督促学生做笔记和复习笔记:讲演慢一点;重复讲述复杂的主题材料;呈现做笔记的线索;在黑板上写出重要的信息;给学生提供一套完整的笔记,让他们阅读给学生提供结构式的辅助手段,如提纲或二维方格表等。记笔记时,笔记本上不要写得密密麻麻的,不妨在笔记本的右边留出3~6厘米的空白,以随时记下老师讲的关键词、例子、证据以及自己的疑问和感想。不仅要做好笔记,而且还应及时复习,积极地思考笔记中的观点,并与其他所学的信息进行联系。

这一策略对于学校正规课程的学习极为有利,因而受到广泛重视。下面介绍一种典型的课堂笔记形式:5R笔记法。5R笔记法诞生于美国康奈尔大学,所以又名康奈尔笔记法,它几乎适用于一切课堂学习。5R即指5个"R"字母开头的术语:记录(Record);简化(Reduce);背诵(Recite);反省(Reflect);复习(Review)。

3. 提问

无论是阅读还是听讲,学生要经常评估自己的理解状况,思考这样一些问题:这一新信息意味着什么?与课文中的其他信息以及以前学过的信息有什么联系;或者是否可用例子来说明这种新知识。如果学生在阅读时教学生提一些"谁""什么""哪儿"和"如何"的问题,他们对新知识会领会得很好。有人建议给学生一张清单以帮助他们构思创作,这张清单教学生向自己问以下一些问题:"我写给谁看的?""要解释什么?""有什么步骤"等,以训练学生在活动中自己和自己谈话,自己问自己或彼此之间问问题。结果表明,学生能在解数学题、拼写、创作和许多其他课题中成功地学会自我谈话。

4. 生成性学习

生成性学习就是要训练学生对他们所阅读的东西产生类比或表象,如图形、图像、表格和图解等,以加深理解。这种方法最重要的一点就是,需要进行积极的加工,而不是简简单单地记录和记忆信息;不是从书中寻章摘句,而是要改动对这些信息的知觉,要形成课文中没有的句子;与课文中某几句重要信息相关的句子;用自己的话组成的句子,把所学的信息与自身的知识和经验联系起来从而获得理解。

5. 利用背景知识,联系实际

精细加工强调在新学习的信息和已有知识之间建立联系,背景知识的量在学习新信息中是非常重要的。对于某一事物,我们到底能学会多少,其中的一个决定因素就是我们对这一方面的事物已经知道多少。教师一定要把新的学习和学生已有的背景知识联系起来,并能联系实际生活进行教学。这不仅要求教师要帮助他们理解这些信息的意义,而且要求教师要帮助他们认识这些信息的实用性。

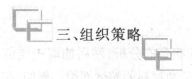

三、组织策略

组织策略是整合所学新知识之间、新旧知识之间的内在联系,形成新的知识结构的一种策略。下面介绍一些常用的组织策略。

1. 列提纲

列提纲时,先要对材料进行系统的分析、归纳和总结;然后,按材料中的逻辑关系,用简要的语词写下主要和次要观点。所列的提纲要具有概括性和条理性,但其效果取决于学习者是如何使用它的。一个有效使用列提纲的方法是让学生每读完一段材料后用一句话作概括;另外一种方法是让学生准备一个提要来帮助别人学习材料。这些方法使学习者不得不认真考虑材料中什么是重要的、什么是不重要的,从而学习了新知识。

2. 利用图形

(1) 系统结构图

学完一科知识,对学习材料进行归类整理,将主要信息归属不同层次或不同类型,然后形成一个系统结构图。复杂的信息一旦被整理成一个金字塔式的层次结构,就容易理解和记忆了。在金字塔结构里,较具体的概念要放在较抽象概念之下。①

(2) 流程图

流程图可用来表现步骤、事件和阶段的顺序。流程图一般是从左向右展开,用箭头连接各步,表示各要素之间的逻辑关系。

(3) 模式图或模型图

模式图就是利用图解的方式来说明在某个过程中,各要素之间是如何相互联系的。模型示意图是用简图表示事物的位置(静态关系),以及各部分的操作流程(动态关系)。

(4) 网络关系图

网络关系图又称概念图(concept map),它越来越受人们的重视,在学习、教学和测评中运用广泛。利用关系图可以图解各种观点是如何相互联系的。画关系图时,首先找出主要观点;然后找出次要的观点或支持主要观点的部分;接着标出这些部分,并将次要的观点和主要的观点联系起来。在关系图中,主要观点位于图中间,支持性的观点位于主要观点的周围。

3. 表格

(1) 一览表

首先对材料进行全面综合的分析,然后抽取主要信息,并从某一角度出发,将这些信息全部陈列出来,力求反映材料的整体面貌。例如,在学习中国历史时,可以以时间为轴,将朝代、主要历史人物、历史事件全部展现出来,制成中国历史发展一览图。

(2) 双向表

双向表是从纵横两个维度罗列材料中的主要信息的。系统结构图和流程图都可以衍变成双向表。

---

① 韩仁生、苗军芙、李传银:《教育心理学》,山东人民出版社 2013 年版,第 213 页。

第三节 元认知策略与资源管理策略

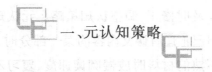

一、元认知策略

在学习的信息加工系统中,存在着一个执行和控制信息流动的过程,这种执行控制功能的基础是元认知。所谓元认知是对认知的认知,具体地说,是关于个人自己认知过程中的知识和调节这些过程的能力,它具有两个独立但又相互联系的成分:认知过程中的知识和观念与对认知行为的调节和控制。元认知知识是对有效完成任务所需的技能、策略及其来源的意识——知道做什么,是完成任务之前的一种认识。它主要包括以下几方面内容。

对个人作为学习者的认识。在完成某一任务时,学习者首先要对自己或他人作为学习者或思维者等认知加工者一切特征的认识。

对任务的认识。对学习材料的性质、长度、熟悉程度、结构特点、材料的呈现方式、逻辑性等因素以及学习目标和任务的认识。

对有关学习策略及其使用方法的认识。对各种学习策略及其优点和不足、应用条件和情境以及效力的认识。

元认知控制运用自我监视机制确保任务能完成——知道何时、如何做,是对认知行为的管理和控制,是主体在进行认知活动的全过程中,将自己正在进行的认知活动作为意识对象,不断地对其进行积极、自觉的监视、控制和调节。因此元认知控制过程包括制订认知计划、监视计划的执行以及对认知过程的调整和修改。

1. 计划策略

元认知计划根据认知活动的特定目标,在开始一项认知活动之前计划各种活动,预计结果、选择策略,想出各种解决问题的方法,并预估其有效性。元认知计划策略包括设置学习目标、阅读材料、产生问题以及分析如何完成学习任务。

2. 监视策略

元认知监视在认知活动进行的实际过程中,根据认知目标及时评价、反馈认知活动的结果与不足,正确估计自己完成认知目标的程度和水平;并且根据标准评价各种认知行动、策略的效果。元认知监控策略包括阅读时对注意加以跟踪、对材料进行自我提问、考试时监控自己的速度和时间,而最常用的方法是自我提问。

3. 调节策略

元认知调节根据对认知活动结果的检查,如发现问题,采取相应的补救措施;根据对认知策略效果的检查,及时修正、调整认知策略。元认知调节策略与监控策略有关。例如,当学习者意识到自己不理解课文内容的某一部分时,就会退回去读难以理解的段落;在阅读难以理解或不熟的材料时放慢阅读速度、复习不懂的课程材料;测验时跳过某个难题,先做简单的题目等。调节策略能帮助学生矫正他们的学习行为,使他们弥补理解上的不足。

元认知策略的这三个方面总是相互联系在一起而发挥作用的。学习者学习时一般先认识自己的当前任务,然后使用一些标准来评价自己的认知,预计学习时间,选择有效的计划来学习或解决问题,然后监视自己的进展情况,并根据监视的结果采取补救措施。

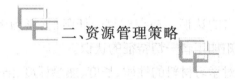

二、资源管理策略

1. 学习时间管理

(1)统筹安排学习时间

每个人都应当根据自己的总体目标,对时间作出总体安排,并通过阶段性的时间表来落实计划。对于每一天的活动,都要列出一张活动优先表。在制订学习计划时,要注意将学习计划落实在学习行动上。在执行学习计划时,要有效防止拖拉作风产生。

(2)高效利用最佳时间

在不同的时间里,人的体力、情绪和智力状态是不一样的,也就是说,不同时间的学习的质量可能是不一样的。首先,要根据自己的生物钟来安排学习活动;其次,要根据一周内学习效率变化的情况安排学习活动;再次,要根据一天内学习效率变化的情况来安排学习活动;最后,要根据自己的工作效率曲线安排学习活动。学习时,随着学习的进行,人的精神状态和注意力会发生变化。每个人要根据自己的模式,安排学习内容,确保状态最佳时学习最重要的内容。

（3）灵活利用零碎时间

可以利用零碎时间处理学习上的杂事，读信息或看报刊，拓宽自己的知识面，或者背诵诗词和外文单词。此外，还可以进行讨论和沟通，与他人进行交流。在轻松的气氛里与他人进行交流，有助于创造性思维的产生。

2. 学习环境的设置

要注意调整自然条件，如流通的空气、适宜的温度、明亮的光线以及和谐的色彩等；要设计好学习空间，如室内布置、用具摆放等因素。

3. 学习努力和心境管理

为了使学生维持自己的意志努力，需要不断地鼓励学生进行自我激励，如激发内在动机；选择具有挑战性的任务；调节成败的标准；正确认识成败的原因；自我奖励。这些在学习动机一章中都有详细介绍。

4. 学习工具的利用

善于利用工具书、图书馆、广播电视以及电脑与网络等进行学习。

5. 他人支持的利用

善于利用老师的帮助以及通过同学间的合作与讨论来加深对学习内容的理解。

第四节　学习策略的训练

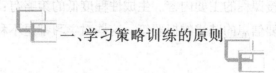

一、学习策略训练的原则

人们在学习、阅读时常常使用各种不同的策略，但很少有什么学习策略总是有效的，也很少有什么策略总是无效的。显然，学习策略的价值的发挥依赖于具体的学习情况和使用方法。在进行学习训练时，用什么策略、怎么用这些策略都可以遵循一定的基本原则。

1. 主体性原则

主体性原则指任何学习策略的使用都依赖于学生主动性和能动性的充分发挥。这是学习策略训练的目的，也是必要的方法和途径。如果学生处于一种被动状态，学习目标的制定和学习方法的使用都由他人代劳，学习的效果也由他人代为评价，那么学生会一直处于不会学习的状态。因此教师要向学生阐明策略教学的目的和原理，并使其有所领会。同时，指导学生何时、何地与如何使用策略。另外，要给学生提供充分的运用学习策略的机会，并指导他们分析和反思策略使用过程与效果，以帮助他们进行有效的监控。

2. 内化性原则

内化性原则指训练学生要不断实践各种学习策略，逐步将其内化成自己的学习能力，并能在新的情境中加以灵活应用。

3. 特定性原则

特定性原则指学习策略一定要适合于学习目标和学生的类型。已有的一些研究发现，同样的学习策略，年长和年幼的、成绩好的和成绩差的学生，用起来的效果是不一样的。因此，教师必须针对学生的发展水平来确定学习策略，且不仅要使用一般的策略，还要使用非常具体的策略，如前面提到的记忆术来帮助学生学习。

4. 生成性原则

生成性原则指学生要利用学习策略对学习材料进行重新加工，生成某种新的东西。这就要求学习者要进行深度心理加工。要想使一种学习策略有效，这种心理加工是必不可少的。生成性程度高的策略有：写内容提要、向别人提问、列成提纲、图解要点之间的关系、向同伴讲授课程的主要内容。生成性程度低的策略有：不加区分的画线、不抓要点的记录、不抓重要信息的肤浅的提要等。这些对学习都是不利的，应注意避免使用。

5. 有效的监控

有效的监控原则指学生应当知道何时、如何运用他们的学习策略并能反思和描述自己运用学习策略的过程。教师常常忽略这一点，可能是因为他们没有意识到它的重要性，也可能是因为他们认为学生自己能够处理这一问题。我们应该要知道，如果交代清楚何时何地与为何使用一个策略，那么我们就更有可能记住和应用这个策略。

6. 自我效能感

自我效能感原则指教师给学生提供机会，使他们认识到策略的效力以及自己使用策略的能力。学习策略不可能强加给学生，学习策略的有效使用与学生对其效果的信任程度有关。如果他们知道怎样使用策略，但是不愿意使用这些策略，那么他们的学习是不会得到改善的。因此教师不但要给学生提供机会，使学生认识到策略的效力，还要让学生相信自己能够用好学习策略，树立学习策略的自我效能感。同时，教师要在学生学习时，不断向学生提问和检查学生学习效果，并根据这些反馈给出评价，以促进学生使用学习策略，使其体验到学习策略的使用效果。特别对于高中生来说，他们在以往的学习中已经积累了很多属于自己的学习策略，不愿去尝试新的学习策略。除非新的学习策略能给学习成绩带来很大的提高，他们才会使用新的学生策略。

二、学习策略训练的方法

1. 指导教学模式

指导教学模式与传统的讲授法十分类似，由激发、讲演、练习、反馈和迁移等环节构成。在教学中，教师先向学生解释选定学习策略的具体步骤和条件，在具体应用中不断给以提示，让其口头叙述和明确解释所操作的每一个步骤和报告自己应用学习策略时的思路。通过不断重复这种内部定向思维，可加强学生对学习策略的感知、理解和保持。同时，教师在教学中依据每种策略来选择恰当的事例来说明其应用的多种可能性，使学生形成对策略的概括化认知。提供的事例应从学生的认知水平出发，由简到繁，使学生从单一策略的应用发展到多种策略的综合应用，从而形成综合应用能力。

2. 程序化训练模式

所谓程序化训练就是指将活动的基本技能，如解题技能、阅读技能、记忆技能等分解成若干有条理的小步骤，在其适用的范围内，作为固定程序，要求活动主体按此进行活动，并经过反复练习使之达到自动化程度。程序化训练的基本步骤是：第一步，将某一活动技能，按有关原理分解成可执行、易操作的小步骤，并使用简练的词语来说明每个步骤的含义。例如，PQ4R 阅读策略，包括预览（Preview）、提问（Question）、阅读（Read）、反思（Reflect）、背诵（Recite）、复习（Review）等六个步骤。第二步，通过活动实例示范各个步骤，并要求学生按步骤活动。第三步，要求学生记忆各步骤，并坚持练习，直至使其达到自动化程度。

3. 完形训练模式

完形训练指在直接讲解策略之后,给学生提供不同程度的完整性材料,促使其练习策略的某一个成分或步骤,然后逐步降低材料完整性程度,直至由学生自己完成所有成分或步骤。例如,在教学生列提纲时,教师可先提供一个列得比较好的提纲,然后解释这些提纲是如何统领材料的;接着给学生提供一个不完整的提纲,分步对学生进行训练:第一步,提供一个几乎完整的提纲,要求学生在听课或阅读时填写一些支持性的细节;第二步,提供一个只有主题的提纲,要求填写所有的支持性细节;第三步,只提供支持性细节,要求填写主要的观点。学生经过适当的练习,就能学会写出很好的提纲来。完形训练的好处就在于能够使学生有意注意每一个成分或步骤,而且每一步训练所需付出的心理努力都是学生能够承担的。更为重要的是,每一步的训练都给学生留下了策略应用的整体印象。

4. 交互式教学模式

交互式教学这种方法,主要是用来帮助成绩差的学生学会阅读和领会的。它是由教师和一小组学生(大约6人)一起进行的,旨在教学生这样的四种策略:总结,总结段落内容;提问,提出与要点有关的问题;析疑,确定材料中的难点;预测,预测下文会出现什么。一开始,教师作一个示范,朗读一段课文,并就其核心内容进行提问,直到最后概括出本段课文的中心大意。提问是为了引发讨论,概述大意则有助于小组成员为阅读下一段课文做准备。然后,教师指定一个学生扮演"教师",彼此之间进行提问。在这里,教师先树立一些榜样性行为,示范四种主要策略,然后扮演辅助者的角色,在学生不会使用策略时给予必要的帮助。

5. 合作学习模式

合作学习理论源于20世纪70年代的美国。最常见的合作学习模式为两人一组。许多学生可能已经发现,当自己和同学讨论所读到的和所听到的材料时,常常获益匪浅。在这种学习活动中,两个学生一组,一段段地彼此轮流向对方提供总结材料。当一个学生主讲时,另一个学生听着,并纠正错误。然后,两个学生彼此变换角色,直到学完所学材料为止。关于这种学习方法的一系列研究证明,用这种方式学习的学生比独自学习总结的学生或简单阅读材料的学生,其学习效果提高了很多。有意思的是,合作性讲解的两个参与者都能从这种学习活动中受益,而主讲者比听者获益更大。

在实际教学中,教师不管采用什么方法进行学习策略的教学,都要结合学科知识。相关研究认为,学习策略知识不是孤立的,不能脱离专门知识。专门领域的基础知识是有效利用学习策略的前提条件,脱离知识内容的单纯训练容易导致形式化倾向产生,难以保证学生提高学习策略运用水平。教师要善于不断分析和优化自己的教学步骤,为学生提供可以仿效的活动程序;同时要根据学生原有的学习方式和基础来启发学生的思路,让其有意识地内化有效的学习策略。

三、影响学习策略使用的因素

弗拉维尔(Flavell,1970)认为,当个体不能使用某种策略时,往往有两种原因。

1. 可用性缺陷

可用性缺陷是指个体不知道某一策略,因而不会使用该策略。例如,5岁以下的儿童,不能使用复述策略,是因为他们根本不懂得复述策略是什么,这是一种由其年龄导致的可用性缺陷。5岁以下的儿童,其认知发展水平还不足以让他们自己发现或习得复述策略。这可能有两个原因,一是因为他的年龄决定其不适合掌握这些方法,另一个原因就是虽然他的认知水平已发展到相当程度,但没有机会习得这些方法,从而不知道如何使用这些方法。

2. 产生性缺陷

产生性缺陷是指个体不知道在何种条件下使用某一策略。这种现象产生的原因可从两个方面进行分析。

(1)受个体的元认知和认知发展水平所限

例如,11岁左右的儿童能够在指导语的提示下使用某些精加工策略;若离开了指导,则不能独立决定在何时使用何种精加工策略。等到年龄大一些或成年的时候,这个儿童就能够自发使用精加工策略了。

(2)缺乏分析和练习

课堂困境中的男孩在教师指导下学会使用一些方法,自己独立学习时则不会使用这些方法,可能是因为他缺乏独立使用策略的练习,缺乏对该方法的适用范围进行分析。

四、学习策略训练的影响因素

影响学习策略训练的因素有很多。这里可从两个方面进行分析:一是来自学习策略本身的因素——学习策略的适用性对学习策略训练的影响;二是来自学习者自身的因素——学习策略发展的年龄差异和自我效能水平对策略教学的影响。

1. 学习策略的适用性

每种学习策略都有自己的适用范围,超出了学习策略的有效范围使用这一学习策略,对学习就可能起不到促进作用,可能还会起反作用。

例如,关键词法是一种很适合联对学习的策略,但如果不是联对学习任务,它就不适用了。在英语单词学习中,它适于那些很容易找到关键词又很容易形成心像联结的单词,对很难找到关键词的单词并不适用;关键词策略更适用于英语成绩一般或较差的学生,对于成绩较好、读音较准、能用声音进行编码的学生来讲,使用关键词策略进行学习,其效果并不十分理想。因而在教授这一策略时,应根据学生的具体情况进行教学。

2. 学习策略发展的年龄差异

不同年龄阶段的学生,其各种学习策略的发展水平是不同的。在进行策略教学时,要注意某种策略的使用是否符合学生的发展阶段。若所采用的策略水平超出了学生的发展水平,就很难有成效。

因而训练学生学习某一策略时,一定要了解学生所能掌握的学习策略的水平。

3. 个体的自我效能水平

许多研究证明,自我效能水平影响个体对学习策略的习得。一般来说,高自我效能会促进人们对学习策略的掌握。因而在进行策略训练的同时,若能做一些提高个体自我效能水平的训练,会对策略训练起到促进作用。

◀ 巩固练习 ▶

一、选择题

1. 下面属于学习策略基本策略的有( )。

A. 领会策略   B. 记忆策略   C. 精加工策略   D. 组织策略   E. 专心策略

2.儿童在理解了一首诗歌的意义之后,要背诵它,最适合的记忆策略是(　　)。
A.精加工策略　　　　　　　　　　B.组织策略
C.朗读策略　　　　　　　　　　　D.复述加试背策略

3.有位历史老师教中学生记忆明朝迁都北京的历史年代,指导学生把1421记成"一事二益",使用的记忆策略是(　　)。
A.复述策略　　　　　　　　　　　B.组织策略
C.精加工策略　　　　　　　　　　D.自由联想策略

4.在学完一篇逻辑结构严谨的课文以后,勾画出课文论点论据的逻辑关系图以帮助理解和记忆。这种学习方法属于(　　)。
A.精加工策略　　　　　　　　　　B.组织策略
C.复述策略　　　　　　　　　　　D.做笔记策略

5.为了暂时记住朋友的电话号码以便拨号,最适用的记忆策略是(　　)。
A.复述策略　　　　　　　　　　　B.精加工策略
C.组织策略　　　　　　　　　　　D.生成技术

6.使用复述与复习策略的主要目的在于(　　)。
A.理解信息　　　B.应用信息　　　C.转换信息　　　D.保持信息

7.下面有关学习策略表述正确的有(　　)。
A.学习者为了完成学习目标而积极主动使用学习策略
B.学习策略是有效学习所必需的
C.学习策略是有关学习过程的
D.学习策略是学习者制订的学习计划

8.针对陈述性知识,常用的认知策略有(　　)。
A.组织策略　　　　　　　　　　　B.精细加工策略
C.模式再认策略　　　　　　　　　D.复述策略

9.下列学习策略属于组织策略的是(　　)。
A.谐音联想法　　B.举例　　　　　C.解释意义　　　D.列提纲

二、判断题

1.学习策略是一种陈述性知识。

2.所谓过度学习,是指在学习过程中实际学习次数要适当超过刚好能够回忆起来的次数。因此过度学习越多,效果越好,且记忆保持时间也越长。

3.语义联想主要有助于识记无意义的材料。

4.组织策略的主要目的在于在工作记忆中保持信息。

5.从本质上来说,资源环境策略属于基本策略系统。

三、简答题

1. 学习策略有哪些不同的种类？

2. 简述常用的认知策略。

3. 什么是元认知？元认知策略的种类有哪些？

4. 学习策略训练可采用哪些方法？

◀推荐书目▶

[1]裴娣娜.教育研究方法导论.合肥:安徽教育出版,2018年。
[2]皮连生.教育心理学.上海:上海教育出版社,2011年。

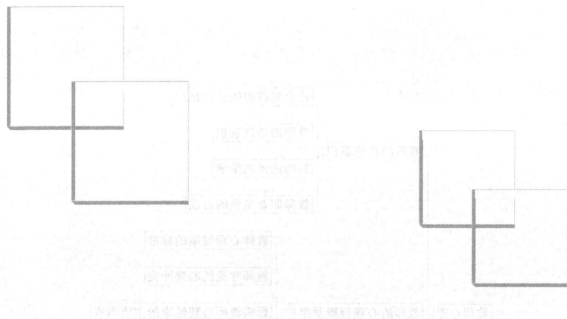

第十二章 教师心理

```
                               ┌─ 社会对教师的角色期待
                               │
                 ┌─ 教师的角色意识 ─┤─ 教师的角色意识
                 │                │─ 教师的角色扮演
                 │                └─ 教师职业角色的形成
                 │
                 │                ┌─ 教师心理健康的标准
                 │                │─ 教师常见的心理冲突
         教师心理 ─┼─ 教师的心理健康及维护 ─┤─ 影响教师心理健康的主要因素
                 │                │─ 职业压力与职业倦怠
                 │                └─ 教师心理健康的维护
                 │
                 │                ┌─ 教师成长的历程
                 │                │─ 教师成长与发展的基本途径
                 └─ 教师的专业成长 ─┤─ 教师威信
                                  └─ 建立教师威信的途径
```

某小学正在上微机课的四年级学生刘某和另外三名同学被班主任张老师叫回班级教室。张老师质问刘某作业中为什么少做了三道题,孩子们解释说老师留作业的时候自己正好去上厕所了,所以漏听了这三道题。王老师当下让刘某补做这三道题和作业中算错的题。由于紧张,过了十几分钟刘某还没做完题。王老师见状生气地在刘某左颊上扇了两耳光,又在她右腮和右臂上掐了几下。后来医院诊断表明,刘某左面部外伤,右面部痉挛,三叉神经压痛,右上臂皮下淤血。

王老师做法是否正确?为什么?作为一名教师,面对刘某这种情况,应该怎样做?

第一节 教师的角色意识

"角色"这一概念,原指演员按剧本要求扮演某一特定的人物。20世纪20年代,美国社会心理学家米德(Mead,G.)首先将这一术语引入社会心理学,称为社会角色。社会角色是由人们的社会地位决定的行为模式,一般包括三种含义:特定的社会行为模式、在群体生活和社会关系体系中所具有的位置和身份、个体实现社会规定的权利和义务的行为规范。

在某一时间内,每个社会成员都处于某个社会位置上,这时他便扮演着社会角色,教师也是一种社会角色。

对教师角色的主张,大体可以归为以下三类。

建构主义运用皮亚杰的心理学理论来分析教师心理的发展,认为教师在获取知识的过程中应该作为积极的学习者而存在。教师在与外部世界的交互作用中建构新的知识体系,教师发展是教师与外部世界互动的结果,而不是被动地由外部世界来创造,学生和教师都是构建自己知识的学习者。同时建构主义认为,教师也是理论的建构者,应该扮演"探究者"的角色,"分解、评价经验,通过反思,发现教学的基本规律,并逐步构建教学活动。"

人本主义理论主张,教学应以学生为中心,教师在教学中应该与学生建立积极的关系,以促进学生和教师双方认知与情感的综合发展。教师要取得学生的信任,建立自身威信,帮助学生认同他人、分享体验,激励学生发展情感体验与自我概念,最终使学生产生有价值的行为。

实用主义观点源于杜威的理论,杜威强调实践的作用,认为个人的实践和经验对于个人理解知识具有重要的意义;认为教师在具备知识的基础上,在实践过程中应不断对自己和对工作的认识进行反思,把教师看作"反思型实践者"。

社会对处于某一社会位置的角色都有一定的要求,为他们制定了相应的行为规范和要求,这就是社会对角色的期待。角色期待的内容是在长期的社会发展中形成的,对角色行为具有规范作用。每个人只有按角色期待行事,才能保证对社会的适应,其行为才会得到社会的认可和称赞。虽然角色期待并不像法则规范那样强制人们遵守,但它在一定社会群体中约定俗成并由公众舆论来监督执行,只有符合角色期待的行为,才会受到公众舆论的赞许。角色期待的作用主要是规范了角色的行为,为角色行为的产生提供了依据。例如,在庄重的会议上和在朋友的聚会上,人们的举止言谈会有明显的区别。因为在这两种场合中,人们扮演的角色不同。同样,社会对教师也有一定的角色期待。

一、社会对教师的角色期待

教师职业具有特殊性,教师职业的特殊性决定了社会对教师所扮演的角色充满期待。一般来说,社会对教师的角色期待主要体现以下几个方面:根据一定社会规定的教育目的和学生身心发展特点培养人才;在教书育人中,遵循教育教学规律,针对实际情境创造性地进行因材施教;言传身教,爱岗敬业,充当学生的楷模;树立长远育人目标,培养全面发展的人才。

二、教师的角色意识

教师的角色意识是指教师对自己所扮演的社会角色的认知和体验,它是教师自我意识的重要组成部分。明确的角色意识有助于教师不断调适自己的职业行为,更好地履行自己的职责。教师的角色意识主要包括以下三个方面内容。

1. 角色认知

角色认知是指教师对其所扮演角色的社会地位、社会作用和行为规范模式的认识。当教师意识到自己所扮演的角色后,他就能够用相应的行为规范来要求自己。同时,清晰的角色认知也是教师规范自己的角色行为,达到良好职业适应的重要条件。

2. 角色体验

角色体验是指教师对其所扮演的角色在履行角色职责的过程中产生的情绪体验。积极的角色体验可使教师对自己的角色感到自豪,并从教育教学中获得满足感和愉悦感。

3. 角色期待

角色期待是指教师对其所扮演的角色可能带来的心理满足以及对自我需要满足程度的一种期望。教师社会经济地位的提高,有助于增加教师角色期待的满意程度。

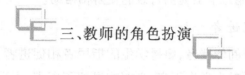

三、教师的角色扮演

教师的角色扮演主要表现在以下三个方面。

1. 社会的代表者

教师受社会指派并代表社会要求对下一代实施有目的有计划的教育影响。因此教师的言行不仅是个人的言行,也是社会规范行为的体现。

2. 社会道德的实践者

教书育人是教师的天职。教师"育人"不仅要帮助学生掌握一定的知识技能,发展其智能,还要帮助学生形成良好的道德品质。学生道德品质的形成和发展不仅依赖于教师的"传道",还取决于教师对社会道德的"践行"。

3. 人类文明的建设者

教师的劳动是创造性的劳动。在当今社会,"述而不作"的教师不再是好教师。一个合格的教师不但应具备所教学科的知识和技能,还应具有强烈的创新意识,能不断探索教育教学中的未知领域,揭示教育教学的规律,传承并发展人类文明。

传统的教师角色比较单一,其职责主要是传递知识和技能,师生之间是直接传递和接受的关系。然而随着科技的飞速发展和社会的急剧变革,特别是以计算机为核心的信息技术在教育中的应用,从教育目标到教育内容、教育方法等都产生巨大变化,教师的角色也相应产生了重大变化。具体来说,教师在教学中扮演以下重要角色。

(1)教学设计者

作为教学的设计者,教师要解决好以下五个问题:教学目标,即通过教学要让学生达到什么样的目标;教学策略和方法,即采用什么样的方式方法进行有效的教学并达到预定的教学目标;检测手段,即采用何种手段评估学生掌握知识的程度和教学目标的达成度;学生,即要考虑学生的水平、接受能力和心理成熟度;教学内容,即要考虑教学内容的难易程度,并结合学生的实际水平,进行恰当的安排。

(2) 主要的信息源和信息筛选者

作为主要信息源,教师的作用主要体现在以下两个方面:按照设计好的方案为学生提供信息;主动为学生提供其在自主探究中所需要的信息。在现代社会中,信息传播的途径日益丰富,教师不再是学生唯一的信息源。作为教育者,教师应承担为学生筛选有用信息的职责,尽可能为学生提供有效的支持和帮助。

(3) 指导者和促进者

教师不仅是知识的传授者,更是学生的指导者和促进者。在任何时候,教师的指导作用都不能被否定。对小学生而言,必要的讲解和指点,永远都是不可缺少的。教师还要从单纯传授者的角色中解放出来,主动承担起促进学生个性和谐发展、引导帮助学生建构自己知识体系的职责。

(4) 组织者和管理者

尽管不同教师对课堂控制的程度不同,但维持一定的教学秩序是进行教学的前提。教师要激发学生的学习动机,进行班级管理,组织课堂教学,处理教学的偶发事件等;要组织学生参加体育锻炼,准备考试;要记录学生的表现,并与家长和其他教师进行交流。随着人们对合作学习和交互性学习的重视,教师作为组织者和管理者角色的作用更为突出,如组织学习小组,引导学生进行讨论与合作等。

(5) 学习共同体中的首席成员

现代教育理论认为,在课堂教学中,教师和学生是一个学习共同体。尽管这一共同体的所有成员都是平等的,但教师应成为共同体的首席成员。只有这样,教师与学生之间才能建立友好融洽的关系,才能与学生共同进行意义的理解和建构,解决问题。

(6) 反思者与研究者

教学反思是教师专业发展和自我成长的核心因素,教师要不断反思教学活动中存在的问题,并提出改进方案。教师对教学的反思过程,是教师以一定的元认知知识为基础,对自己的教学活动进行认知监控的过程。教师还是教学的研究者,教师的研究是一种以教学为核心的行动研究,这种研究解决的主要是教学中的实际问题。

(7) 终身学习者

在科学技术飞速发展的社会,人们必须不断学习、终身学习才能适应社会的变革。随着学生获取知识、信息渠道的多样化,教师作为学生唯一知识源的地位已彻底被动摇。教师需要重新定位自己,以学习促发展,不断改变自己的角色状态。

四、教师职业角色的形成

教师职业角色的形成经历了三个阶段。

1. 角色认知阶段

在角色认知阶段,教师了解教师职业角色所承担的社会责任,能将教师充当的职业角色与其他职业角色区分开来。

2. 角色认同阶段

角色认同即亲身体验并接受教师角色所承担的社会职责,并用职业角色规范来控制和衡量自己的行为,使教师既了解教师角色的行为规范,又产生较深的情感体验。

3. 角色信念形成阶段

角色信念即将职业角色的社会要求转化为个体需要,坚信自己对教师职业的认识是正确的,并将其作为规范自己行为的指南,形成特有的自尊心和荣誉感。教师一旦形成职业角色信念,就会表现出对教育工作的无限热爱和执着忘我的敬业精神。

第二节 教师的心理健康及维护

一、教师心理健康的标准

教师心理健康标准包括以下几个方面内容。

能积极地悦纳自我,即真正了解、正确评价、乐于接受并喜欢自己。承认人是有个体差异的,允许自己不如别人。

有良好的教育认知水平。能面对现实并积极地去适应环境与教育工作要求。例如，具有敏锐的观察力及客观了解学生的能力；具有获取信息、传递信息和有效运用信息的能力；具有创造性地进行教育教学活动的能力。

热爱教师职业，热爱学生。能从爱的教育中获得自我安慰与自我实现，从有成效的教育教学中获得成就感。

具有稳定而积极的教育心境。教师的教育心理环境是否稳定、乐观、积极，将影响教师整个心理状态及行为，也关系到教育教学是否有效果。

能控制各种情绪与情感。繁重艰巨的教育工作要求教师有良好的、坚强的意志品质，即在教学工作中具有明确的目的性和坚定性、处理问题时决策的果断性和坚持性、面对矛盾沉着冷静的自制力，以及给予爱和接受爱的能力。

和谐的教育人际关系。教师有健全的人格，在交往中能与他人和谐相处，积极态度(如尊重、真诚、羡慕、信任和赞美等)多于消极态度(如畏惧、多疑、嫉妒和憎恶等)。

能适应和改造教育环境。教师能适应当前发展、改革与创新的教育环境，为积极改造不良教育环境、提高教学质量献计献策。

二、教师常见的心理冲突

1. 负担过重，过分疲劳

教师除了上课，还要批改作业，编制各种练习题和考试题。如果教师担任班主任还得处理班务，进行个别教育，组织各种活动以及家访等，工作任务重、负担大。

2. 现实与理想之间反差巨大

教师普遍认为，应该坚持社会理想，用理想模式来塑造自己，但难免会在现实中受挫。如学校应注重学生个性发展和全面发展，但受限于学校条件，教师不能实现这一目标。

3. 个人的需要、理想等主观需求与这些需求难以实现之间存在矛盾

教师面对个人主观需要与客观上难以满足个人主观需要之间的矛盾，往往无所适从。比如想在岗位上有所作为，但又不知从何开始。

4. 自我认知出现偏差

新教师的自我认知偏差主要表现为两种类型：一是自我扩张型；二是自我否定型。

三、影响教师心理健康的主要因素

1. 主观方面

教师的心理健康受其人格特征、心理素质等主观因素制约。

2. 客观方面

家庭、学校、社会环境对教师心理健康的影响不容忽视，如教学工作量繁重而复杂、节奏紧张，教师不堪重负；工资待遇和社会地位与劳动强度不成正比，挫伤教师的积极性，使教师缺乏职业成就感和前途感；学校组织中人际关系复杂；家庭关系不和谐等。

四、职业压力与职业倦怠

拥有健康的心理和健全的人格是教师职业成长的重要内容。教师的心理健康水平直接影响着教师对学生心理健康的维护和促进。由于教师职业的特殊性以及教师专业化进程的加快，教师的压力越来越大，教师的心理健康问题越来越受到关注。职业压力和职业倦怠已成为亟待解决的问题。

1. 职业压力

教师的职业压力主要是由工作引起的，是教师对来自教学情境的刺激产生的情绪反应。了解教师职业压力的来源，帮助教师有效地应对职业压力，是维护和促进教师心理健康的重要途径。伍尔若和梅按性质的不同将教师职业压力分为五类：中心压力——较小的压力及日常的麻烦；外围的压力——教师经历的重大生活事件或压力情节；预期性压力——教师预先考虑到的令人不愉快的事件；情境压力——教师现在的心境；回顾压力——教师对自己过去的压力事件及相关经历的评价。

2. 职业倦怠

长期的职业压力会导致教师产生职业倦怠。它是个体在长期的职业压力下，缺乏应对资源和应对能力而产生的身心耗竭状态。教师的职业倦怠是在长期工作压力和自身心理素质互动下形成的，并带来生理、情绪、认知和行为等方面的问题，导致教师出现严重的身心疾病。

玛勒斯等人认为职业倦怠主要表现在三个方面：情绪耗竭，指个体情绪情感处于极度的疲劳状态，完全丧失工作热情；去人性化，即刻意在自身和工作对象间保持距离，对工作对象和环境采取冷漠和忽视的态度；个人成就感低，表现为消极地评价自己，贬低工作的意义和价值。

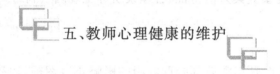

五、教师心理健康的维护

1. 个体积极的自我调适

个体自我调适的目的是通过改变个体自身的某些特点来增强适应工作环境的能力。自我调适的主要方法有放松训练、认知压力管理、时间管理、社交训练和态度改变、归因训练、加强锻炼等。这里主要谈以下三点。

观念改变。教师要学会正确看待自己的工作，培养乐观的人生态度；要认识到教师工作的复杂性，也要树立信心；正确认识自己，结合自身实际，对工作作出合理期望，勇于接纳自己。既要努力工作，又要学会休闲，张弛有度。

积极的应对策略和归因方式。教师要努力使自己成为更加有内控能力的人，把原因归结为个体可以控制的因素。注意培养良好的意志品质，当自己有职业倦怠的症状时，要勇于面对现实，主动应对，反思自己的压力来源，理智、客观地看待压力对自身的影响，形成面对压力的良好心态。如有必要，应主动寻求专业人士的帮助。

合理的饮食和锻炼，保持身体健康。教师要注重饮食健康和锻炼身体，拥有一个健康的体魄，才能以最佳的精神状态对待自己、对待学生。

2. 组织有效的干预

组织有效干预的思路就是通过削减过度的工作时间、降低工作负荷、明确工作任务、积极沟通与反馈、建立有效的社会支持系统来防止教师心理压力产生和缓解教师的心理压力。学校对教学的评价机制是影响教师工作的积极性和创造性的重要因素，改善学校领导方式是缓解教师职业压力的有效途径。学校应提倡过程性和发展性评价,为教师建立有效的社会认同支持系统,正确认识教师的教育教学成果。另外,要为教师提供深造及参与学校民主决策的机会,增强教师对学校的认同感和归属感。

3. 构建社会支持网络

维护教师心理健康,需要建立一个和谐的社会支持网络。首先,对教师的角色期待进行合理的定位;其次,国家应切实采取措施提高教师的经济待遇和社会地位,维护教师的合法权利,使教师切实感受到社会的尊重;最后,教育部门应探索出有效的教师教育培训体系,将职前与职后培训有机结合起来,提高教师智力与非智力能力,重视教师承受压力和自我缓解压力的训练。

第三节 教师的专业成长

一、教师成长的历程

1. 三阶段发展观

从一名新教师成长为一名合格教师要有一个过程,教师在不同的成长阶段所关注的问题不同。福勒和布朗根据教师的需要和不同时期所关注的焦点问题,把教师的成长划分为关注生存、关注情境和关注学生等三个阶段。①

(1) 关注生存阶段

这是教师成长的第一阶段,集中表现为非常需要被认可和被肯定,处于这一阶段的一般是新教师。这时教师非常关注自己的生存适应性,最担心的问题是:"学生喜欢我吗?""同事们如何看我?""领导是否觉得我干得不错?"等。这种情况通常是由新教师过分看重校领导或同事的认可和评价造成的,表现出新教师的成就欲望很强。有些新教师可能会把大量时间花在如何与学生搞好人际关系上,有些新教师则可能想想方设法

---

① 蒋晓虹:《教育心理学》,山东人民出版社 2014 年版,第 243 页。

控制学生。

(2)关注情境阶段

当教师认为自己完全能够生存(站稳了脚跟)时,便把关注的焦点投向了提高学生的成绩即进入了关注情境阶段。在此阶段,教师关心的是如何上好每一堂课的内容,一般总是关心诸如班级的大小、时间的压力和备课材料是否充分等与教学情境有关的问题。传统教学评价也集中关注这一阶段。一般来说,老教师比新教师更关注此阶段。

(3)关注学生阶段

当教师顺利地适应了前两个阶段后,成长的下一个阶段便是关注学生。教师将考虑学生的个别差异,认识到发展水平不同的学生会有不同的需要,某些教学内容和方式不一定适用于所有学生。能否自觉关注学生是衡量一个教师是否成长成熟的重要标志之一。

2. 五阶段发展观

伯林纳认为教师教育专长的发展过程包括五个阶段。

阶段一:新手。新手阶段是教师获取教学所需知识和技能的阶段。在教学方面,新手教师除了要学习一些具体的概念之外,还要学习一些具体教学情境下的应对规则。新手阶段是获取经验的阶段。在这一阶段中,现实的、亲身的体验比口头获得的信息更重要。

阶段二:进步的新手。在这一阶段,教师将自己的实践经验与所学的知识逐步联系起来,并能找出不同情境中的一些相似性,而且有关情境的知识也在增加。随着实践经验的逐步增加,个体可以忽略或打破一些规则,这意味着教师策略知识增强了。这时,个体开始依据具体的情境来指导行为,教学行为开始变得灵活。

阶段三:胜任型。处于此阶段的教师,能按个人想法自由处理事件,依据自己的计划,对所选择的信息作出反应,并能够对所做的事情承担更多的职责。因此与前两个阶段的教师相比,他们经常能强烈地感受到成功与失败的体验,也对成功和失败有更深刻的记忆。

阶段四:能手。在这一阶段,教师对教学的直觉或领会很重要。他们能从积累的大量丰富的经验中,综合性地识别使个体能够更精确地预测事件的材料。

阶段五:专家。如果说新手、熟练的新手和胜任教学的教师是理性型的,精通型教师是直觉型的,那么我们可以将专家的行为看成是非理性的。这种非理性并不是说专家教师想怎么做就怎么做,而是说他们对教学情境不但有直觉的把握,而且能以非分析性、非随意性的方式,理智地作出合适的反应。他们的行为表现流畅、灵活,不需要经过刻意的加工。专家型教师知道在什么时间和什么地方该做什么。与前几个阶段的教师相比,他们采用的方法更加多样。

二、教师成长与发展的基本途径

教师成长与发展的基本途径主要有两个方面:通过师范教育培养新教师作为教师队伍的补充,另一方面是通过实践训练提高在职教师职业水平。①

1. 观摩和分析优秀教师的教学活动

课堂教学观摩可分为组织化观摩和非组织化观摩。组织化观摩是有计划、有目的的观摩,非组织化观摩则没有这些特点。一般来说,为培养新教师和欠缺教学经验的年轻教师可组织其进行组织化观摩。这种观摩可以是现场观摩(如组织听课),也可以是观看优秀教师的教学录像。非组织化观摩要求观摩者要有相当完备的理论知识和一定的洞察力,否则难以达到观摩学习的目的。通过观摩分析,学习优秀教师驾驭专业知识、进行教学管理与调动学生积极性等方面的教育智慧和教学能力。

2. 开展微格教学

微格教学指以少数学生为对象,在较短的时间内(5～20分钟),尝试做小型的课堂教学。可以把这种教学过程摄制成录像,课后再对其进行分析。这是训练新教师、提高教学水平一条重要的途径。

微格教学使教师分析自己的教学行为更加直接和深入,可增强改进教学的针对性,因而往往比正规课堂教学的经验更有效。研究表明,微格教学的效果在四个月后仍很明显。

3. 进行专门训练

要想促进新教师的成长,我们也可以对他们进行专门化训练。将某些"有效的教学策略"教给教师的关键程序有:每天进行回顾;有意义地呈现教学新材料;有效地指导课堂作业;布置家庭作业;每周、每月都进行回顾。用现代认知心理学的术语来说,上述程序中有的属于自动化的教学技能,有的属于教学策略。

研究者设置了训练组与控制组。为确定受训组教师的教学是否有成效,实验者在训练前后对两组教师的学生进行了标准化数学成绩测验。结果发现,在使用训练程序

---

① 蒋晓虹:《教育心理学》,山东人民出版社2014年版,第245页。

的频率上,受训组教师要比控制组教师教学成效好,特别是在回顾、检查作业、练习心算和布置作业等方面。但也有一些行为,如总结前一天所学内容、至少留出五分钟时间来消化吸收、通过演示来呈现内容等,受训组教学成效并不比控制组好。值得注意的是,训练后使用频率未增加的行为属于策略性的行为,而那些使用频率增加的则更像教学常规。研究还发现,受训教师的学生后测的成绩比前测提高 31%,而控制组教师的学生成绩只提高了 19%。

上述研究表明,专家教师所具有的教学常规和教学策略是可以教给新教师的。新教师掌握这些知识后,会在一定程度上促进其教学。但同时我们也应看到,受训教师的教学能力仅仅有了一定程度的提高,离成为专家教师还有一定的差距,而且也没有一个研究宣称能将被试训练成为专家教师。这说明,仅靠短期训练来缩小专家与新手的差距是不够的。据此很多研究者指出,对教学经验进行反思具有重要作用。

4. 反思教学经验

对教学经验的反思,又称反思性实践或反思性教学,这是"一种思考教育问题的方式,要求教师具有作出理性选择并对这些选择承担责任的能力"。波斯纳提出了一个教师成长公式:经验+反思=成长。他还指出,没有反思的经验是狭隘的经验,至多只能形成肤浅的知识。如果教师仅仅满足于获得经验而不对经验进行深入思考,那么他的发展将大受限制。

有人用实验证明了反思对教师成长的促进作用。该实验研究训练内容为一般方法教程,旨在促进反思性互惠教学发展和练习教学决策。研究发现,在反思性互惠教学前后,被试关于备课和教学内容的概念关系图都有了改变。研究者认为,这种改变应归因于训练内容。研究还发现,被试中的大学生的思维更像专家教师的思维,而不像新教师。

科顿等人于 1993 年提出了一个教师反思框架,教师的反思包含三个方面的内容:对于活动的反思;活动中的反思;为活动而反思。科顿等人还描述了反思的过程。

①教师选择特定问题加以关注,并从可能的领域,包括课程方面、学生方面等,收集有关这一问题的资料。

②教师开始分析收集来的资料,形成对问题的表征,以理解这一问题。他们可以利用自我提问来帮助理解。提出问题后,教师会在已有的知识中搜寻与当前问题相似或相关的信息。如果搜寻不到,教师就会去请教其他教师和阅读专业书籍来获取这些信息。这种分析研究的结果,有助于教师形成新的、有创造性的解决办法。

③一旦对问题情境形成了明确的表征,教师就开始建立假设以解释情境和指导行动,并在心里对行动的短期和长期效果加以考虑。

④考虑过每种行动的效果后,教师就开始实施行动计划。当这种行动再被观察和分析时,就开始了新一轮的循环。

布鲁巴奇等人于1994年提出了四种反思的方法,供教师参考。

反思日记。在一天教学工作结束后,要求教师写下自己的经验,并以其指导教师对教学工作进行分析。

详细描述。教师相互观摩彼此的教学,详细描述他们所看到的情景,并对此进行讨论分析。

交流讨论。来自不同学校的教师聚集在一起,首先提出课堂上产生的问题,然后共同讨论解决的办法,最后得到的方案为所有教师及其他学校所共享。

行动研究。弄明课堂上遇到的问题的实质后,教师探索制定用以改进教学的行动方案,以此为根据进行调查和实验研究。不同于研究者外部进行的旨在探索普遍法则的研究,行动研究其实是直接着眼于教学实践的改进。

三、教师威信

教师威信是指教师具有那种使学生感到尊重而信服教师的精神感召力量。它是教师的人格、能力、学识及教育艺术在学生心理上引起的信服而又崇拜的态度,是教师在学生心目中的威望和信誉,是一种可以使教师对学生施加的影响产生积极效果的感召力和震撼力。教师威信实质上反映了一种良好的师生关系,是教师成功地扮演教育者角色、顺利完成教育使命的重要条件。①

教师的威信有两种:一种是权力威信,一种是信服威信。教师应该树立信服威信,而不应该追求权力威信。信服威信是由于教师具备良好的思想品德、教学能力、教学态度与民主作风而使学生自愿接受、内心佩服教师而树立起来的威信。教师有威信在学生中常常表现为其意见特别受学生重视;对于他的劝告和教导,学生乐意接受并遵从;教师被学生当作学习的榜样;他的人格和学问会对学生产生深远的影响。

教师威信能有效地影响学生的基础,学生特别是低年级学生对教师的讲授、指示和教导的接受程度(教育的效果)常常随对教师的态度而改变。例如,在教育工作中,教师们可能对年龄相同和发展水平近似的学生采用同样的教育方法,可是不同的教师可能会收到不同的教育效果。事实表明,有威信的教师的每一句话对于学生来说,都是十分有力量的。他们乐于接受这样的教师的讲授、教导,并迅速而认真地执行他的要求。相反,学生对于威信不足的教师态度就不同了,他们对他所教的课程不那么关注,对他的赞扬和批评也不十分重视。

---

① 韩仁生、苗军芙、李传银:《教育心理学》,山东人民出版社2013年版,第271～272页。

教师的威信有不同的深度和广度。例如，有时候教师的威信只限于狭小的领域内，一种情况是学生承认教师精通所教授的学科知识，很愿意听他们讲课，确信他们讲授的内容，用心学习这门课，但是不想学习他们的其他方面。那些很好地掌握了自己所教学科的知识，但是在其他方面对自己要求不高的教师往往只能获得这种程度的威信。另一种情况是，某些教师只在一部分学生中享有威信，这主要是因为这些教师对学生缺乏个别了解，没有能弄清楚每个学生的特点，不能根据学生的个别差异采取适当的教育措施。这样的教师就不能对全体学生同样产生深刻的教育影响，获得全体学生的尊敬与爱戴。可见教师能否对全体学生和对学生的各个方面产生深刻的影响，并使他们朝向自己所希望的方向发展，是教师威信发展的最高指标。

四、建立教师威信的途径

1. 培养自身良好的道德品质

良好的道德品质是教师获得威信的基本条件。教师应该是社会的模范公民，因为教师是教育人的人，其道德和学识使其在学生、乃至人们的心目中具有一定的威望。社会性学习主要通过模仿来进行，对学生来说，一个成功的教师无疑是他们崇拜与模仿的对象。教师作为社会文化价值与道德准则的传递者，极易被学生看作代表和具有这些价值和准则的人。如果教师的行为能够与学生的说教相一致，就容易对学生产生积极的影响；如果不相吻合或者对立，就会对学生产生不良影响。因此，教师在日常生活和工作中，应当时时处处加强道德修养，争取从人格上赢得学生的尊重。良好的道德品质还体现在教师对教育工作意义的认识及由此产生的对本职工作高度负责的精神。兢兢业业、不计名利，对自己所教学科有着浓厚兴趣和热情，出色地完成教学工作任务的教师会得到学生的尊敬；相反，如果教师不热爱教育工作，对教学毫无热情，敷衍了事，就会得不到学生的尊敬。

2. 培养良好的认知能力和性格特征

良好的认知能力和性格特征是教师获得威信所必备的心理品质。科技的发展和时代的进步对教师的认知能力提出了更高的要求。教师要想有效地传授知识，就必须勤奋刻苦，好学多思，拥有广博的知识和独到的见解以及精湛的教学技巧，能够给学生以深刻启迪并激发他们对问题进行深入思考。这样教师的教学效果才好，威信才高。

教育是一项十分复杂的工作，教师们难免会遇到许多困难，产生挫折感。教师面临挫折情境,会形成一种长期的心理压力,影响教学工作及威信。因此,教师还应努力磨炼自己的意志品质,增强挫折耐受力,养成热情开朗、坚毅稳定、宠辱不惊、积极进取的品格,自觉抵制各种不利因素的刺激和影响,使自己的情感冲动和行为限定在合理的范围内;切忌在遭受挫折后,把愤怒的情绪发泄到学生身上,出现转向攻击或以冷漠的态度对待教学工作。

3. 注重好的仪表、风度和行为习惯的养成

教师的仪表、风度和行为习惯对威信的获得也有重要影响。教师的仪表是指教师的服饰、发型、仪容、举止和姿态等系列外部表现;风度是教师的精神气质、道德和文化素养的外在表现,主要通过言行举止表现出来。许多研究表明,教师仪表大方、衣着整洁,会引发学生的好感;生活懒散、衣冠不整、不讲究卫生和做怪动作等不良习惯,有损教师形象。所以教师衣着打扮要整洁,切忌赶时髦,穿奇装异服;举止姿态要自然,沉稳而端庄,注意"身教"的效果;要热情大方,和蔼可亲,平易近人。这些都会直接给学生留下好感,留下深刻的印象,赢得学生的爱戴。国外在培养师范生时,往往通过录音、录像,让学生看到自己上课时的言语、教态、仪容和表情等,使他们认识到自己的不恰当语言和不雅观的动作,以帮助形成良好的仪表、风度和行为习惯。

4. 给学生以良好的第一印象

教师第一次和学生见面给学生留下的印象特别深刻,因为学生对新教师总是怀有新奇感,十分关注教师的一言一行。第一印象好,往往有利于学生将教师以后的言行向好的方面解释;第一印象不好,学生会感到失望,常向不好的方面解释教师的言行,教师威信就难以建立。因此教师应高度重视第一次与学生见面,力争在第一堂课上从各方面给学生留下好印象,如教师头几节课准备充分、沉稳和自然亲切的态度、丰富的教学内容、精心设计的教学方法等都会给学生留下深刻的"心理定势"印象,形成初步威信。同时,教师还要珍惜"自然威信"。"自然威信"是在师生交往初期,因学生对教师自发的信任和尊敬而产生的威信。它建立在教师所具有的教育者权威的基础上,也是教育职业本身带来的一种不自觉的威信。这种威信很不稳定,随着学生对教师了解的深入而产生变化。如果教师滥用自然威信,以权威者身份对待学生,势必会引起学生的反感,最终会丧失威信。相反,在自然威信的基础上,教师运用自己的品格、学识和智慧去赢得学生发自内心的尊敬和爱戴,就会形成自觉、稳定的威信。

5. 做学生的朋友与知己

人本主义心理学的主要代表人物马斯洛和罗杰斯都强调学习中人的情感因素。他们认为,必须尊重学习者,把学习者视为学习的主体,重视学习者的意愿、情感、需求和价

值观,主张在师生间建立良好的交往关系,形成情感融洽、气氛适宜的学习情景。因此,教师除了扮演权威者角色之外,还应当扮演朋友和知己的角色,成为学生学习的鼓励者、促进者,使学生觉得教师是他们真正的、可信赖的朋友和知己。这就要求教师在与学生相处时,要满怀真诚和爱心,与学生坦诚相见,关怀学生,对学生进行思想教育时耐心细致;在学生有过错时,不能以个人的权威者地位,对学生采取居高临下、盛气凌人的态度,更不能在大庭广众之下羞辱学生。但教师在做学生的朋友或知己时,应该认识到师生关系不能完全由个人情感所支配。教师更不能为取悦学生而无原则地迁就学生,或者和学生讲义气,出现教师不像教师、学生不像学生的局面。一个与学生建立表面友好而实际低级庸俗关系的教师,容易与他们扮演的师长角色发生角色冲突,从而减少威信。

◀巩固练习▶

一、选择题

1. 从实用主义哲学观点出发的教育理论学者是(　　)。
   A. 马斯洛　　　　B. 皮亚杰　　　　C. 罗森塔尔　　　　D. 杜威

2. 微格教学指以少数的学生为教学对象,其教学时间一般是(　　)。
   A. 3~10分钟　　B. 15~20分钟　　C. 15~25分钟　　D. 5~20分钟

3. (　　)是有效地影响学生的基础。
   A. 教师威信　　B. 教师权力　　C. 师德　　　　D. 教师专业特长

4. (　　)特别强调教学过程中的情感与动机因素。
   A. 人本主义心理学　B. 精神分析学　C. 行为主义心理学　D. 认知学派

5. 波斯纳提出了一个教师成长公式:(　　)=成长。
   A. 经验+反思　　B. 经验+学习　　C. 能力+反思　　D. 经验+智商

6. 人本主义心理学的主要代表人物是(　　)。
   A. 马斯洛和罗杰斯　　　　　　B. 斯纳金和马斯洛
   C. 班杜拉和罗杰斯　　　　　　D. 桑代克和罗杰斯

二、简答题

1. 简述建立教师威信的途径。

2. 简述教师成长与发展的基本途径。

3. 简述玛勒斯等的关于职业倦怠的基本表现。

4.简述教师心理健康的维护的基本方法。

◀推荐书目

[1]陈琦 刘儒德.当代教育心理学.北京:北京师范大学出版社,2019年。
[2]肯尼迪.教育研究中的单一被试设计.北京:华夏出版社,2014年。

第十三章　心理辅导

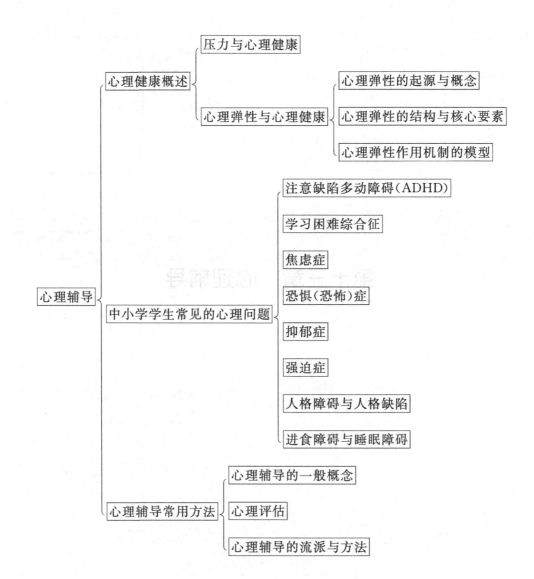

第一节　心理健康概述

一、压力与心理健康

世界卫生组织给健康下的定义为:"健康是一种身体上、精神上和社会适应上的完好状态,而不是没有疾病及虚弱现象。"从世界卫生组织对健康的定义中可以看出,与我们传统对健康的理解有明显区别的是:健康包涵了三个基本要素:躯体健康、心理健康和具有社会适应能力。

那么何谓"心理健康"?心理健康主要涉及对人们心理状态的整体评价,即心理健康的人拥有持续的良好的心理状态。其核心标准主要有三条:一是有欲望(有活力、有动力);二是情绪体验积极、良好;三是在社会适应过程中体现良好的心理(能力等)素养。

心理是否健康与环境有关,其受制于一个人是否拥有一定的物质财富,更关键的在于个人是否能够妥善地应对生活中的压力。现代心理学的研究成果显示,压力与心理健康密切关。①

大的压力,如灾难的突然降临,很容易让人产生严重的精神后果。而普通人所受到的压力干扰主要来源于日常生活中各种小的应激,另外烦心的日常琐事日积月累同样可以让人感到身心疲惫不堪。而人内置了应对压力的一套反应程序,这种应激的反应程序一般都能够正常持续地运转,从而保证我们能够战胜绝大多数日常应激事件。

按照加拿大生理学家塞里(G. Selye)的观点,应激结构主要由三个部分组成:应激源,即造成应激或压力的刺激物;应激本身,即特定的身心紧张状态;应激反应,即对应激源作出的身心反应。

1974年加拿大生理学家塞里的研究表明,应激状态的持续能击溃一个人的生物化学保护机制,使人的抵抗力降低,容易患上心身疾病。他把应激反应称为全身适应综合征,并将其分为以下三个阶段。

预警阶段。它是指体内平衡因受到压力源和外在刺激物的作用而出现紊乱现象。在这种情况下,身体首先感受到这种刺激,接着坎农所说的或战或逃反应机制开始发挥

---

① 津巴多:《普通心理学》,中国人民大学出版社2008年版,第360页。

作用,激素开始释放,为患者提供足够能量以应对眼前的情况。

适应阶段。身体开始与外在刺激物产生互动,以恢复、更新和修复的方式恢复体内平衡,这个过程被称作"抵御过程"。它发生在预警阶段之初,一直延续到紧张情绪的消失。如果紧张情绪依然持续,身体仍将保持警觉状态。

衰竭阶段。当体内能量消耗殆尽(包括生理能量及心理能量),无力摆脱压力源的重压,人便进入能量枯竭阶段。对于慢性压力源来说,这种情况尤为明显,因为在努力摆脱短期紧张情绪的时候,患者不必用尽所有能量。①

应激反应的重要功能是促进肾上腺素的分泌。它刺激肾上腺,肾上腺髓质使其分泌两种激素:肾上腺素和去甲肾上腺素。其效用主要有:促使脾脏产生红血球促进血液的凝固;骨髓产生更多的白细胞以抵抗感染;肝脏产生更多的糖元为肌体提供能量。但是当人们遭遇持续的应激源时,那么就会持续地消耗肾上腺素,使人透支身心,那么就可能会击穿有效应激的"安全垫"。这不仅会使人遭遇焦虑、抑郁等心理问题,还会诱发高血压、心脏病或者风湿性关节炎等疾病,增加患癌的风险。

由于持续的应激意味着人身心有巨大的风险,因此为了预警,从20世纪60年代起人们产生了编制预警手册的动力,这其中最有代表性的人物是美国的霍尔姆斯(T. H. Holmes)。他和雷赫(Rahe)于1967年编制了著名的"社会再适应量表(the social readjustment rating scale,SRRS)"。他们对5000多美国人进行了关于生活事件对健康影响的调查研究。他们认为配偶死亡引起当事人生活变化的程度最大,所以规定配偶死亡的生活变化计量单位为100,其他生活事件的计量单位由每一位被调查者参照前述标准进行自评,最后获得了被调查总体对43项生活事件进行自评的"生活变化单位平均值"。他们将这43项生活事件列成表格,把每一项生活事件引起生活变化的程度或达到社会再适应所需努力的程度,称为生活变化单位(life change unit, LCU),以此反应心理应激的强度,并由大到小按次序进行排列,编制了一张包括43项生活事件及相应的生活变化计量单位的目录表。霍尔姆斯等人的追踪观察显示:生活事件与10年内的重大健康变化有关。如果在一年中,被调查者的LCU超过200单位,则产生疾病的概率增加;如果LCU超过300单位,第二年生病的可能性可达70%。

1. 配偶死亡 ………………………………………………………………………… 100
2. 离婚 ……………………………………………………………………………… 73
3. 分居 ……………………………………………………………………………… 65
4. 入狱 ……………………………………………………………………………… 63
5. 亲人死亡 ………………………………………………………………………… 63
6. 自己受伤或生病 ………………………………………………………………… 53

---

① 保罗·克雷曼:《心理学经典读本》,苗华建译,当代中国出版社2014年版,第273~274页。

7. 结婚 …………………………………………………………………… 50
8. 被开除 ………………………………………………………………… 47
9. 婚姻复合 ……………………………………………………………… 45
10. 退休 ………………………………………………………………… 45
11. 家人健康或行为状况改变 ………………………………………… 44
12. 怀孕 ………………………………………………………………… 40
13. 性方面的困难 ……………………………………………………… 39
14. 家庭增加新成员(如:小孩出生或赡养老人等) ………………… 39
15. 工作上的调适(如:搬迁、公司重组、公司破产等) …………… 39
16. 经济状况改变(如:大赚或大赔等) ……………………………… 38
17. 好友死亡 …………………………………………………………… 37
18. 职业改变 …………………………………………………………… 36
19. 和配偶争执的次数改变(如:子女管教方法、个人的生活习惯改变等) ……… 35
20. 贷款或抵押超过三十万(如:房屋贷款或生意周转等) ……… 31
21. 丧失抵押物赎取权 ………………………………………………… 30
22. 工作职务的改变 …………………………………………………… 29
23. 子女离家(如:结婚、读大学等) ………………………………… 29
24. 姻亲间的纠纷 ……………………………………………………… 29
25. 个人有杰出的成就 ………………………………………………… 28
26. 配偶开始或停止工作 ……………………………………………… 26
27. 开始或停止上学 …………………………………………………… 26
28. 居住环境改变(如:住新房子、邻居搬走等) …………………… 25
29. 个人习惯改变(如:衣着、态度等改变) ………………………… 24
30. 与上司有纠纷 ……………………………………………………… 23
31. 工作时间或状况改变 ……………………………………………… 20
32. 搬家 ………………………………………………………………… 20
33. 转学 ………………………………………………………………… 20
34. 改变休闲的生活方式 ……………………………………………… 19
35. 宗教活动改变(如:增加或减少参加次数) ……………………… 19
36. 社交活动改变(如:参加俱乐部或去看电影等) ………………… 18
37. 贷款或抵押三十万元以内(如:买电视、冰箱等) ……………… 17
38. 睡眠习惯改变(如变多或变少或改成白天睡觉等) …………… 16
39. 家人相聚次数改变(如:变多或变少) …………………………… 15
40. 饮食习惯改变 ……………………………………………………… 15

41. 休假或度假 …………………………………………………………… 13
　　42. 圣诞节 ……………………………………………………………… 12
　　43. 轻度违法(如:交通违规、扰乱安宁等) ………………………………… 11

而国内学者杨德森等人参照霍尔姆斯等人的"社会再适应量表"而制作了符合中国人实际情况的"生活事件量表",同样很有意义。

进一步研究发现,应对压力不仅与个人的认知相关,而且也和个性有关。在相关的研究成果中,有关A、B型人格的研究最为经典。如美国学者弗里德曼等人研究心脏病时,将人格分为两类,即A型人格和B型人格。A型人格的人动作快,没有耐性,好争斗,易激愤,整天忙忙碌碌,慌慌张张。B型人格的人悠然自得,不好争强,总想在生活上过得舒服一些,不计较什么成就。在食物、年龄、吸烟等因素相同的情况下,A型组的冠心病发作概率明显高于B型组。① 另外研究证明,A型性格的人,心脏冠状动脉硬化的概率要比B型性格的人高5倍,其原因可能在于:A型性格能激起特殊的神经内分泌机制,使血液中的血脂蛋白成分改变,血清胆固醇和甘油三酯平均浓度增加,从而导致冠状动脉硬化。

弗里德曼的研究引发了心理学家的普遍重视,其研究成果被心理学教材广泛引用,成为说明应对压力时人格因素发挥作用的一种标准"配置"。另外一个有关人格与压力关系的经典研究是"习得性无助感"的研究。

个人所拥有的资源也能够影响到应对压力的成效,其中最为著名的研究是关于"社会支持与应对成效"的研究。通俗地说,如果你拥有的社会资源越多,那么你应对压力的能力越强,即现代心理学基本验证了"狗仗人势""一个好汉三个帮"这些俗语所描述的心理优势是客观存在的。

黄希庭把社会支持界定为:情绪支持,如共鸣、情爱、信赖;手段支持,如援助;情报支持,提供应对情报;评价支持,提供关于自我评价的情报。Wellman和Wortley(1989)则认为社会支持包括情感支持、经济支持和陪伴支持等。Cutrona和Russell(1990)将社会支持区分为情感性支持、社会整合或网络支持、满足自尊的支持、物质性支持和信息支持。

那么是不是静静地享受更多的社会支持,就会有更大的心理优势,更有幸福感? Brown(2003)对423对老年夫妇的研究指出:帮助他人的人更加健康和长寿。因此人与人在交往中,付出常常比索取更好。②

目前在人们所关注的日常话题,即倾诉(包括日记倾诉)、亲密行为、友谊、婚姻的心理学的研究中,大多得出与人们常识一致的研究结果。如彭尼贝克的研究表明,当人们

---

① 赵元三:《气质的魅力》,河南教育出版社1991年版,第214页。
② 戴维·迈尔斯:《社会心理学》,人民邮电出版社2006年版,第438页。

遇到伤心的事情,倾诉能够有效缓解痛苦,改善心情。① Hartup 等人(1997)指出:在人的一生中,友谊培养了自尊,促进了幸福感。② 另外大多数的研究显示:相比于单身、丧偶、离婚或者分居,已婚者更幸福,对生活的满意度更高。

研究还显示是否拥有良好的生活习惯,对于应对压力同样有深刻影响。首先是抽烟、酗酒、暴饮暴食和网络成瘾等这些不良的生活习惯从长期看不但不能解决问题,反而会加重既有问题的严重性。如酒精依赖就是日常生活中一个常见的不健康的行为习惯。

酒精依赖是长期反复饮酒所引起的一种特殊的心理状态,表现为对酒的渴求和经常需要饮酒的强迫性体验。可连续或间断性发作,停止饮酒会出现躯体不适,坐立不安或者肢体震颤、恶心、呕吐、出汗等戒断症状,恢复饮酒则这类症状迅速消失。

酒精滥用也是一种很糟糕的偏差行为。酒精滥用主要指个人的平均饮酒次数、饮酒数量超过了特定场合的既有要求,从而带来各种安全隐患,如酒驾就是一种典型的酒精滥用。

而养成良好的生活习惯如节制饮食、体育锻炼、积极参与社会活动等则有助于缓解压力,促进身心健康。如体育锻炼对于身体健康,尤其是抑郁症患者来说具有显著的积极影响。③ 目前正念、放松等身心调节方式得到了越来越多的重视,在应对压力、缓解焦虑等方面发挥了越来越多的积极的作用。

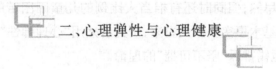

二、心理弹性与心理健康

由于中小学学生的阶段特征,尤其是心理健康的教育诉求,讨论中小学学生应对压力的各种表现及其内在缘由日显重要。在这类研究中,心理弹性的理论独树一帜,引起了学界的广泛关注。

1. 心理弹性的起源与概念

心理弹性(resilience)起源于美国。Block 在 1950 年首次提出自我心理弹性(Ego-resilience)的概念,但是真正引起人们重视的心理弹性开拓性的工作是 Garmezy 运用流行病学方法率先发表有关心理弹性的研究。他探究了在困厄环境中,谁生病了,谁没有

---

① 戴维·迈尔斯:《社会心理学》,人民邮电出版社 2006 年版,第 438~439 页。
② 戴维·迈尔斯:《社会心理学》,人民邮电出版社 2006 年版,第 440 页。
③ 津巴多:《普通心理学》,中国人民大学出版社 2008 年版,第 391 页。

生病,保护性的因子(protective factors)是什么,危机因子(the risks factors)又是什么等一系列问题并且由此提出了心理弹性的概念。① 此后 Streitman、Werner、Rutter 等的持续性工作,引导心理弹性的研究走向高潮,但是学界至今尚未有统一的关于心理弹性(resilience)的具有严格科学研究范式的概念界定成果。

席居哲、桑标(2002)把"resilience"的概念率先引进国内,并且翻译为"心理弹性"②。目前,绝大多数的学者沿用了席居哲、桑标的这种翻译方法。但是也有部分学者借用了台湾"复原力"③"韧性"④等的译法,还有学者借用了"压弹"的翻译,提出"抗逆力"⑤等新的翻译结果。目前,许多学者都围绕"心理弹性"开展了诸多研究,已获得一批研究成果。

从源头来看,心理弹性的研究动力在很大程度上来源于一个理论上的困惑:即传统的精神分析理论认为,儿童早期如果经历了创伤经验(traumatic experiences),那么他就会产生一种阴影。而这种阴影会遵循强迫重复(repetition compulsion)的原则,持续地干扰儿童的发展。然而儿童心理学家的实际研究发现了大量的"梅花香自苦寒来、宝剑锋从砥砺出"的事实。Rutter(1979)指出:即使是那些经历了巨大的压力和逆境的儿童,他们中发展出明显的心理疾病的人数也不会超出半数。⑥

由此不少欧美心理学工作者给这种在困苦环境中成长但是又不受其干扰的儿童贴上了一个标签——"坚不可摧"(invulnerable)的儿童。他们甚至与传统精神分析的理论唱起反调,提出了所谓的"坚不可摧"理论——即儿童的抗压能力是无穷的,是坚不可摧的。显然"坚不可摧"的理论是站不住脚的。因为面对逆境,儿童可能不受干扰,甚至变得更加坚强、更加早熟;但同时还有相当大比例的儿童因困苦的早年经历,延误了他们的发展,这同样是基本事实。由此看来,研究者须用"心理弹性"来取代精神分析的"创设经验理论",同时也需排斥"坚不可摧"的理论。

目前在颇具影响力的 Project Resilience 网站上,有关心理弹性的形象化的诠释心理

---

① Garmezy N. (1973). "Competence and adaptation in adult schizophrenic patients and children at risk", pp. 163~204 in Dean, S. R. (Ed.), Schizophrenia: The first ten Dean Award Lectures. NY: MSS Information Corp.

② 席居哲、桑标:《心理弹性(resilience)研究综述》,载《健康心理学杂志》2002 年版第 4 期,第 314~317 页。

③ 徐慊、郑日昌:《国外复原力研究进展》载《中国心理卫生杂志》2007 年第 6 期,第 424~427 页。

④ 于肖楠、张建新:《韧性(resilience)——在压力下复原和成长的心理机制》,载《心理科学进展》,2005 年版第 5 期。

⑤ 范燕宁:《抗逆力在青少年成长过程中的两面性特点——以北京市未成年人社区矫正服刑者的情况为例》载《中国青年研究》,2006 年版第 11 期。

⑥ Rutter M. Protective factors in children's responses to stress and disadvantage. In: Kent M W, Rolf J E, Hanover N H ed. Primary Prevention of Psychopathology. University Press of New England, 1979 (3):49.

弹性即一根弹簧。① 弹簧是否可以保持功能之完备,显然受弹簧自身的特性与施加的压力的大小、作用力道等复杂因素的制约。

心理弹性成为热门研究主题不过三四十年的历史,但是在这不长的研究历史中,对于心理弹性的认识是由浅入深、逐次推进的。目前关于心理弹性的概念主要有以下几种观点。

其一是特质论。这种观点将心理弹性定义为个体稳定的人格特质或能力,如美国心理学会(American psychological Association,APA)将心理弹性定义为:在面临逆境、创伤、悲剧、艰辛与困苦及其他生活重压下的良好适应。②

其二是过程论。"过程论"的观点强调心理弹性是个体与环境交互作用的动态过程。如 Ricllardson(1990)指出,心理弹性是生活应激性事件或逆境与保护性因子共同作用的动态过程。③ 心理弹性研究的著名学者 Rutter 也坚持认为,心理弹性是个体在应激情境下仍能良好适应的动态过程④;Rutter M.(2008)更旗帜鲜明地指出:"心理弹性与其说是个特质,不如说是一个过程。"⑤对于青少年儿童来说,其最强有力的心理弹性支持性过程(因子)应该是与家庭保持良好的关系。Zautra(2010)指出,目前大多数的学者认为心理弹性是个体与环境之间相互作用的一个结果,也是保护因子发挥积极作用并且克服危机因素的一个过程。⑥

也有学者将"特质论"与"过程论"融合提出心理弹性的定义:心理弹性不仅包括个体内在的保护因素,还同时包括个体外在的保护因子,如家庭、同伴等社会支持性资源。Masten 等人(1990)提出:"心理弹性是调适应激或高危情境与消极结果关系的保护因子或保护过程"。⑦

当然也有一些人,如 Ungar 对心理弹性仅仅面对不利的环境的观点提出了质疑,指出心理弹性不仅反映个体在不利环境中应对良好的能力,也是其聚集幸福感所需资源

---

① Wolin S. J. & Wolin S. Project Resilience. Website:http://www.projectresilience.com.

② Newinan R.(2005). APA's Resilience Initiative. Professional Psychology:Research & Practive, 30(3),227~229.

③ Ricllardson G. E., Geiger B., Jensen S. & Kumpfer, K.(1990). The resiliency model. Health Education,21,33~39.

④ Rutter M.(1993). Resilience:Some conceptual considerations. Journal of Adolescent Health, 14(8), 626-31, 690-6.

⑤ Rutter M.(2008). Developing concepts in developmental psychopathology, pp. 3-22 in J. J. Hudziak (ed.), Developmental psychopathology and wellness:Genetic and environmental influences. Washington, DC:American Psychiatric Publishing

⑥ Zautra A. J., Hall J. S. & Murray K. E.(2010). "Resilience:A new definition of health for people and communities", pp. 3~34 in J. W. Reich, A. J. Zautra & J. S. Hall (eds.), Handbook of adult resilience. New York:Guilford.

⑦ 蔡颖:《心理弹性与压力困扰、适应的关系》,天津师范大学博士学位论文 2010 年版,第 4 页。

(包括生理资源、心理资源、社会资源及文化资源)的一种导航能力,弹性的个体能在特定的文化背景中体验其资源背后的意义。[1]

一般认为,心理弹性可以从以下四个方面来体现。

(1)尽管处于高风险状态,仍然有好的结果

个体尽管处于高风险状态,但从结果上看个体可以达到司马迁在《报任安书》中所说的水平:"文王拘而演《周易》;仲尼厄而作《春秋》;屈原放逐,乃赋《离骚》;左丘失明,厥有《国语》;孙子膑脚,《兵法》修列;不韦迁蜀,世传《吕览》;韩非囚秦,《说难》《孤愤》;《诗》三百篇,大抵贤圣发愤之所为作也。"

(2)面对压力,保持持续性的应对能力

这里的压力,既包括应激事件(stress),也包括持续的生活琐事的干扰,如在生活事件量表——LES(Life Event Scale)中的得分较高,还包括困扰自己的一些消极的概念等。那么心理弹性大的人,就能够承受这些持续的压力,继续自己正常的生活,而不至于崩溃。

(3)能够从创伤(trauma)中得以恢复[2]

如创伤后压力心理障碍症(Post-traumatic stress disorder;PTSD)是指人在遭遇或对抗重大压力后,其心理状态失调之后产生的遗症。这些经验包括生命遭到威胁、严重物理性伤害、身体或心灵上的胁迫,其主要症状包括做噩梦、性格大变、情感解离、产生麻木感(情感上的禁欲或疏离感)、失眠、逃避、易怒、过度警觉、失忆和易受惊吓等。

虽然在正常情况下,大部分人对创伤事件的情感会在几个月后淡去,但如果这种情感不能淡去,而是持续过长的时间,就有可能导致人的精神产生失调,这种情况会延续数年甚至数十年。创伤记忆有时候会被贮存在程序记忆(procedural memory)中,当病患做了某一特定身体动作时,便激发了创伤后压力症。而心理弹性大者,可以更好地从创伤中得以恢复,并且把对自己的伤害控制在低限度内。

(4)采用积极的挑战模式来应对未来的艰辛

如"文王拘而演《周易》",从其应对过程上看,就是一种积极的挑战模式。挑战模式包括升华(sublimation)。按照精神分析的解释就是把性欲与攻击冲动,引导到社会所赞许、所认可的方面上去。如歌德失恋以后,创作名著《少年维特之烦恼》;再如丈夫早逝的中年妇女有的会投入儿童福利事业等。

---

[1] 张爱华:《意外创伤者的心理弹性及其发展模型的研究》,第二军医大学博士学位论文 2012 年版,第 10 页。

[2] Masten A. S.; Best K. M.; Garmezy N. (1990). "Resilience and development: Contributions from the study of children who overcome adversity". Development and Psychopathology 2 (4): 425~444.

挑战模式还包括代偿(compensation)模式：指一个人如果意识到自己存在某些方面的缺陷（诸如残疾、身体发育异常与某些智能、技巧方面的缺陷），则会特别努力地发展其他方面的才能。如有的身材矮小的人通过代偿心理机制作用，可成为一个进取心很强、社会活动能力卓越、管理和控制能力强的人物。这种现象在拿破仑的身上表现得非常突出，所以又叫"拿破仑情结"。

挑战模式还包括幽默模式：如自己给自己开个玩笑等。当然还包括不绕道走、直接解决问题的模式。

2. 心理弹性的结构与核心要素

胡寒春(2009)指出：自弹性研究形成以来，这一领域的研究者便力图建构一个清晰的弹性结构或体系，以改变早期弹性特征或特质零散排列的现象。如 Benard(1997)认为弹性不是某一种特质或是一组特质，它是经年积累的各种能力、才能、资源、知识、长处和适应技能的组合。从目前已有的研究文献看，尽管研究者对结构的具体构成的看法存在差异，但他们都认同弹性并不是单一的结构，弹性更可能是一个多维度、多水平的复杂结构。例如Right & Masten(2005)整合了一系列对个体良好适应和积极发展起促进作用的因素，从个体特征、家庭特征、社区特征以及文化和社会特征这四个维度阐述了与儿童发展有关的资源和保护性因素。一般来说，弹性结构大致由两类因子组成：一是个体内部保护性因素或资源，二是个体外部保护性因素或资源。[①]

在 Benard 看来，个体内部保护性因素或资源是天生的，每个人都生来具备心理弹性。其包括的要素主要有社会能力(social competence)，如反应能力、灵活的文化适应能力、同情、关爱、沟通技巧和幽默感；解决问题的能力，如规划、求助、批判性和创造性思维；自主性(autonomy)，如自我同一性、自我效能感、自我意识、任务掌握感、区分负面信息和适应条件；相信未来光明的信念，如目标导向、具有教育价值的乐观、信心和心灵上的连通。[②]

个体的外部保护性因素中的第一位因素是家庭因素。目前人们有一个共识："家庭作为儿童青少年最初成长也是生活时间最长的环境，是心理弹性形成的基础性因素。"如 Werner 和 smith(1952,1992,2005)夏威夷考艾岛纵向研究发现，在温暖的、友爱的、情感上互相支持的家庭中长大的孩子更能抵御生活中的逆境。富有凝聚力、共享成就、持肯定而不是拒绝态度的家庭氛围，高期望、鼓励参与的家长以及给予孩子强化指导和

[①] 胡寒春：《青少年核心心理弹性的结构及其特征研究[D]》. 中南大学湘雅三医院博士学位论文，2009：9.

[②] Benard B. (1991). Fostering Resiliency in Kids: Protective Factors in the Family, School, and Community. Portland, OR: Western Center for Drug-Free Schools and Communities.

高关怀的父母等都在青少年成长过程中承担了保护性因子的角色。

学校环境对青少年而言同样提供了个体心理弹性发展的契机。如 Rntter 发现,在不和谐的家庭环境中长大的孩子,如果在学校里能取得好的学习成绩,并有老师的指导,则比在同样家境下成长的孩子更可能表现出好的心理弹性。此外学校教师动机性支持和信息性支持、与老师有良好的关系、与同学有友好的社会关系、学校里的成功或快乐的积极经验都是青少年心理弹性的保护性因素。①

西方成熟的社区环境同样被认为对青少年心理弹性的发展有重要影响。Wright 和 Masten(2005)的研究表明,在安全、暴力事件少、有应急服务、有良好的公共医疗保健服务等的高质量社区里成长起来的孩子更能发展出积极的适应结果。

更多的学者往往把内外两类因子放在一起来介绍心理弹性结构。如 Polk 总结出与心理弹性相关的 16 个因子,并将其分为四类:素质类、生活哲学类、关系类和情境类。素质类指个体特质,包括身体和心理特征,如智力和自我效能等;生活哲学类指对生活有合理的认识、有意义感、有目标感;关系类指有助于赢得社会支持的社交技巧、自觉服从规范等;情境类指应对环境的策略,包括问题解决策略、认知策略、目标管理策略以及对事情的预测能力等。

国内曾守锤等较为全面地总结了儿童的保护性因素,并把这些保护性因素定义为弹性变量。曾守锤总结了来源于个体的心理弹性的保护性因素主要有:良好的智力机能(如较高的口头表达能力、发散性思维);人际吸引的能力、社交能力、容易相处的特性;自我效能感、自信、高度自尊;才干;信念。来源于家庭的心理弹性的保护性因素主要有:和父母形成亲密关系并在意和维护父母形象;父母温暖的、有结构的、高期望的权威教育;社会经济条件优势;较少的家庭压力;有序的家庭环境;广大的、支持性的家族网络的连接;亲社会的家庭价值观;积极的角色模型。来源于家庭外的心理弹性的保护性因素主要有:和家庭外亲社会成人的联系,参加亲社会组织;进行有效学习。②

3. 心理弹性作用机制的模型

心理弹性的复原力究竟源于什么机制?目前有多种模型对此加以诠释。其一是 Garmezy(1984)等人提出心理弹性的三种机制模型:补偿模型(compensatory model)、挑战模型(challenge model)和免疫模型(immunity model)。补偿模型描述的是在危机情景下,儿童所拥有的某些人格特质或环境因素等保护性资源发挥积极的作用,抵消危险因子带来的消极影响;挑战模型阐述中等水平的危机能够促使积极或非消极的发展结

---

① Rutter M,& Quinton D. Parental Psyehiatric disorder:Effects on children. Psychological Medicine,1984,14,853~880.

② 曾守锤、李其维:《儿童心理弹性发展的研究综述》,载《心理科学》2003 年第 6 期。

果产生,增强儿童解决问题的能力;[1]免疫模型说明当再度面对危机情境时,成功克服逆境的经验能够帮助儿童有效地应对应激,在这一模型中,心理弹性类似于疫苗发挥功能。

Garmezy(1985)对自己的理论又提出修正,发展出三种新的理论模型,分别为补偿模型(the compensatory model)、预防模型(the inoculation model)和保护因素模型(the protective factor model)。在补偿模型中,保护性因素和危险因素不起作用,它直接对结果产生影响或者压制危险因素的影响。在预防模型中,每个强度不是过大的危险因素,都被看作增加适应成功的一种潜能,这种情况发生在压力水平最佳状态下,压力是针对个体的压力。困难但被克服后也可以增强的心理能力,它与能力之间是曲线相关的。在较低或中度水平的压力状态下,能力会增强;但在高强度压力状态下,能力反而会下降。在保护因素模型中,保护因素和危险因素的交互作用降低了消极后果产生的可能性,可见保护性因素起着调节器的作用。保护性因素可能对行为后果有着直接的影响,它的作用在危险因素出现后会得到强化。这三种模型描述了危险特征和保护性特征之间动力性关系作用的过程。该理论一经提出,便得到广泛的认可,为多项研究所引用。[2]

Rutter(1990)在对许多经验性研究文献进行归纳总结后,提出了更受认可的四种弹性发展的作用机制:危机因素冲击的减缓、负向连锁反应的减缓、促进个体自我效能与自我尊重、机会的开发。其具体内容包括,一是减少危险因素的影响力,包括改变个体对危险因素的认知和避免或减少与危险因素的接触。先让儿童在危险性较低的环境里学习如何成功地应对这些危险因素。之后,当他碰到更大的危险时就可以减少其不利影响,提高钢化效应(Sensitizing Effects),即所谓见怪不怪——逆境及创伤可能会增加个体对今后应激事件的耐受性;降低敏化效应(Steeling Effects),即所谓一朝被蛇咬十年怕井绳——逆境及创伤可能会减少个体对今后应激事件的耐受性。二是减少由于(长期的)危险因素而导致产生的消极连锁反应。例如,由于得到父亲或母亲的良好照顾或得到他人的良好照顾,儿童得以幸免于由于父亲或母亲一方的去世带来的消极连锁影响。三是保护性因素对儿童弹性发展的影响可以通过自尊和自我效能的提高来实现。研究发现,有两类经验可以提高儿童的自尊和自我效能感,它们有助于与他人建立安全与爱的和谐关系和获得成功解决问题的经验,这样儿童就有信心改变不利的处境。四是为个体获取资源或为个体完成生命中的重要转折而创造机会,帮助他们产生希望和

---

[1] Garmezy N. Stress — resistant children: The search for protective factors. In J. Stevens(Eds.). Recent research indevelop mental psychopathology. Oxford, England: Peramon Press, 1985: 213~233.
[2] 马伟娜、桑标、洪灵敏《心理弹性及其作用机制的研究述评》,载《华东师范大学学报(教育科学版)》2008年第1期。

获取成功的资源。①

Richardson（2002）心理弹性模型描述的是一个人身体、心理、精神在不同时间段中的三波连续的弹性状态。第一波是危险生活事件与保护因素的交互作用决定了系统失调是否会发生。如果保护因素无力抵抗危险生活事件的冲击，那么就会产生系统失调，如采用滥用药物、危险行为等方法来应对危机。第二波是心理弹性的回归性重新组织，即个体生物心理精神系统不仅恢复到了原来的水平，而且还在原基础上有了进一步的提高。第三波从后现代的角度，强调教育、自主的创造性实践推动一个人在逆境和破坏中发展壮大的力量。②

1996年Mc Cubbin提出家庭弹性概念之后，研究者开始将心理弹性由个体延伸到家庭、社区、文化方面。从家庭、社区、学校及社会等环境因素进行心理弹性的研究，并且提出社区弹性、文化心理弹性的概念，并在此基础上研究者们也展开了相对应的模型研究。③

其一是家庭弹性模型（family resilience model，FRM）。1983年，Mc Cubbin就提出了家庭因素在应激过程中的调节与适应的过程。④ 1997年，McCubbin提出家庭弹性的概念，即面对压力和在逆境下，个体和家庭单位表现出积极行为模式和功能的能力。⑤美国家庭弹性网络协会提出的概念是，"家庭固有的能够培养出的能够积极迎接生活挑战的优势能力"⑥。Atkinson（2009）认为："具有复原力，并有更好的身体和精神健康结果。"⑦与个体心理弹性的机制不同，家庭心理弹性强调的是家庭家庭所具备的压力管理

---

① Kaplan HB. Toward an Understanding of Resilience: A critical Review of Definitions and Models. In Glantz, & Johnson Kluwer(eds.). Resilience and Development: Positive Life Adaptations. New York: Academic/Plenum Publishers, 1999: 55~56.

② Richardson G. E. (2002), The metatheory of resilience and resiliency. J. Clin. Psychol., 58: 307~321.

③ 马红霞等：《心理弹性模型的研究综述》，载《中国医学创新》2011年第16期。

④ Mc Cubbin Mc Cubbin, H. I. and Patterson, J. M., (1983). The family stress process: The Double ABCX model of adjustment and adaptation, In H. I. Mc Cubbin, M. Sussman, & J. M. Patterson (eds.), Social stress and the family: Advances in family stress theory and research. (pp. 7－38). New York: Haworth Press.

⑤ Mc Cubbin H. I., McCubbin M. A., Thompson, A. I., Han, S. V. & Allen, C. T. (1997). Families under stress: What makes them resilient? Journal of Family and Consumer Sciences, 89, 2－11.

⑥ National Network for Family Resiliency, Children, Youth and Families Network, CSREES－USDA (1995). Family resiliency: Building strengths to meet life's challenges. Iowa State University Extension: Ames, Iowa.

⑦ Atkinson P. A., Martin C. R. & Rankin J. (2009). Resilience revisited. Journal of Psychiatric and Mental Health Nursing, 16(2), 137~145.

方式、情绪调节能力、合作的目标设定和解决问题的技巧。①

其二是社区弹性模型(community resilience model,CRM)。这个概念是在创造和加强个体的、家庭的、组织的生态系统来有效抵制和应对压力、威胁、危机和突发事件的过程中提出来的。Doron(2001),从社区工作的角度考察了一个在戈兰高地面临迁移的威胁时建立了一个社区应对压力的状况,并且提出社区弹性模型。该弹性模型强调七种保护性因子:归属感;状况的控制;应用积极挑战的能力和区别轻重缓急的能力;维持积极的看法;学习相关的技能和技术;有强烈的价值和信仰;不同形式的社区的支持。该模型强调,社区干预工作应该增强社区弹性的保护性因子来帮助社区更好地面对未来和接受过去,从而能够从干预角度对社区模型进行诊断与提供援助。②

第二节 中小学学生常见的心理问题

高考指挥棒的负面效应不消除,中小学学生的压力难以缓解。目前中小学学生中有心理问题的人数呈增加趋势,应该引起我们的重视。在中小学阶段,常见的心理问题主要有注意缺陷多动障碍(ADHD)、学习困难综合征、焦虑症、恐惧症、抑郁症、强迫症、人格障碍与人格缺陷、进食障碍与睡眠障碍等。

一、注意缺陷多动障碍(ADHD)

多动的情况特别容易发生在小学阶段,其缘由主要在于在小学期间,学生的神经系统发育非常不成熟。因此从神经的功能上看,小学生的多动倾向几乎是一种天赋,适当的"顽皮"是其天性的表露,也是其基本人权,应该得到尊重。但是如多动情况严重地偏离了同龄群体的正常水平,即产生了"注意缺陷多动障碍(Attention Deficit

---

① Saltzman W. R., Lester P., Beardslee W. R., Layne C. M., Woodward K. & Nash W. P. (2011). Mechanisms of risk and resilience in military families: Theoretical and empirical basis of a family-focused resilience enhancement program. Clinical Child & Family Psychology Review, 14, 213~230.

② Esther Doron. Working with Lebanese refugees in a community resilience model. Community Development Journal, 2005, 40(2):182~191.

Hyperactivity Disorder,ADHD)",那么就需要对其进行干预。

国内外调查发现注意缺陷多动障碍(ADHD)患病率为3%~7%,男孩的发病率显著高于女孩,男女比为4~9:1。ADHD虽然有自愈倾向,但是最近十年的研究发现,50%~65%的患者的症状会延续至成人期,影响其学习、工作、驾驶安全、人际交往和情绪控制等,严重影响他们的生活质量。这一疾病还会给家庭和社会带来沉重的经济负担,因此它也被认为是一个公共健康问题。①

环境教育因素包括产前、围生期和出生后因素,其中与妊娠和分娩相关的危险因素包括ADHD患者母亲吸烟和饮酒、患儿早产、产后出现缺血缺氧性脑病以及甲状腺功能障碍。病毒感染、脑膜炎、脑炎、头部损伤、癫痫、毒素和药物也容易诱发ADHD。另外父母关系不和、家庭破裂,尤其是教养方式不当,如溺爱、运动不足、虐待以及学校的教育方法不当等不良因素均可能作为发病诱因或症状持续存在的原因。

需要注意的是注意缺陷多动障碍(ADHD)并不意味着儿童不能注意,而是指他们不能把注意集中在特定目标上,即"应该注意的没有注意"。ADHD的症状表现主要有两种类型:一种是ADHD-IT(ADHD Inattention Type),ADHD-HI(ADHD Hyperactivity Impulsivity)。综合起来看,ADHD的症状主要包括注意缺陷,即注意集中困难和注意持续时间短暂,如他们常常在听课、做作业或其他活动时注意难以持久,容易因外界刺激而分心;经常因为粗心而产生错误;平时容易丢三落四,经常遗失玩具、学习用具,忘记日常的活动安排,甚至忘记老师布置的家庭作业。活动过多:表现为特别顽皮不安宁,手足小动作多,不能安静地坐着,在座位上扭来扭去;在教室或其他要求安静的场合擅自离开座位,到处乱跑或攀爬;难以从事安静的活动或游戏,整天忙个不停。行为冲动:极容易被激怒,行为表现很冲动,做事不顾后果、凭一时兴趣行事,为此常与同伴发生打斗或纠纷,造成不良后果;在别人讲话时插嘴或打断别人的谈话,在老师的问题尚未说完时便迫不及待地抢先回答,不能耐心地排队等候。学习困难:因为不具备与学习相符的良好学习习惯,因此患者在课堂上听课的效果差、作业完成的速度慢且质量低下,致使学业成绩差,常难以取得与其智力相符的学业成绩。品行障碍:注意缺陷多动障碍和品行障碍的共病率高达30%~58%,其表现为具有攻击性行为,如辱骂、打伤同学、破坏物品、虐待他人和动物、性攻击、抢劫等,或具有一些不符合道德规范及社会准则的行为,如说谎、逃学、离家出走、纵火、偷盗等。

针对ADHD的心理治疗主要有行为治疗和认知行为治疗两种方式。行为治疗主要利用操作性条件反射的原理,及时对患者的行为予以正性或负性强化,使患者学会适当的社交技能,用新的有效的行为来替代不适当的行为。认知行为治疗主要解决患者的

---

① 杨荣旺:《注意缺陷多动障碍共病肥胖儿童的执行功能和生活质量的研究》,浙江大学2017年博士学位论文,第1页。

冲动性问题,让患者学习如何去解决问题,识别自己的行为是否恰当,选择恰当的行为方式。国内有学者指出,采用家长干预联合药物或其他治疗方案比采用单种治疗方案,效果更显著,①因此家庭治疗应该是干预治疗 ADHD 的未来趋势。

二、学习困难综合征

美国学习困难联邦委员会在 1988 年把学习困难定义为:学习困难是多种异源性(heterogeneous)失调,表现为听、说、写、推理和数学能力的获得和使用方面存在明显障碍。学习困难综合征主要包括阅读困难、书写困难和数学学习困难三大类别。

阅读是学习的核心环节,阅读需要多种认知过程(如知觉、记忆理解、概括、比较、推理等)的参与,因此小学生在认知过程的任意环节存在问题,都会影响阅读成效。阅读困难主要有如下表现。在阅读习惯方面:如阅读时动作紧张,皱眉、咬唇、侧头阅读或头部抽搐;迷失位置,找不到是从哪里开始阅读的,或者总是以手指辅助指认阅读;阅读时和所读书本距离过近;以哭泣、吵闹等问题行为来拒绝阅读。在朗读方面:如读句子时在句中任意添加字删减字;任意将句中的字替换成其他字;将词组的前后字任意颠倒;阅读过缓,在不适当的地方停顿;声音尖锐,喘气声很大等。在回忆方面:刚刚阅读过的内容转瞬即忘,如无法回答文章中陈述的基本事实,事实的序列回忆困难,回忆的内容的先后顺序来回颠倒,不能正确地复述故事梗概;同时还有主题回忆困难,无法说出所阅读内容的主题。在理解技能方面:理解性技能不足,不能阅读材料归纳基本结论,不能比较观点之间的差异,不能把新的观点与学习过的材料综合起来,无法分析作者的意向,无法对阅读材料进行互相比较等。在阅读策略的运用方面:如难以划出重点,无法划分段落,没有做注释、归纳整理阅读材料的习惯等。

小学生典型的书写困难主要有如下表现。一是握笔方法不正确,如手指过于接近笔尖,或过于远离笔尖;只用食指来运笔;纸放置的位置不正确,纸张常移动或放得太斜。二是书写姿势不正确,如身体与桌面离得太远或太近;手臂与身体的距离不当,或太贴近身体或太远离身体。三是力量控制不当,如在铅笔上的力量常常过重,以致会折断笔尖或戳破纸,或者力量不够,握不住笔或笔迹太浅,总之他们在书写的时候肌肉过于紧张,手指僵硬,运转不灵活。四是笔顺不正确,不遵循笔画顺序规则,如写"国"字,先封口,再写里面的"玉"字;把一笔分成两笔写,或把几笔连成一笔写。从效果上看,字的组

---

① 潘美蓉、钱秋谨、王玉凤:《儿童注意缺陷多动障碍的家庭干预研究(综述)》,载《中国心理卫生杂志》,2018 年版第 1 期。

成部分该大的不大,该小的不小,如"吃"的左右两部分写得一样大,变成"口乞";字与字大小不一,粗细不一。从字距上看,每个字的组成部分之间距离太远或者太近,如"明"的左边部分距离右边部分太远,变成了"日月"。从总体上看,他们字迹潦草,东倒西歪,不成比例;横不像横,竖不像竖,信手乱涂,甚至连自己都认不出写的是什么。

小学生典型的数学学习困难主要有如下表现。一是阅读与书写数字困难,如在读和写时,容易把5与2、4与7、6与9等相混淆。二是数数困难,如在数数时,常会漏掉一些数字,甚至不能数出班上穿红裙子的女孩的数量。另外他们对于序数理解有困难,如不知道一周中的第二天是哪一天等。三是数位困难,如不能理解数位概念,不能理解相同的数字可以在不同的数位上表示不同的值。如3在个位上时表示3,在十位上时表示30,在百位上时表示300。四是计算技能缺陷,如在进行乘法运算时,误认为是加法运算;还有就是运算法则掌握不好,不会退位减或进位加,有的学生的这一缺陷表现为省略运算步骤,如除法运算时省略了余数等。五是空间认识困难,如在运算过程中,数字的位置排列产生错误,如54-36=22。

学习困难综合征的诊断标准如下。

一是智力标准。标准化智力测验成绩智商下限为70~75。若智商低于70者,不属于学习困难者。

二是学业不良标准。主要采用绝对学业不良与相对学业不良相结合的方法确定儿童是否存在学习困难。

三是学习过程异常。学习过程是学生知觉信息、加工信息、利用信息解决问题的认知过程,学习困难儿童在这一过程中往往会在某些方面表现出偏离常态的行为。

目前有很多方法可以改善学习困难。这些方法主要有三类:一是特教补救学习(SEP),这种方法师资成本较高,有可能对小学生的自信心产生影响;二是药物治疗;三是其他替代治疗方法,如感觉统合治疗、特殊的功能训练、物理治疗和食物疗法等。

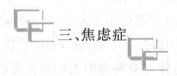

三、焦虑症

焦虑症(anxiety)主要以焦虑情绪体验为主要特征,其主要有广泛性焦虑(generalized anxiety)和惊恐发作(panic attack)两种形式。广泛性焦虑意味着患者并没有明确的具体焦虑对象就会感到紧张不安,严重者则出现植物性神经功能的失调,如心悸、手抖、出汗、尿频及运动性不安等。

在中小学阶段,考试焦虑是焦虑的主要表现形式,即学生对考试有着莫名的担忧、焦虑。只要学生感觉考试即将到来,那么就会表现出超乎寻常的焦虑。如刘某是一位初三女孩,从外表上根本看不出她有紧张和焦虑的症状。刘某平时的学习成绩一直都排在班里前列,老师和家长都对她寄予厚望,她也一直是父母和老师的骄傲。但是在一次期中考试开始前的前几天,刘华就开始莫名其妙地拉肚子,严重影响复习,考试成绩最终不理想,父母和老师均只当此次是意外情况来安慰她。可是没想到这之后只要每逢考试刘某就会拉肚子,而只要考试一结束,拉肚子又不治而愈。就这样反反复复,刘某的学习成绩因此大受影响。家长带着刘某到医院做检查,但怎么也查不出来问题。后来在精神科医生的诊断下,确认刘某患了考试焦虑症,并且导致植物性神经功能失调。后来经过心理疏导与放松训练,刘某最终摆脱了考试焦虑,学习成绩也得到了迅速地提高。

家长的举措不当,可能会诱发学生的考试焦虑,如每当考试来临时,家长如临大敌,又是给子女做营养餐,又是唠叨各种考试的注意事项,人为地增加了考试的紧张气氛,容易诱发学生的考试焦虑症状。

摆脱考试焦虑主要还要依靠提高学生的学习能力,学习方法得当、学习与休息的时间搭配合理,也有互助于避免考试焦虑。另外不要放大考试焦虑负面作用,即适度的考试焦虑有利于保持学习的兴奋状态,提高学习效率和考试成绩。过度的考试焦虑主要与学生过度的抱负有关,过分看重考试结果容易诱发严重的考试焦虑。克服考试过度焦虑,关键是要对症下药。另外一些自信训练和考中放松训练,也可以慢慢减轻考试焦虑症状。

四、恐惧(恐怖)症

恐怖症是以恐怖症状为主要临床表现的一种神经症。患者对某些特定的对象或处境产生强烈和不必要的恐惧情绪,而且伴有明显的焦虑及自主神经症状,并主动采取回避的方式来解除这种不安。患者明知恐惧情绪不合理、不必要,但却无法控制自己,以致影响自己的正常活动。

恐惧症主要分为以下几种。一是社交恐怖症,即主要是指在社交场合下产生了不可控制的惊恐状态,由此诱发对社交性场景持久的回避。具体表现行为有表情尴尬、发抖、脸红、出汗或行为笨拙、手足无措,怕引起别人的注意等,其中尤以赤面恐怖更为常见,即患者只要在公共场合就会害羞脸红。二是特定的恐怖症,如弗洛伊德笔下的小汉斯,对马车的恐怖就是典型的特定的恐怖症表现。典型的特定恐怖表现为害怕动物(如蜘蛛、蛇)、血、注射等,患者会因此而产生回避行为,特定恐怖症多发于儿童时期。三是场所恐怖症,主要指对空旷处所、高空(登高恐惧)、幽闭空间等的恐惧。四是学校恐惧症,主要指中学学生对于上学的恐怖。

恐怖症诊断标准如下。

一是符合神经症的诊断标准。

二是以恐惧为主，需符合以下四项：对某些客体或处境有强烈的恐惧，恐惧的程度与实际危险程度不相称；发作时有焦虑和自主神经症状；有反复或持续的回避行为；知道恐惧过分、不合理，或不必要，但无法控制自己。

三是对恐惧情景和事物的回避必须是或曾经是突出症状。

四是排除焦虑症、分裂症、疑病症。

以弗洛伊德为代表的传统的精神分析对于恐惧症的解释是"潜意识中焦虑"的移植的作用，即所谓的"移情"；而以华生为代表的行为主义认为恐惧症是学习来的，班杜拉则进一步提出恐惧症由观察而习得的；认知学派则认为恐惧主要是由认知评价导致的。这三种理论都各具优势，但是认知学派的恐惧理论成因则被质疑得更多。

恐惧症的治疗相对简单，主要有系统脱敏、满灌疗法和药物治疗等，或者前述方法兼用的治疗方法。

五、抑郁症

抑郁症以显著而持久的心境低落为主要临床特征，是心境障碍的最显著类型。患者情绪的消沉可以从闷闷不乐到悲痛欲绝、自卑抑郁、悲观厌世，甚至有自杀企图或行为。多数病例有反复发作的倾向，每次发作大多数可以缓解，部分可有残留症状或转为慢性症例。因抑郁症而自杀的不乏名人，如凡·高、海明威、阮玲玉、三毛、徐迟、海子、林黛等。由于抑郁症的发病处于持续的低龄化状态，因此早期识别、早期干预特别重要。目前抑郁症防治已被列入全国精神卫生工作的重点。

在国内抑郁症的诊断主要采用ICD-10。ICD-10所指的抑郁症是指首次发作的抑郁症和复发的抑郁症，不包括双相情感躁郁。抑郁症的发病原因很复杂，遗传与抑郁症的关联密切，同时生理生化方面的特质同样也与抑郁症关联密切。从心理学的角度来诠释抑郁的理论繁多，如弗洛伊德认为抑郁的核心是患者感受"丧失"（如早年的丧失亲情，中年的丧失角色、丧失目标，老年的丧失配偶、丧失健康），由"丧失"导致自我贬低、自我责怪，由此诱发抑郁。认知学派强调自我评价偏颇是抑郁症发病的关键，如贝克认为抑郁症的核心在于他们往往有顽固的核心观念："我无能"（男性）、"我不可爱"（女性）。行为主义学派认为抑郁是学习的结果，如"习得性无助感"。

抑郁症应该接受特定的躯体治疗，如药物治疗、电疗、光照疗法、运动锻炼等，目前经颅磁刺激（TMS）治疗开始逐步流行。该疗法被认为对于轻度的抑郁能够起到压制发作的作用,而对明显由心理社会因素引发的抑郁症的患者,在药物治疗的同时尤需兼用心理治疗。常用的心理治疗方法包括支持性心理治疗、认知行为治疗、人际治疗、婚姻和家庭治疗、精神动力学治疗等,其中爱丽斯、贝克的认知行为治疗对抑郁的疗效已经得到公认。

六、强迫症

强迫症(obsessive-compulsive disorder),主要表现为以强迫思维和强迫行为为主的不由自主的偏差行为,一些毫无意义、甚至违背自己意愿的想法或冲动反反复复侵入患者的日常生活,有意识的强迫和反强迫总是从两端夹击患者,使患者感到焦虑和痛苦。

强迫思维又可以分为强迫观念、强迫情绪及强迫意向。强迫行为往往与强迫思维相互伴生,其主要目的在于减少强迫思维所带来的焦虑感,如患者有怀疑门窗有没有关好,那么就会相应地去反复检查门窗;由于觉得碰到脏东西会得病,因此患者会反复洗手以保持干净。一些病程迁延的患者甚至形成了某种固定的行为程序,比如洗手时一定要从指尖开始洗,连续不断地洗到手腕,如果顺序反了或是中间被打断了就要重新开始洗,患者为此常耗费大量时间,痛苦不堪。

人有轻微强迫倾向是很常见的,其表现就是做事认真、呆板,力求细节上的尽善尽美。这种情形所带来的收获往往是正向的,因此并不值得担忧。但是正因为人有轻微的强迫倾向的时候收获了正向的效益,这种倾向又反过来进一步强化强迫的倾向。如在家庭教育的过程中,有些父母从小就向孩子灌输考100分才算成功的理念,因此孩子在试卷早已经回答完毕后,还会反复拖延时间、反复检查试卷,生怕有疏漏,这些都是中学生形成强迫症的诱因。

日本学者森田正马所发明的"森田疗法",主张"顺其自然、为所当为",不抵抗而"带着症状"生活,被认为是治疗强迫症的有效方法。另外,我国学者鲁龙光也对强迫症的治疗提出了自己的见解与治疗方案,同样值得参考。

七、人格障碍与人格缺陷

人格障碍(personality disorder)是指明显偏离社会常态并且根深蒂固的行为方式,

具有适应不良的性质,具有显著的害人害己的特点。尽管目前人格障碍在治疗上已取得一些进展,但是还是很难找到根治的方法。人格障碍主要具有以下六个方面的特征。

一是人格障碍开始于童年、青少年或成年早期,并一直持续到成年乃至终生。

二是人格障碍者可能存在脑功能损害,但一般没有明显的神经系统形态学病理变化。

三是人格障碍者人格特征非常明显,从而形成与众不同的行为模式。个性上有情绪不稳、自制力差、与人合作能力和自我修正能力差等特征。

四是人格障碍主要表现为情感和行为的异常,但其意识状态、智力均无明显缺陷。一般没有幻觉和妄想,可与精神病性障碍相区别。

五是人格障碍者对自身人格缺陷常无自知之明,难以从失败中吸取教训,因而在人际交往、职业和感情生活中同样的错误一犯再犯。自己不仅常常受挫,而且也会贻害别人。

六是人格障碍者一般能应付日常工作和生活,能理解自己行为的后果,也能在一定程度上理解社会对其行为的评价,主观上往往感到痛苦。①

人格障碍有很多类型,其中"反社会型人格"因其对社会的危害最大,因而特别值得人们关注。反社会人格患者往往有以下几个基本特征:一是对他人缺乏同情与关心;二是缺乏羞耻心与罪恶感;三是行为无计划;四是具有高度的攻击性。

人格要在进入青年期以后才能逐步形成,因此对于18岁以下的学生来说,他们人格上的问题,一般表现为人格缺陷,往往没有达到人格障碍的程度。他们的人格缺陷主要表现在以下三个方面。一是反社会性人格缺陷。如不断地违反法律法规,以欺诈言行谋取利益,行为冲动、不计后果、好斗易怒,有打架或攻击他人的校园暴力历史;因行为鲁莽而使自己或他人陷入危险的境地时,自己漠不关心、缺乏自责,甚至感觉理直气壮等。二是回避性人格缺陷。如由于害怕批评、他人不满意自己被拒绝而回避他人;从来不与别人保持很密切的关系,除非确定对方很喜欢自己;很害怕在亲密关系中被羞辱和被嘲笑;对批评和拒绝极其恐惧并且非常抗拒;由于察觉到自己的不足,在人际关系中总是很沉默,由于害怕尴尬而拒绝参加各种活动等。三是边缘性人格缺陷。这类人的基本特点是极端地没有常性,情绪极度不稳定,如短期内出现抑郁、焦虑、易激怒等症状;容易走极端,常常把别人理想化,或是诋毁别人。他们自我意识和自我意象长期不稳定、不成熟,行为上往往很冲动,如乱花钱、吸毒等。

对于人格缺陷者来说,教师的关心、榜样的作用或团队的力量,都有可能帮助改变他们的人生。

---

① 刘协和、袁德基等:《牛津精神病学教科书》,四川大学出版社2001年版,第151~180页。

八、进食障碍与睡眠障碍

进食障碍(Eating Disorder,ED)是以进食行为异常为显著特征的一组综合征。这种疾病主要包括神经性厌食症(Anorexia Nervosa,AN)和神经性贪食症(Bulimia Nervosa,BN),属于精神类障碍。神经性厌食的主要特征是患者用节食等方法有意地减少体重,拒绝保持最低的标准体重。在青春期的学生当中,女性患者的比例远远高于男性,其动机往往是"以瘦为美""厌恶肥胖",因此往往不觉得自己有行为过错,拒绝治疗。美国著名女歌唱家卡朋特就是因为神经性厌食症而英年早逝。而神经性贪食的主要特征是反复出现的暴食以及暴食后不恰当的抵消行为,如诱吐、滥用利尿剂或泻药、节食或过度运动等。

睡眠障碍(sleep disorder)的临床表现主要有以下内容。睡眠量的不正常,其中包括睡眠过多、睡眠过少两类,过多主要指嗜睡状态或者不可抗拒性的睡眠发作;睡眠量过少指对于青少年来说,整夜睡眠不足5个小时,或者入睡困难、浅睡、易醒或早醒等都是睡眠不足的表现。睡眠中的发作性异常,指在睡眠中经常伴随异常行为,如梦游症、梦呓(说梦话)、持续打响亮的呼噜、夜惊(在睡眠中突然骚动、惊叫、心跳加快、呼吸急促、全身出汗、定向错乱或出现幻觉)、梦魇(做噩梦)、磨牙、不自主笑、肌肉或肢体不自主跳动等。

治疗睡眠障碍可借助于药物,但是主要还是应该通过心理干预调节患者的生活节奏,使其学会使用有效的自我管理的方法来应对睡眠障碍的侵扰。

第三节 心理辅导常用方法

一、心理辅导的一般概念

心理辅导是心理辅导师与来访者之间建立的一种具有咨询功能的融洽关系,以帮助来访者正确认识自己、接纳自己,进而欣赏自己,并克服成长中的障碍,改变自己的不

良意识和倾向,充分发挥个人潜能,迈向自我实现的过程。学校心理辅导和咨询的主要内容可以分为学习问题咨询、适应问题咨询、成长和发展问题咨询三大领域。

心理辅导中的学习辅导有广义与狭义之分。广义的学习辅导指对学习者学习过程中产生的各种问题进行辅导;狭义的学习辅导指对学生经历学习挫折和困难时产生的心理困扰和行为障碍进行辅导。学习辅导与当下家长请"家教"给孩子补课或"开小灶"是完全不同的概念。学习辅导主要是对学生的学习技能、学习动机、学习情绪与学习习惯进行训练与辅导,以帮助学生养成好的习惯,达到助人自助的目的。

适应问题咨询是心理辅导的主要形式,主要由两个部分构成:障碍性心理辅导模式是针对有心理障碍、患某种心理疾病,并已影响其正常生活和学习的辅导对象,通过系统的心理咨询的技术手段来帮助其克服障碍、缓解症状、恢复心理平衡,达到矫治的目的;二是针对包括正常个体在内的心理服务,其目的是通过心理辅导,排解人体心理困扰,减轻心理压力,提高个体适应能力。

成长和发展问题咨询与辅导主要包括三项内容。一是人格辅导,即从学生对己、对人、对事方面的具体问题着手,解决具体问题,并由具体问题的解决延伸到人格培养,让人更深刻、更有效地解决学生的发展问题。二是生活辅导,主要通过休闲辅导、消费辅导和日常生活技能辅导等,培养学生健康的生活情趣、乐观的生活态度和良好的生活技能。这不仅对学生的未来具备实际影响,而且也对学生发展个性、增长才干、提高学习效率起到促进作用。三是职业辅导,职业辅导是为学生未来的生活作准备的教育活动,旨在帮助学生在了解自己的能力、特长、兴趣尤其是社会发展趋势、社会就职条件的基础上,确立自己的职业志向,做好职业的选择和准备,从而使学生形成与未来的职业匹配的技能,为学生未来的人生打下良好的基础。

心理辅导实现渠道,主要有以下几种。

一是门诊咨询:在心理咨询室坐等来访者上门咨询,在一周的固定时间内进行咨询。

二是书信、手机短消息咨询:通过书信或者手机短消息交流的形式进行心理辅导。这种方法操作简单,运用方便,非常适用于对自己的心理障碍有顾虑,比较胆小、怯懦的人群。这种咨询方式可随时进行,且回复及时。

三是电话与网络咨询:以办公室电话、网络为媒介,与辅导对象通过电话或网络进行沟通辅导。就目前而言,网络咨询方式主要包括即时聊天软件(QQ),电子邮件(E-mail)。与传统面对面的方式相比,这类辅导虽然不利于及时把握学生的细微情绪反应,但是却可以有效避免学生产生心理防卫,而且成本低廉。

四是专栏布告集体关切的问题:专栏布告咨询指结合实际,通过黑板报、广播、报纸、网络公开发布等形式对集体关切的问题进行解答。

五是团体心理辅导:针对团体中存在的普遍问题进行当面集中指导和咨询,其主要利用团体成员的相互启发、相互教育的方法结合群体对象的实际开展团体辅导项目。

六是校园心理剧：主要以戏剧表演的方式来艺术性地诠释心理、行为问题。这种方法特别容易获得群体成员的参与热情，因此越来越受学生的欢迎。

二、心理评估

心理评估（psychological assessment）是指综合运用心理测量、访谈、行为观察等方法，对学生个体或团体的心理与行为状况进行评价，以确定其性质与水平并进行分类诊断的过程。在心理辅导的初期、中期、后期都需要心理评估的参与。在心理辅导的初期，心理评估的任务主要是收集来访者的相关资料，如个人经历、家庭环境、是否正在服用精神类药物等，也要对来访者的问题状态有初步判断，要鉴别来访者是否愿意接受本机构提供的心理辅导，特别是对于那些有明显的精神疾病特质、需要专业医疗机构介入的来访者，需要进行评估转介。心理辅导中期的评估目标是帮助心理辅导师调整自己的工作方向、工作计划以保障心理辅导的成效。心理辅导后期的评估能够对来访者问题的解决起到巩固作用，需要评估辅导目标是否已经达成并且将评估的结果告诉来访者，让来访者明确自己的改变，促进解决问题。另外还要评估来访者是否对心理导师有依赖感，并且给予必要的指导。

心理评估的方法主要有两类：一类是标准化测验，主要指心理测验的方法，主要由专业人员来施测。心理辅导师应该通过专业学习，获得必要的职业资格认定，以便亲自实测。另外美国的精神病学会出版的《精神障碍诊断和统计手册》，中国精神疾病诊断标准和心理卫生评定量表手册也是成效突出的测量标准和工具心理辅导师应该掌握一两种。投射测验方法，如罗夏墨迹测验、主体统觉测验、房树人测验、句子完成法测验等。另一类是非标准化的评估方法，如观察法、临床访谈法等。心理评估中的观察法，除了自然的观察以外，目前更有效的方法是有结构的观察，即按观察目的、观察者的经验来组织观察内容和程序，或者按照事先设计的行为考核标准来进行核对性的观察。临床访谈是最重要的心理评估方法，即通过心理辅导师与来访者之间面对面的双向互动来评估来访者心理功能的各个方面，并制订相应的工作计划。在心理评估过程中，临床访谈对于获取来访者的背景信息、修正工作思路、建立良好的互动关系非常重要。应该强调的是，心理评估虽然由心理辅导师主导，但却不是心理辅导师单方面的工作，需要有来访者的配合，才能获得好的效果。

三、心理辅导的流派与方法

1. 国内学校心理辅导的六大派别

由于心理现象过于复杂,因此做人的思想、灵魂方面的工作,其挑战性最强。一般说来,目前国内学校的心理辅导主要依据以下六大派别的方法来设计自己的辅导方案。

一是认知派别的方法,强调思维习惯、既有观念的作用,认为只要调节了思维样式就可以修正人生,这是目前学校辅导工作实践中最常见的派别。

二是行为学派,强调通过行为训练、自我控制和奖罚手段的运用来破旧立新。

三是人本主义方法,其中最突出的疗法是罗杰斯来访者中心疗法。其主张通过与来访者构建良好的关系,营造来访者自我教育、自我改变的心理环境,以达到"助人自助"的目的。

四是精神分析的方法,强调过去经验的作用,强调动机分析。这一疗法有助于了解来访者深层次的心理问题。

五是交互作用分析,即强调人与人之间的互动对心理健康的影响,心理辅导的目标在于改变人与人之间的互动关系,认为形成"你好、我好"的人际互动关系就可以大幅度地提升心理健康水平,避免心理疾患的产生。

六是森田疗法,这一流派强调"顺其自然、为所当为"的态度,在中国、日本的影响较大。

2. 学校心理辅导常用的方法

(1)理性情绪治疗

理性情绪治疗(情绪 ABC 理论)是由美国心理学家埃利斯创建。埃利斯认为激发事件 A(activating event),如高考落榜只引发情绪和行为后果;C(consequence)是"意志消沉、情绪低落"的间接原因;而引发 C 的直接原因则是个体对激发事件 A 的认知和评价,即 B(belief)所导致的想法和观念,如"我连大学也考不取,真的无能","没有考取大学,前途必定暗淡"等。如果要改变高考失败后的糟糕状态,则个体必须对这次高考失败的原因重新进行认识。

而对于没有明显诱发事件,却常常伴随心理困惑的患者说来,埃利斯则认为其认知系统出了问题,即我们脑袋中根深蒂固的不合理的观念,妨碍了我们,让我们感到困惑。

不合理的观念主要有三个特征。一是"绝对化要求",即指人们常常把自己的主观意愿当作绝对准则。它常常表现为将"希望""想要"等绝对化为"必须""应该"或"一定要"等,例如,"好心必将有好报","没有'靠山'绝对不能成功"等。二是"过分概括化",如有几次考试没有考好,就形成一个固定的概括化的观念,如"我不是学习的料""我的语言天赋差"等。三是"糟糕至极",如我"没有考取大学,一辈子完了","某某离开我了,我一辈子都不可能幸福"等。因此要想避免情绪失调,就应多检查一下自己的观念系统中是否存在一些"绝对化要求""过分概括化"和"糟糕至极"等不合理想法。如果有的话,就要有意识地用合理观念取而代之。

(2)行为主义训练法

行为主义的训练方法主要有系统脱敏(systematic desensitization)、厌恶疗法(aversion therapy)、行为塑造(shaping)、反向连锁(back ward chaining)、代币制(token economy)、暴露治疗(exposure therapy)、松弛反应训练(relaxation response)和自信训练(deterrent therapy)等方法。① 上述训练方法往往有神奇的效果,值得我们深入学习。

(3)来访者中的疗法

来访者中心疗法(Client—Centered therapy)是美国著名的心理咨询大师罗杰斯所倡导的疗法,罗杰斯认为人性本善,每一个人都有积极的、奋发向上的、自我肯定的巨大潜力。因此只要咨询师遵循真诚无条件的积极关注及移情性理解的原则,就可以建立良好的咨询关系,从而为来访者的自我探索营造良好的心理氛围。由此来访者就能够逐步理解自己并解决自己的问题,无需咨询师的干预和指导。在罗杰斯看来,治疗心理障碍,最好的医生就是来访者本人。

(4)精神分析疗法

精神分析疗法(Psychoanalysis)。精神分析疗法的分支很多,传统的精神分析法以弗洛伊德的方法最为经典。其治疗工作的中心在于对行为背后的意识情结进行理解,治疗的主要途径是"自由联想""梦的解析"等较长时间的诠释,通过患者的自我"修通",使患者得到彻底的精神疏泄。精神分析法对行为背后的意识情绪进行分析虽然在整体上不适用于学校的心理辅导,但是其相关的理论与方法,如"移情""面质""阻抗""母子依恋""心理防御机制"等都丰富了咨询师的知识技术宝库。

(5)交互作用分析的方法

交互作用分析(Transactional Analysis,TA)是一种典型的博采众长的理论模式。它既重视早年经验在人格形成中的作用,又能够兼顾自主选择的理性的主导作用,同时

---

① 孔维民:《心理咨询与治疗新论》,人民军医出版社2007年版,第124~147页。

交互作用分析法还强调了理性的发力方向应该指向社会生活。另外交互作用分析法还修正了行为主义强化的概念,肯定了"stroking(肯定)"的概念与作用。交互分析法的创始人伯恩内提出了"契约"思想和一整套的操作规范,其内含的价值甚至可以比拟罗杰斯关于咨询关系的理论的价值。因此交互作用分析法在美洲、欧洲等地风行一时,目前在我国的心理辅导领域也受到了越来越多的重视。由于在团队建设方面,交互作用分析法具有明显的优势,即好的团队不仅能够取得成功,而且具有良好的互动文化,能够有力地促进人们的心理健康,有效避免产生各种各样的心理困惑。

交互作用分析法强调理性的自我分析,一方面要了解自己的时间精力的分配质量,以便发挥自己的潜能,另一方面还通过对人际交往的分析来摒弃不好的交往模式,以努力形成"你好、我好"的交往状态。交互作用分析法提出在人际互动中,玩"游戏(交互作用分析法的专有概念)"是导致彼此受伤的关键,因此果断终止害人害己的"游戏"非常重要。而在构建"你好、我好"的交往模式时,要善于使用各种各样的正面肯定(positive strokes),其主要方法有关于人格的"结构分析"、关于交往的"交互作用分析""游戏分析""共生分析"、关于早年经验的"脚本分析"等。①

(6) 森田疗法的方法

森田疗法中可以顺利应用于学校心理辅导的方法主要是"生活发现会"的集体心理辅导方法,有关内容可以进一步参考笔者的《心理咨询与治疗新论》中的相关部分。②

巩固练习

一、选择题

1. 1974年( )的研究表明,应激状态的持续能击溃一个人的生物化学保护机制,使人的抵抗力下降,容易患心身疾病。

  A. 马斯洛   B. 罗杰斯   C. 塞里   D. 塞利格曼

2. 古人云:"文王拘而演《周易》;仲尼厄而作《春秋》;屈原放逐,乃赋《离骚》……三百篇,大抵贤圣发愤之所为作也。"现代的( )理论同样说明了人处于高风险状态,仍然有可能产生好的结果。

  A. 挫折-攻击假说   B. 心理防卫   C. 应激   D. 心理弹性

3. 对于青少年学生来说,预后不良最需要预防的心理障碍是( )

  A. 注意缺陷多动障碍   B. 进食障碍   C. 睡眠障碍   D. 人格缺陷障碍

4. 交互行为分析学派的最经典代表人物是( )。

---

① 孔维民:《心理咨询与治疗新论》,人民军医出版社2007年版,第290~316页。
② 孔维民:《心理咨询与治疗新论》,人民军医出版社2007年版,第231~241页。

A. 华生　　　　　　B. 斯金纳　　　　　C. 弗洛姆　　　　　D. 伯恩内

5. 贝克的认知疗法认为,导致抑郁症的当事人发病的核心理念是(　　)。
A. "我不可爱(女性)"　　　　　　　B. "我无能(男性)"
C. "我既不可爱,又无能"　　　　　D. 前述答案都正确

6. 公认的学校心理辅导领域理论贡献第一的心理学家是(　　)。
A. 卡尔·罗杰斯　　B. 弗洛伊德　　　　C. 斯金纳　　　　　D. 贝克

二、简答题。

1. 简述塞里的基本应激理论。

2. 简述心理弹性理论。

3. 简述抑郁症的基本表现。

4. 简述睡眠障碍的基本表现。

5. 简述学习困难的判断标准。

6. 简述学校心理辅导的常用的方法。

三、案例分析题

张敏是一名高三学生,平时的学习成绩很好,但是最近几次的考试成绩突然下滑很多。家长先是觉得难以理解这种情况是如何产生的,后来他们发现张敏每到考试临近时,就开始疯狂地玩网络游戏,消耗了大量的时间,因此耽误了学习。张敏的这种表现是考试焦虑的表现,为了应对考试焦虑,她把网络游戏当作一种规避手段。

请根据心理辅导的基本原理设计出预防和干预考试焦虑的方法。

推荐书目

[1] 胡佩诚、赵旭东. 心理治疗. 北京:人民卫生出版社,2018年。

[2] 埃德尔斯坦等. 心理治疗师该说和不该说的话:如何回答来访者的提问. 北京:中国轻工业出版社,2013年。

[3] 亚龙等. 团体心理治疗——理论与实践(第5版). 北京:中国轻工业出版社,2010年。

[4] 孔维民. 心理咨询与治疗新论. 北京:人民军医出版社,2007年。

[5] 刘晓明、张明. 心理咨询的理论与技术. 长春:东北师范大学出版社,2002年。

[6] Morton Chethik. 儿童心理治疗技术:心理动力学策略. 北京:中国轻工业出版社,2002年。

[7] 唐娜·亨德森等. 儿童心理咨询(第8版). 北京:中国人民大学出版社,2015年。